안쌤의

일렉기타 나무숲

안구호 저

입문부터 마스터까지 한 권으로
올인원 일렉기타 가이드북

samhoETM

목차

Chapter 0 일렉기타 한번 해볼까?

Chapter 1 멜로디

Chapter 2 파워코드

Chapter 3 짭짭이(펑크 기타 스트로크)

Chapter 4 종합

Chapter 5 솔로

부록 저는 이거 씁니다! 안쌤의 장비

Chapter 0

일렉기타 한번 해볼까?

1. 뭐부터 준비하지?
2. 일렉기타 조율 방법
3. 일렉기타 주요 구조
4. 왼손과 오른손의 자세
5. 기타 악보 읽는 방법

일렉기타 한번 해볼까?

그런 생각이 들었다면 바로 시작해 봅시다! 내가 좋아하는 곡을 연주하는 취미는 생각 이상으로 즐거운 일입니다. 일렉기타는 잔잔한 음악부터 신나는 밴드음악까지 어디에나 잘 어울리는 매력적인 악기입니다. (TMI. 안쌤 본인은 이전에는 통기타를 치다가 고3쯤에 일렉기타를 제대로 치기 시작했습니다)

우선 내 기타가 있어야겠죠? 인터넷이나 유튜브 등에서 맘에 드는 기타를 찾았다면 무엇이든 좋습니다! 간혹 기타를 처음 시작할 때는 '그래도 통기타로 시작해야 한다'는 얘기가 있습니다. 장력을 버티는 힘을 기르기 위해서, 그래도 근본스러운 통기타로 시작해야 한다는 느낌적인 느낌 등 이유는 다양할 것입니다. 하지만 첫 시작은 무슨 기타든 상관없이 내가 맘에 드는 기타가 최고입니다.

1. 뭐부터 준비하지?

나만의 일렉기타를 골라보자

일렉기타를 처음 접할 때는 얼핏 다 비슷비슷하다고 느낄 수 있지만, 조금씩 다릅니다. 헤드의 모양부터 넥의 굵기, 보디의 모양 등 정말 다양하고 무궁무진합니다. 당장 떠오르는 제일 유명한 스타일의 일렉기타들을 간단히 보여드리자면

스트래토캐스터 (뭔가 뾰족하고…) | 텔레캐스터 (뭔가 옛날 것 같고…) | 레스폴 (뭔가 동글동글하고…)

조금씩 다 다르고 개성이 넘치죠? 여기서 중요한 점! 기타의 종류마다 소리가 약간씩 다 다릅니다만, 어떤 악기를 고르든 처음 시작할 때는 디자인이 끌리는 기타를 고르세요. 꼭! 특히 처음 시작할 때는 1등으로 고려할 우선순위인 것 같습니다. 더 치고 싶어지는 그런 기타가 최고입니다.

안쌤 Tip! 악기 고르기

1. 첫 악기는 웬만하면 신품이 좋습니다.
2. 최소 20만 원 이상의 악기를 추천합니다.
3. 플로이즈드 브릿지 기타는 나중을 위해 아껴둡시다.
4. 스마트 기타도 고려해 볼만합니다.

실제로 학생들이 처음 악기를 구매할 때 제게 여쭤보시는 내용에 대한 답변을 모아보았습니다. 자세한 설명은 QR코드를 참고해 주세요!

일렉기타의 영원한 동반자, 앰프

일렉기타 하나만 가지고는 소리를 낼 수 없습니다. 앰프에 따라서도 기타의 소리가 많이 달라지니, 꼭 마음에 드는 앰프를 찾아보고 유튜브 등을 통해 소리를 들어본 후 구매해 봅시다.

기타만큼 다양한 앰프의 종류

안쌤 Tip! 앰프 고르기

1. 너무 저렴한 앰프보다는 10만 원대 전후의 앰프가 입문용으로 좋습니다.
2. 첫 시작은 앰프 > 멀티 이펙터 > 오디오 인터페이스 순으로 추천합니다.

안쌤 Tip! 기타와 앰프 연결 시 주의할 점

꼭 기타와 앰프 사이 케이블을 연결 후에 키는 것입니다. 반대로 정리할 때는 앰프를 먼저 끈 후 케이블을 뽑아야 합니다. 앰프가 켜져 있을 때 앰프 쪽의 케이블을 빼면 괜찮긴 하지만, 헷갈릴 수 있으니 앰프를 먼저 끄는 습관을 들이는 것이 좋습니다.

기타는 피크를 통해 울린다

이렇게 조그맣고 세모난 플라스틱 쪼가리를 보신 적이 있으신가요? 바로 피크라고 하는데, 이걸 오른손으로 잡고 기타 줄을 칩니다. 피크가 없을 땐 맨손으로 쳐도 됩니다만, 피크로 치는 것과는 느낌이 다릅니다. 모양이 큰 것부터 작은 것, 감촉도 부드러운 것부터 까끌한 것, 두께도 0.3mm부터 1.5mm가 넘는 것까지 다양하게 있습니다. 피크에 정답은 없습니다. 본인의 손에 맞는 피크를 찾아 이것저것 사용해보길 추천합니다.

안쌤 Tip! **피크 고르기**

1. 단음을 칠 때는 울림에 힘이 있어야 하므로 너무 얇은 것보단 최소 0.8mm~1.2mm 정도의 피크를 고르길 추천합니다.
2. 안쌤은 1mm인 까끌까끌한 재질의 톨텍스(Tortex) 피크를 애용합니다. 가끔 0.8mm를 쓰기도 합니다.

★ 속주를 할 때는 작은 사이즈의 피크가 유리하다고 합니다만, 역시 쓰는 사람에 따라 손에 따라 다릅니다.

2. 일렉기타 조율 방법

조율(튜닝)

악기를 정확하게 연주할 수 있도록 음을 맞추는 것을 조율(튜닝)이라고 합니다. 제대로 튜닝이 되어 있지 않으면 무엇을 연주하든 틀린 듯한 느낌이 들기 때문에 꼭! 꼭!! 조율기로 튜닝을 한 후 연주를 시작합시다.

조율기(튜너)의 종류

종류별로 다양한 모델들이 있으니, 마음에 드는 용도나 디자인에 따라 튜너를 꼭 구비하는 게 좋습니다. 기타 연주자에게 튜너는 필수입니다!

클립 튜너

튜너 어플리케이션

페달 튜너

튜닝하는 기준

튜너는 기본적으로 좌우로 움직이며 음의 높낮이를 가리키는 바늘침과 음을 알파벳으로 나타내는 부분이 있습니다. 바늘침이 중앙보다 왼쪽으로 가면 정해진 음보다 낮다는 뜻이므로 올려야 하고, 바늘침이 중앙보다 오른쪽으로 가면 정해진 음보다 높다는 뜻이므로 내려야 합니다. 다음의 그림에서 각 기타 줄별 정해진 음을 참고해서 맞춰줍니다.

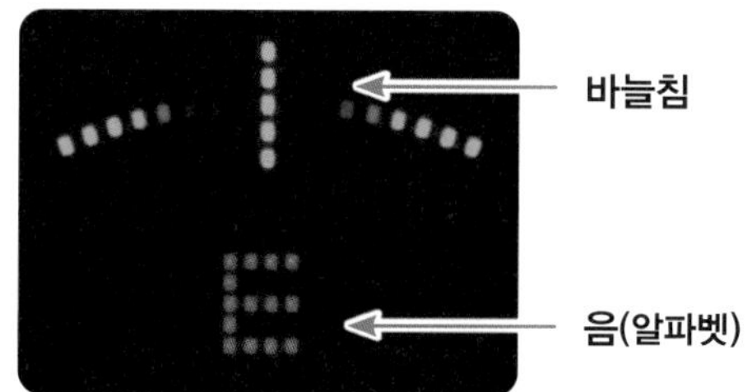

안쌤 Tip! **미세 조정**

교본만으로는 제대로 튜닝이 된 기타 소리를 알기 어려울 수 있습니다. 영상 등을 통해 기본적으로 잘 튜닝된 소리를 듣고 비슷하게 만들어 준 뒤 튜너로 미세 조정을 합니다. 줄별 피치의 큰 틀은 튜닝을 계속해 나가다 보면 자연스럽게 귀로 익숙해지게 됩니다.(미세 조정은 귀만으로는 정확하게 하기 힘드니 꼭 튜너를 사용해야 합니다)

정확한 음으로 조율하려면?

모든 현악기들은 각 줄마다 정해진 음이 있습니다. 가장 굵은 줄이 6번줄, 가장 얇은 줄이 1번줄입니다. 각 줄들의 헤드머신을 돌려서 정확한 음(Pitch; 피치)을 맞춰야 하며, 그 방향과 정도에 따라 음이 달라집니다. 헤드머신의 종류에 따른 조율 방법을 보고, 직접 돌려서 소리를 들어 보며 조율해 보세요.

기타 조율 방법

*기타를 연주하듯이 잡고 헤드를 바라보는 방향 기준

	6-in-line 헤드스톡 타입	3+3 헤드스톡 타입
형태	1번줄 E 2번줄 B 3번줄 G 4번줄 D 5번줄 A 6번줄 E	4번줄 D / 3번줄 G 5번줄 A / 2번줄 B 6번줄 E / 1번줄 E
조율 방법	↺ 시계 반대 방향으로 돌리면 음이 올라가고, ↻ 시계 방향으로 돌리면 음이 내려갑니다.	**왼쪽 6, 5, 4번줄** ↺ 시계 반대 방향으로 돌리면 음이 올라가고, ↻ 시계 방향으로 돌리면 음이 내려갑니다. **오른쪽 3, 2, 1번줄** ↺ 시계 반대 방향으로 돌리면 음이 내려가고, ↻ 시계 방향으로 돌리면 음이 올라갑니다.

3. 일렉기타 주요 구조

헤드
기타의 머리 부분. 기타의 브랜드가 대체로 여기에 적혀있습니다. (가끔 헤드가 없는 기타도 있습니다.(헤드리스))
너트
헤드에서 넥 사이 줄이 걸쳐있는 부분
TIP 이 부분이 매끄럽지 않은 경우 튜닝이 잘 틀어집니다. 샤프심 등으로 비벼서 매끄럽게 해주면 좋습니다.
헤드머신
줄을 튜닝할 때 돌리는 부분.
넥
말 그대로 기타의 목! 왼손이 잡는 부분.
TIP 연주하는 줄에 따라 넥을 잡는 방식이 계속 바뀌는데, 왼손바닥과 넥 사이 공간을 살짝 두고 잡아주면 이 방식의 전환에 용이합니다.
프렛
1프렛
2프렛
3프렛
기타 넥 위에 일자 형태의 쇠로 음정을 구분합니다. 넥에서부터 1프렛이며, 약 21~24프렛까지 있습니다. 프렛이 높아질수록 좁아집니다.
TIP 헤드보다 보디쪽 근처로 왼손을 눌러주면 힘을 덜 들이고 깔끔한 소리를 낼 수 있습니다.
픽 가드
피크로 연주 시 기타 겉면이 긁히는 것을 방지하기 위해 있습니다.
TIP 취향에 따라 원하는 디자인으로 교체도 가능합니다! 대신 알맞은 사이즈를 찾아야 합니다.
스트랩 핀(앞쪽)
기타를 서서 칠 때 스트랩(멜빵)을 여기에 끼웁니다. 앉아서 칠 때도 스트랩을 메고 해도 좋습니다.
트레몰로 암(트레몰로 바)
이 부분을 바디쪽으로 누르거나 들며 음정 변화를 줍니다. 잘 사용하면 꿀잼! 26p를 참고하세요.
기타 보디
말 그대로 기타의 몸체입니다. 기타별로 무게가 다 다릅니다.
픽업 셀렉터
어떤 픽업을 사용할지 선택하는 스위치입니다.
기타 픽업
기타줄의 울림을 전기신호로 바꾸어 앰프로 보내주는 중요한 부분입니다. 위쪽부터 넥 픽업(부드러운 소리), 미들 픽업(밸런스 있는 소리), 브릿지 픽업(카랑한 소리)을 내줍니다. 기타마다 개수나 크기가 다릅니다.
볼륨 노브
볼륨을 조절합니다.
톤 노브
기타의 톤을 조절합니다. 이 노브 수치를 올리면 소리를 날카롭게, 낮추면 부드럽게 만들 수 있습니다.
TIP 처음이면 그냥 다 올려서 명확한 소리로 연주해도 문제없습니다.
브릿지
너트와 함께 기타줄을 걸쳐서 고정해주는 부분입니다. 기타마다 브릿지의 종류가 다르며, 이 부분에 오른손날을 대고 연주하여 팜뮤트 소리를 내기도 합니다.
잭 플레이트
기타 케이블을 연결하는 곳입니다.
스트랩 핀(뒤쪽)
스트랩을 앞쪽과 뒤쪽에 둘 다 체결해야 합니다.

4. 왼손과 오른손의 자세

왼손 엄지

넥 위에 엄지를 얹어놓듯이 두고 다른 손가락으로 넥을 가볍게 감싸 쥐듯 잡습니다. 여기서 중요한 게 엄지의 위치입니다.

왼손과 오른손의 자세

엄지의 위치	앞쪽	뒤쪽
굵은 줄 쪽을 연주할 때		
	엄지가 넥의 중앙부분 즈음으로 유동적으로 위치를 바꿉니다.	
얇은 줄 쪽을 연주할 때		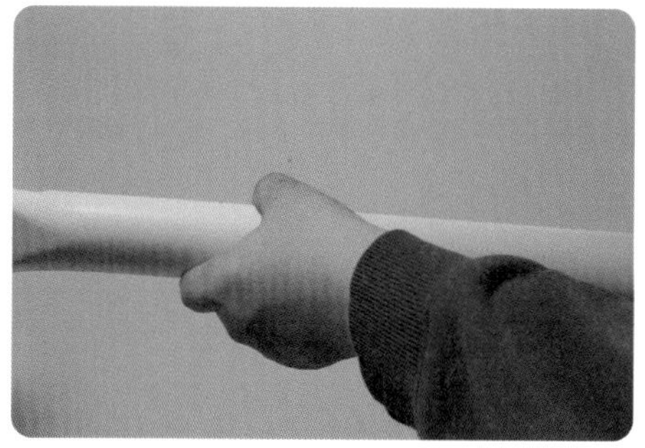
	엄지가 위로 올라와서 넥을 더 감싸 쥐는 느낌의 위치로 옮깁니다.	

연주 중에 손은 계속해서 바뀌주게 됩니다. 처음에는 일일이 다 신경 쓰려면 헷갈릴 수 있지만, 초반부터 의식하며 천천히 연습하다 보면 나중에는 생각을 많이 하지 않고도 좋은 손의 자세가 나옵니다.

왼손 프렛

프렛 끝쪽을 누릅니다.
그래야 약하게 잡더라도 소리가 명확하게 납니다.

안쌤 Tip! **그 외 주의사항**

틀린 자세

지금처럼 치고 있지 않은 손가락이라도 이렇게 넥에서 많이 벗어나게 되면, 그다음 음정을 누를 때 속도나 정확도가 많이 떨어집니다.

올바른 자세

이렇게 손을 모으는 연습이 생각보다 체력이 필요합니다. 속주 등 어려운 곡을 연주할 때도 이 자세를 유지할 수 있게끔 신경 써줍니다.

오른손 피크 잡는 법

멜로디, 단음 연주용

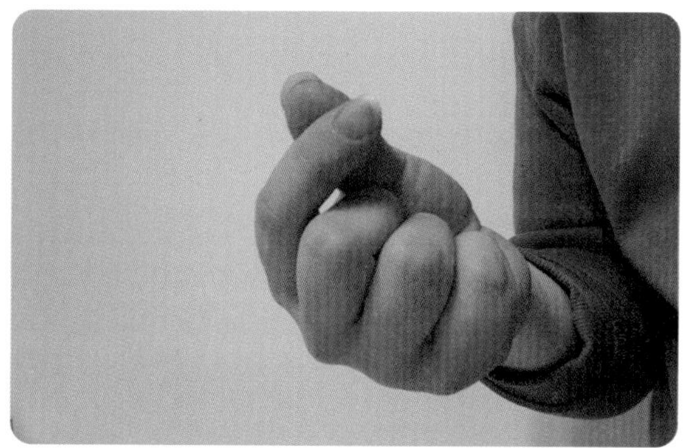

우선 엄지와 검지로 하트를 만듭니다.

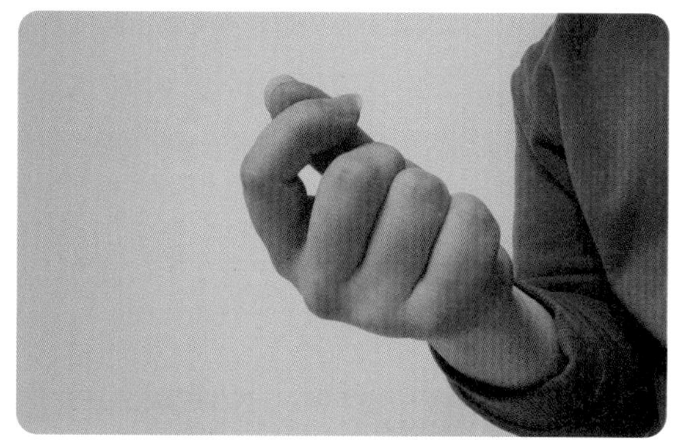

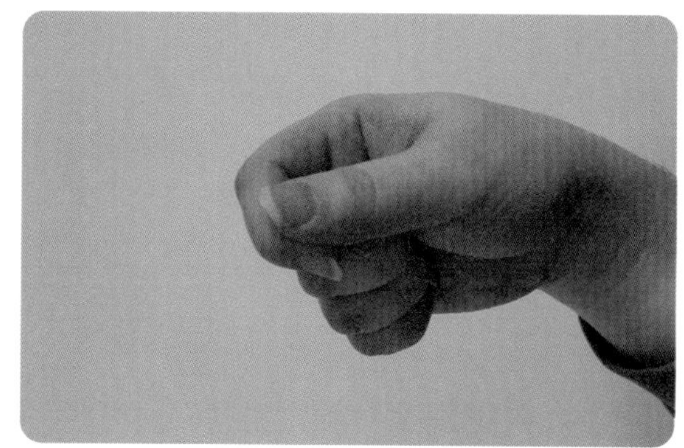

하트가 90도라면 약간 더 꺾어서 150도까지 만들어줍니다.

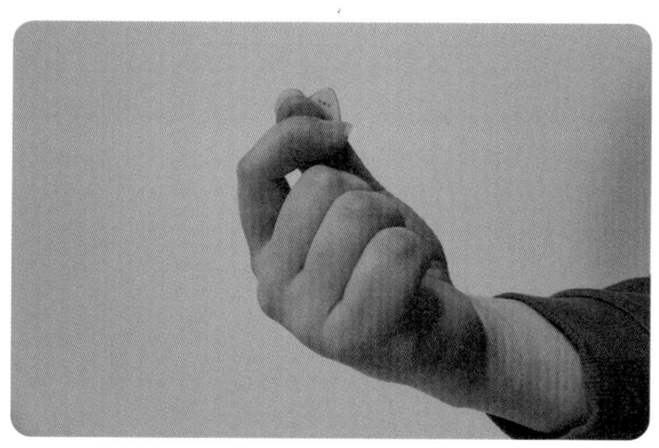

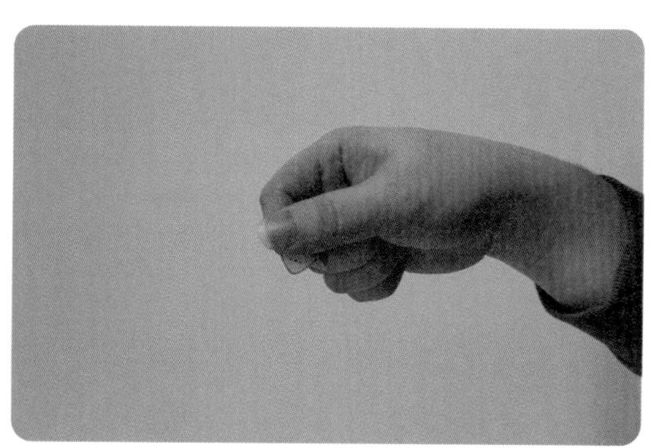

그 사이에 저렇게 피크를 끼우면 됩니다!
이렇게 잡아야 피크가 불안정하게 흔들리지 않고 딱 고정됩니다.
생각보다 짧게 잡아주시는 게 연주하기 좋습니다!

스트로크용

우선 엄지와 검지로 하트를 만듭니다.

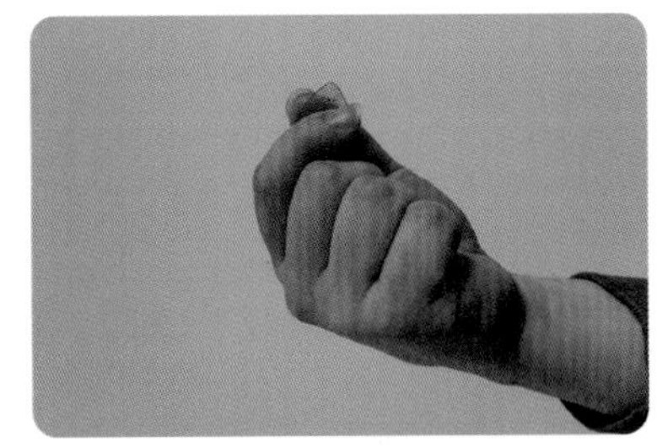

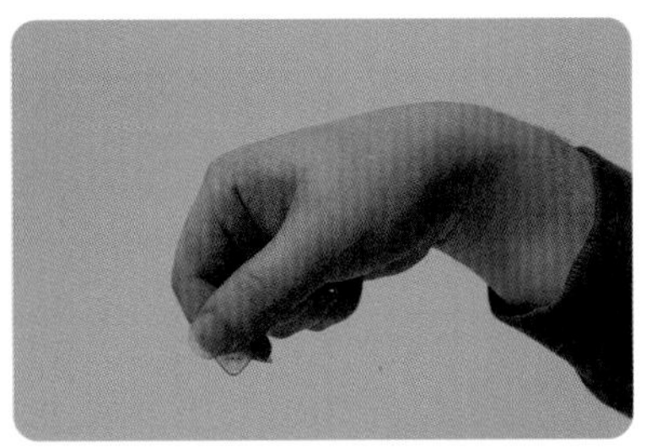

그대로 피크를 잡아줍니다. 손목을 많이 꺾는 게 스트로크에 유리한데, 그 손목 각도를 만들었을 땐 이렇게 피크를 잡아야 하기 때문입니다. 그 외 중지, 약지, 새끼손가락은 접어도 되고 펴도 됩니다.

안쌤 Tip! **스트로크 Stroke란?**

줄을 두 개 이상 혹은 모든 줄을 한 번에 연주하는 것을 통틀어 스트로크라고 말합니다. 스트럼(Strum)이라고 표현하기도 합니다. 피킹과 마찬가지로 얼터네이트 스트로크를 박자에 맞추어 연습하는 게 좋습니다.

오른손 연주 시 위치

6번줄을 피킹할 때

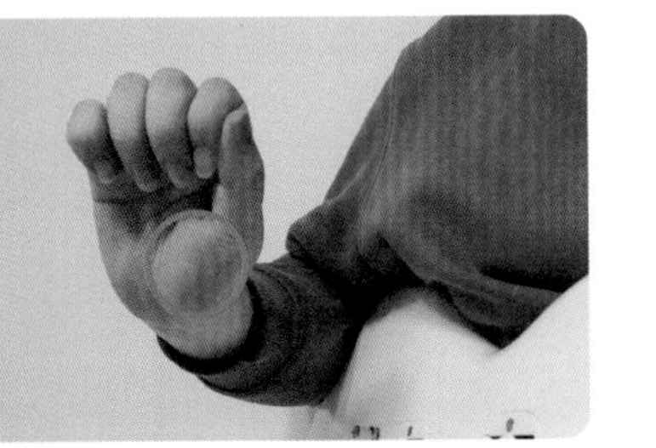

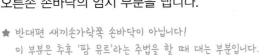

줄 위, 6번줄 바로 위의 보디 부분에 오른손 손바닥의 엄지 부분을 댑니다.

★ 반대편 새끼손가락쪽 손바닥이 아닙니다! 이 부분은 추후 '팜 뮤트'라는 주법을 할 때 대는 부분입니다.

이런 식으로 붙이고 피킹합니다. 팔도 같이 일렉기타 보디 부분에 붙이면 좋습니다.

안쌤 Tip! **피킹 Picking이란?**

줄 하나를 연주하는 것을 통틀어 피킹이라고 말합니다. 세부적으로는 다운 피킹과 업 피킹, 다운과 업을 계속 번갈아 연주하는 얼터네이트 피킹, 피크 대신 손가락으로 연주하는 핑거 피킹, 여러 줄을 효율적으로 치는 하이브리드 피킹 등등 다양한 종류의 피킹이 있습니다.

5~1번줄을 피킹할 때

6번줄 위에 엄지손바닥 부분을 대고 피킹합니다. 그 이하의 줄은
4번줄을 피킹한다면 5, 6번줄 위에 손을,
3번줄을 피킹한다면 4, 5번줄 위에 손을,

...

1번줄을 피킹한다면 2, 3번줄 위에 손을 댑니다.

안쌤 Tip! **기타를 치다보면 아픈데 괜찮을까?**

왼손이나 오른손이나 해보지 않은 연주 동작을 하는 것이기 때문에 힘이 많이 들어갈 수 있는데, 이는 당연한 것입니다. 다만, 계속 힘을 빼주는 것을 어느 정도 의식하며 연습해야 하고, 통증이 느껴질 때는 꼭 쉬는 게 좋습니다. 꼭!

5. 기타 악보 읽는 방법

기타 전용 악보가 있다는 것 아셨나요? Tableture, 줄여서 TAB(타브) 악보라고 합니다. 일반적인 악보와는 다르게 숫자만 읽을 줄 알아도 기타 연주를 가능하게 해주는 매우 간편한 악보입니다.

일반적인 악보는 오선 위의 음표를 읽을 줄 알아야 하는데, 타브 악보는 기타 줄 그 자체를 악보화 한 방식으로 6선으로 이루어져 있습니다. 예를 들어 제일 아래 줄에 5라는 숫자가 있다면, 제일 굵은 6번줄의 5프렛을 연주하라는 뜻입니다.

더 자세히 이해할 수 있도록 QR 영상을 통해 타브 악보 읽는 법을 참고해 주세요.

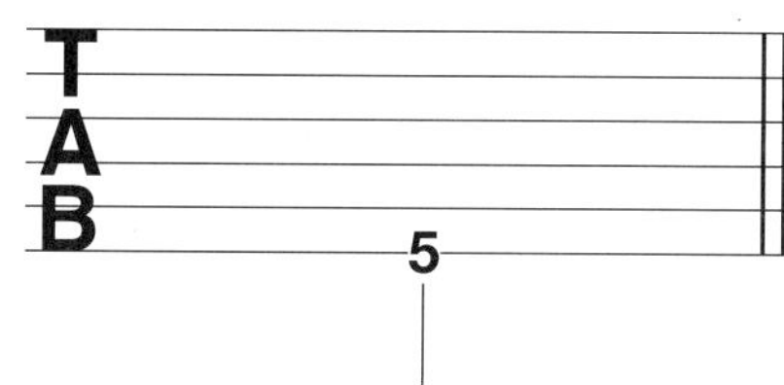

TAB 악보 읽는 법
0:28~1:10

Chapter 1

멜로디

1. 크로매틱 Chromatic

2. 메이저 스케일 Major Scale

3. 기본 코드

연습곡

· 생일 축하합니다
· 작은 별
· 언제나 몇 번이라도
· 할아버지의 낡은 시계
· 캐논 변주곡

Chapter 1

멜로디

맨 처음, 뭐부터 연습해 볼까?

안쌤은 수업을 할 때나 본인이 처음 시작할 때나 '이 연습'들을 항상 맨 처음에 해왔습니다. 바로 크로매틱, 메이저 스케일, 기본 코드 연습인데요. 왼손과 오른손의 여러 가지 움직임을 훈련할 수 있는 기초적인 연습이니, 잘 따라와 봅시다!

1. 크로매틱 Chromatic

크로매틱은 쉽게 표현하자면 모든 음을 다 치는 것입니다. 마치 피아노의 모든 건반을 다 누르고 지나가듯이, 한 프렛씩 상행 또는 하행하며 왼손과 오른손의 타이밍을 맞추는 꽤 중요한 연습입니다.

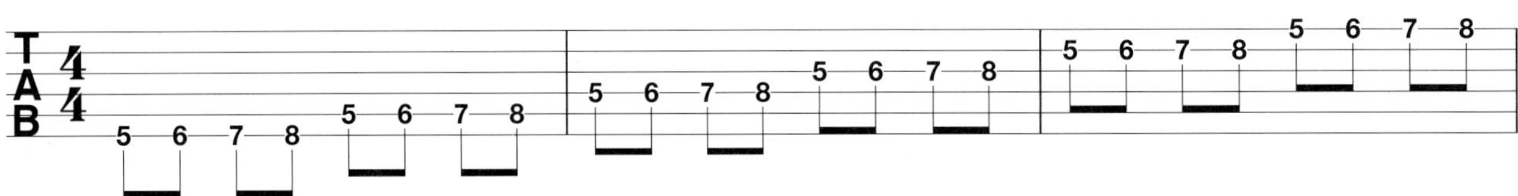

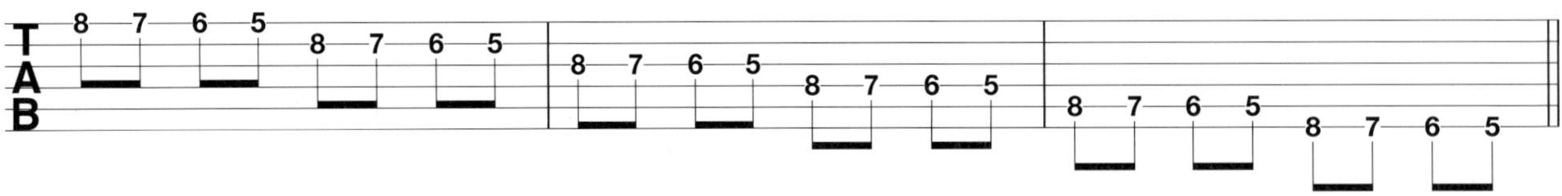

웬 악보가 숫자로 되어 있냐 할 수 있지만, 앞서 타브 악보 읽는 방법을 통해 배웠듯이 숫자만 알아도 (거의 모든) 기타 악보를 읽을 수 있습니다! 본격적으로 이 악보를 보고 직접 기타로 쳐 봅시다.

상행

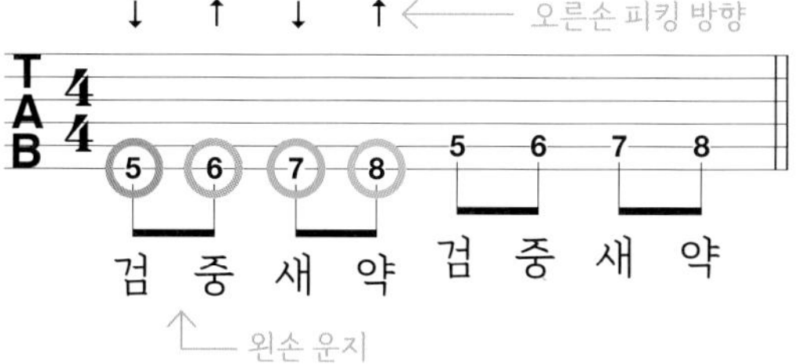

- 6번줄 **5프렛**을 검지로 누르고 오른손 다운 피킹
- 같은 줄 **6프렛**을 중지로 누르고 오른손 업 피킹
- 같은 줄 **7프렛**을 약지로 누르고 오른손 다운 피킹
- 같은 줄 **8프렛**을 새끼로 누르고 오른손 업 피킹

☛ 6~1번줄까지 한 줄씩 올라가며 계속 반복

하행

- 1번줄 **8프렛**을 새끼로 누르고 오른손 다운 피킹
- 같은 줄 **7프렛**을 약지로 누르고 오른손 업 피킹
- 같은 줄 **6프렛**을 중지로 누르고 오른손 다운 피킹
- 같은 줄 **5프렛**을 검지로 누르고 오른손 업 피킹

☛ 1~6번줄까지 한 줄씩 내려가면 한 세트 끝!

안쌤 Tip!

얼터네이트 피킹 Alternate Picking

오른손을 다운 업 다운 업 피킹하는 것을 얼터네이트 피킹이라고 합니다. 기본기+리듬 지키기 연습에 꼭 필요한 피킹법으로, 다른 피킹법들도 많지만 안쌤 기준에서는 얼터네이트 피킹이 제일 기본이라고 봅니다.

안쌤 Tip! **크로매틱**

- 왼손의 자세에서 배웠듯이 프렛 누르는 위치는 맨 끝 쪽! 그래야 힘을 덜 주고도 정확한 소리를 낼 수 있습니다.
- 다음 프렛으로 넘어갈 때 기존에 누르던 프렛에서 손가락을 꼭 떼기! 멜로디 연주 시 내가 내야 하는 음 외에 다른 음이 나지 않도록 하는 훈련을 위해서입니다.
- 음과 음 사이가 끊기지 않게 해주기! 끊긴다면 왼손, 오른손 타이밍이 부정확한 것입니다.
- 속도가 느려도 괜찮으니, 음을 무조건 정확하게!
- 메트로놈을 틀고 1연음, 2연음 위주로 연습! (1연음 = 메트로놈 소리 한 번당 한 음, 2연음은 소리 한 번당 두 음)

2. 메이저 스케일 Major Scale

메이저 스케일은 쉽게 표현하자면 '도레미파솔라시도'입니다. 실제 연주에서는 크로매틱보다 한두 프렛, 한두 줄 건너뛰는 식의 연주법이 더 많으므로 메이저 스케일을 연습하는 게 더욱 워밍업이 잘 됩니다!

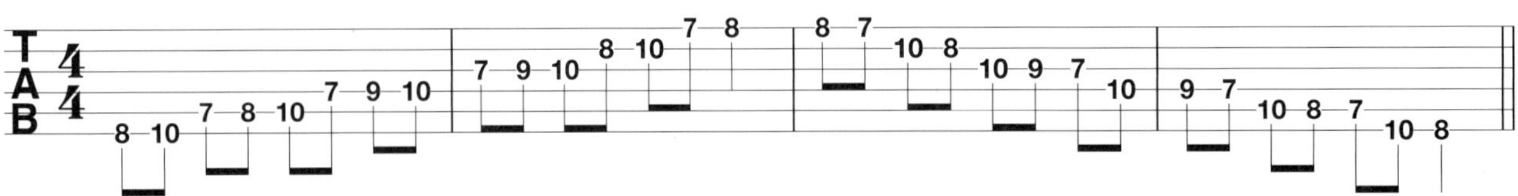

모든 7프렛은 검지, 8프렛은 중지, 9프렛은 약지, 10프렛은 새끼손가락으로 연주합니다. 처음 시작인 6번줄 8프렛 '도'를 중지로 시작해 앞서 연습했던 크로매틱처럼 얼터네이트 피킹으로 연습해 보세요.

안쌤 Tip! **메이저 스케일**

좀 더 낮은 프렛에서 해도 상관없지만, 안쌤은 위 악보처럼 조금 높은 포지션에서 연습하기를 선호합니다. 이 포지션은

- 좀 더 위 프렛까지 연주해 볼 기회가 됩니다.
- 6~1번줄까지 다 쳐보면서 '도'부터 '도'까지 쭉 연결하는 느낌이 잘 납니다.
- 안쌤의 4묶음 패턴을 연습하기에도 적절한 포지션입니다.

위의 기본 메이저 스케일이 잘 되는 분들을 위한 다음 연습법인 메이저 스케일 4묶음 패턴도 있습니다.

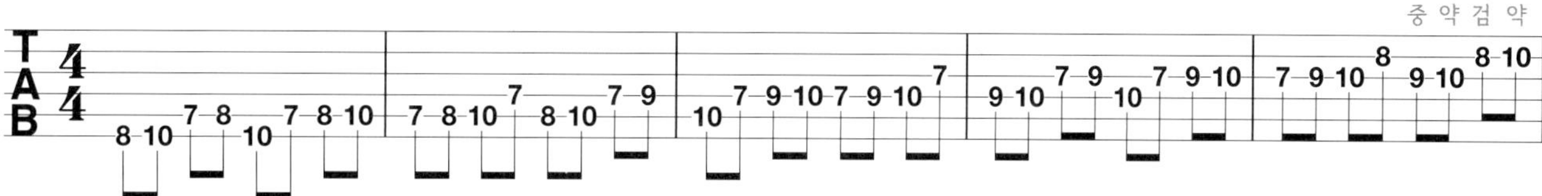

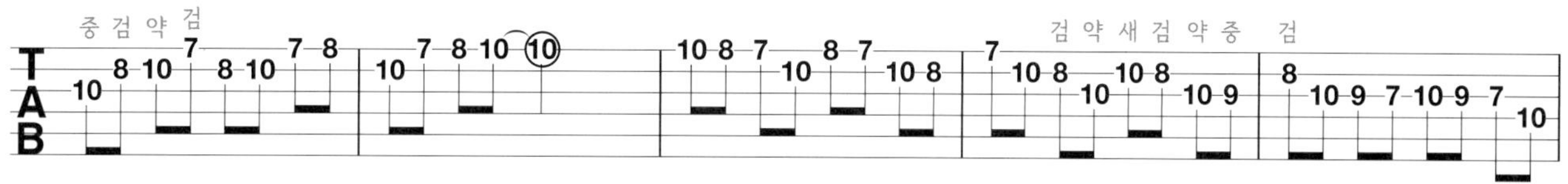

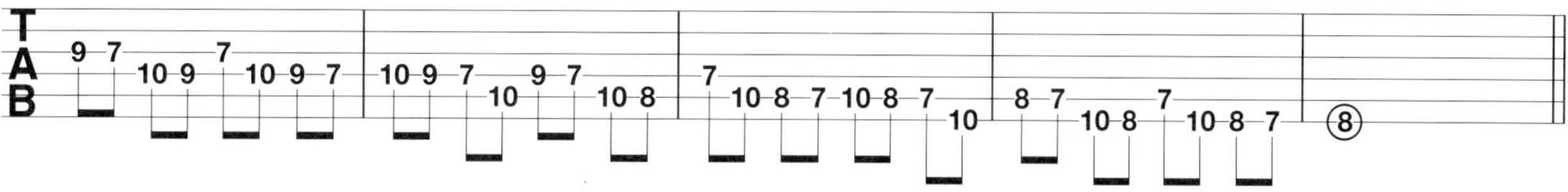

만약 이 패턴이 너무 쉽다면 다음 패턴도 시도해 보세요. 이 또한 안쌤이 손을 풀 때 많이 하는 지그재그 패턴입니다. (도미 레파 미솔 파라 솔시…)

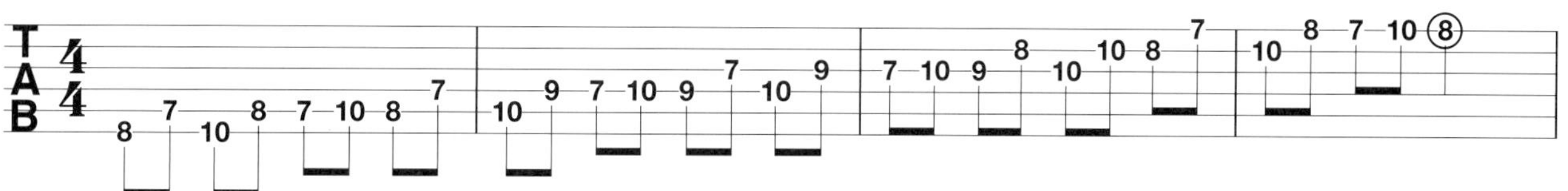

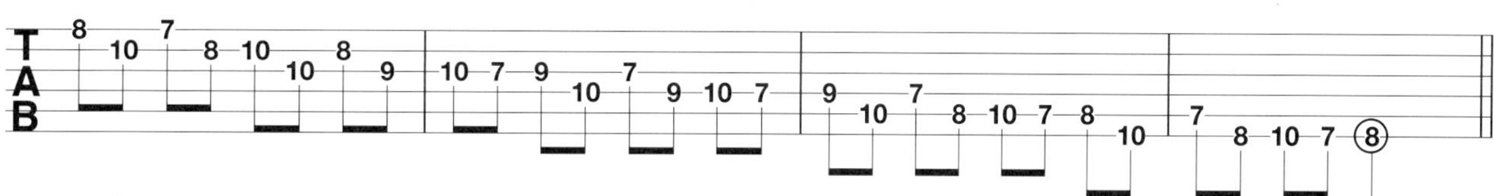

3. 기본 코드

여러 손가락을 한 번에 움직이는 연습에 탁월합니다. 결국 노래를 반주하려면 코드 연주를 꼭 해야 합니다.(가끔 통기타를 먼저 하길 추천하는 게 코드 위주의 연습이 많아서이기도 한데, 사실 일렉기타로 똑같이 코드 연습을 해도 괜찮습니다)

코드표(다이어그램) 읽는 법

이 네모들이 기타의 지판, 즉 줄과 프렛을 나타내는 그림이라고 생각하면 됩니다. 이 다이어그램 위에 왼손으로 어디를 눌러야 할지 검은색 점으로 표시가 됩니다.

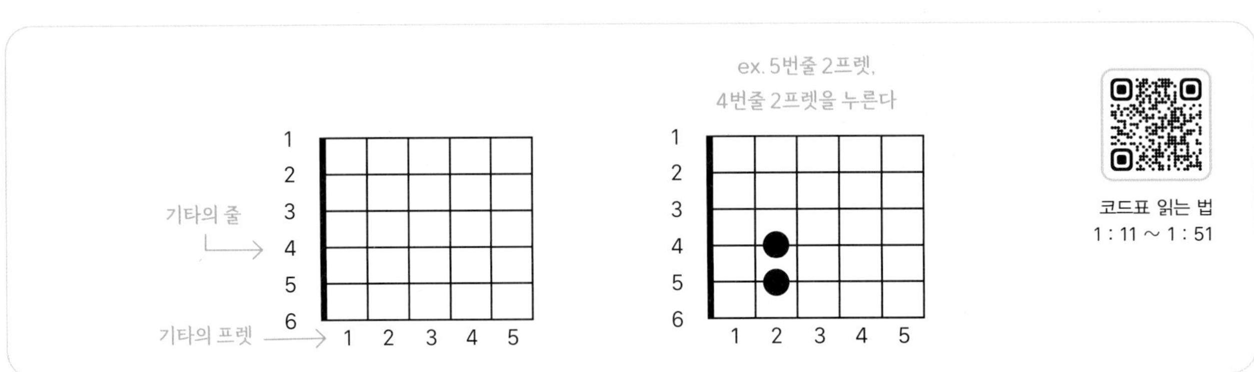

안쌤 Tip! **코드표의 O와 X**

프렛이 아닌 줄에 있는 ○의 경우 프렛을 누르지 않은 채 연주한다는 의미로, 개방현이라 부릅니다.

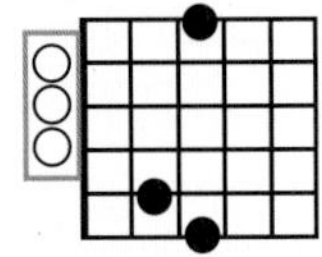

×의 경우 해당 줄을 연주하지 않는다는 의미입니다. 오른손을 신경 써서 치지 않거나, 가능하다면 남는 손가락으로 뮤트합니다. 코드마다 뮤트하는 줄과 방법이 다르므로 아래의 코드 가이드나 연주 영상을 참고해 주세요.

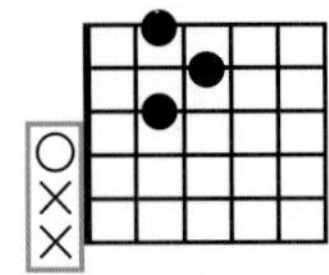

코드표에는 어느 손가락으로 어느 줄과 프렛을 눌러야 하는지에 대한 자세한 정보가 나와 있지 않습니다. 인터넷이나 영상 자료 등으로 어떤 식으로 잡는지 참고하며 연습해야 합니다. 본 교본에서 다룰 3단계의 코드들은 아래의 코드 가이드를 참고해 주세요.

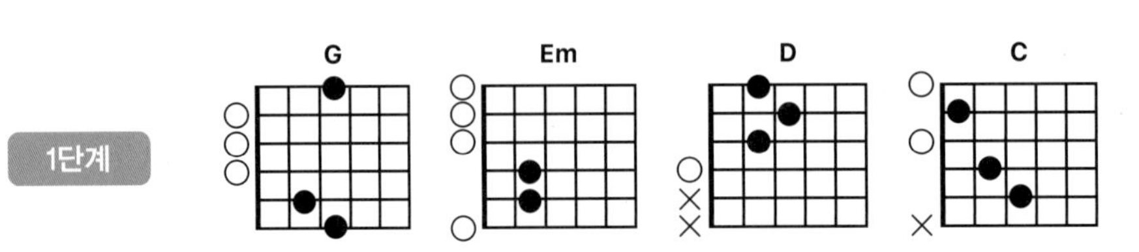

코드 가이드

사실 일렉기타는 통기타에 비해 기본 코드를 할 일이 은근히 없습니다. 하지만 기타의 꽃은 그래도 코드 연주라고 생각합니다. 손풀기용+코드 악보에 언제든 대응하기 위해 연습을 튼튼이 해 주세요. 안쌤은 위의 코드 4개까지 기본 코드로 보지만, 다다익선, 많이 외울수록 좋습니다!

1단계의 코드가 잘 돌아간다면, 다음 단계의 코드들을 도전해 봐도 좋습니다.

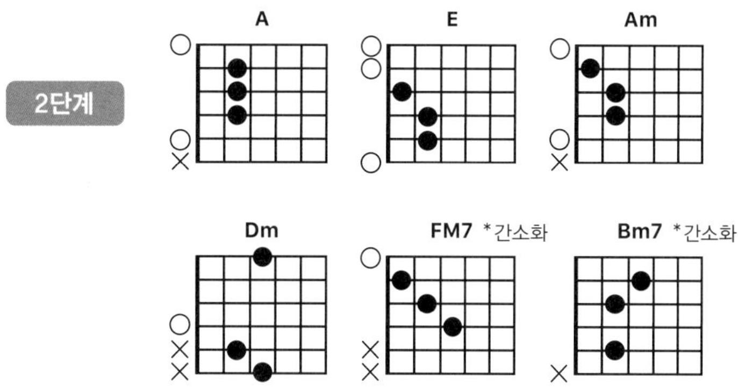

안쌤 Tip! 하이 코드High Chord와 바 코드Bar Chord

- **하이 코드(High Chord)** 4프렛 이상의 위치에서 잡는 코드를 대체로 하이 코드라고 부릅니다. 공식 코드라고도 이해할 수 있는데, 코드 모양을 유지한 채 어느 프렛으로 옮겨서 치더라도 같은 성격의 코드 소리가 납니다.
- **바 코드(Bar Chord)** 검지 하나로 두 개 이상의 줄을 잡고 연주하는 코드를 말합니다. 대표적인 바 코드로는 F코드가 있지만, 그 외에도 많은 바 코드가 있습니다. 바 코드의 공식 모양을 유지한 채로 상위 프렛 어디에서든지 연주할 수 있으므로 하이 코드의 큰 범주 안에 바 코드라는 작은 범주가 포함된다고 이해할 수 있습니다.

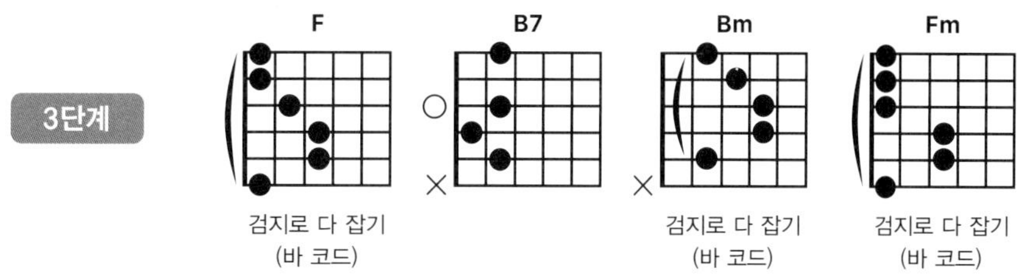

안쌤 Tip! 코드 연습

- 일렉기타를 치는 사람들은 대체로 코드 연습을 좋아하진 않지만(안쌤은 좋아했답니다), 코드로 연주하는 명곡들이 정말 많은 만큼 심심할 때마다 연습해서 외워 주면 좋습니다.
- 잡고 있는 코드에서 다음 코드로 넘어갈 때, 손을 떼고 공중에서 이동할 코드의 모양을 미리 만드는 게 중요합니다. 미리 만들고 한 번에 잡는 연습을 해보세요. 기타가 없더라도 공중에서 손가락으로 코드 모양 만드는 연습이 도움이 됩니다. 이게 익숙해지면 코드 바꾸는 속도도 훨신 빨라집니다.
- 이번 교본에서는 타브의 비중이 더 크므로 손풀기 정도 한다는 생각으로 가볍게 연습해 주어도 좋고, 이어서 나올 기본 멜로디 연습곡에 코드가 포함되어 있으니, 위의 코드들로 같이 연주해 보세요.

생일 축하합니다

세상에서 제일 유명한 곡! 왼손 검지는 1프렛, 중지는 2프렛 등 손가락 번호를 최대한 지키며 연주하세요! 멜로디와 더불어 기본 코드도 추후 도움이 되니 따로 연습해 주면 좋습니다.

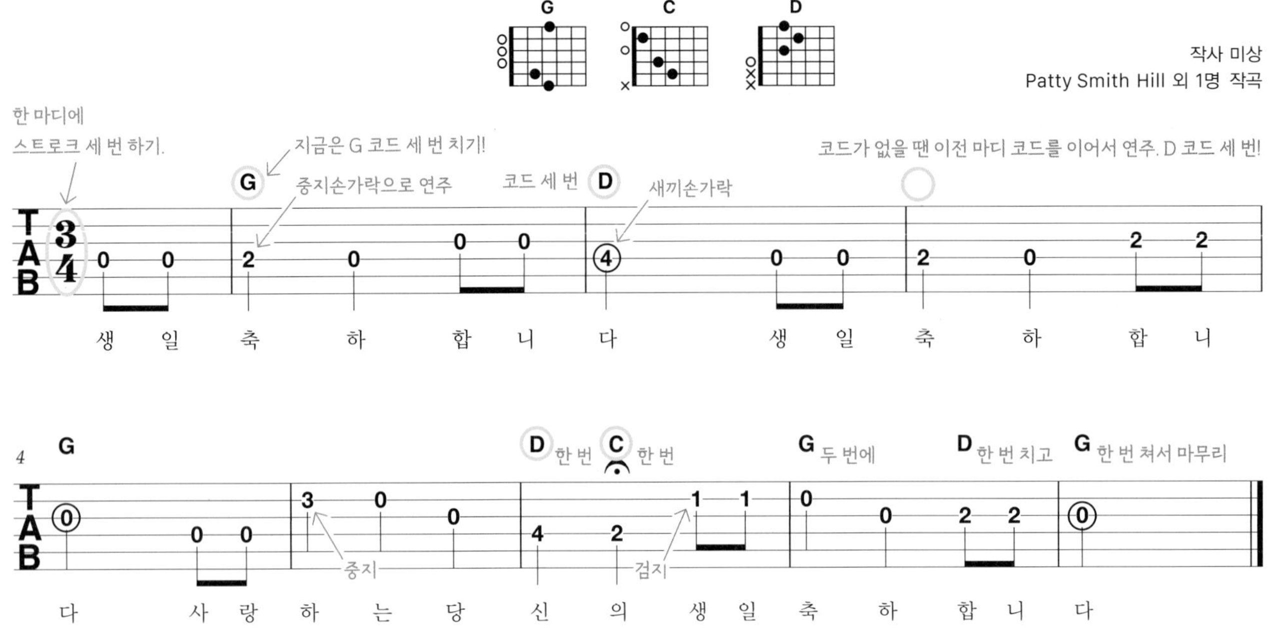

작은 별

국민 동요로 기초를 다져 봅시다! 피킹은 얼터네이트 피킹으로 해도 좋고, 전부 다운으로 해도 좋습니다.

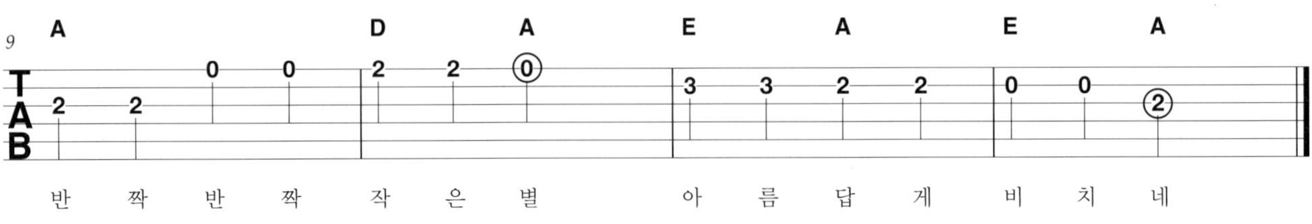

언제나 몇 번이라도

역시 손가락 번호, 피킹 방향 지키며 연습하기!
(1번 검지, 2번 중지, 3번 약지, 4번 새끼)

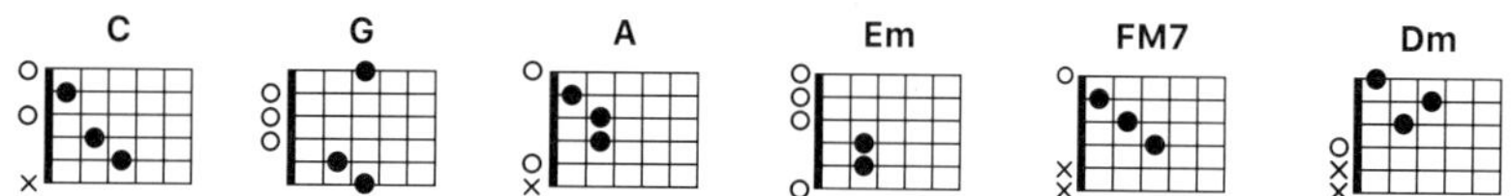

Kimura Yumi 작곡

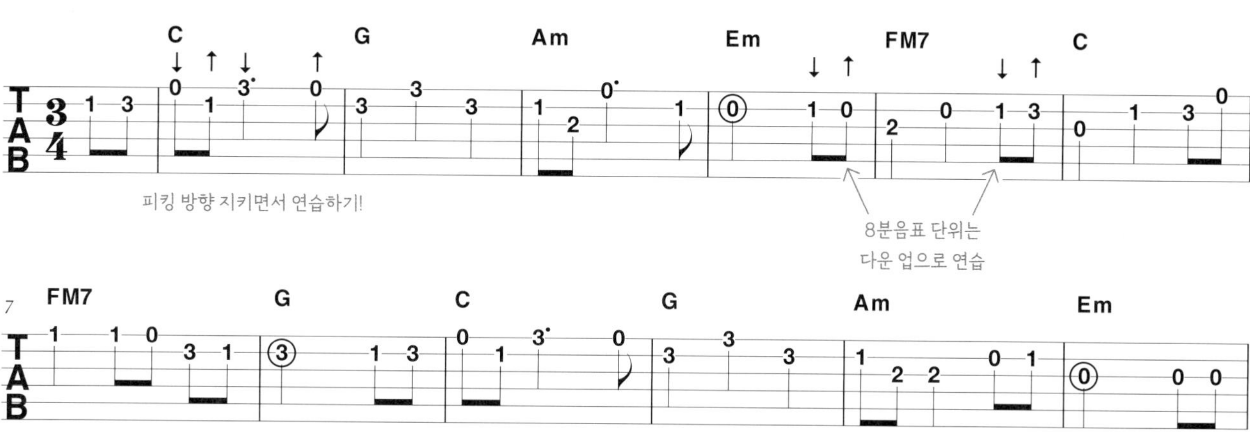

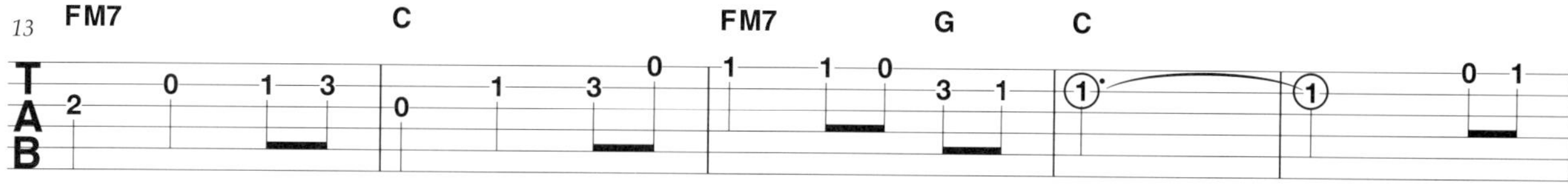

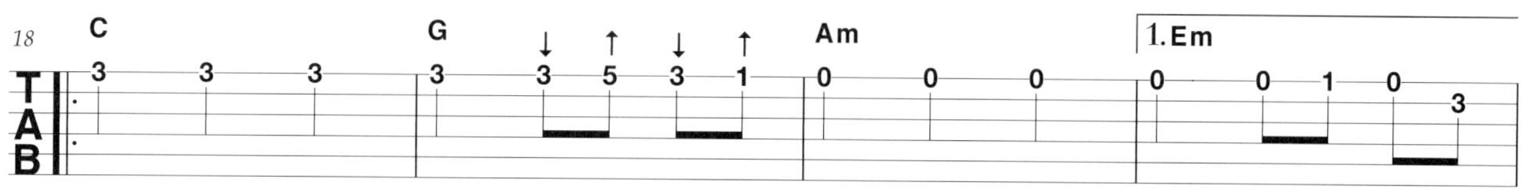

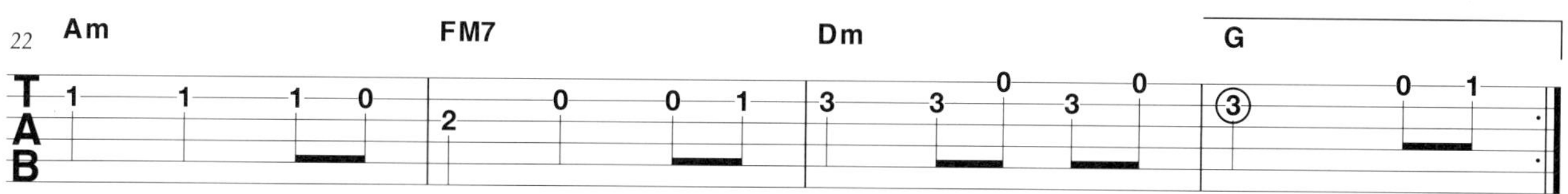

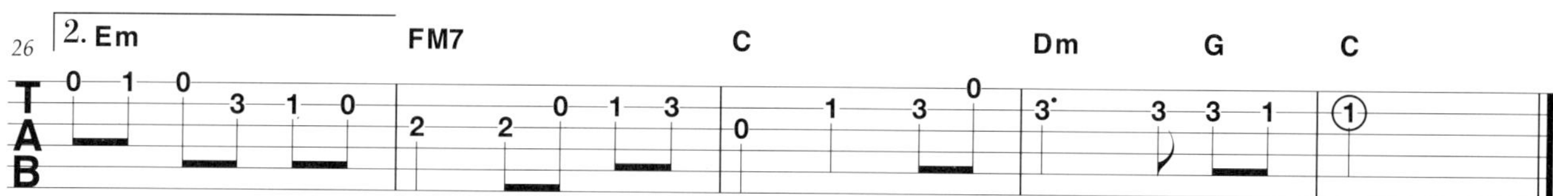

할아버지의 낡은 시계

리코더 연주곡으로도 꽤 유명한 한 번쯤 들어봤을 노래! 음이 한 박 또는 반 박씩 계속 번갈아서 나옵니다. 코드 연주 시 한 마디에 주로 두 개의 코드가 나와 꽤 바쁠 수 있으니 주의하세요.

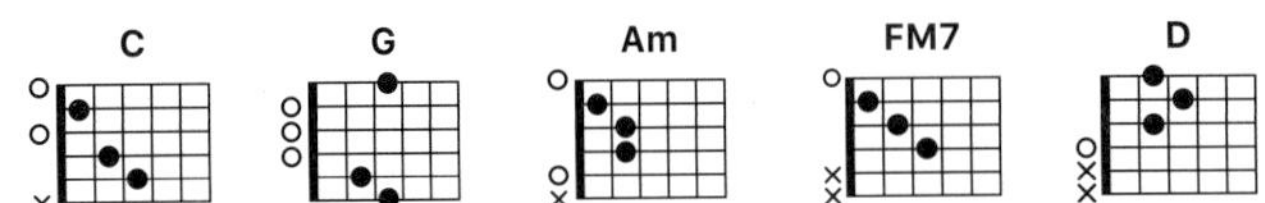

Henry Clay Work 작사 · 작곡

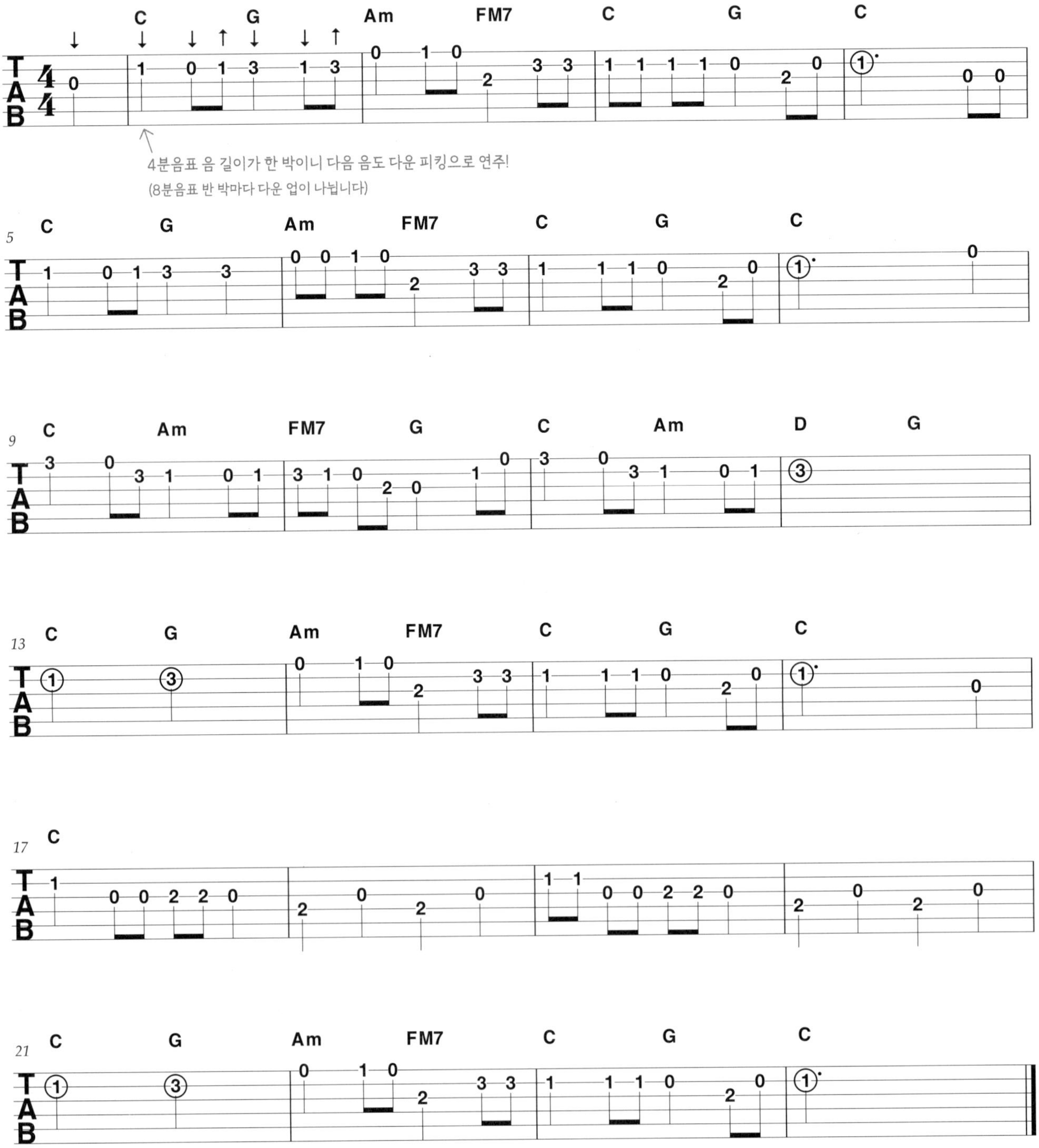

4분음표 음 길이가 한 박이니 다음 음도 다운 피킹으로 연주!
(8분음표 반 박마다 다운 업이 나뉩니다)

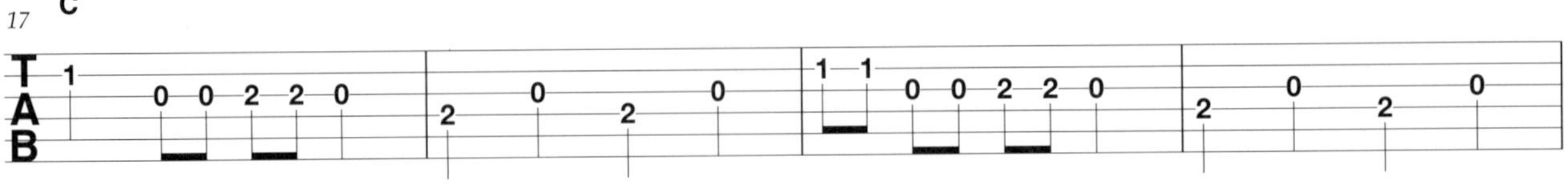

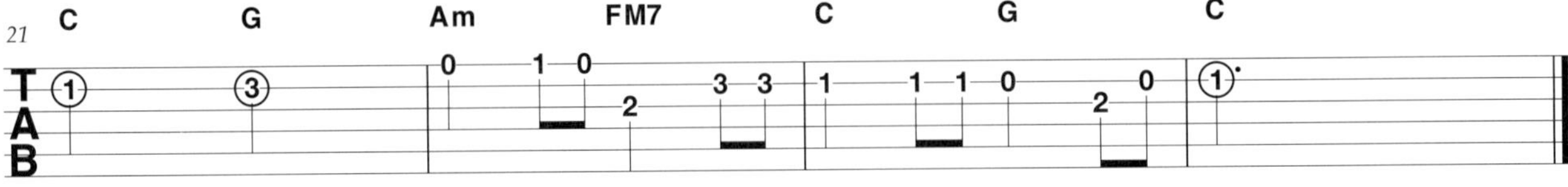

캐논 변주곡

기초 튜토리얼의 마지막 곡인 만큼 많은 음이 나옵니다! 연주하는 줄의 변동이 꽤 잦으니 보다 정확하게 연주하는 연습이 필요하며, 얼터네이트 피킹 또한 계속 신경 써 줍시다.

TIP 두 마디 단위로 멜로디 리듬이 반복됩니다!

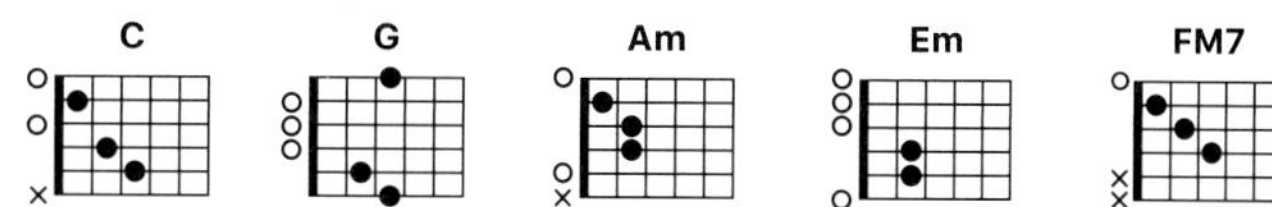

Johann Pachelbel 작곡

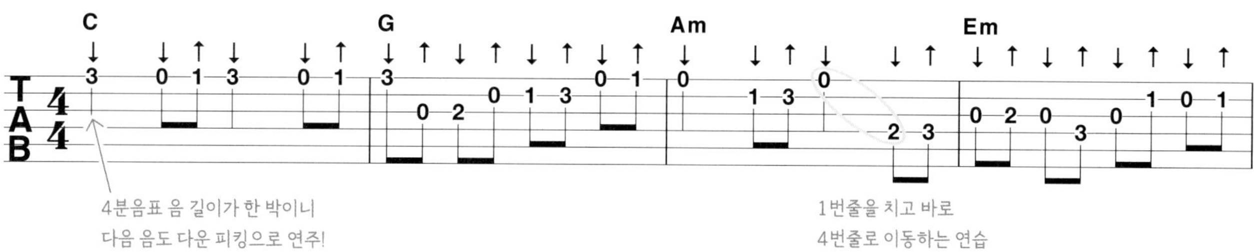

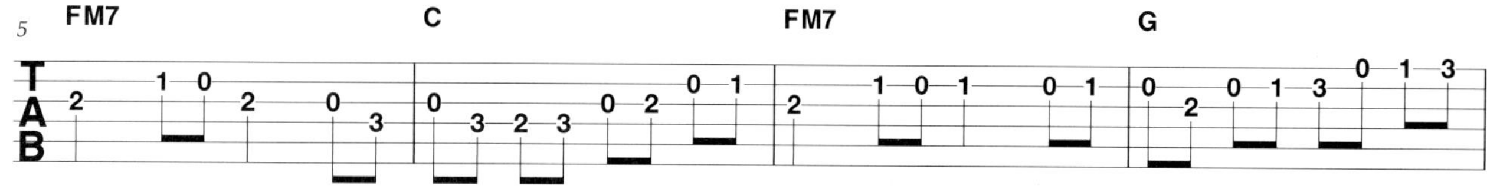

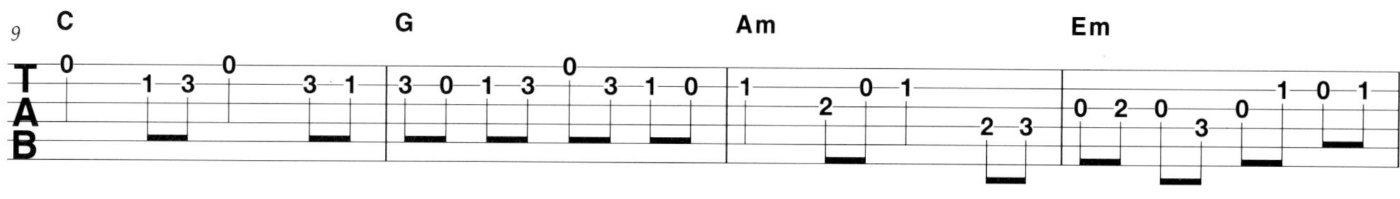

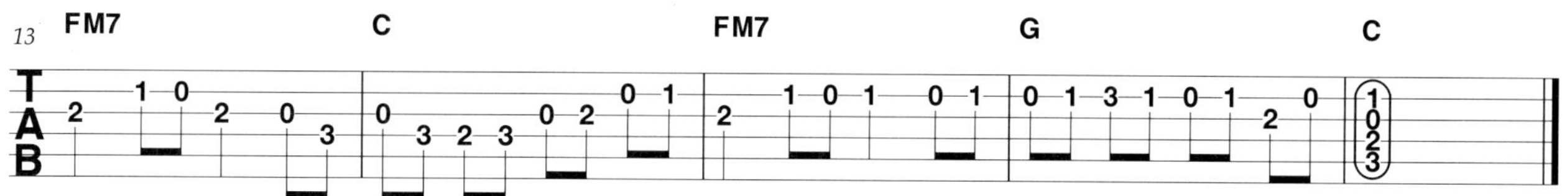

기타 악보 기호 및 주법 모음

이제부터 연주해 볼 곡들의 악보에는 숫자 타브 외에도 다양한 기호들이 있습니다. 악보를 보며 연습하다가 "이 기호는 무슨 뜻이지?" 하는 부분이 있다면 이 페이지로 돌아와서 확인해 보세요. 다만, 악보는 그 곡의 모든 디테일들을 다 표현할 수는 없습니다. 꼭 원곡을 같이 들어보며 연습해야 합니다!

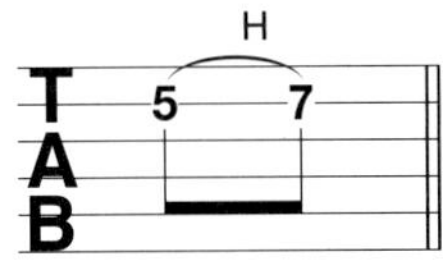

해머링 Hammering

줄의 울림을 유지한 채로 울리고 있는 음보다 더 위의 프렛을 왼손만으로 눌러서 소리내는 주법. 전부 다 피킹을 하기보단 첫 음만 피킹하고 그 다음 음을 부드럽게 연결해서 내기 위해 사용하는 기술. 해머, 즉 망치로 찍듯이 왼손가락으로 프렛을 빠르고 강하게 누릅니다.

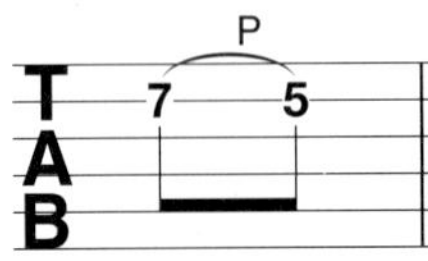

풀링 오프 Pulling Off

해머링과는 반대의 주법. 프렛을 누르고 있는 왼손가락을 아래로 튕겨서 울리고 있는 음보다 낮음 음의 소리를 냅니다. 이때, 낮은 음은 미리 누르고 있어도 좋고, 풀링 오프를 할 그 타이밍에 눌러도 됩니다.

TIP 그냥 떼는 게 아닌 마치 오른손의 역할을 하는 왼손가락이라고 생각하며 아래로 튕겨 연주합니다.

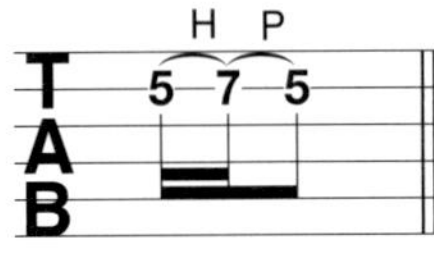

해머링 & 풀링 오프 Hammering & Pulling Off

위에서 설명한 해머링과 풀링 오프가 한 번에 나오는 케이스. 처음 음만 피킹하고 해머링을 한 뒤, 해머링을 했던 손가락을 그대로 다시 아래로 튕겨서 풀링 오프로 소리를 냅니다.

TIP 연달아 나온다고 빠르게만 하는 게 아니고, 해머링 하는 음과 풀링 오프 하는 음의 길이 및 박자를 꼭 지켜야 합니다.

슬라이드 업 & 슬라이드 다운 Slide Up & Slide Down

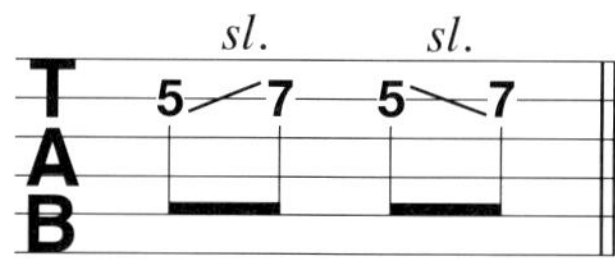

줄의 울림을 유지한 채로 울리고 있는 음보다 더 위의 프렛을 왼손만으로 눌러서 소리내는 주법. 전부 다 피킹을 하기보단 첫 음만 피킹하고, 그 다음 음을 부드럽게 연결해서 내기 위해 사용하는 기술. 해머, 즉 망치로 찍듯이 왼손가락으로 프렛을 빠르고 강하게 누릅니다.

슬라이드 Slide (출발, 도착 지점 없음)

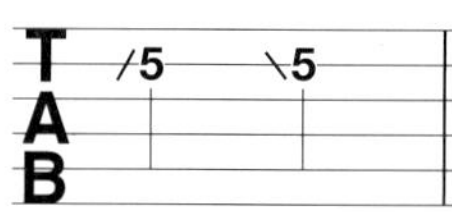

위의 슬라이드 설명과 연주 원리는 같습니다.

★ 슬라이드 기호가 프렛 왼쪽에 있다면 출발 지점이 없는 슬라이드

／아래에서부터 슬라이드 인, ＼위에서부터 슬라이드 인

- 출발 지점은 대부분 도착 프렛의 +/- 2프렛
- 1프렛일 때도 있고, 2프렛 이상일 때도 있습니다.
  (노래마다 어울리는 출발 지점 프렛이 다르니 주의)

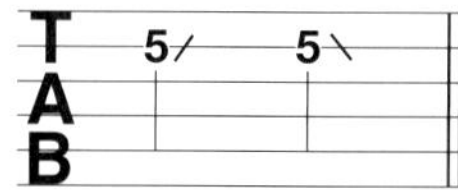

★ 슬라이드 기호가 프렛 오른쪽에 있다면 도착 지점이 없는 슬라이드

／위로 슬라이드 아웃, ＼아래로 슬라이드 아웃

- 슬라이딩을 하며 움직이다가 왼손을 프렛에서 떼면서 음이 사라지게끔 연주합니다.
- 그 다음 음이 나올 때까지 슬라이드를 하다가 다음 음을 연주합니다.

뮤트 Mute

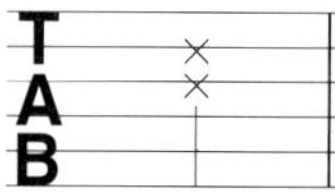

왼손으로 줄을 누르지 않고 닿아있기만 한 상태에서 해당 줄을 쳐서 막혀 있는 소리를 냅니다.

TIP 초반에는 얼마나 손을 줄에서 떼야 하는지 감을 잡는 데 시간이 걸립니다. 정말 살짝 뗀다는 느낌이면 충분합니다.

팜 뮤트 Palm Mute

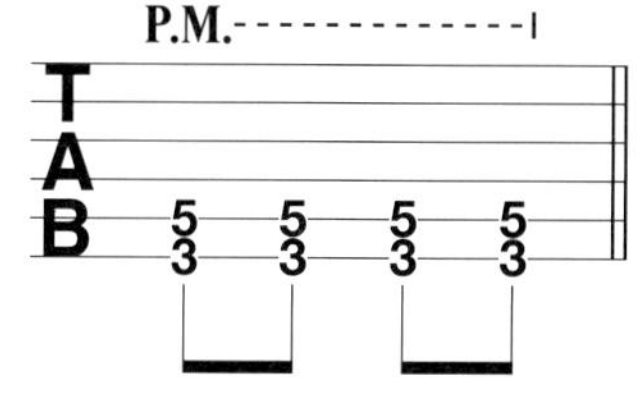

오른손을 기타의 브릿지 쪽에 닿은 채로 쳐서 막혀있는 듯한 소리를 냅니다.

★ 파워코드 챕터 팜 뮤트 설명 참고

트레몰로 암 Tremolo Arm (트레몰로 바 Tremolo Bar)

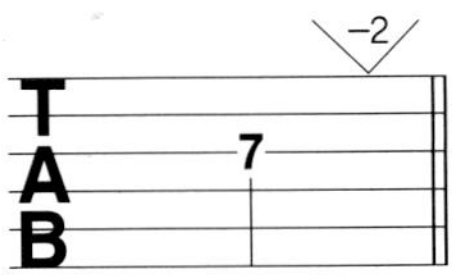

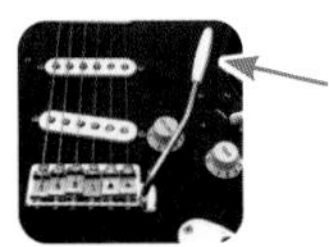

기타의 브릿지 쪽에 이렇게 생긴 도구. (트레몰로 암이 없는 기타도 있습니다.) 기타 쪽으로 꾸욱 눌러 음의 변화를 줍니다. 적혀있는 숫자만큼 음정의 변화 폭을 늘립니다.

ex. 2는 대략 두 음 정도 변화

TIP 악보에 적혀있는 음정 폭은 원곡의 느낌을 정확히 표현해 주지 못하니 악보보다 원곡의 소리에 더 집중해서 연습해야 합니다.

벤딩 Bending

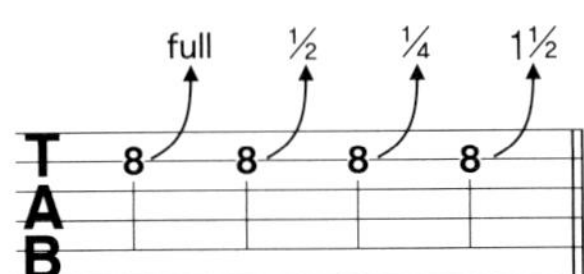

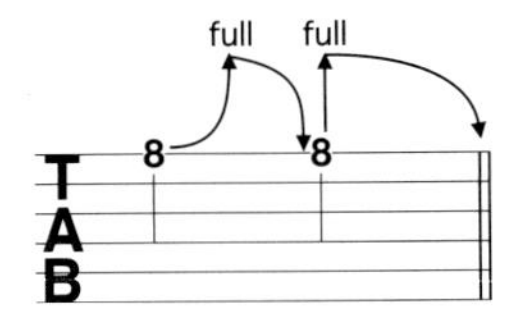

왼손가락으로 줄을 누른 채 위 또는 아래 방향으로 움직여 그 음을 유지하는 주법입니다. (1, 2번줄은 위로, 3번줄은 위 또는 아래로, 4~6번줄은 아래로 움직입니다)

프렛에서 프렛으로 옮기는 느낌과 달리 음을 끌고 올라간다는 느낌이 더 강한 주법이며, 움직이는 양이 종류마다 다릅니다.

ex. 8프렛에 full이라면 같은 줄 10프렛 음이 날 때까지 줄을 움직인다.
1/2이라면 같은 줄 9프렛 음이 날 때까지 줄을 움직인다.
1/4이라면 8프렛과 9프렛 사이쯤의 미세한 정도만 움직인다.
1과1/2이라면 같은 줄 11프렛 음이 날 때까지 줄을 움직인다.

이 외에도 갔다가 돌아오는 벤딩, 미리 올라가 있는 상태에서 돌아오는 벤딩 등 다양합니다.

하모닉스 Harmonics

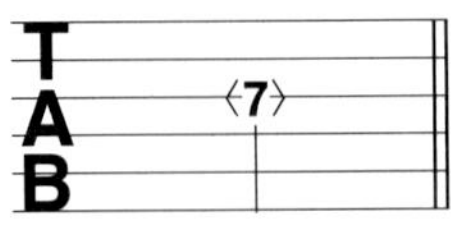

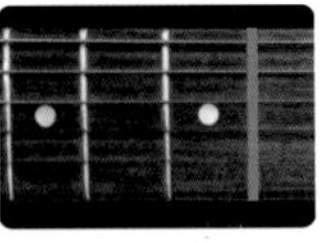

일반적인 연주 시 누르는 프렛 위치가 아닌, 프렛 쇠의 바로 위쪽에 왼손가락을 댄 채로 줄을 쳐서 줄의 배음만을 냅니다. 줄을 먼저 친 직후에 닿아 있던 왼손가락을 떼면 소리가 더 길게 퍼집니다. 오른손을 기본보다 좀 더 세게 쳐주는 게 좋습니다.

TIP 모든 프렛에서 하모닉스가 잘 나는 것은 아닙니다. 12프렛과 7프렛이 제일 잘 나고, 그다음 5프렛이 잘 납니다. 디스토션 효과가 같이 걸린다면 4번 이하 프렛에서도 소리가 납니다.

비브라토 Vibrato

왼손가락으로 줄을 누른 채 위 또는 아래로 갔다가 돌아오기를 반복하여 음의 떨림을 만드는 주법입니다. (1, 2번줄은 위로, 3번줄은 위 또는 아래로, 4~6번줄은 아래로 움직입니다.) 악보 위에 항상 비브라토가 표시되어 있지 않더라도 길이가 긴 음의 경우 자유롭게 비브라토 할 수 있습니다.

TIP 손가락을 움직이는 게 아닌, 손가락은 딱 굳어있다는 생각으로 두고 팔 전체를 위아래로 움직이거나 돌린다는 느낌으로 연주합니다. 자세한 움직임은 영상을 참고하세요.

태핑 Tapping

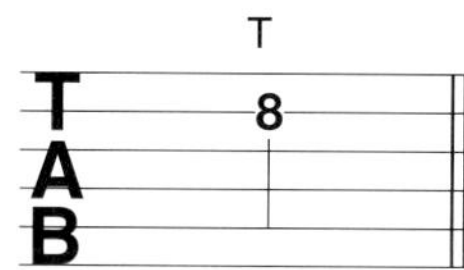

오른손가락으로 프렛 쪽을 왼손 해머링 하듯이 꾹 눌러서 소리 내는 주법입니다. 가끔 왼손이 도달할 수 없는 연주를 할 때나, 많은 음이 빠르게 나오는 속주 프레이즈를 연주할 때 많이 쓰입니다. 주로 피크를 엄지, 검지로 잡고 있으니 중지로 태핑 하거나, 피크를 오른손 중지, 약지로 숨겨 잡고 검지로 태핑 해도 됩니다. 무슨 손가락이든 자유!

TIP 오른손이 왼손 프렛 누르는 만큼의 힘이 없어서 처음에는 크게 소리를 내기 어려울 수 있지만, 계속하다 보면 힘이 길러지면서 소리가 잘 나올 수 있습니다. 이펙터 중 컴프레서를 사용하면 음이 더 잘 날 수도 있지만, 기본적으론 오른손 힘이 좋아져야 합니다.

트레몰로 Tremolo

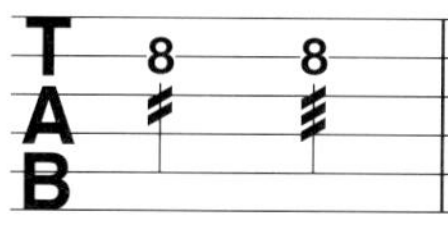

한 프렛에서 음 길이만큼 여러 번 빠르게 피킹합니다. (쉽게 말해 스피드 피킹) 숫자 아래가 두 줄로 되어 있으면 16분음표 빠르기로 피킹하고, 세 줄로 되어 있으면 32분음표 빠르기만큼 촘촘하게 피킹합니다.

스타카토 Staccato

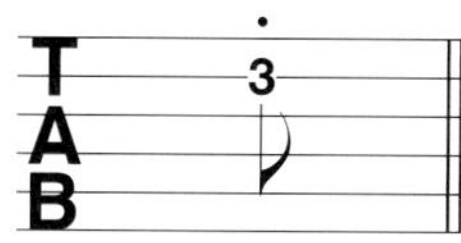

음을 짧게 끊어서 연주합니다. 음을 연주하자마자 누르고 있는 왼손을 바로 떼서 음을 빠르게 없애는 식으로 연주합니다.

TIP 왼손을 떼기만 하면 뗀 직후 잡음이 생길 수 있으니 연주했던 왼손가락 외의 손가락이나 오른손을 줄을 대 확실히 뮤트해줍니다.

TIP 2 만약 0프렛 스타카토라면 왼손가락을 뗄 필요는 없으니 빠르게 뮤트하는 것만 신경 쓰면 됩니다.

Chapter 2

파워코드

1. 일렉기타는 파워코드 하나면 끝이지~

2. 파워코드 예제

연습곡

- abcdefu
- Antifreeze
- APT.
- 넌 내게 반했어
- 우리의 꿈
- 그대에게
- 질풍가도
- 낭만고양이
- Basket Case

파워코드

1. 일렉기타는 파워코드 하나면 끝이지~

안쌤이 처음 파워코드의 존재를 알았을 때 "파워코드만 알면 모든 코드를 잡을 수 있다!"라는 학교 형의 이야기를 듣고 기타를 잡은 지 일주일도 안 돼서 배운 코드입니다. 과장을 조금 보태면 이 코드 하나로 모든 노래를 반주할 수 있습니다.

만능 코드인데 잡는 법까지 너무 쉬우니 따라해 봅시다!

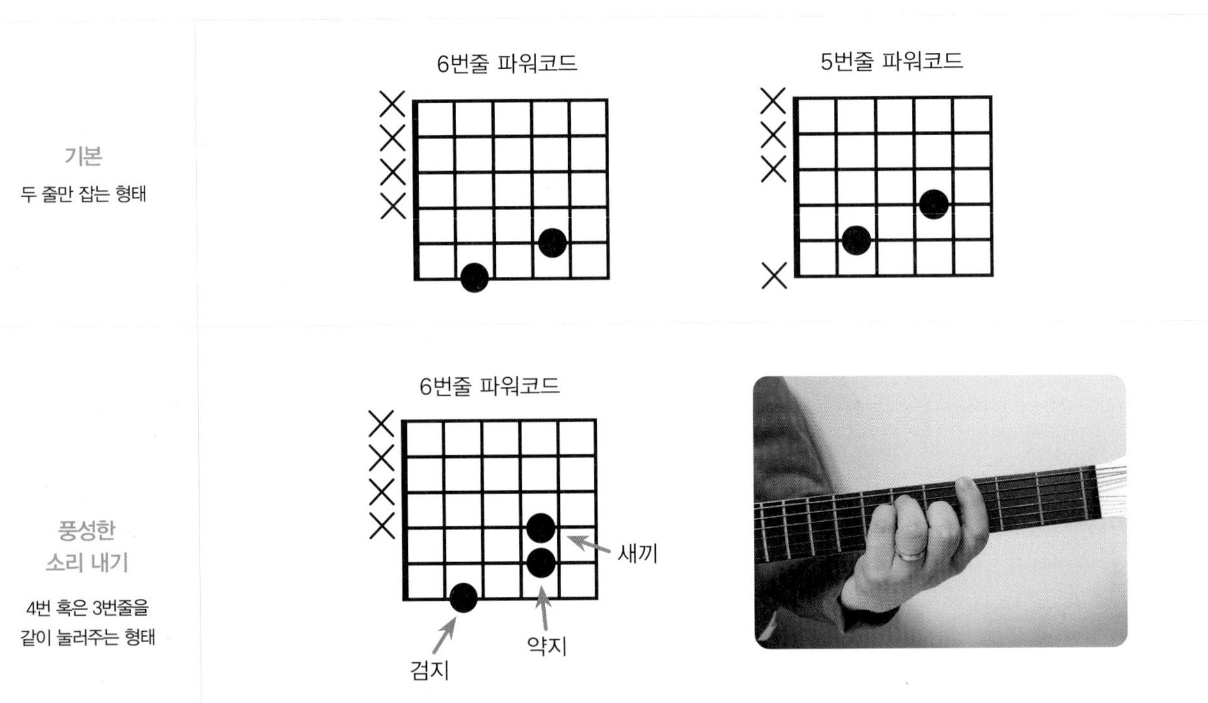

*이 운지가 정석이라고 생각하지만, 약지로 5, 4번줄을 다 잡아도 무관하며, 안쌤은 새끼로 5, 4번줄을 다 잡기도 합니다.

여기서 잠깐! 5번줄 파워코드는 치지 않는 6번줄의 뮤트를 추가로 신경 써 주어야 합니다. 사용하지 않는 중지를 6번 줄에 닿게 해 뮤트를 해줍니다.

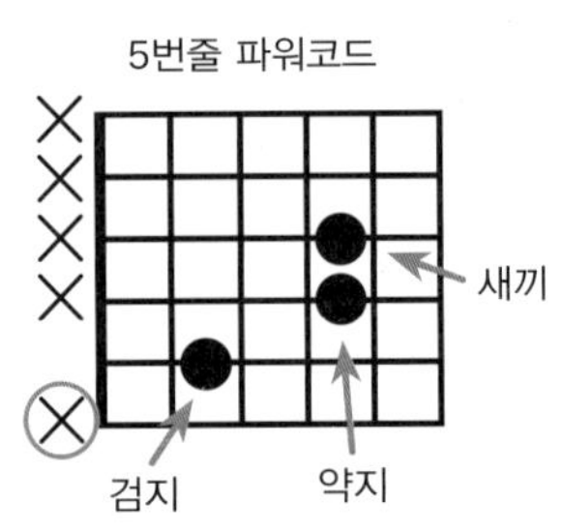

안쌤 Tip! 5번줄 파워코드 시 주의할 점

중지가 완전히 6번줄에 닿는다기보다는 기타 넥 위에 중지를 얹어 둔다는 느낌으로 손 모양을 만들어 주세요. 다른 방법으로는, 검지손가락으로 5번줄을 누름과 동시에 6번줄에 살짝 닿고 있으면 소리가 나지 않습니다.

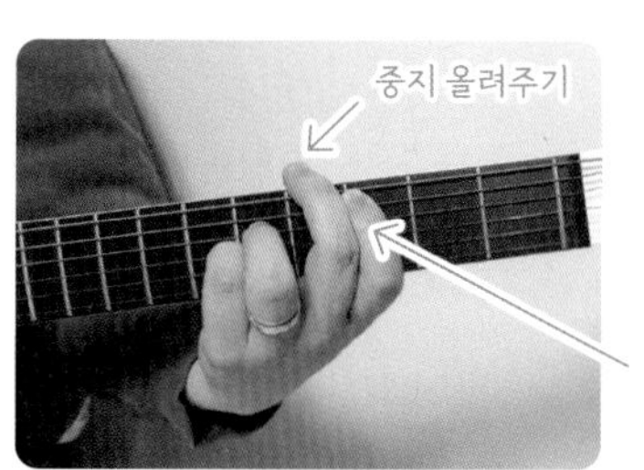

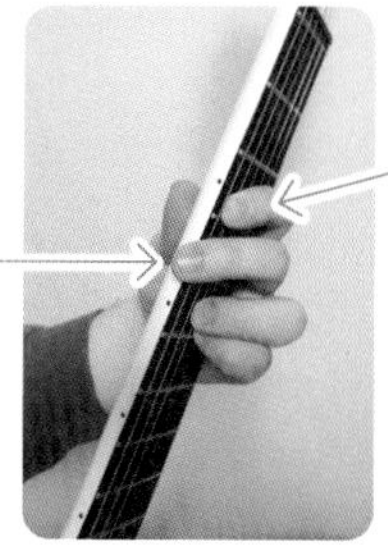

팜 뮤트 Palm Mute

파워코드 곡의 악보에서 이렇게 P.M.+점선으로 이어져 있는 기호를 많이 보실 수 있을 텐데요. 이 기호는 '팜 뮤트'라는 주법으로, 새끼손가락 쪽의 손날 부분을 줄이 꺾이는 브릿지 부분에 대서 소리 반, 막힌 소리 반을 내는 주법입니다. 일반적인 피킹과 팜 뮤트를 번갈아 가며 사용해 이런 소리의 차이를 주면 연주하는 맛을 더욱 살려줄 수 있습니다.

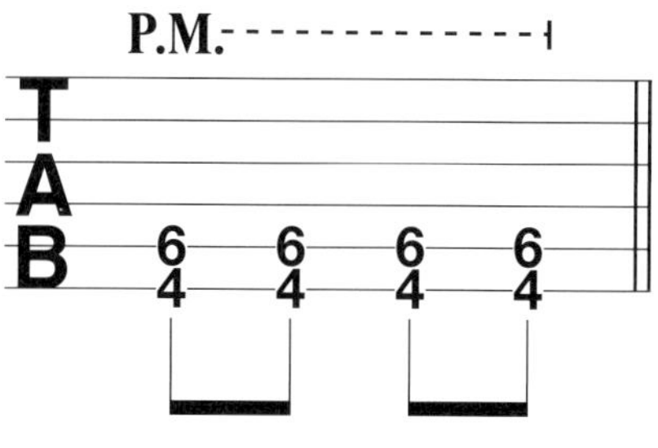

기타 브릿지. 줄이 꺾이는 부분

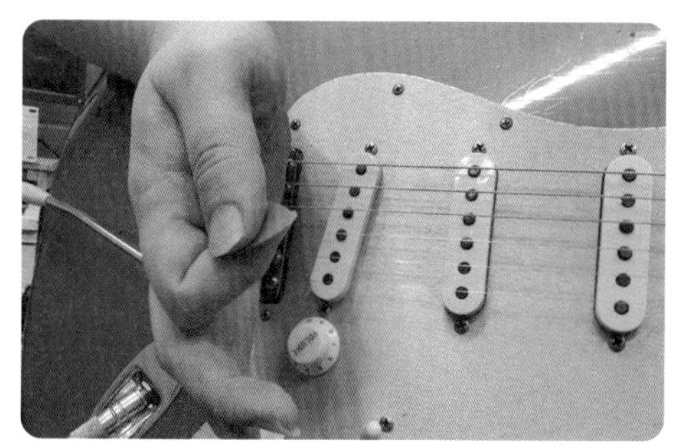

이런 식으로 손날을 대고 치면
먹먹한 '중중' 소리가 납니다!

파워코드 연주는 실제로 보는 게 도움이 되니, 이전에 본 채널에 올렸던 가이드 영상을 꼭 참고하길 추천합니다.

파워코드 가이드

2. 파워코드 예제

안쌤 Tip! 파워코드의 표기

파워코드는 엄밀히 말하면 메이저도 마이너도 아닌 코드입니다. 화성법상 메이저, 마이너 구분이 확실하면 그대로 표현하면 되지만, 그렇지 않은 경우 '5'로 나타냅니다(ex. C5, D5 등).

예제 1 한 마디에 4번씩 연주

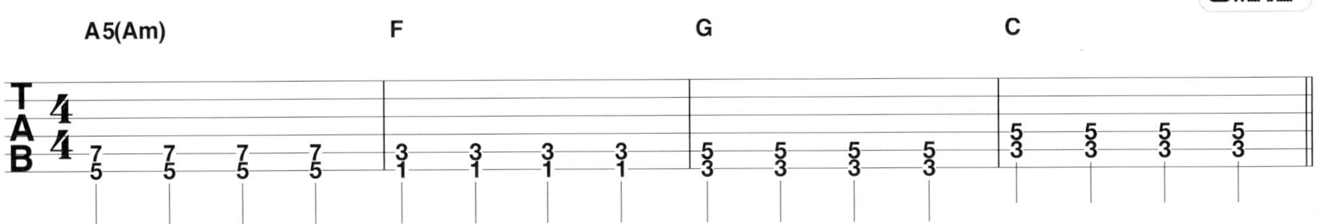

예제 2 한 마디에 8번씩 연주: 8비트

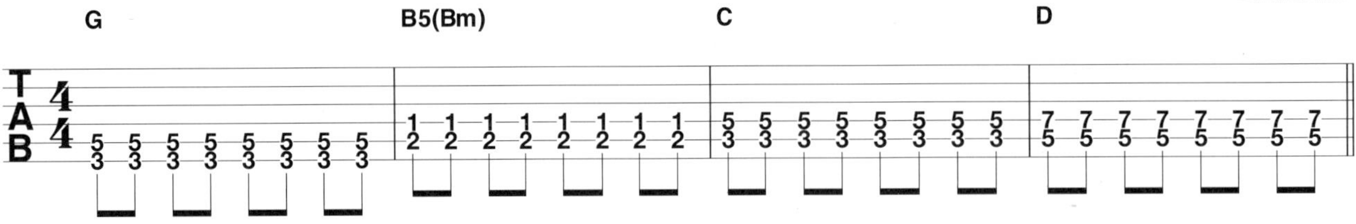

예제 3 팜 뮤트 연주

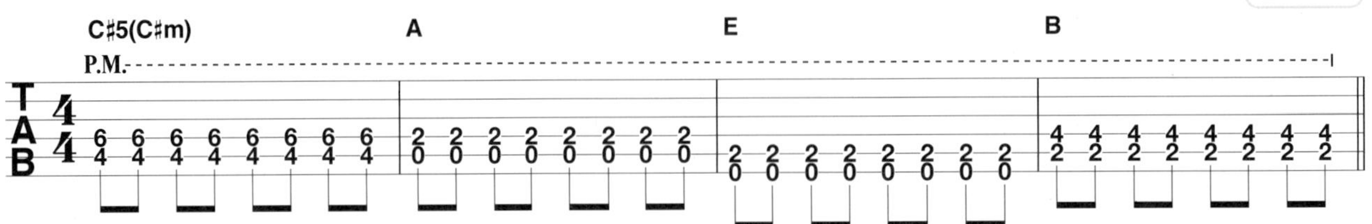

예제 4 일반 연주 + 팜 뮤트 연주 + 파워코드 변형

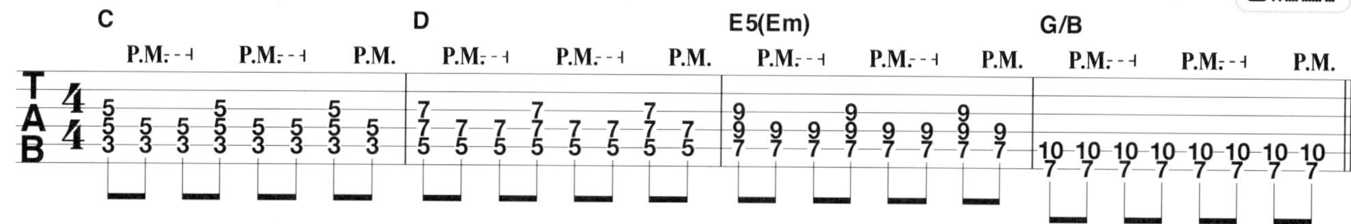

예제 5 파워코드 + 뮤트

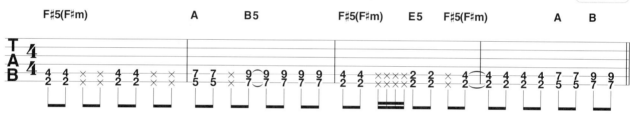

F♯5(F♯m) A B5 F♯5(F♯m) E5 F♯5(F♯m) A B

예제 6 종합

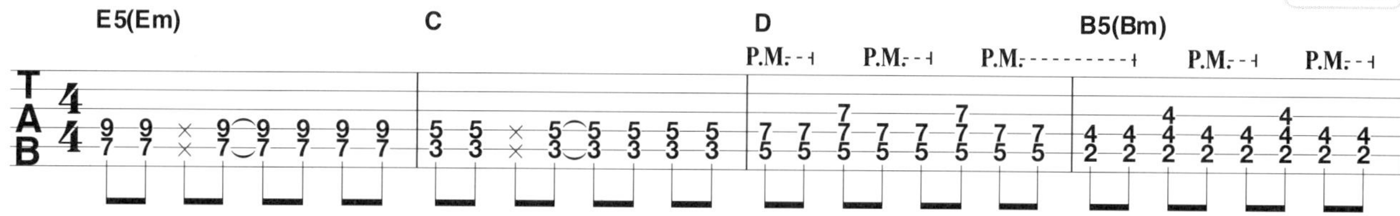

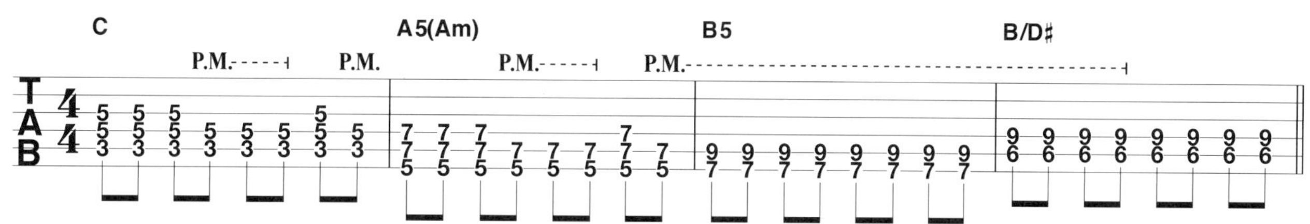

abcdefu

파워코드는 신나는 밴드곡뿐만 아니라, 이런 트렌디한 팝송에도 많이 쓰입니다. 사이사이 나오는 아르페지오 리프는 줄이 계속 울리게끔 연주하는 데에 신경 써줍니다.

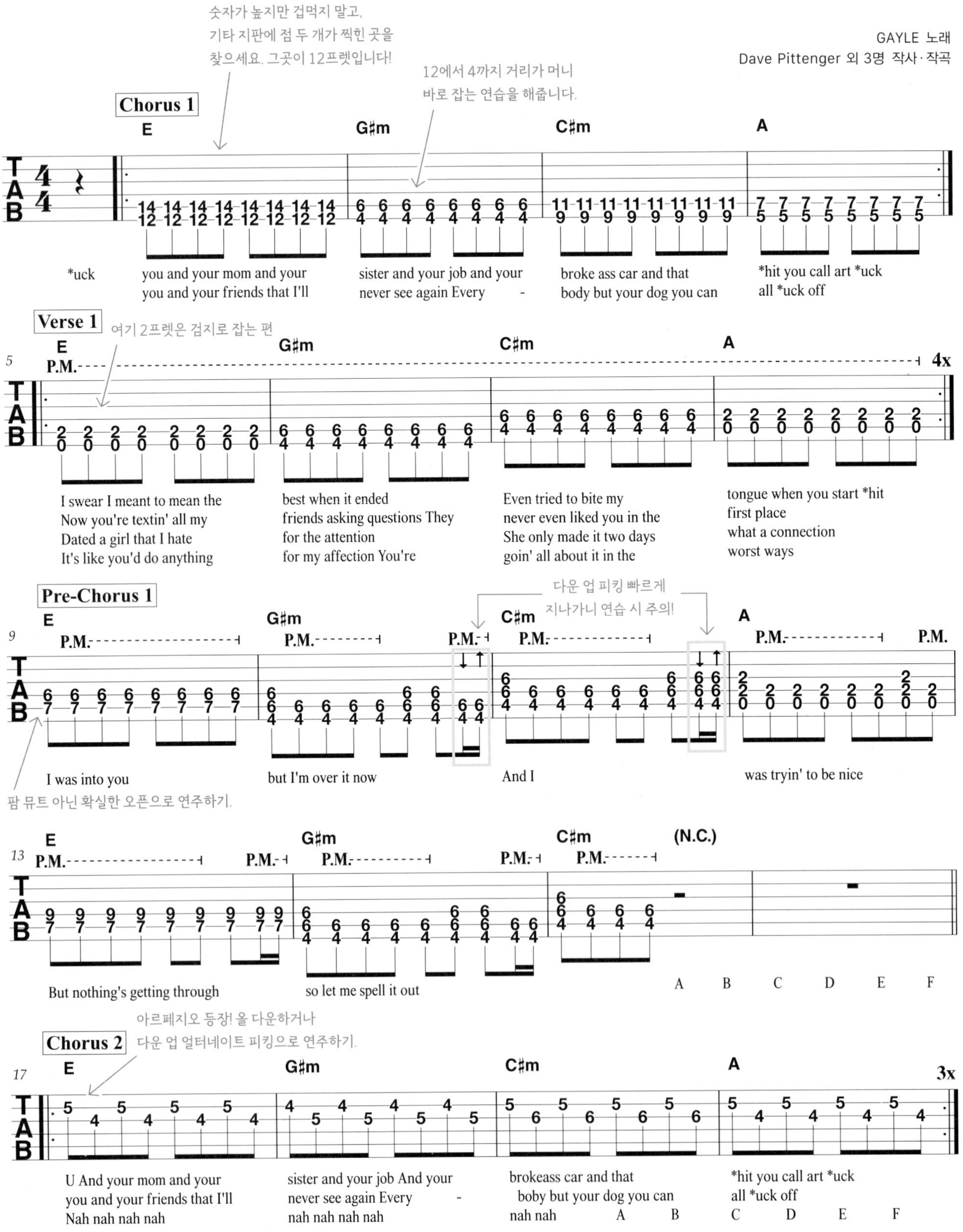

GAYLE 노래
Dave Pittenger 외 3명 작사·작곡

숫자가 높지만 겁먹지 말고, 기타 지판에 점 두 개가 찍힌 곳을 찾으세요. 그곳이 12프렛입니다!

12에서 4까지 거리가 머니 바로 잡는 연습을 해줍니다.

Chorus 1

E | G♯m | C♯m | A

*uck
you and your mom and your / sister and your job and your / broke ass car and that / *hit you call art *uck
you and your friends that I'll / never see again Every - / body but your dog you can / all *uck off

Verse 1

여기 2프렛은 검지로 잡는 편

5 E P.M. | G♯m | C♯m | A 4x

I swear I meant to mean the / best when it ended / Even tried to bite my / tongue when you start *hit
Now you're textin' all my / friends asking questions They / never even liked you in the / first place
Dated a girl that I hate / for the attention / She only made it two days / what a connection
It's like you'd do anything / for my affection You're / goin' all about it in the / worst ways

Pre-Chorus 1

다운 업 피킹 빠르게 지나가니 연습 시 주의!

9 E P.M. | G♯m P.M. P.M. | C♯m P.M. | A P.M. P.M.

I was into you / but I'm over it now / And I / was tryin' to be nice

팜 뮤트 아닌 확실한 오픈으로 연주하기.

13 E P.M. P.M. | G♯m P.M. P.M. | C♯m P.M. | (N.C.)

But nothing's getting through / so let me spell it out / A B C D E F

아르페지오 등장! 올 다운하거나 다운 업 얼터네이트 피킹으로 연주하기.

Chorus 2

17 E | G♯m | C♯m | A 3x

U And your mom and your / sister and your job And your / brokeass car and that / *hit you call art *uck
you and your friends that I'll / never see again Every - / boby but your dog you can / all *uck off
Nah nah nah nah / nah nah nah nah / nah nah A B / C D E F

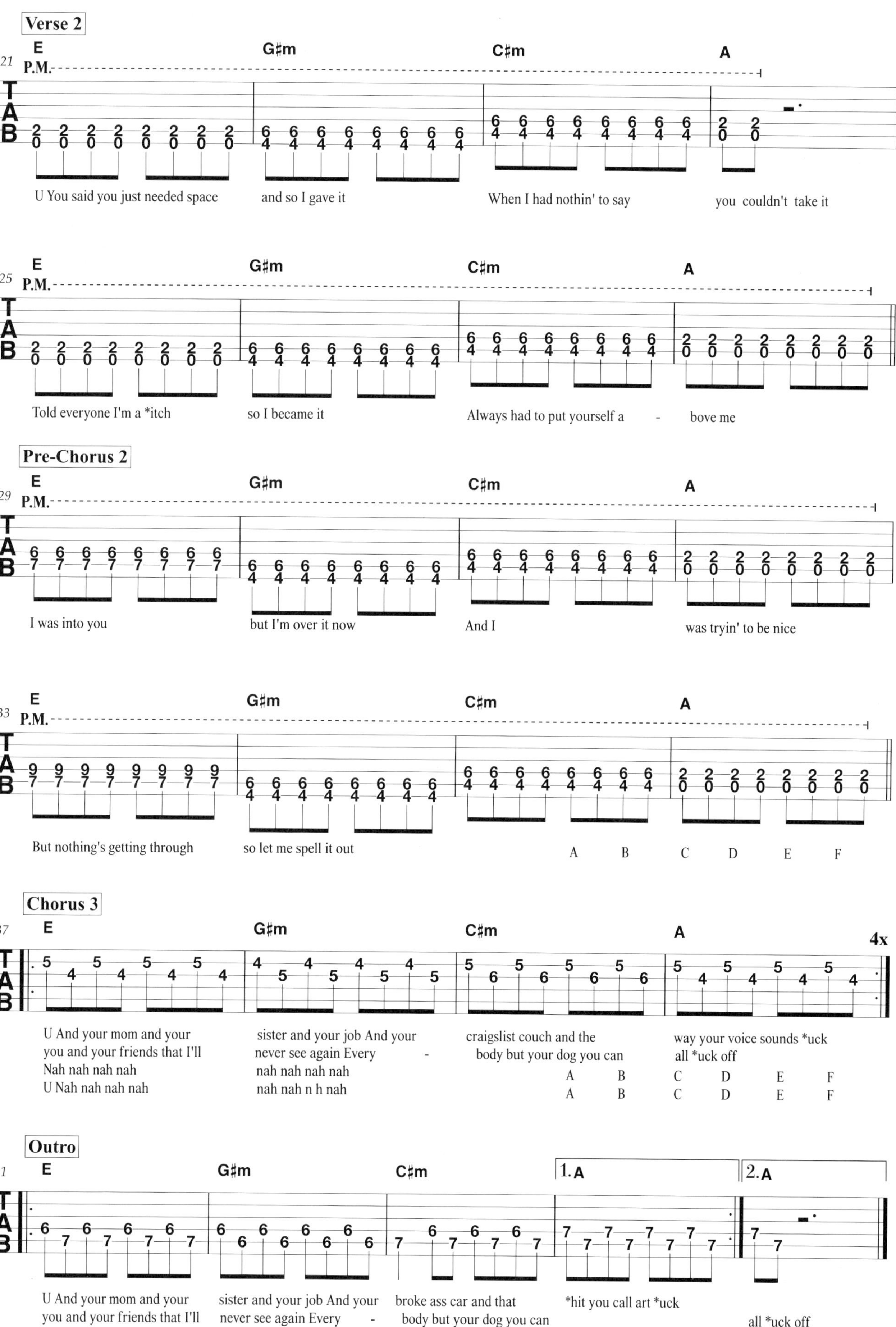
Verse 2
21
E
G♯m
C♯m
A
P.M.
U You said you just needed space
and so I gave it
When I had nothin' to say
you couldn't take it
25
Told everyone I'm a *itch
so I became it
Always had to put yourself a - bove me
Pre-Chorus 2
29
I was into you
but I'm over it now
And I
was tryin' to be nice
33
But nothing's getting through
so let me spell it out
A B C D E F
Chorus 3
37
4x
U And your mom and your
you and your friends that I'll
Nah nah nah nah
U Nah nah nah nah
sister and your job And your
never see again Every -
nah nah nah nah
nah nah n h nah
craigslist couch and the
body but your dog you can
A B C D E F
A B C D E F
way your voice sounds *uck
all *uck off
Outro
41
1. A
2. A
U And your mom and your
you and your friends that I'll
sister and your job And your
never see again Every -
broke ass car and that
body but your dog you can
*hit you call art *uck
all *uck off

Antifreeze

인디밴드 노래 추천에 검정치마 노래는 꼭 들어갈 정도로 좋은 노래가 많습니다. 그중에서도 파워코드만 가지고 연주할 수 있는 신나는 곡입니다. 초반의 팜 뮤트 리듬에 신경 써주세요.

검정치마 노래
검정치마 작사 · 작곡

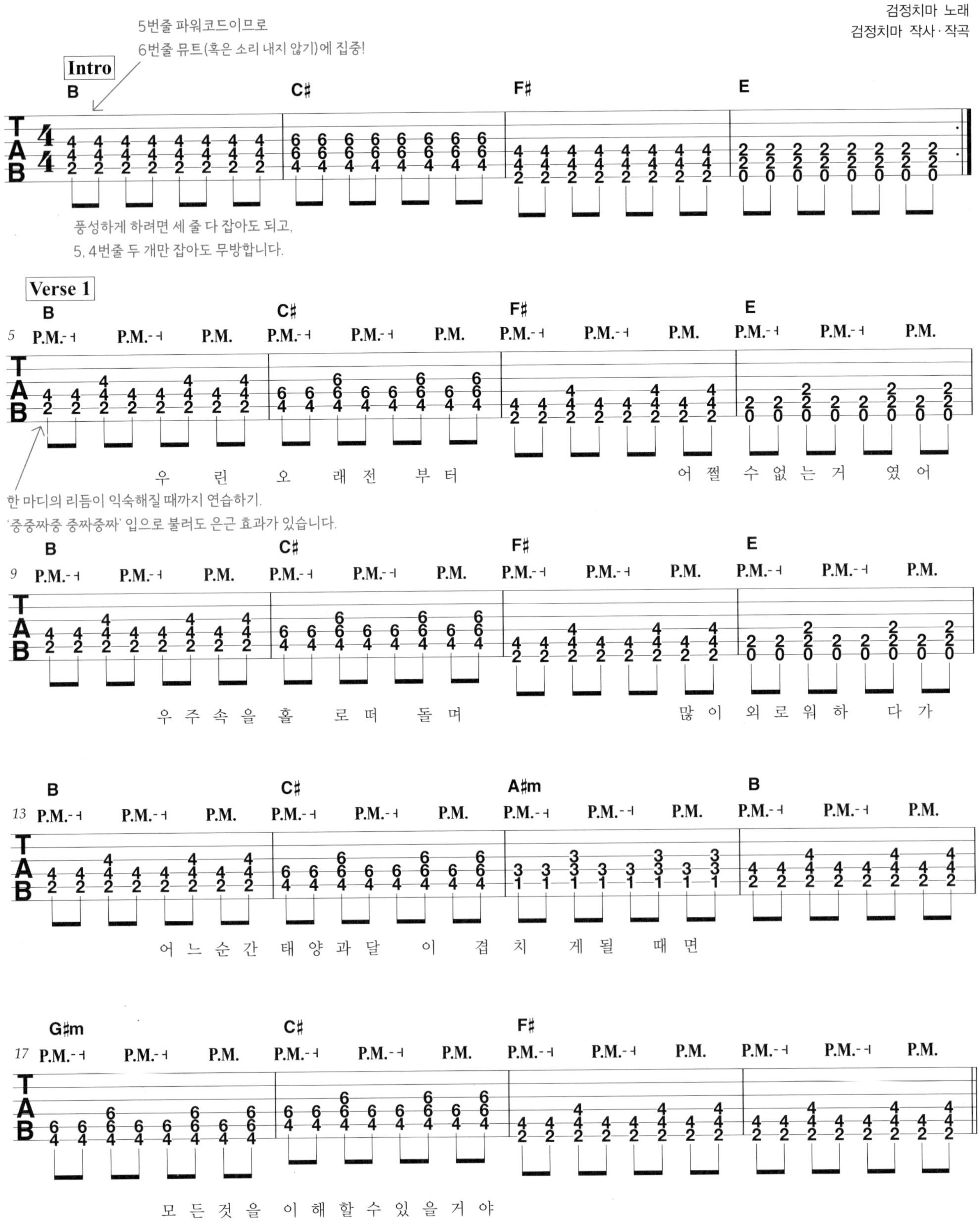

5번줄 파워코드이므로
6번줄 뮤트(혹은 소리 내지 않기)에 집중!

Intro

B C♯ F♯ E

풍성하게 하려면 세 줄 다 잡아도 되고,
5, 4번줄 두 개만 잡아도 무방합니다.

Verse 1

B C♯ F♯ E

우 린 오 래 전 부 터 어 쩔 수 없 는 거 였 어

한 마디의 리듬이 익숙해질 때까지 연습하기.
'중중짜중 중짜중짜' 입으로 불러도 은근 효과가 있습니다.

B C♯ F♯ E

우 주 속 을 홀 로 떠 돌 며 많 이 외 로 워 하 다 가

B C♯ A♯m B

어 느 순 간 태 양 과 달 이 겹 치 게 될 때 면

G♯m C♯ F♯

모 든 것 을 이 해 할 수 있 을 거 야

Verse 2 여기서부턴 팜 뮤트 풀고 올 다운으로 신나게 쳐줍시다!

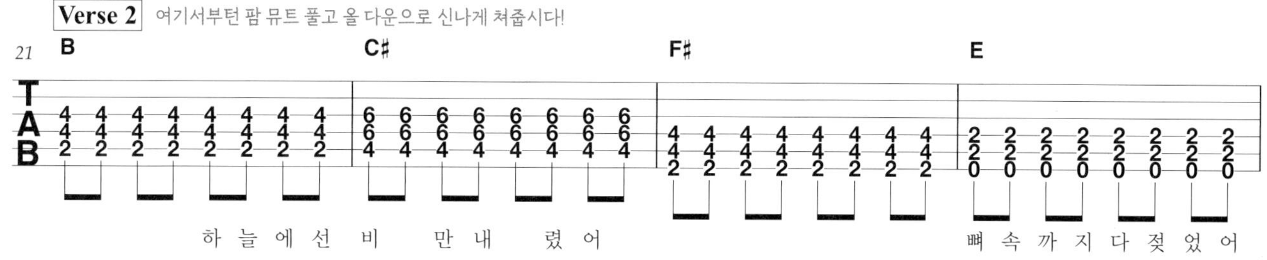
21
B C♯ F♯ E
하 늘 에 선 비 만 내 렸 어
뼈 속 까 지 다 젖 었 어

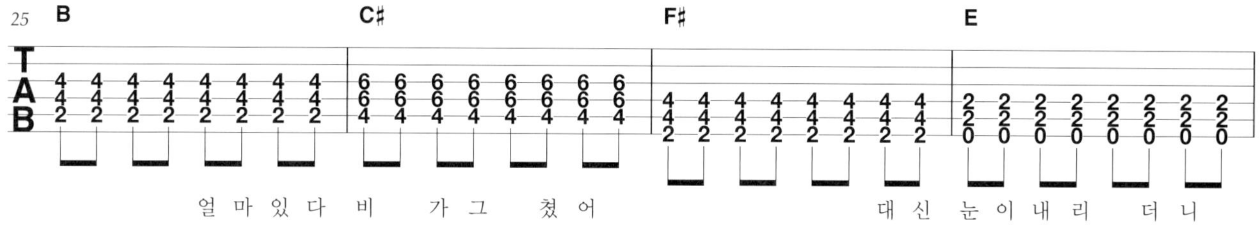
25
B C♯ F♯ E
얼 마 있 다 비 가 그 쳤 어
대 신 눈 이 내 리 더 니

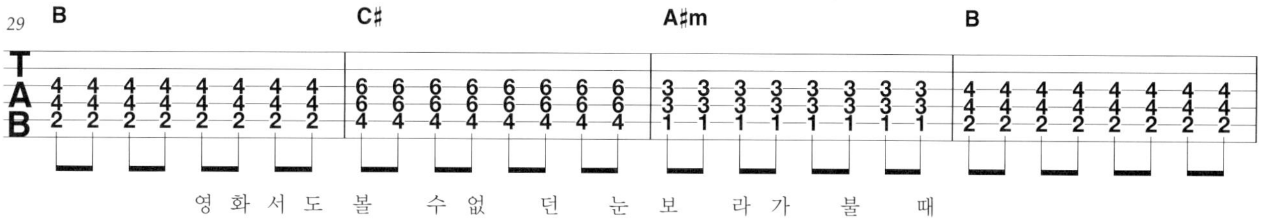
29
B C♯ A♯m B
영 화 서 도 볼 수 없 던 눈 보 라 가 불 때

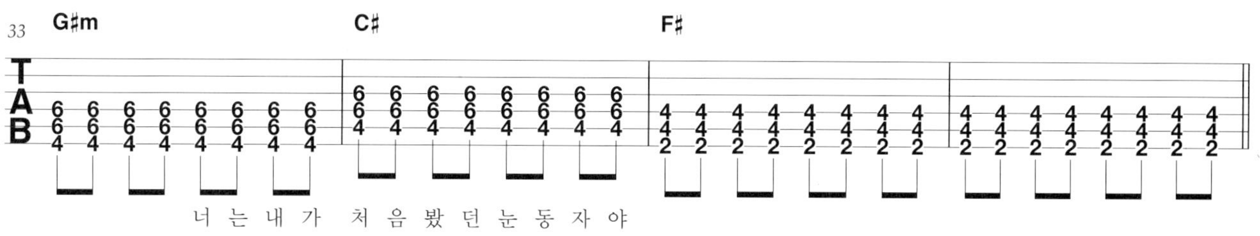
33
G♯m C♯ F♯
너 는 내 가 처 음 봤 던 눈 동 자 야

Chorus 1

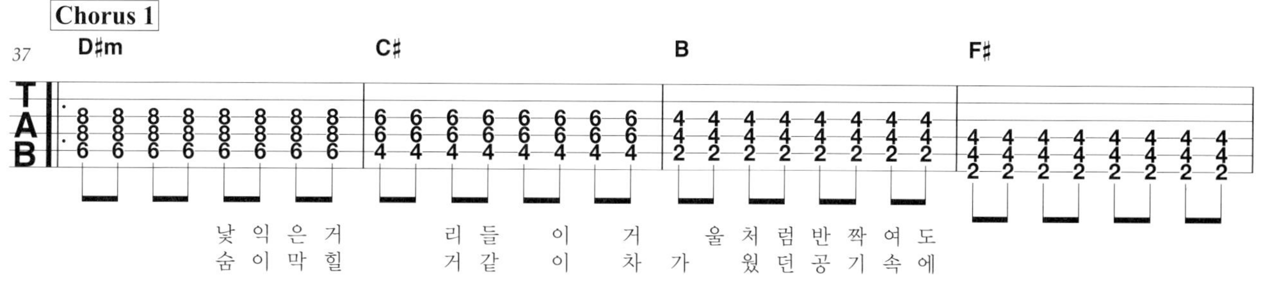
37
D♯m C♯ B F♯
낯 익 은 거 리 들 이 거 울 처 럼 반 짝 여 도
숨 이 막 힐 거 같 이 차 가 웠 던 공 기 속 에

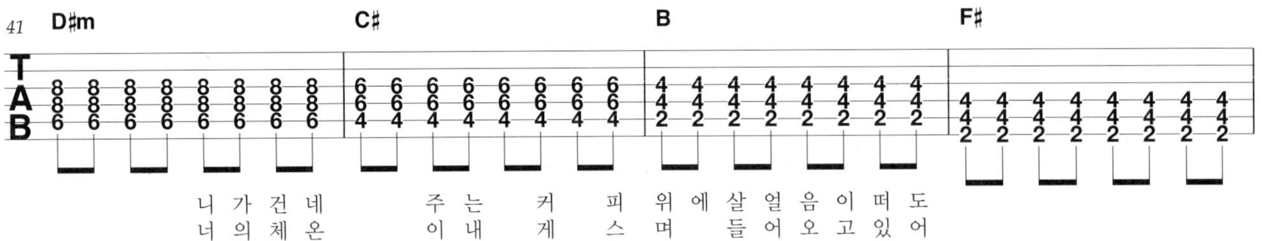
41
D♯m
C♯
B
F♯
니 가 건 네 주 는 커 피 위 에 살 얼 음 이 떠 도
너 의 체 온 이 내 게 스 며 들 어 오 고 있 어

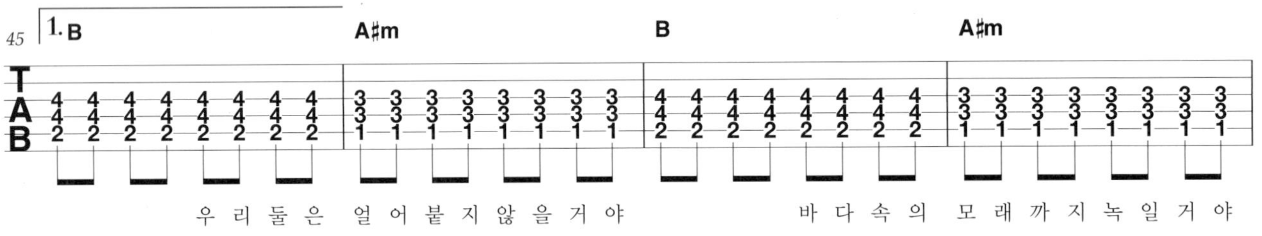
45
1. B
A♯m
B
A♯m
우 리 둘 은 얼 어 붙 지 않 을 거 야 바 다 속 의 모 래 까 지 녹 일 거 야

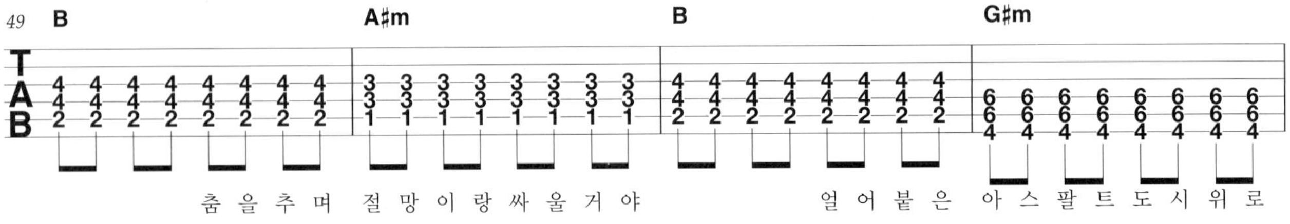
49
B
A♯m
B
G♯m
춤 을 추 며 절 망 이 랑 싸 울 거 야 얼 어 붙 은 아 스 팔 트 도 시 위 로

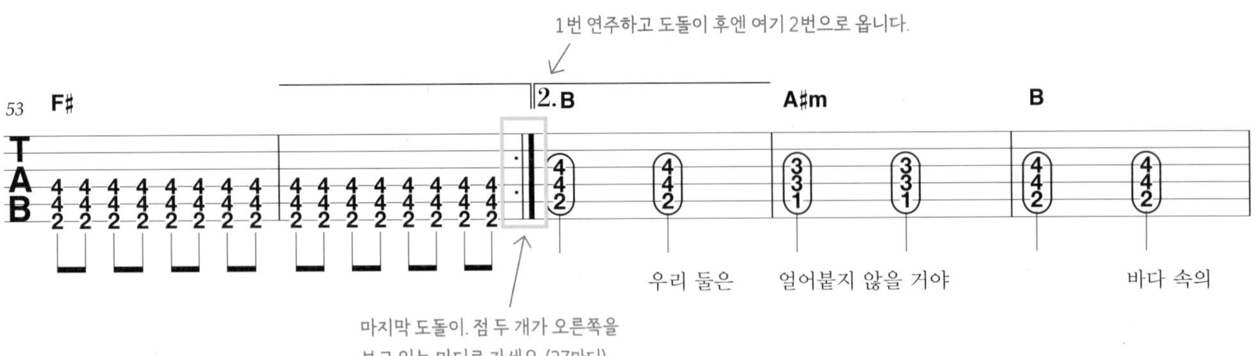
1번 연주하고 도돌이 후엔 여기 2번으로 옵니다.
53
F♯
2. B
A♯m
B
우리 둘은 얼어붙지 않을 거야 바다 속의
마지막 도돌이. 점 두 개가 오른쪽을
보고 있는 마디로 가세요.(37마디)

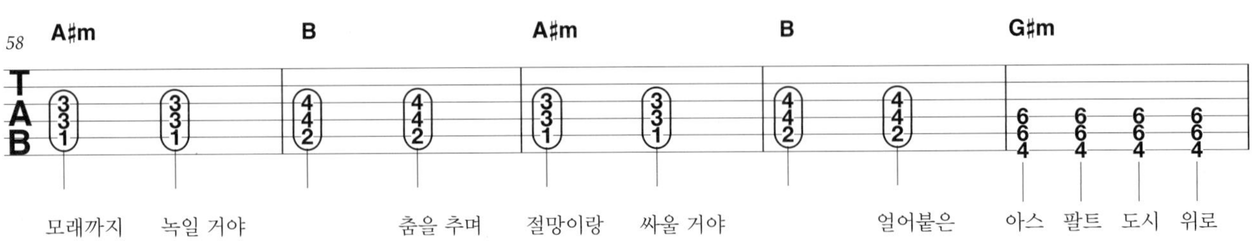
58
A♯m
B
A♯m
B
G♯m
모래까지 녹일 거야 춤을 추며 절망이랑 싸울 거야 얼어붙은 아스 팔트 도시 위로

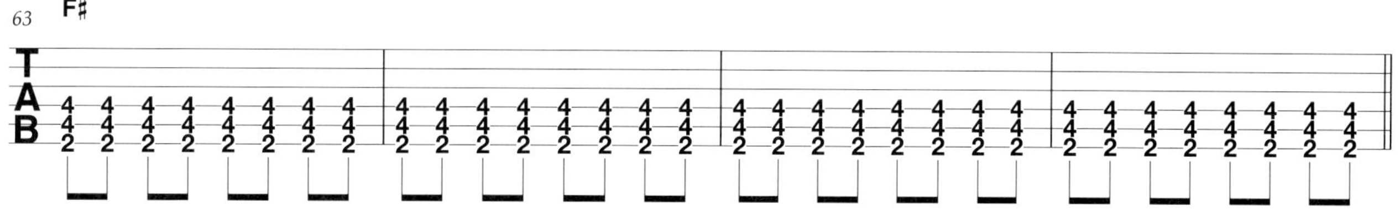
63
F♯
TAB

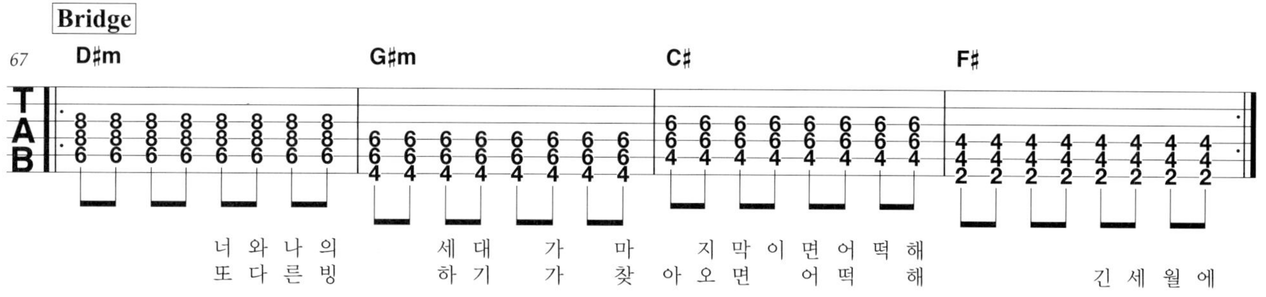
Bridge
67
D♯m
G♯m
C♯
F♯
TAB
너 와 나 의 세 대 가 마 지 막 이 면 어 떡 해
또 다 른 빙 하 기 가 찾 아 오 면 어 떡 해 긴 세 월 에

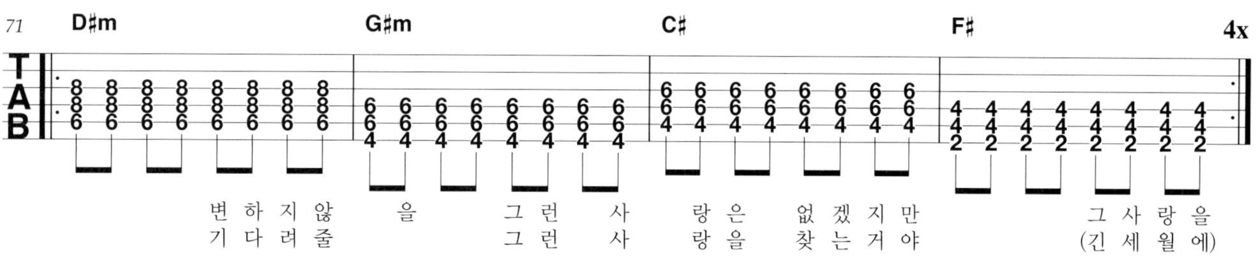
71
D♯m
G♯m
C♯
F♯
4x
TAB
변 하 지 않 을 그 런 사 랑 은 없 겠 지 만 그 사 랑 을
기 다 려 줄 그 런 사 랑 을 찾 는 거 야 (긴 세 월 에)

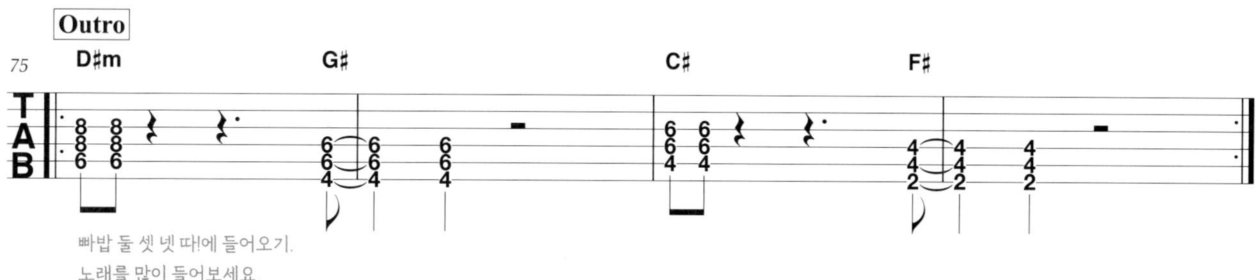
Outro
75
D♯m
G♯
C♯
F♯
TAB
빠밥 둘 셋 넷 따!에 들어오기.
노래를 많이 들어보세요.

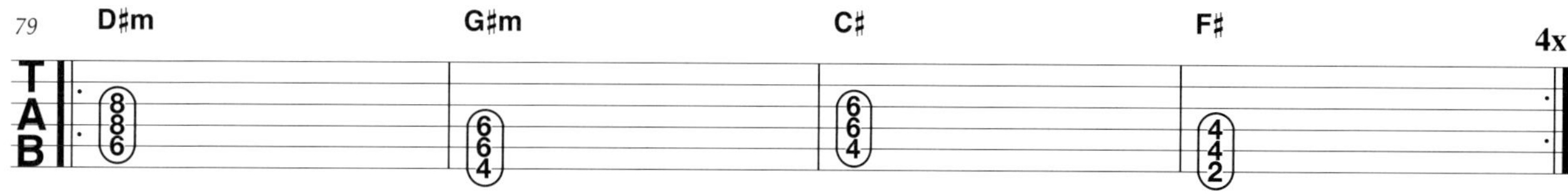
79
D♯m
G♯m
C♯
F♯
4x
TAB

APT.

아파트 아파트! 중독성 최강의 댄스곡을 파워코드로 연주하면 한순간에 락밴드 버전으로 바뀌는 듯한 느낌을 줍니다. 아파트를 외칠 때 나오는 리듬은 강하고 임팩트 있게 빱! 빱! 연주해 줍니다.

로제, Bruno Mars 노래
로제 외 10명 작사·작곡

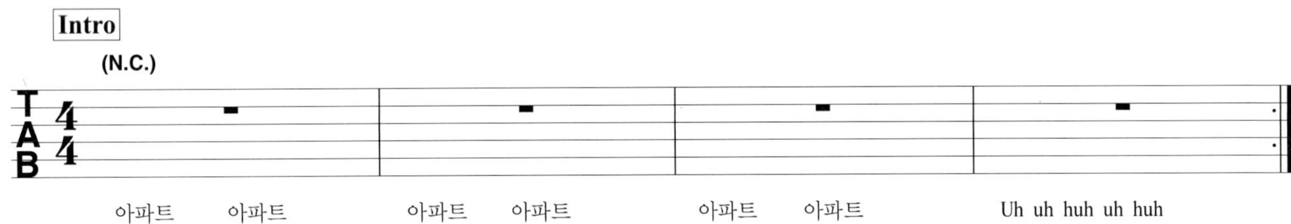

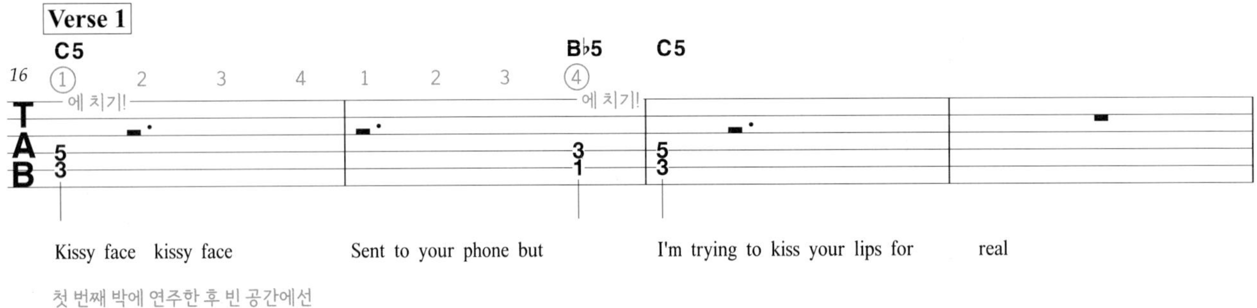

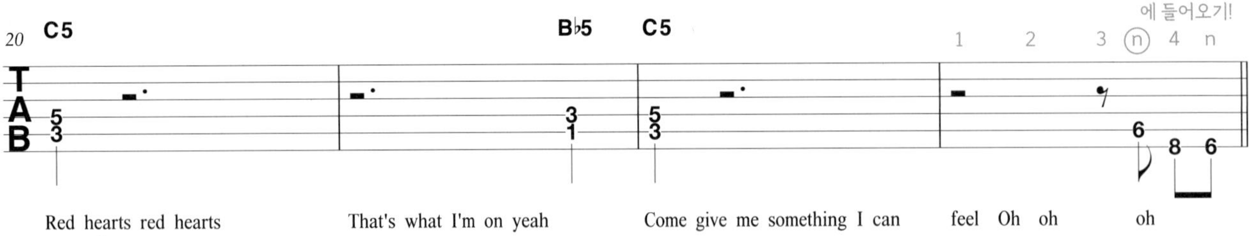

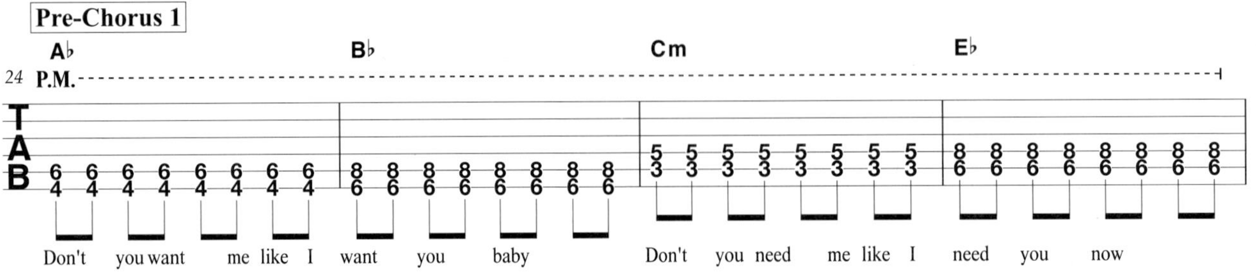

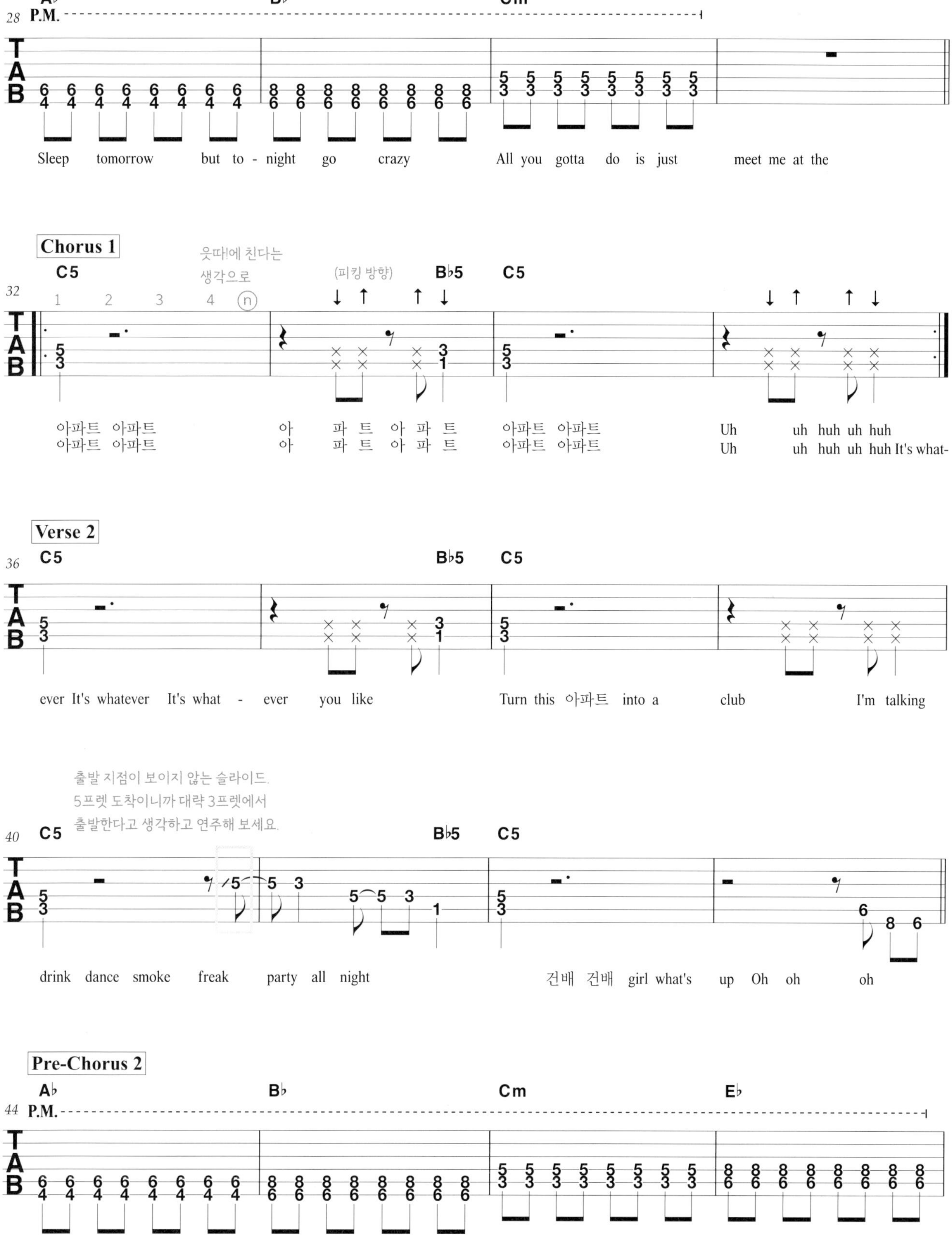
A♭
B♭
Cm
28 P.M.
Sleep tomorrow but to - night go crazy All you gotta do is just meet me at the
Chorus 1
C5
웃따!에 친다는
생각으로
(피킹 방향)
B♭5
C5
32
1 2 3 4 ⓝ
아파트 아파트 아 파 트 아 파 트 아파트 아파트 Uh uh huh uh huh
아파트 아파트 아 파 트 아 파 트 아파트 아파트 Uh uh huh uh huh It's what-
Verse 2
36 C5
B♭5 C5
ever It's whatever It's what - ever you like Turn this 아파트 into a club I'm talking
출발 지점이 보이지 않는 슬라이드.
5프렛 도착이니까 대략 3프렛에서
출발한다고 생각하고 연주해 보세요.
40 C5
B♭5 C5
drink dance smoke freak party all night 건배 건배 girl what's up Oh oh oh
Pre-Chorus 2
A♭
B♭
Cm
E♭
44 P.M.
Don't you want me like I want you baby Don't you need me like I need you now

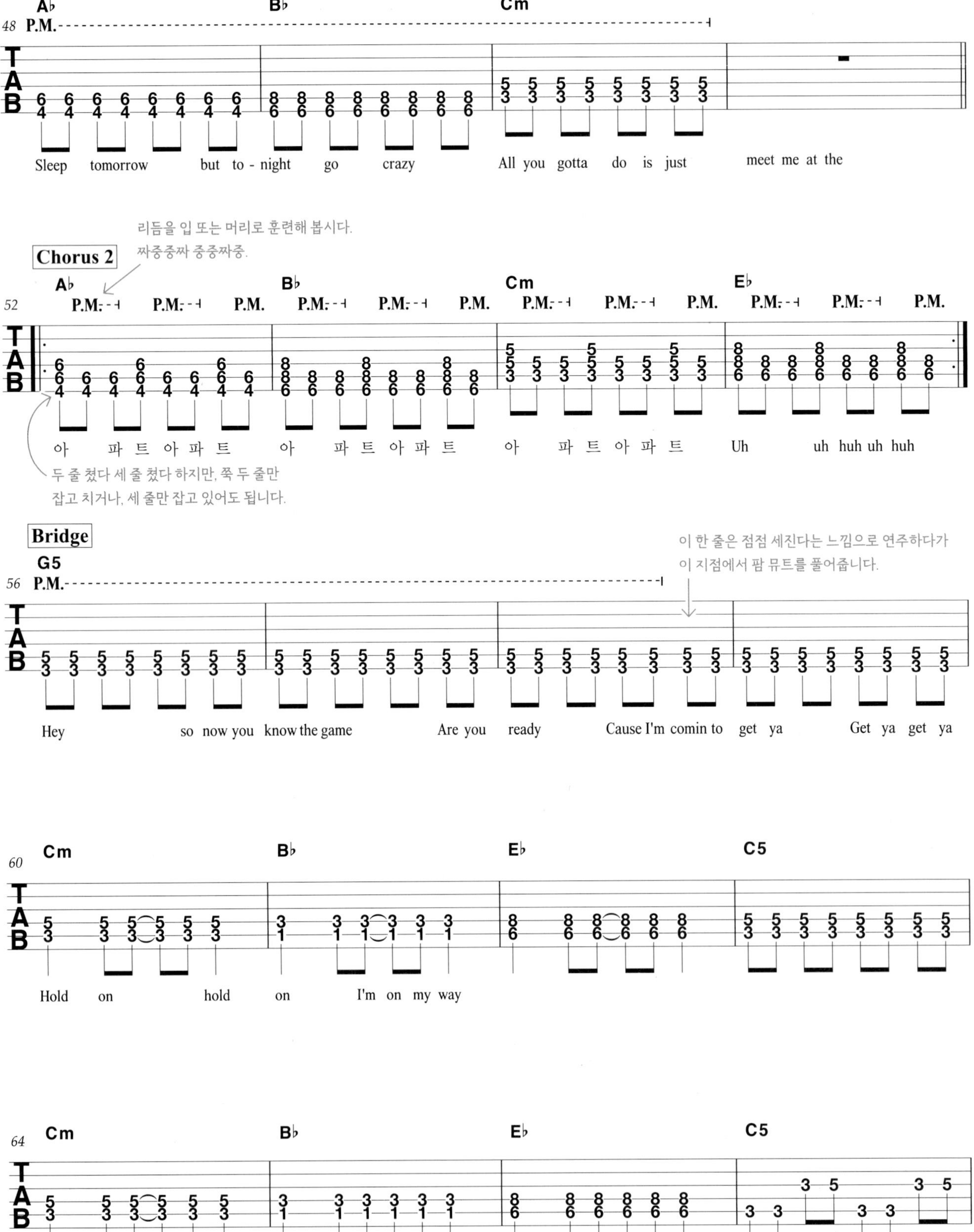

Ab
Bb
Cm
48 P.M.
Sleep tomorrow but to - night go crazy All you gotta do is just meet me at the
리듬을 입 또는 머리로 훈련해 봅시다.
짜중중짜 중중짜중.
Chorus 2
Ab
Bb
Cm
Eb
52 P.M. P.M. P.M. P.M. P.M. P.M. P.M. P.M. P.M. P.M. P.M. P.M.
아 파 트 아 파 트 아 파 트 아 파 트 아 파 트 아 파 트 Uh uh huh uh huh
두 줄 쳤다 세 줄 쳤다 하지만, 쭉 두 줄만
잡고 치거나, 세 줄만 잡고 있어도 됩니다.
Bridge
G5
56 P.M.
이 한 줄은 점점 세진다는 느낌으로 연주하다가
이 지점에서 팜 뮤트를 풀어줍니다.
Hey so now you know the game Are you ready Cause I'm comin to get ya Get ya get ya
60 Cm
Bb
Eb
C5
Hold on hold on I'm on my way
64 Cm
Bb
Eb
C5
Yeah yeah yeah yeah yeah I'm on my way
(왼손) 검 검
중 새

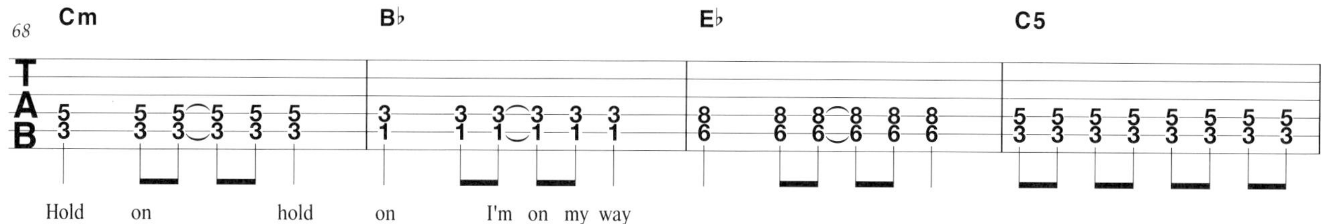
68
Cm
B♭
E♭
C5
Hold on hold on I'm on my way

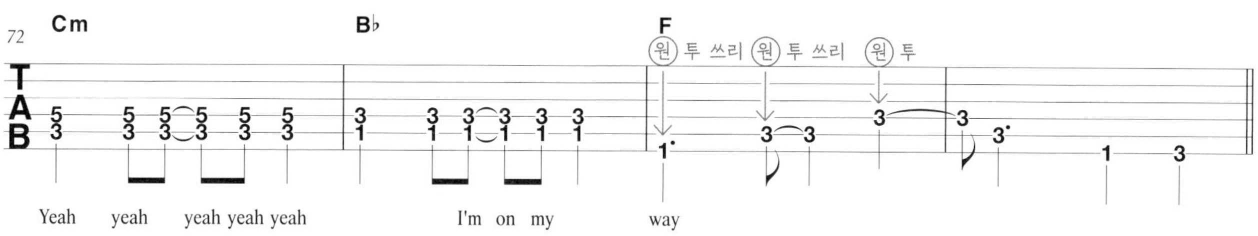
72
Cm
B♭
F
원 투 쓰리 원 투 쓰리 원 투
Yeah yeah yeah yeah yeah I'm on my way

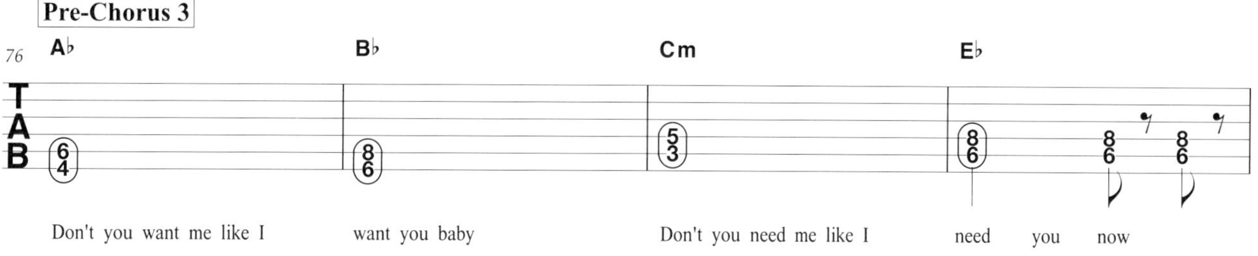
Pre-Chorus 3
76
A♭
B♭
Cm
E♭
Don't you want me like I want you baby Don't you need me like I need you now

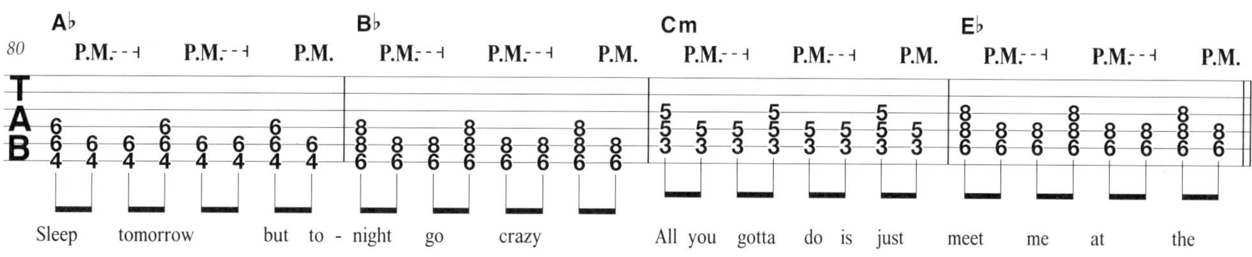
80
A♭
B♭
Cm
E♭
P.M.
Sleep tomorrow but to - night go crazy All you gotta do is just meet me at the

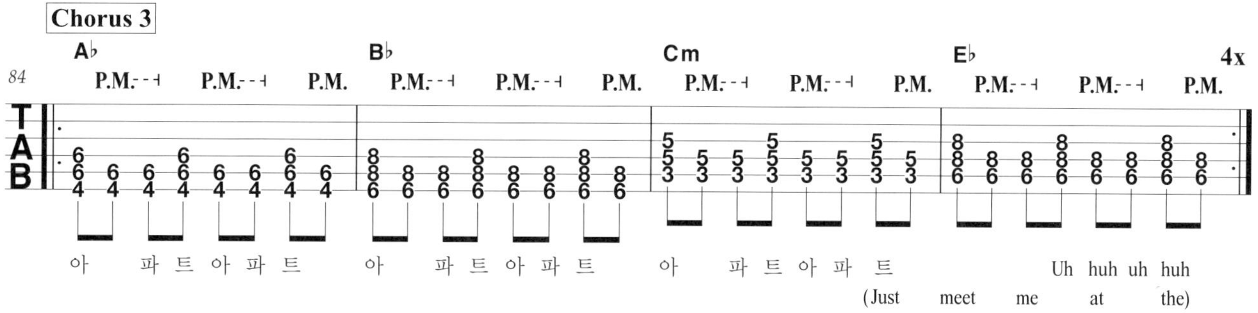
Chorus 3
84
A♭
B♭
Cm
E♭
4x
P.M.
아 파 트 아 파 트 아 파 트 아 파 트 아 파 트 아 파 트 Uh huh uh huh
(Just meet me at the)

넌 내게 반했어

영화 '라디오스타'로 처음 들었던 노랜데, 아직도 영화 장면이 새록새록 합니다. 한 번쯤 꼭 보시길 추천합니다! 인트로 옥타브 주법이 익숙지 않을 수도 있지만, 나중에도 꽤 많이 응용할 수 있으므로 꼭 해보시길 추천합니다.

노브레인 노래
이성우 작사
이성우 외 3명 작곡

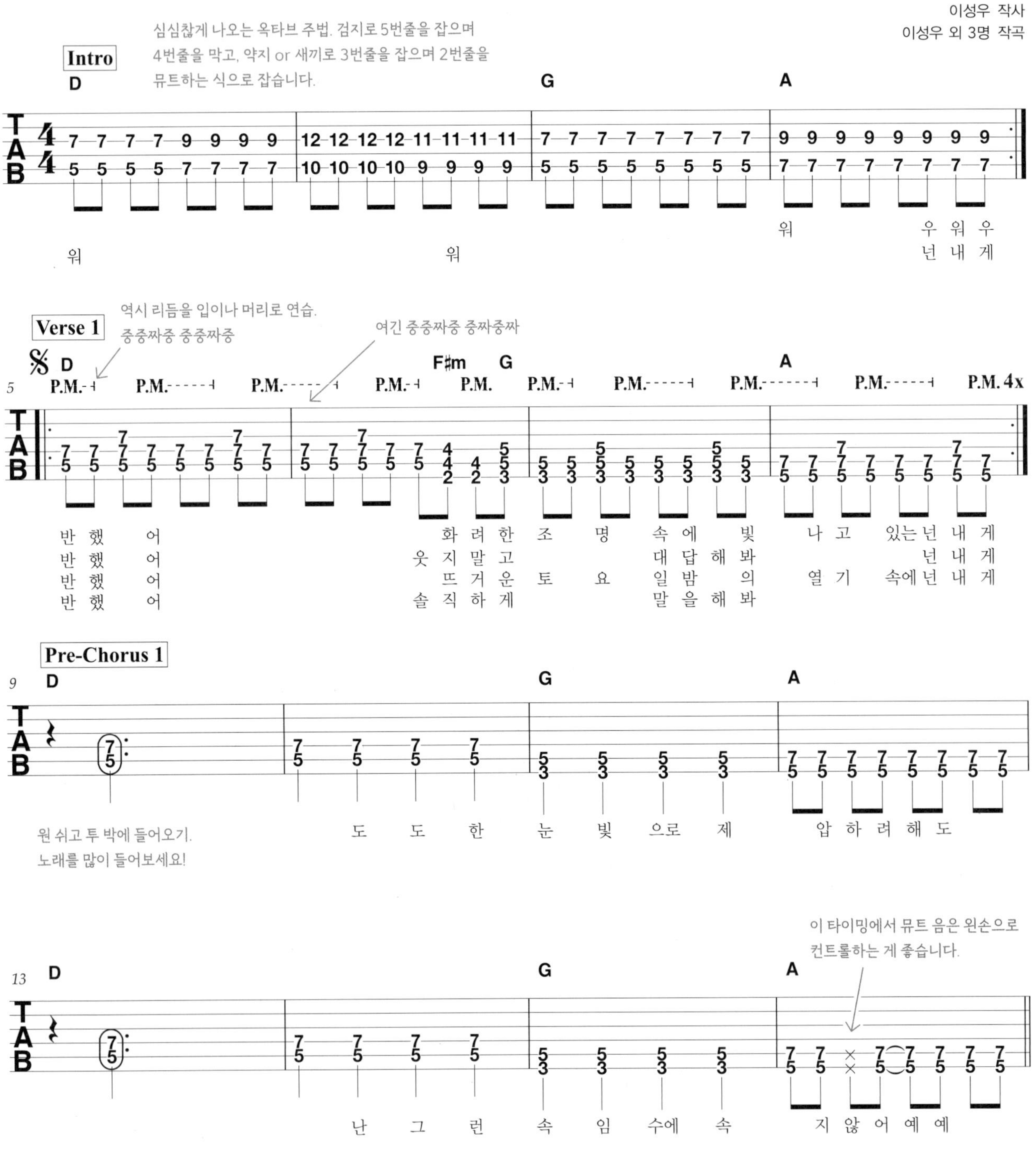

Intro

심심찮게 나오는 옥타브 주법. 검지로 5번줄을 잡으며 4번줄을 막고, 약지 or 새끼로 3번줄을 잡으며 2번줄을 뮤트하는 식으로 잡습니다.

D　G　A

워　워　워　우 워 우
넌 내 게

Verse 1

역시 리듬을 입이나 머리로 연습. 중중짜중 중중짜중

여긴 중중짜중 중짜중짜

5 D　F♯m　G　A　P.M. 4x

반 했 어　화 려 한 조 명 속 에 빛 나 고 있는 넌 내 게
반 했 어　웃 지 말 고 대 답 해 봐 넌 내 게
반 했 어　뜨 거 운 토 요 일 밤 의 열 기 속에 넌 내 게
반 했 어　솔 직 하 게 말 을 해 봐

Pre-Chorus 1

9 D　G　A

쉼 쉬고 투 박에 들어오기. 노래를 많이 들어보세요!

도 도 한 눈 빛 으로 제 압 하 려 해 도

13 D　G　A

이 타이밍에서 뮤트 음은 왼손으로 컨트롤하는 게 좋습니다.

난 그 런 속 임 수에 속 지 않 어 예 예

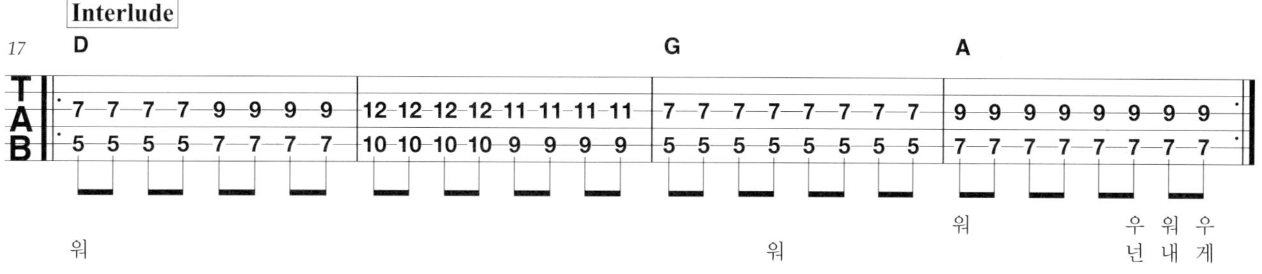
Interlude
17
D
G
A
워
워
워 우 워 우
넌 내 게

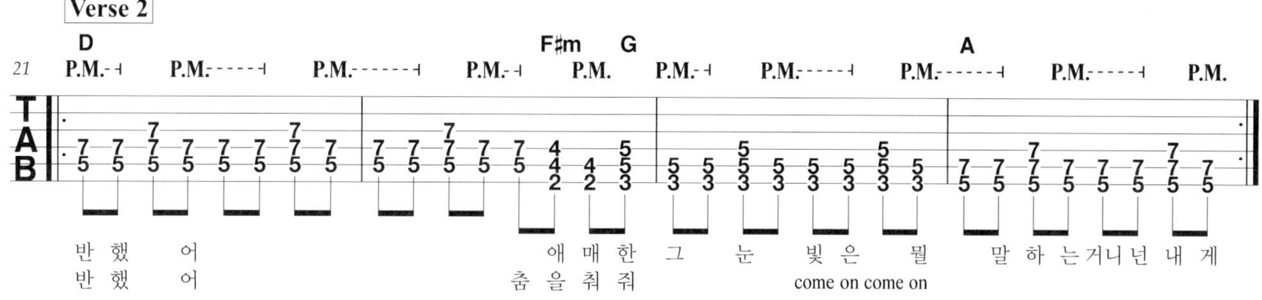
Verse 2
21
D
F♯m G
A
P.M.
반 했 어
반 했 어
애 매 한 그 눈 빛 은 뭘 말 하 는 거니 넌 내 게
춤 을 춰 줘
come on come on

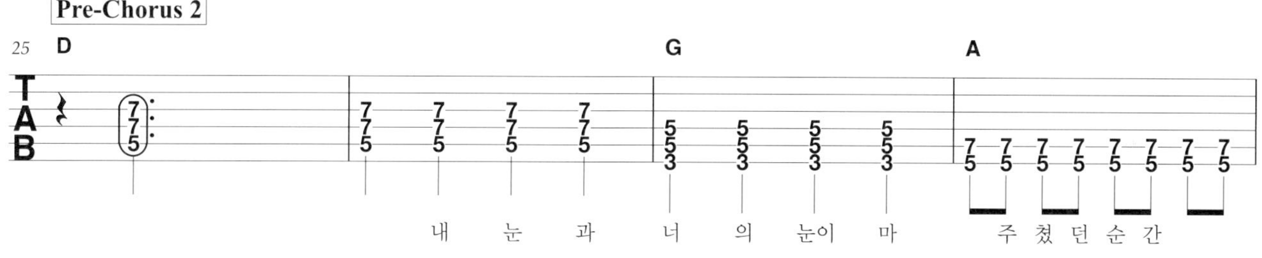
Pre-Chorus 2
25
D
G
A
내 눈 과 너 의 눈이 마 주 쳤 던 순 간

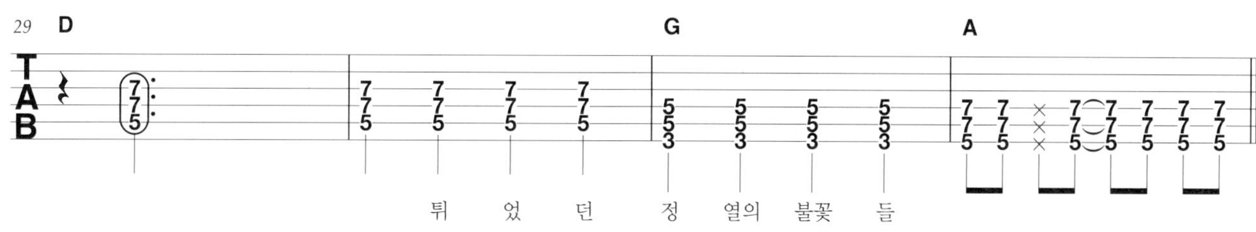
29
D
G
A
튀 었 던 정 열의 불꽃 들

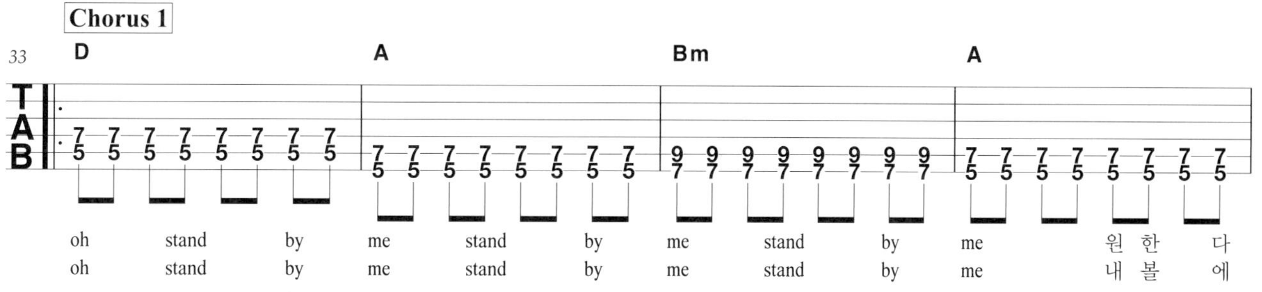
Chorus 1
33
D
A
Bm
A
oh stand by me stand by me stand by me 원 한 다
oh stand by me stand by me stand by me 내 볼 에

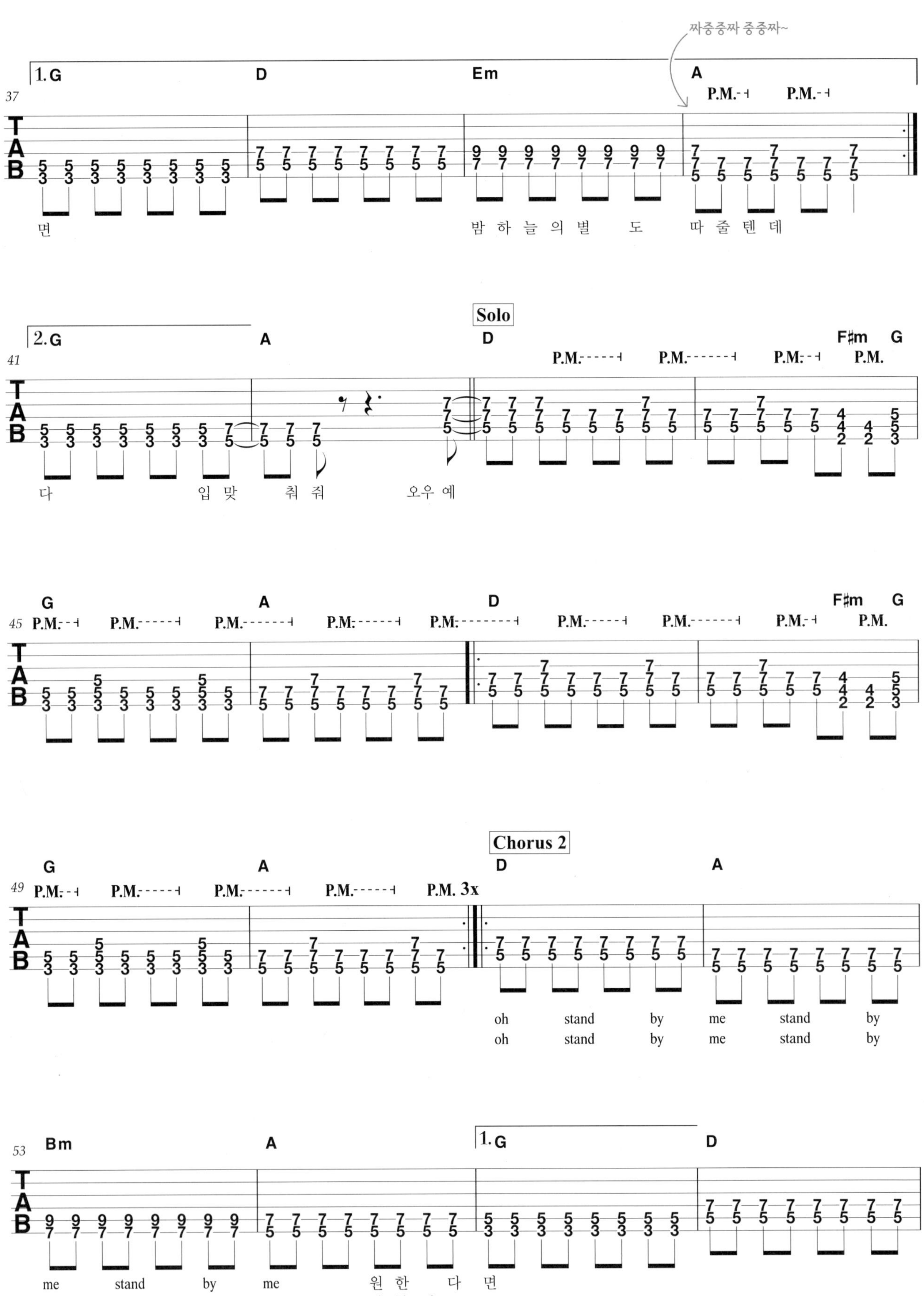
짜중중짜 중중짜~
1. G
D
Em
A
P.M.
면
밤 하 늘 의 별 도
따 줄 텐 데
Solo
2. G
A
D
F♯m G
다
입 맛
춰 줘
오우 예
G
A
D
F♯m G
Chorus 2
3x
oh stand by me stand by
oh stand by me stand by
Bm
A
1. G
D
me stand by me
원 한 다 면
me stand by me
내 볼 에

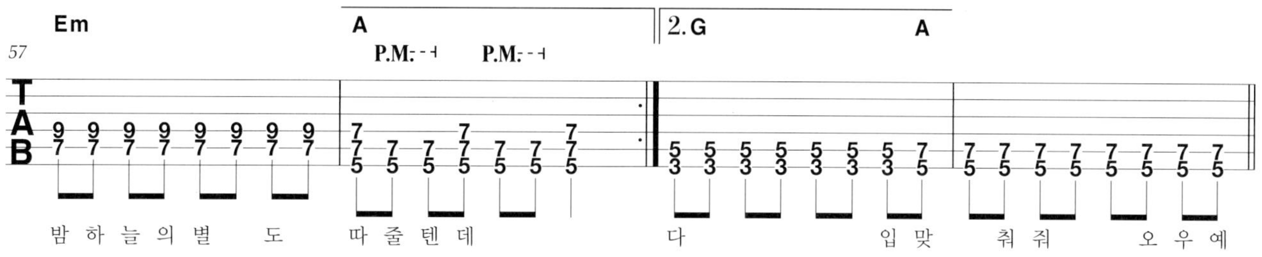
57
Em
A
2. G
A
P.M.
P.M.
밤 하 늘 의 별 도 따 줄 텐 데 다 입 맞 춰 줘 오 우 예

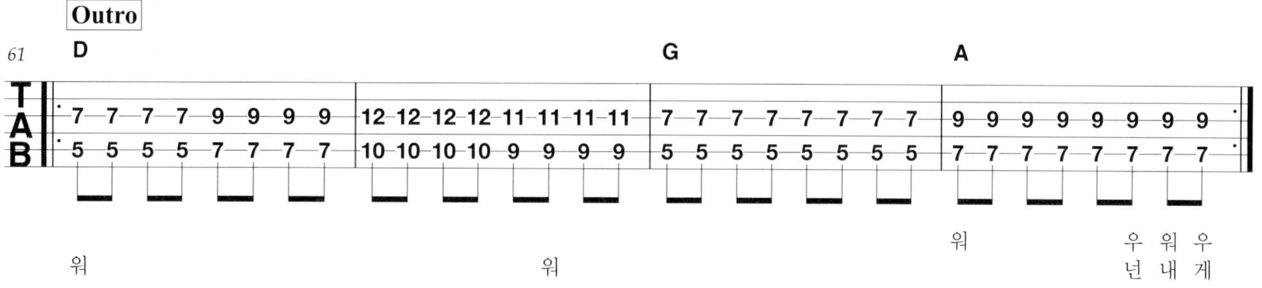
Outro
61
D
G
A
워 워 워 우 워 우
넌 내 게

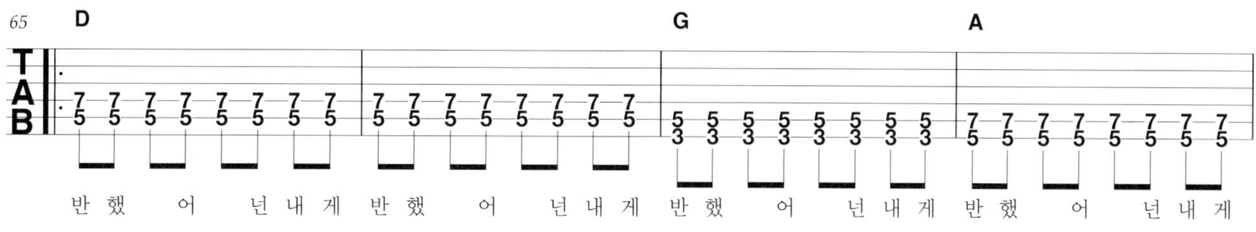
65
D
G
A
반 했 어 넌 내 게 반 했 어 넌 내 게 반 했 어 넌 내 게 반 했 어 넌 내 게

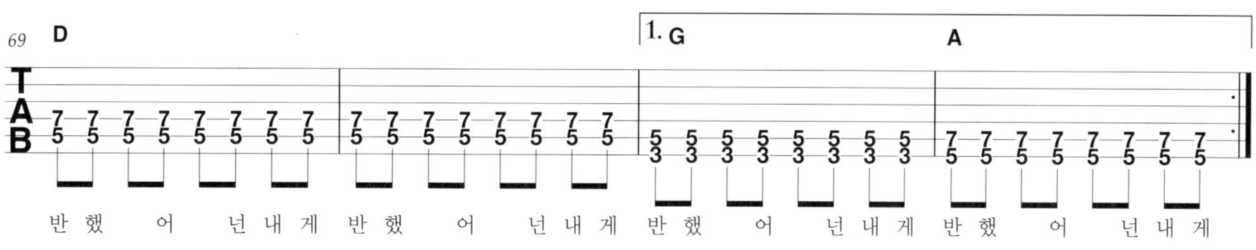
69
D
1. G
A
반 했 어 넌 내 게 반 했 어 넌 내 게 반 했 어 넌 내 게 반 했 어 넌 내 게

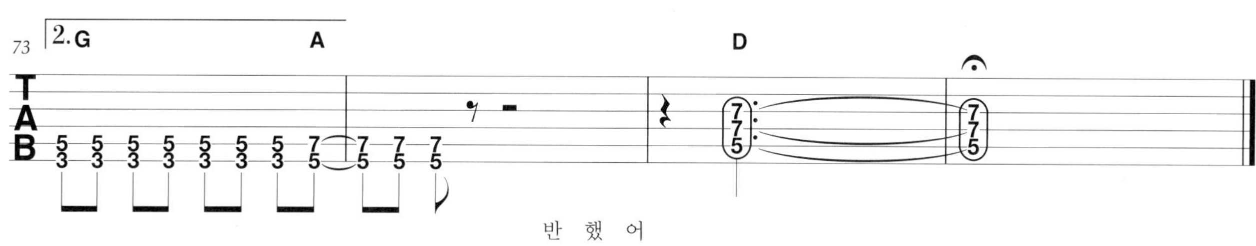
73
2. G
A
D
반 했 어

우리의 꿈

만화 원피스의 주제가로, 동심을 자극하며 벅차오르게 하는 대표곡이자 그룹 코요태의 목소리 또한 너무 듣기 좋은 곡입니다. 인트로 리듬을 거친 후 계속해서 팜 뮤트 연주로 이어집니다. 후반까지도 계속 이어지는데, 오른손 힘을 빼는 데에 신경 써 줍니다.

코요태 노래
이원희 작사
박요한 작곡

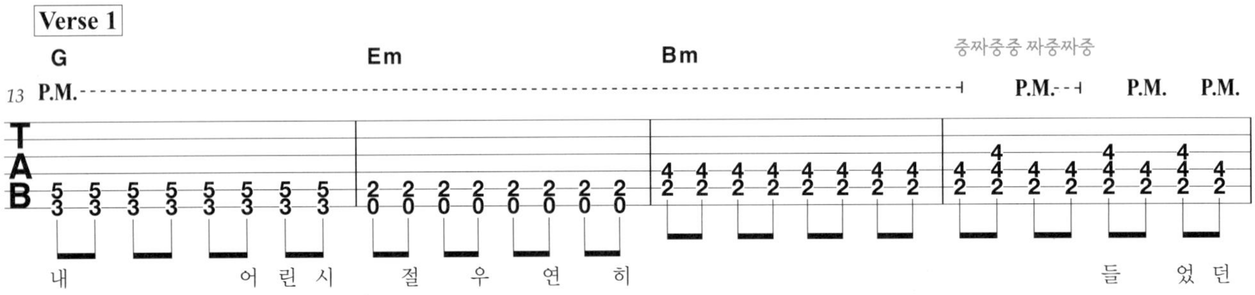

Intro

왼손 뮤트, 피킹 방향 지키기.
최대한 1, 2번줄만 치게끔 연습하기

G F G F G F G F

안쌤은 이 구간의 3프렛 연주 시 1번줄 새끼, 2번줄 약지로 잡으면서 나머지 손가락으로 3번줄을 뮤트, 1프렛 연주 시에는 검지로 다 잡습니다.

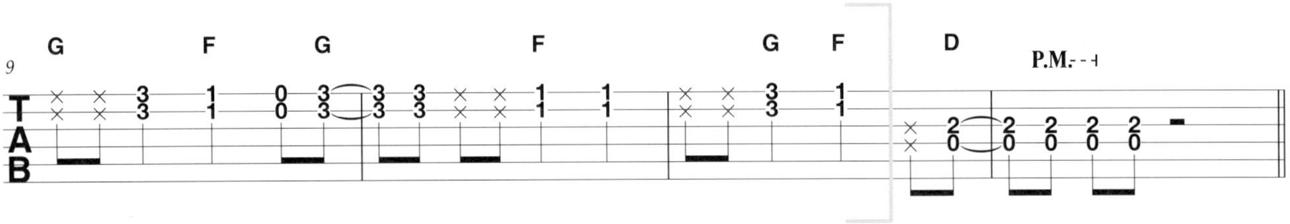

9 G F G F G F D P.M.

Verse 1

13 G Em Bm P.M.

중짜중중 짜중짜중

내 어린시절 우연히 들었던

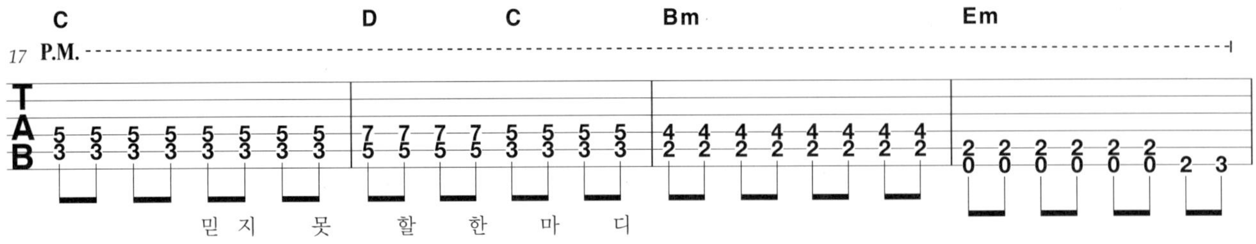

17 C D C Bm Em P.M.

믿지 못할 한마디

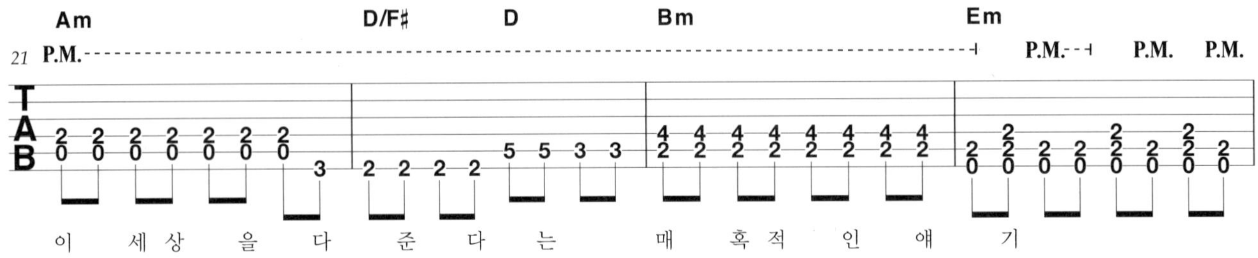

21 Am D/F♯ D Bm Em P.M.

이 세상을 다 준다는 매혹적인 애기

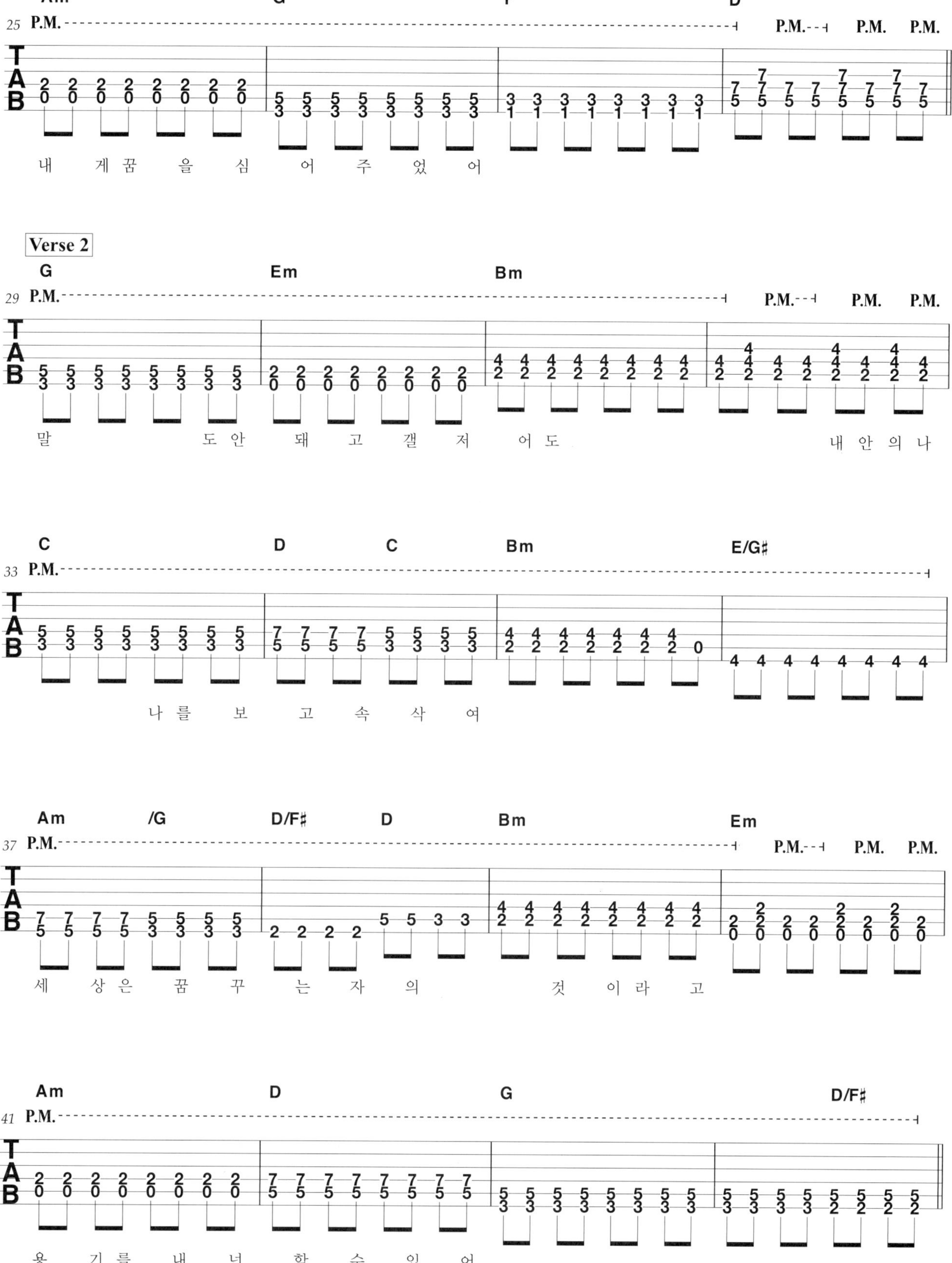
Am G F D
25 P.M. P.M. P.M. P.M.
내 게 꿈 을 심 어 주 었 어
Verse 2
G Em Bm
29 P.M. P.M. P.M. P.M.
말 도 안 돼 고 갤 저 어 도 내 안 의 나
C D C Bm E/G♯
33 P.M.
나 를 보 고 속 삭 여
Am /G D/F♯ D Bm Em
37 P.M. P.M. P.M. P.M.
세 상 은 꿈 꾸 는 자 의 것 이 라 고
Am D G D/F♯
41 P.M.
용 기 를 내 넌 할 수 있 어

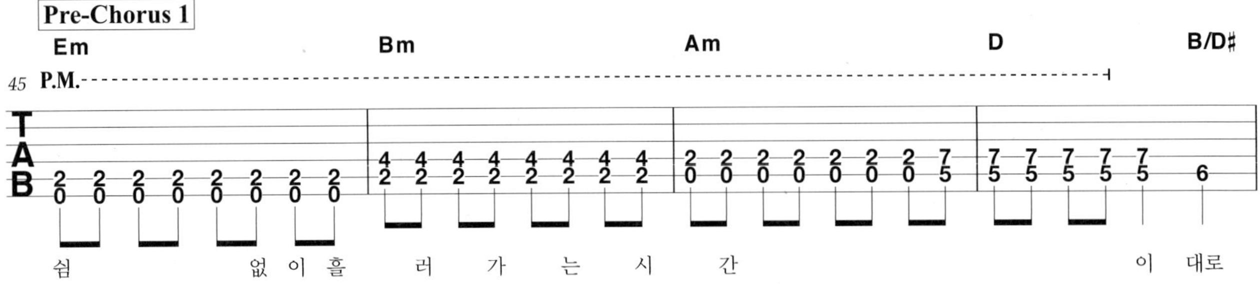
Pre-Chorus 1
Em Bm Am D B/D♯
P.M.
쉼 없 이 흘 러 가 는 시 간 이 대로

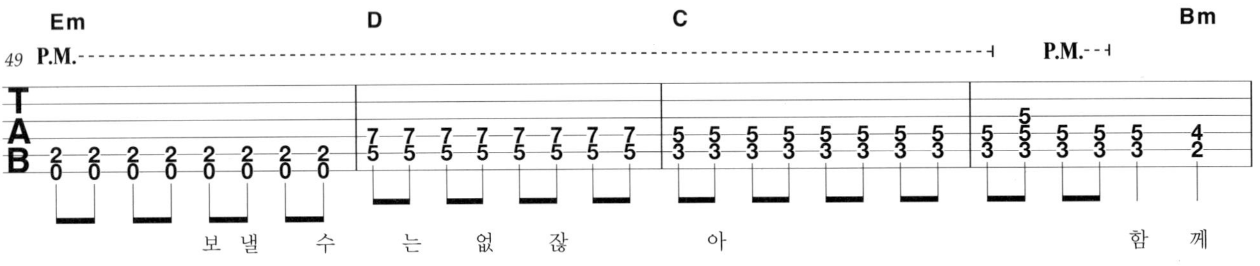
Em D C Bm
P.M.
P.M.
보 낼 수 는 없 잖 아 함 께

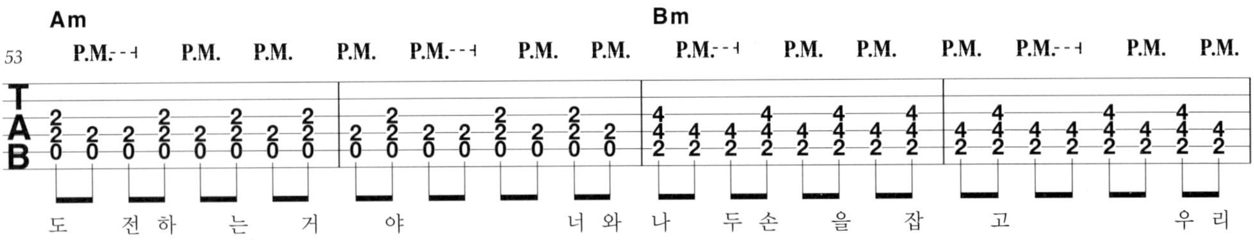
Am Bm
P.M.
도 전 하 는 거 야 너 와 나 두 손 을 잡 고 우 리

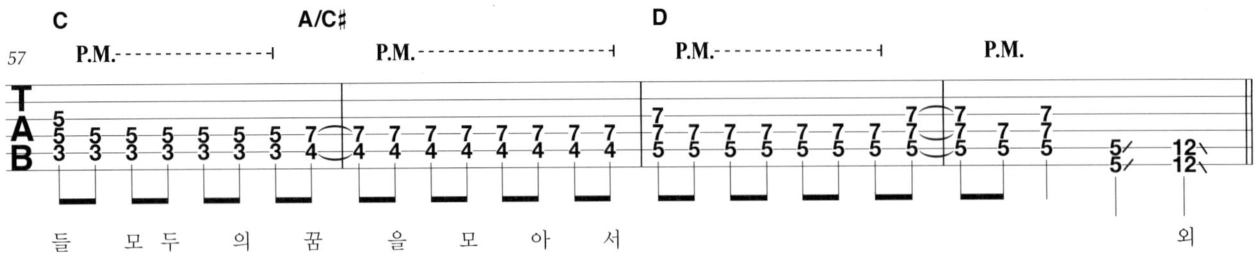
C A/C♯ D
P.M.
들 모 두 의 꿈 을 모 아 서 외

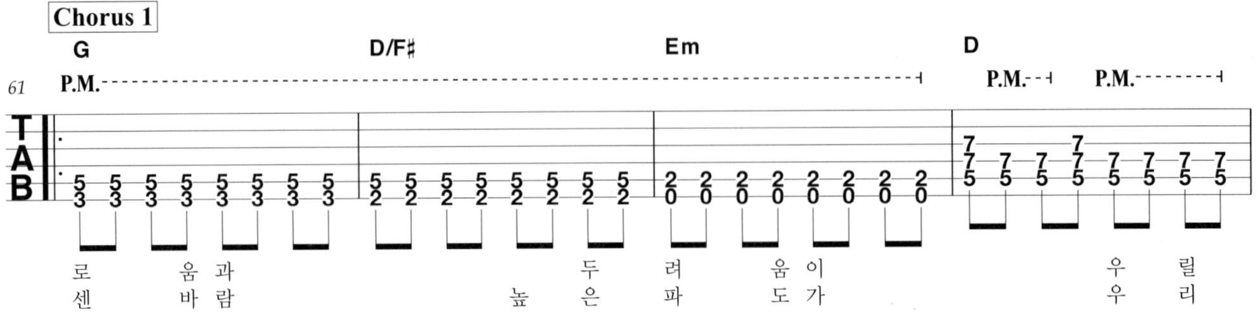
Chorus 1
G D/F♯ Em D
P.M.
로 움 과 두 려 움 이 우 릴
센 바 람 높 은 파 도 가 우 리

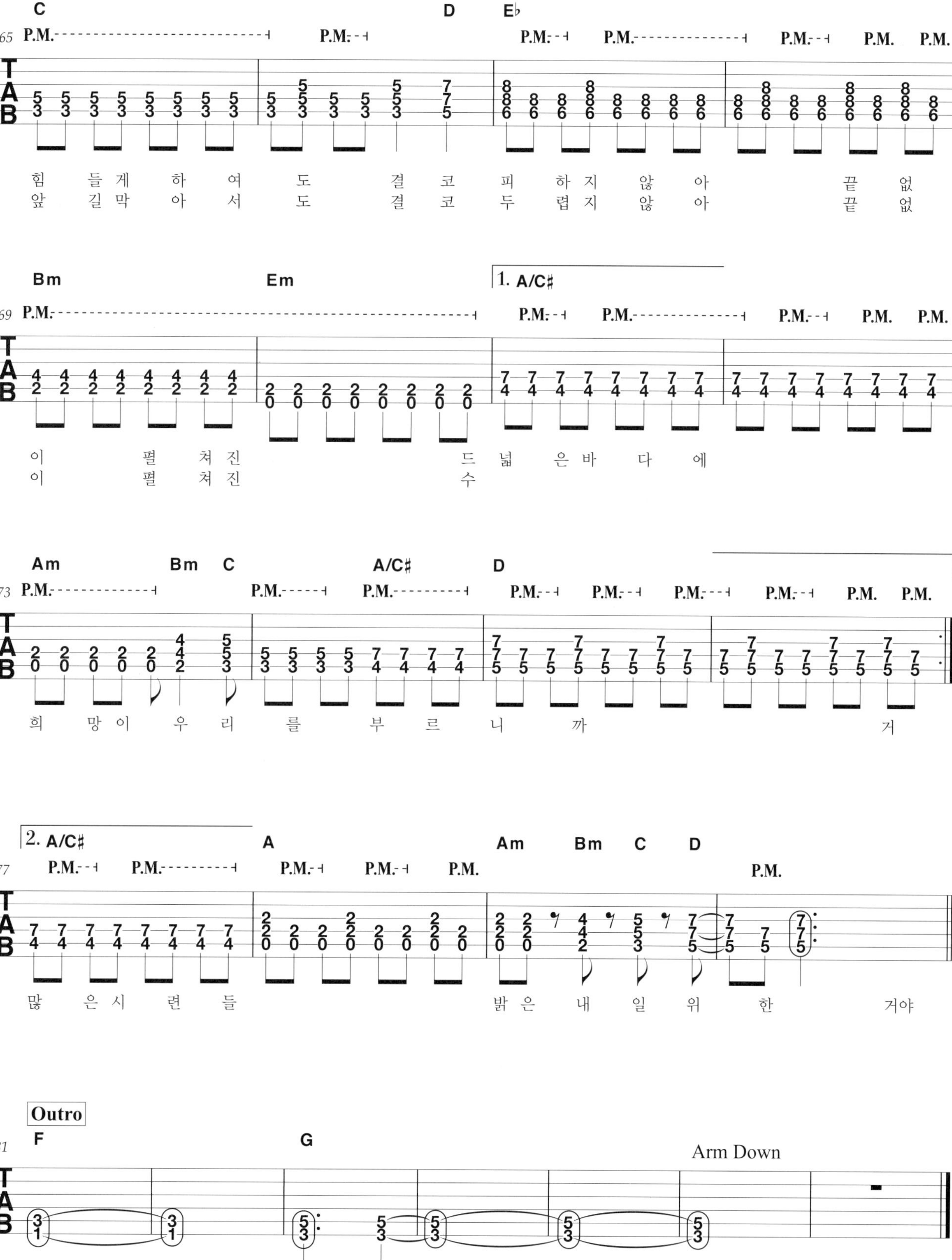
C D E♭
P.M.
힘 들 게 하 여 도 결 코 피 하 지 않 아 끝 없
앞 길 막 아 서 도 결 코 두 렵 지 않 아 끝 없
Bm Em 1. A/C♯
이 펼 쳐 진 드 넓 은 바 다 에
이 펼 쳐 진 수
Am Bm C A/C♯ D
희 망 이 우 리 를 부 르 니 까 거
2. A/C♯ A Am Bm C D
많 은 시 련 들 밝 은 내 일 위 한 거야
Outro
F G
Arm Down

그대에게

고 신해철 님의 대표곡이자, 응원곡으로 어디에나 울려 퍼지는 신나는 곡입니다.
실제로 안쌤 본인의 결혼식 때 축가로 이 곡을 연주했기에 더 의미 있는 곡입니다.
(이때 아내는 드레스를 입고 드럼을 쳤습니다. 하하!) 노래 전체가 파워코드라서 연습하기 딱 좋은 곡이고, 송 폼이 넘어갈 때마다 나오는 특정 리듬(바바바밥!)에 주의합니다.

신해철 노래
신해철 작사·작곡

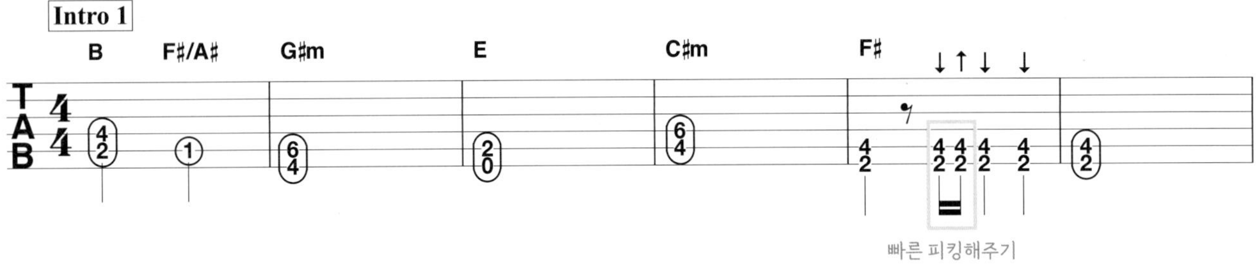

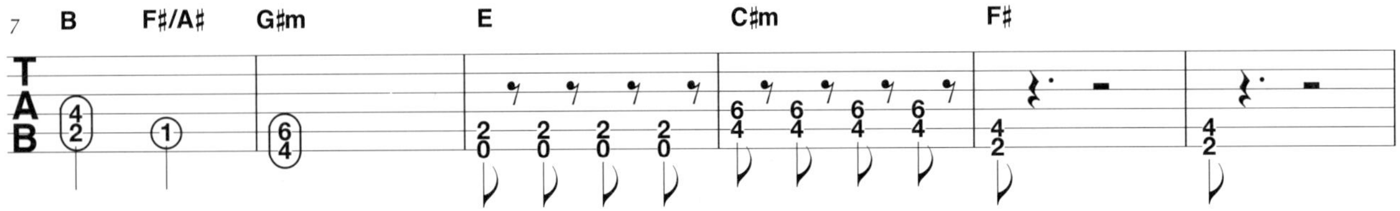

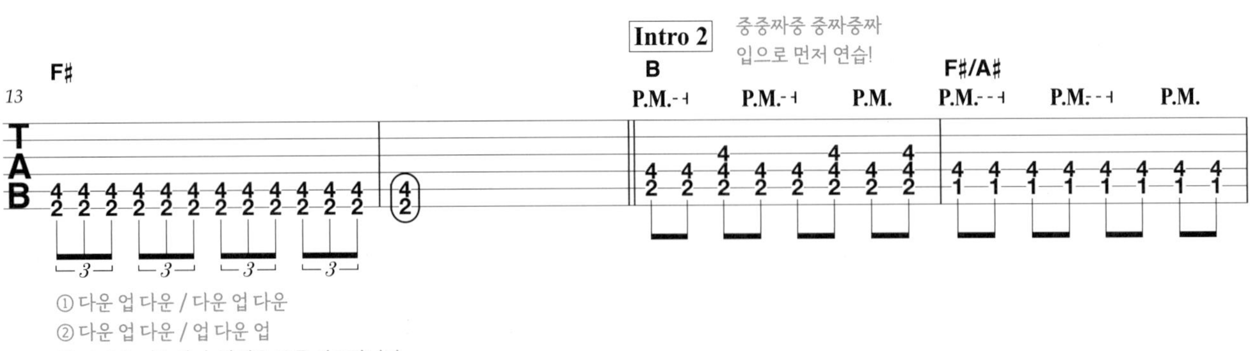

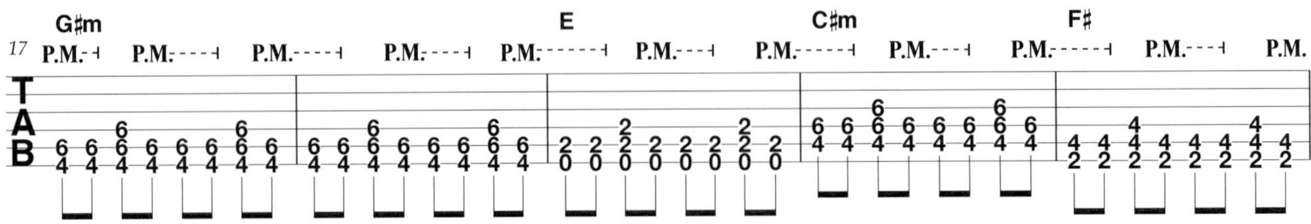

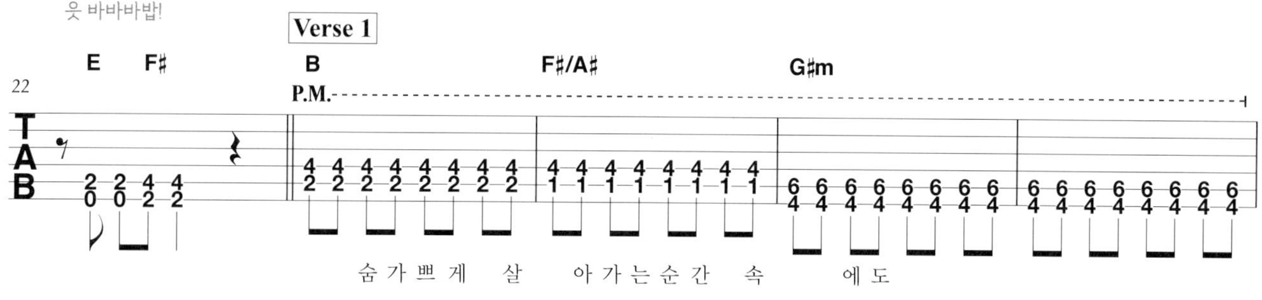
웃 바바바밥!
Verse 1
E F♯ B F♯/A♯ G♯m
22
P.M.
TAB
숨 가 쁘 게 살 아 가 는 순 간 속 에 도

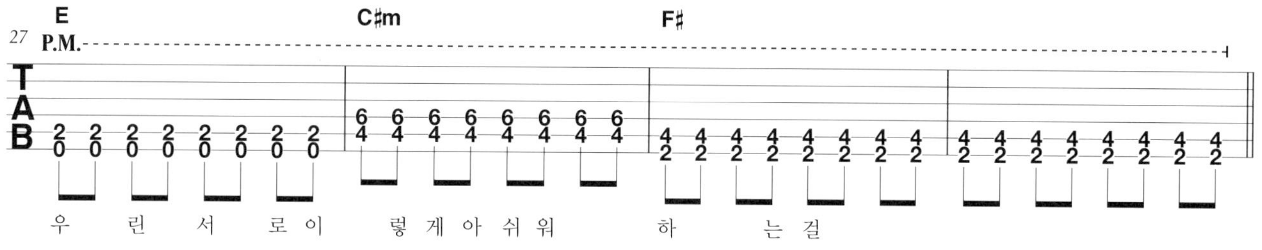
E C♯m F♯
27
P.M.
TAB
우 린 서 로 이 렇 게 아 쉬 워 하 는 걸

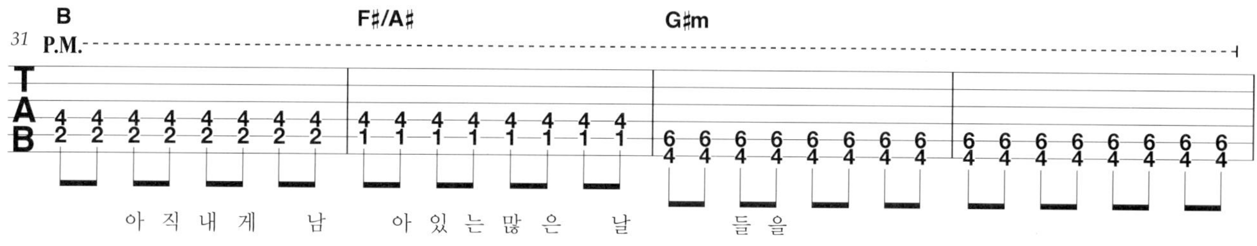
B F♯/A♯ G♯m
31
P.M.
TAB
아 직 내 게 남 아 있 는 많 은 날 들 을

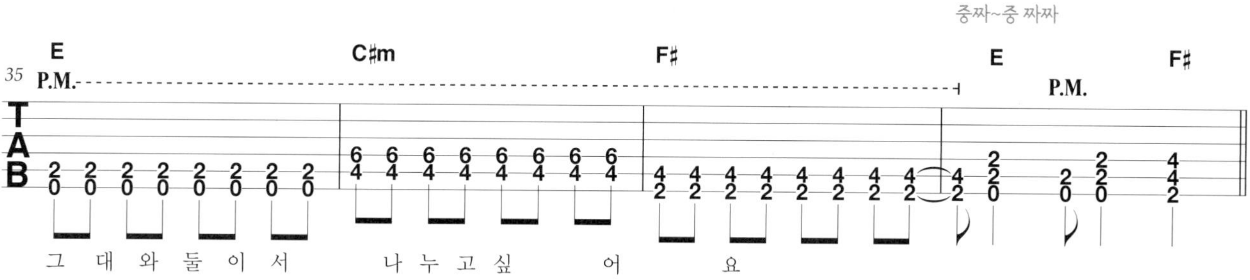
중짜~중 짜짜
E C♯m F♯ E F♯
35
P.M.
P.M.
TAB
그 대 와 둘 이 서 나 누 고 싶 어 요

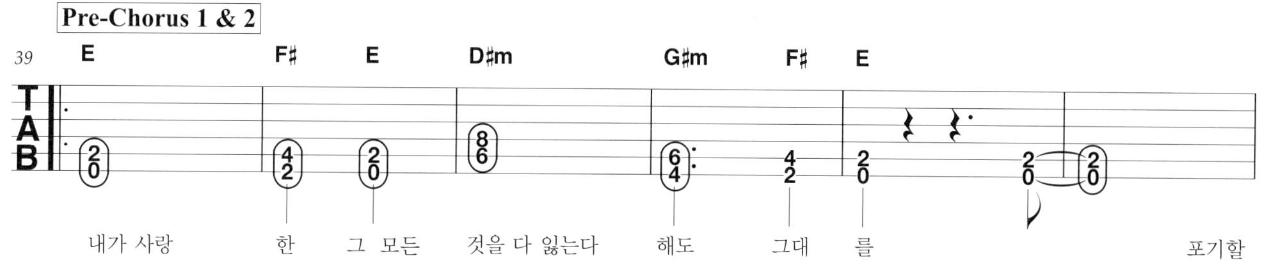
Pre-Chorus 1 & 2
39
E F♯ E D♯m G♯m F♯ E
TAB
내가 사랑 한 그 모든 것을 다 잃는다 해도 그대 를 포기할

중중짜~ 중중짜~

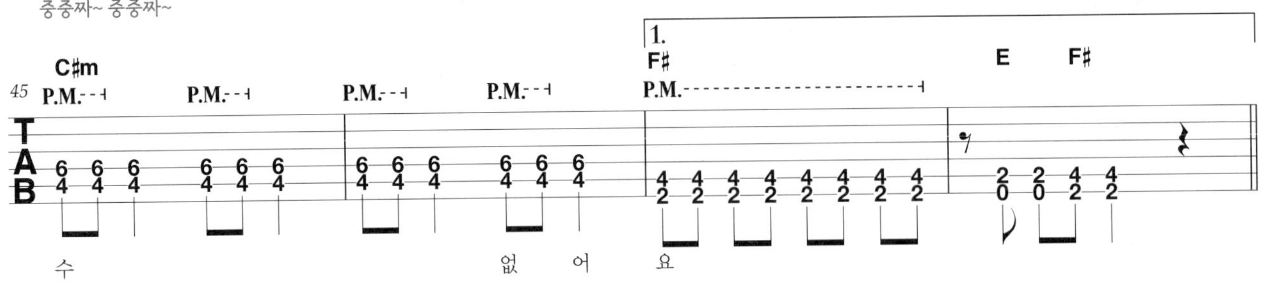
1.
C♯m
F♯
E F♯
P.M.
수 없 어 요

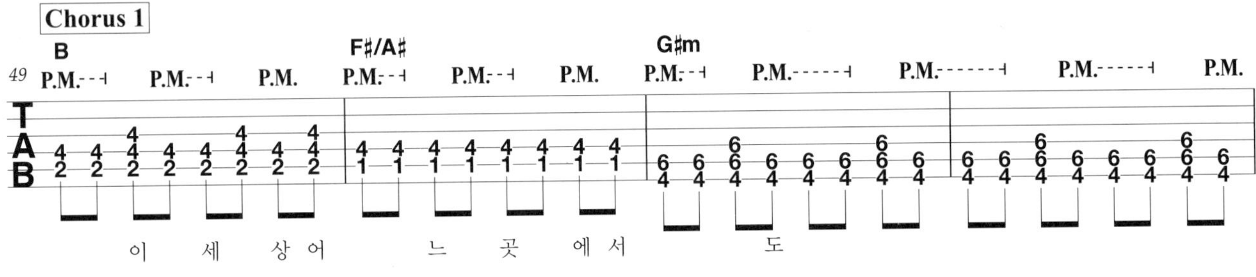
Chorus 1
B
F♯/A♯
G♯m
P.M.
이 세 상 어 느 곳 에 서 도

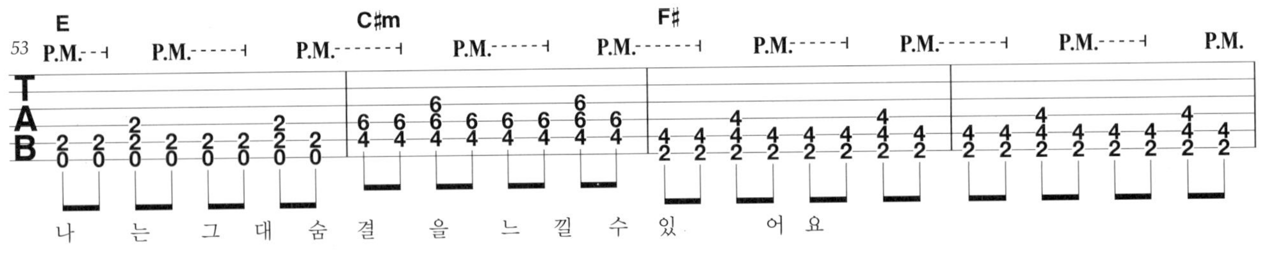
E
C♯m
F♯
P.M.
나 는 그 대 숨 결 을 느 낄 수 있 어 요

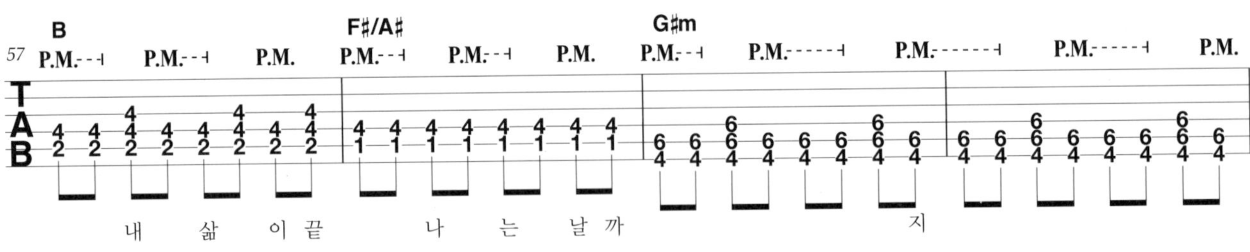
B
F♯/A♯
G♯m
P.M.
내 삶 이 끝 나 는 날 까 지

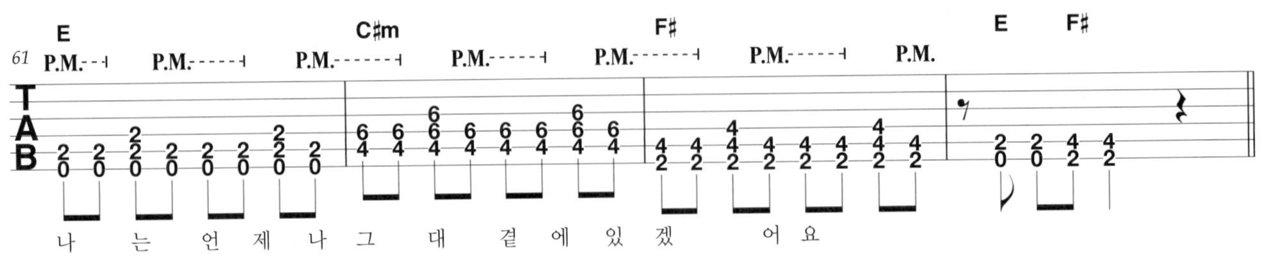
E
C♯m
F♯
E F♯
P.M.
나 는 언 제 나 그 대 곁 에 있 겠 어 요

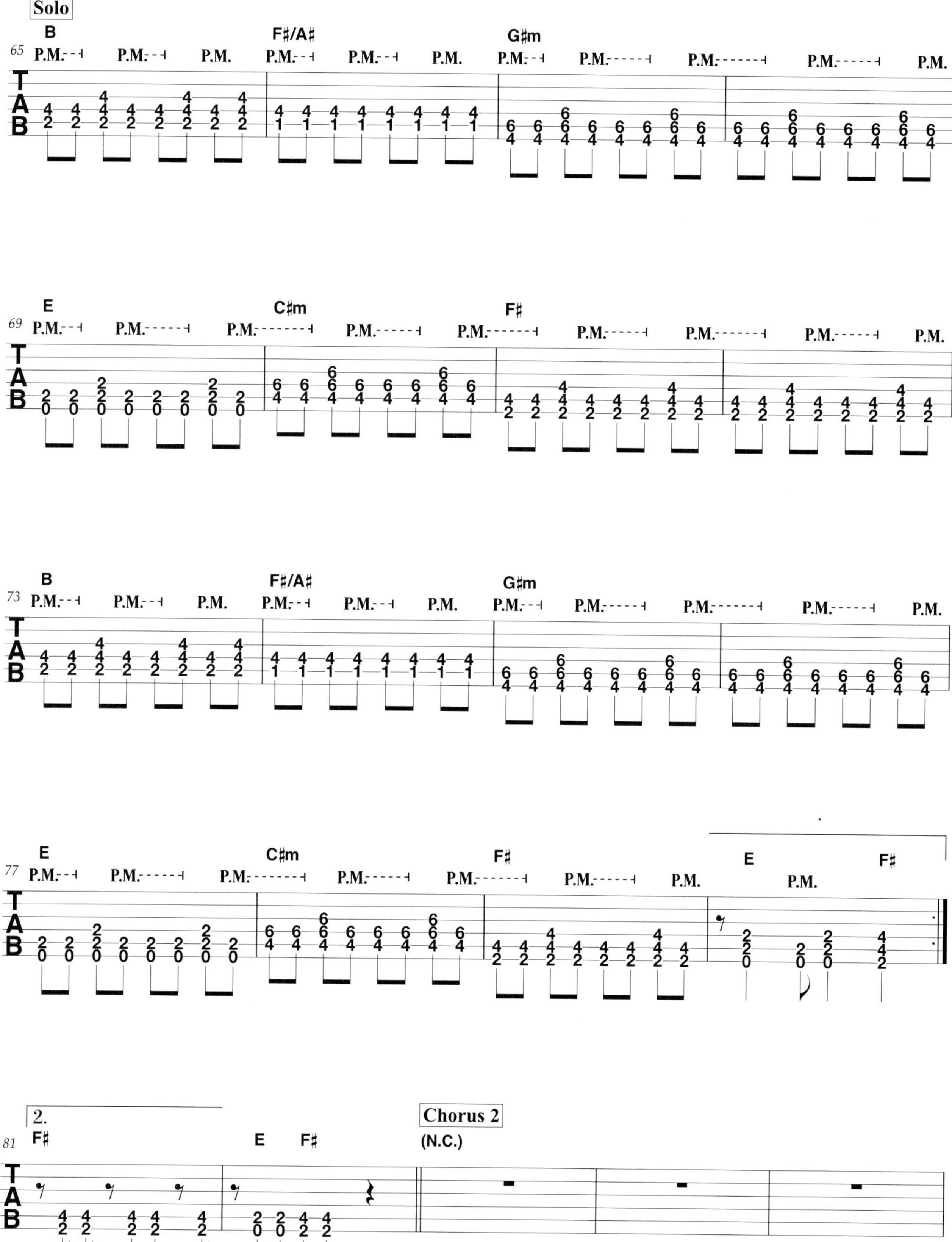
Solo
B
F♯/A♯
G♯m
E
C♯m
F♯
P.M.
2.
Chorus 2
(N.C.)
요
내 삶이 끝
나는 날까
지 내 삶이 끝

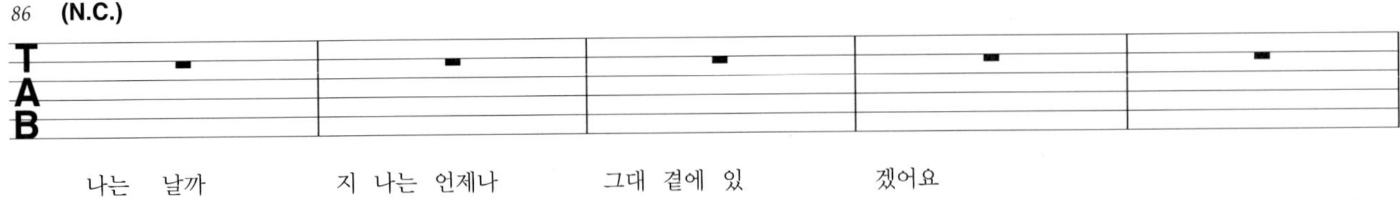
86
(N.C.)
나는 날까 지 나는 언제나 그대 곁에 있 겠어요

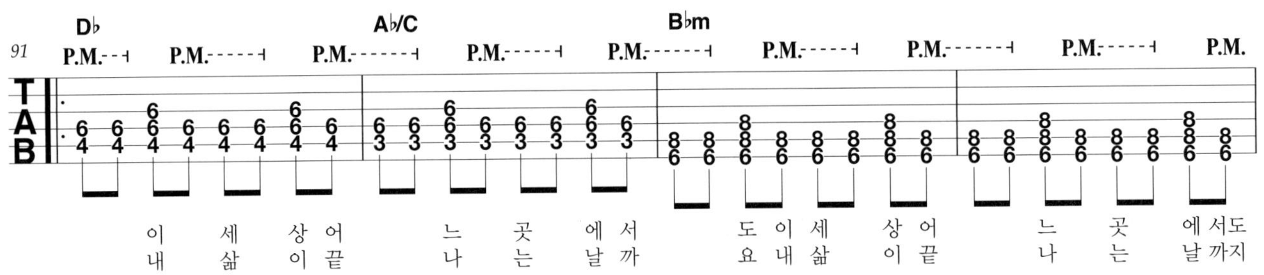
91
D♭
A♭/C
B♭m
P.M.
이 세 상 어 느 곳 에 서 도 이 세 상 어 느 곳 에 서도
내 삶 이 끝 나 는 날 까 요 내 삶 이 끝 나 는 날까지

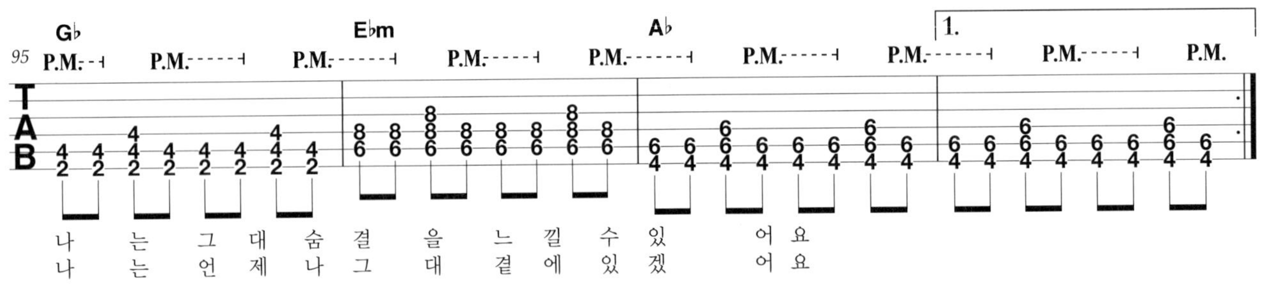
95
G♭
E♭m
A♭
1.
P.M.
나 는 그 대 숨 결 을 느 낄 수 있 어 요
나 는 언 제 나 그 대 곁 에 있 겠 어 요

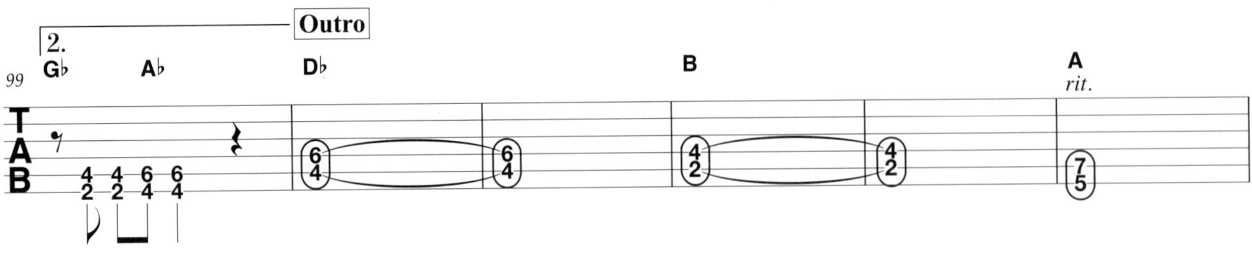
99
2.
Outro
G♭
A♭
D♭
B
A
rit.

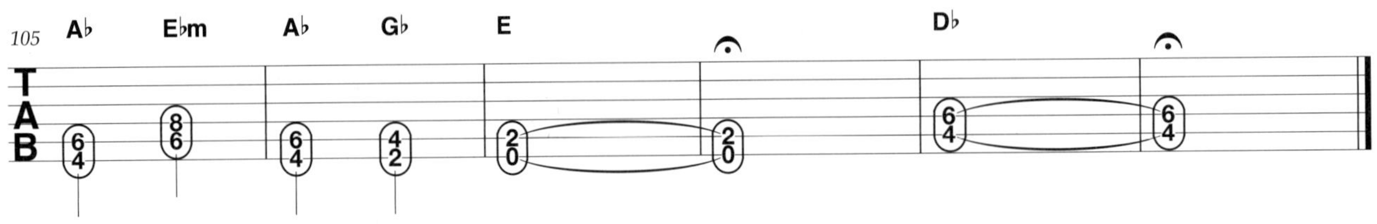
105
A♭
E♭m
A♭
G♭
E
D♭

안쌤의

일렉기타 나무숲

질풍가도

듣기만 해도 벅차오르는 곡입니다. 특별한 리프 연주 없이 파워코드만으로 끝까지 연주할 수 있는 좋은 연습곡이지만, 중간 기타 솔로는 난이도가 꽤 있으니 완주 후 천천히 도전해 보시길 추천합니다.

유정석 노래
신동식 작사
박정식 작곡

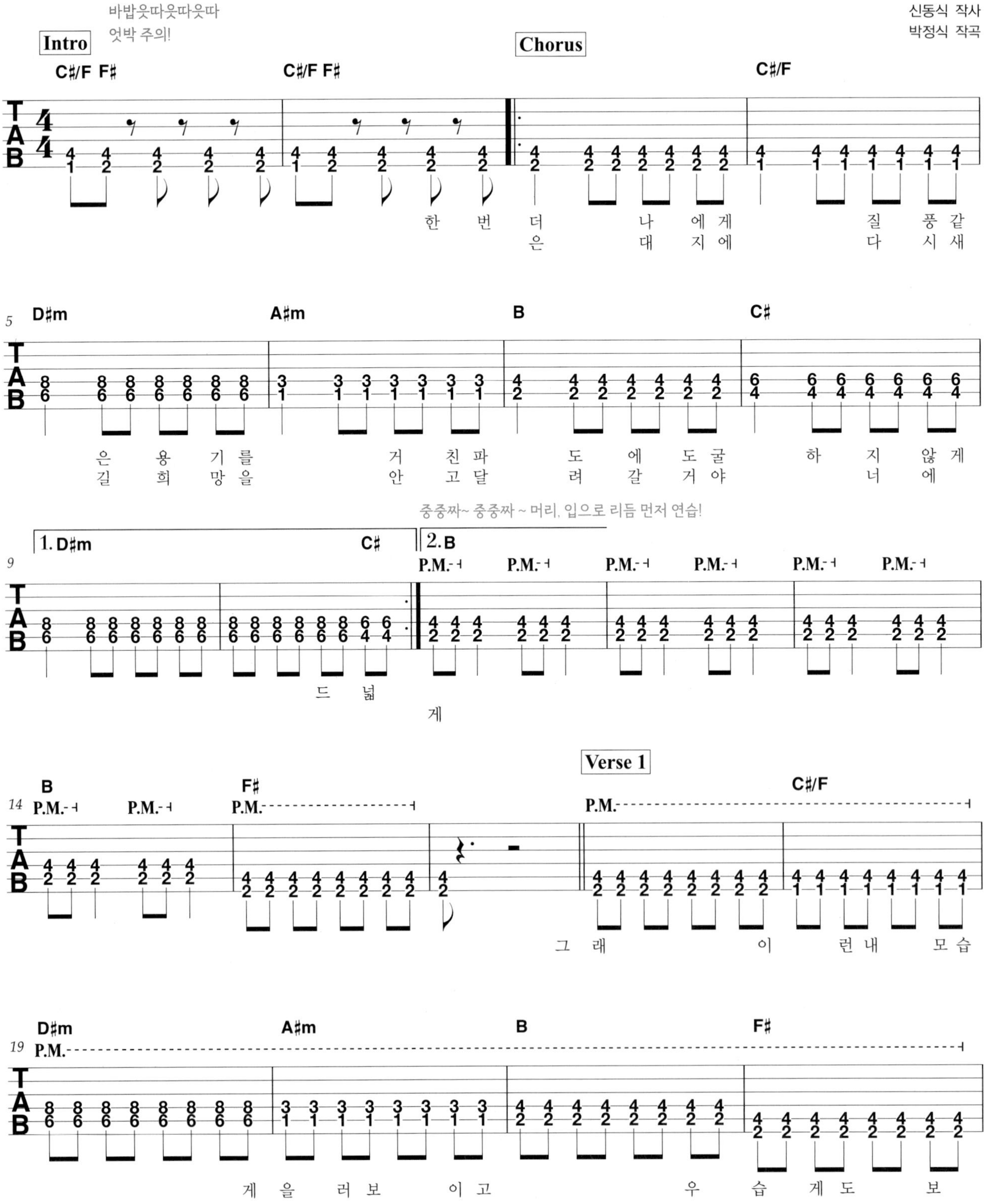

바밥웃따웃따웃따
엇박 주의!

Intro

C♯/F F♯ | C♯/F F♯

Chorus

C♯/F

한 번 더 나 에 게 질 풍 같
은 대 지 에 다 시 새

5 D♯m | A♯m | B | C♯

은 용 기 를 거 친 파 도 에 도 굴 하 지 않 게
길 희 망 을 안 고 달 려 갈 거 야 너 에

중중짜~ 중중짜 ~ 머리, 입으로 리듬 먼저 연습!

9 1. D♯m | C♯ | 2. B

P.M. P.M. P.M. P.M. P.M. P.M.

드 넓
게

14 B | F♯

P.M. P.M. P.M.

Verse 1

C♯/F

P.M.

그 래 이 런 내 모 습

19 D♯m | A♯m | B | F♯

P.M.

게 을 러 보 이 고 우 습 게 도 보

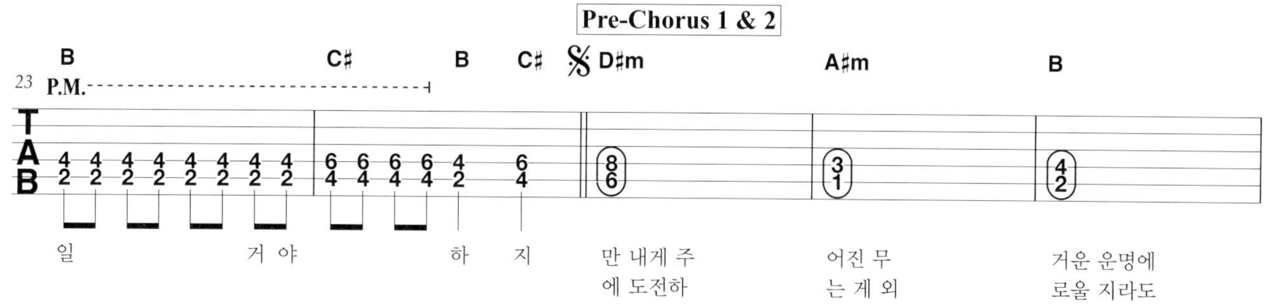
Pre-Chorus 1 & 2
B C♯ B C♯ D♯m A♯m B
23
P.M.
일 거 야 하 지 만 내게 주 어진 무 거운 운명에
에 도전하 는 게 외 로울 지라도

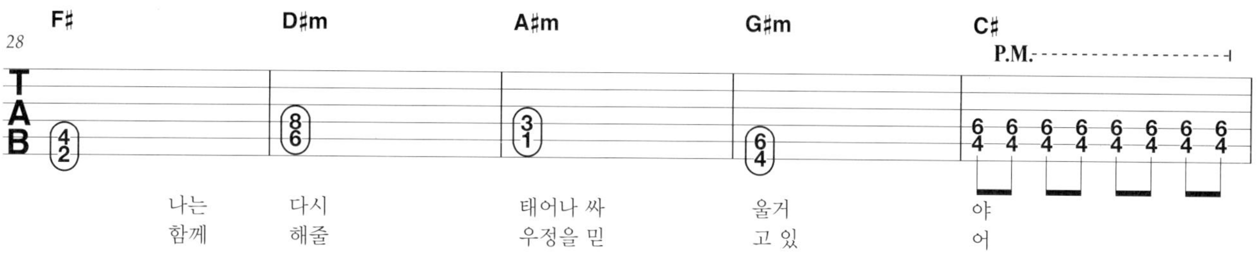
F♯ D♯m A♯m G♯m C♯
28
P.M.
나는 다시 태어나 싸 울거 야
함께 해줄 우정을 믿 고 있 어

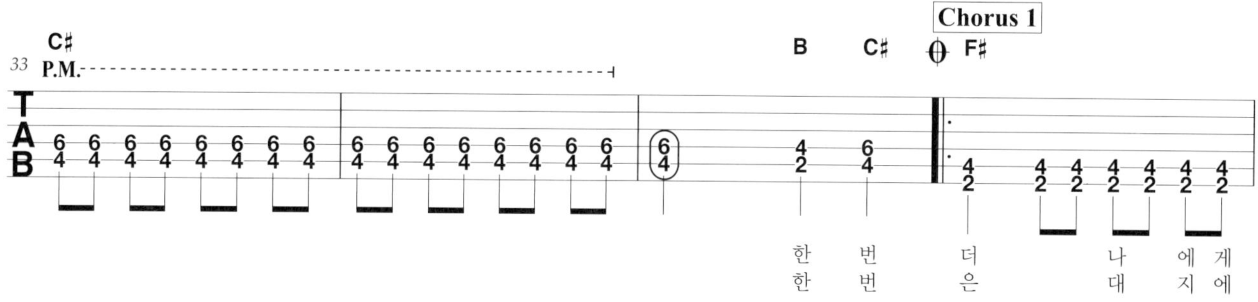
Chorus 1
C♯ B C♯ F♯
33
P.M.
한 번 더 나 에 게
한 번 은 대 지 에

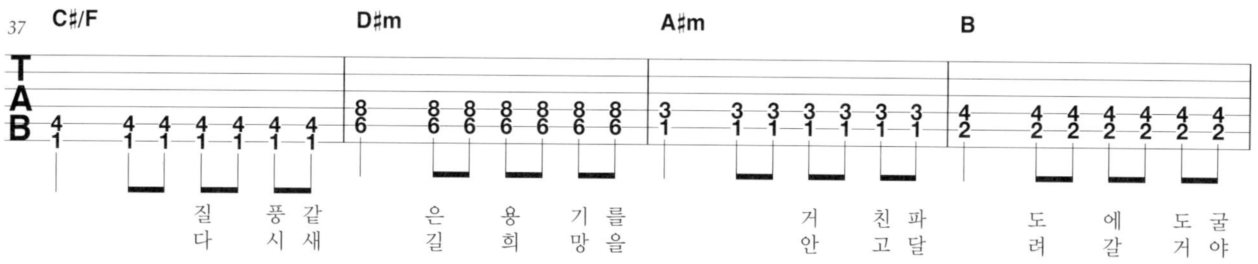
C♯/F D♯m A♯m B
37
질 풍 같 은 용 기 를 거 친 파 도 에 도 굴
다 시 새 길 희 망 을 안 고 달 려 갈 거 야

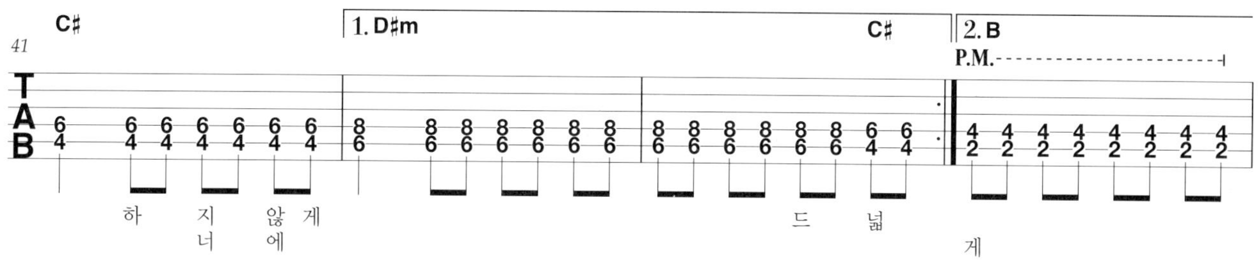
C♯ 1. D♯m C♯ 2. B
41
P.M.
하 지 않 게 드 넓
너 에 게

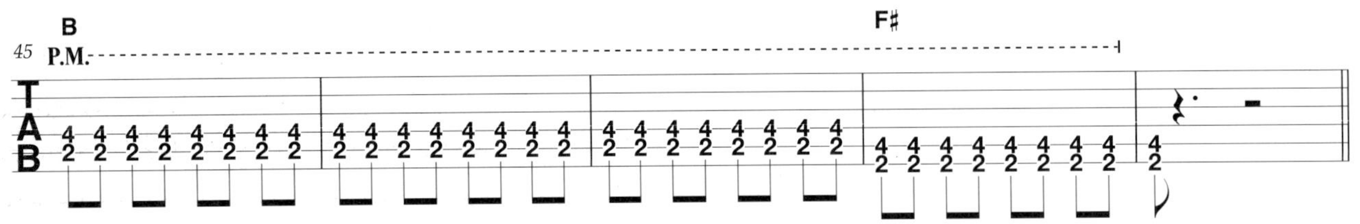

B
F♯
P.M.

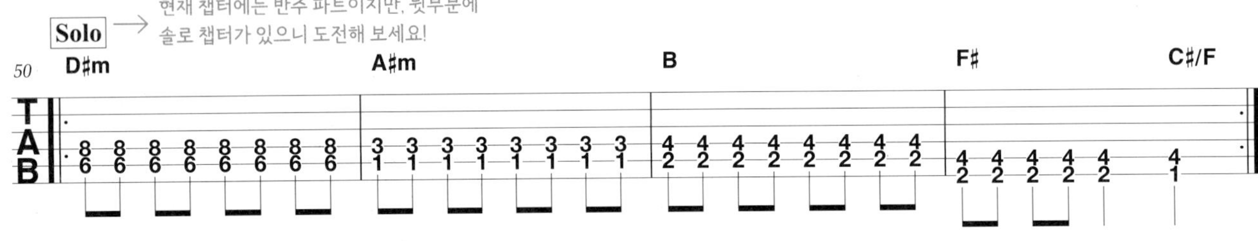

Solo
현재 챕터에는 반주 파트이지만, 뒷부분에
솔로 챕터가 있으니 도전해 보세요!
D♯m
A♯m
B
F♯
C♯/F

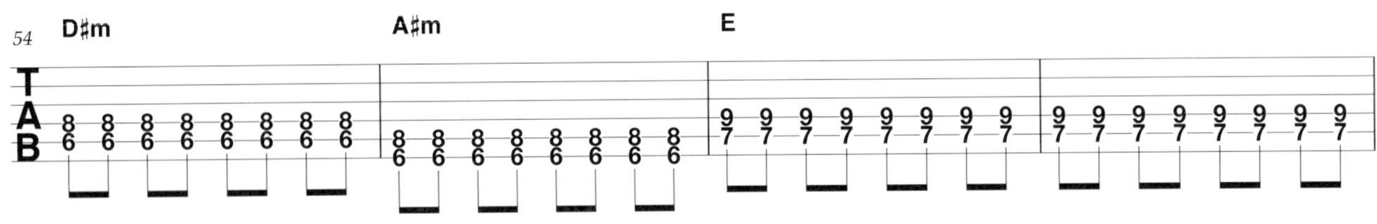

D♯m
A♯m
E

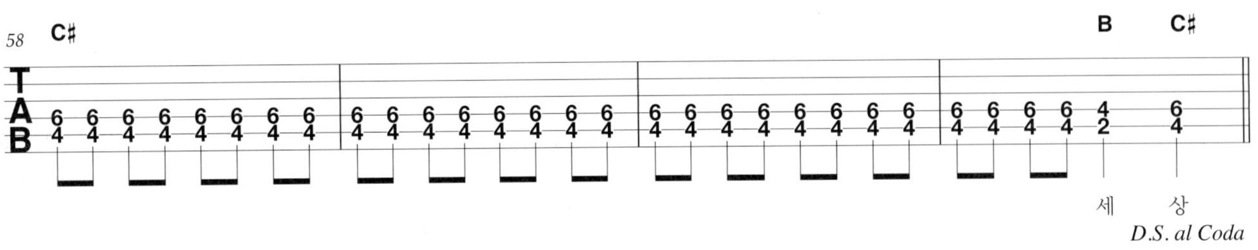

C♯
B
C♯
세 상
D.S. al Coda

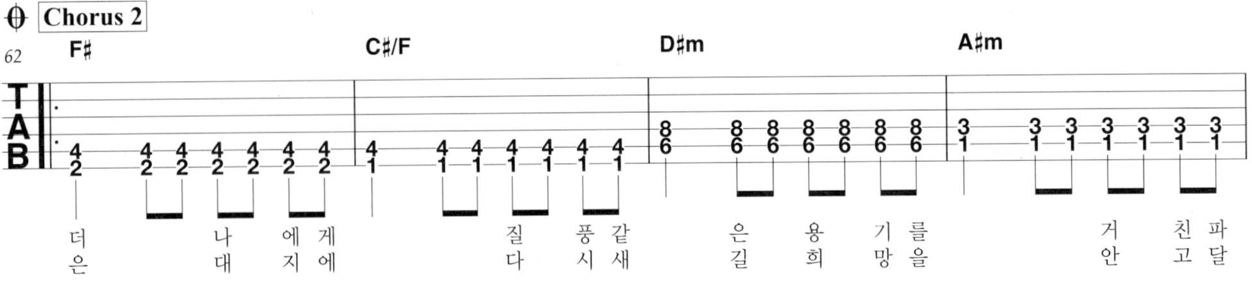

Chorus 2
F♯
C♯/F
D♯m
A♯m
더 나 에 게 질 풍 같 은 용 기 를 거 친 파
은 대 지 에 다 시 새 길 희 망 을 안 고 달

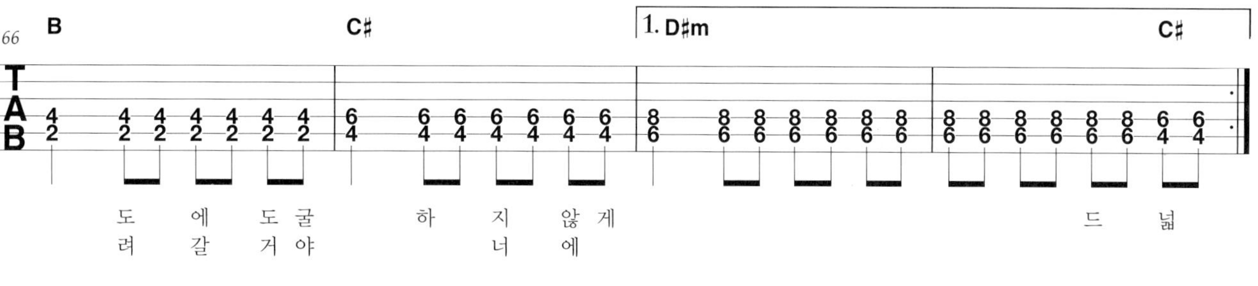
66
B
C♯
1. D♯m
C♯
도 에 도 굴 하 지 않 게 드 넓
려 갈 거 야 너 에

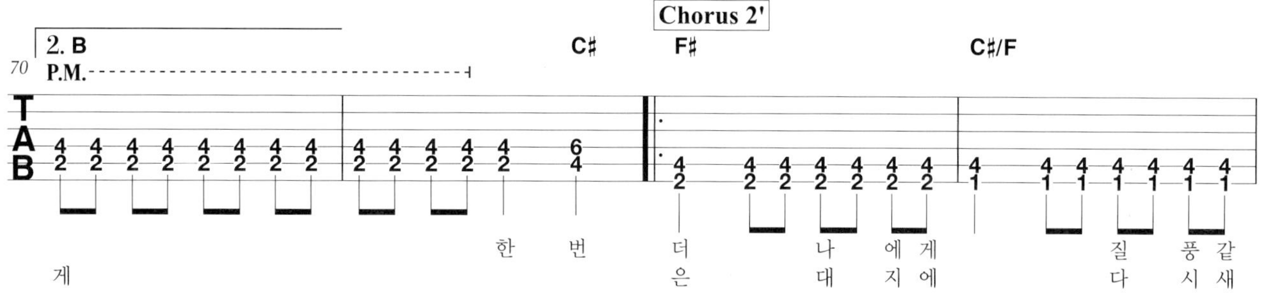
Chorus 2'
70
2. B
P.M.
C♯
F♯
C♯/F
한 번 더 나 에 게 질 풍 같
게 은 대 지 에 다 시 새

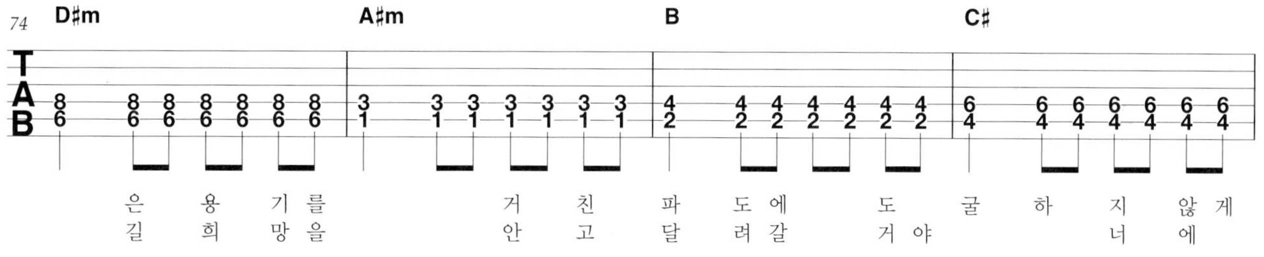
74
D♯m
A♯m
B
C♯
은 용 기 를 거 친 파 도 에 도 굴 하 지 않 게
길 희 망 을 안 고 달 려 갈 거 야 너 에

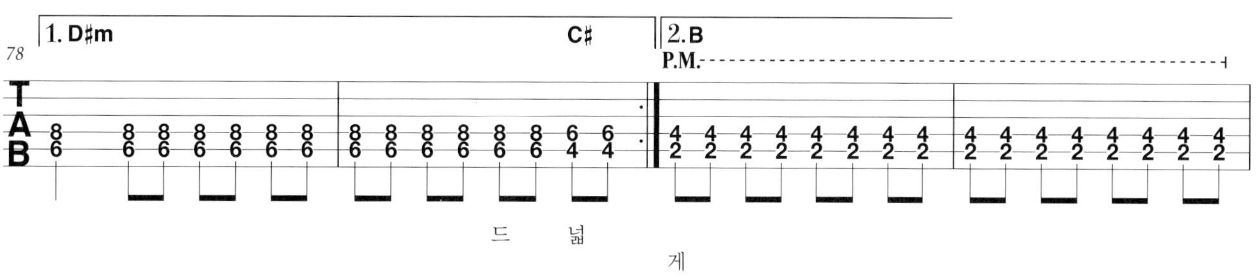
78
1. D♯m
C♯
2.B
P.M.
드 넓
게

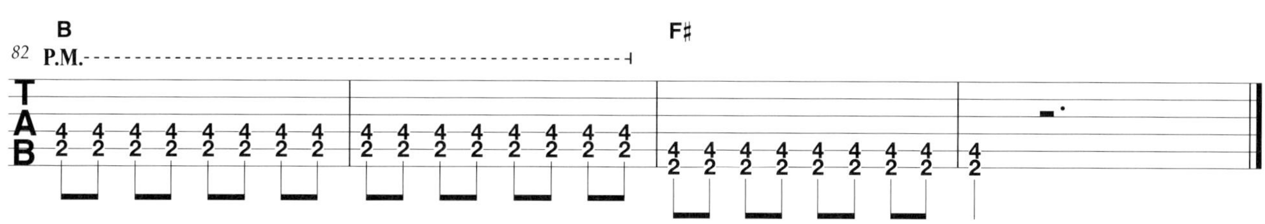
82
B
P.M.
F♯

낭만고양이

안쌤이 일렉기타에 흥미를 붙이던 초창기, "내가 언젠가는 쳐야지" 했던 나름의 노래방 베스트 픽 곡입니다. 특히 인트로 파워코드 리프가 아주 유명하지만, 코드가 자주 바뀌고 템포도 은근히 빨라 난이도가 꽤 있는 곡입니다.

체리필터 노래
정우진 외 1명 작사
정우진 작곡

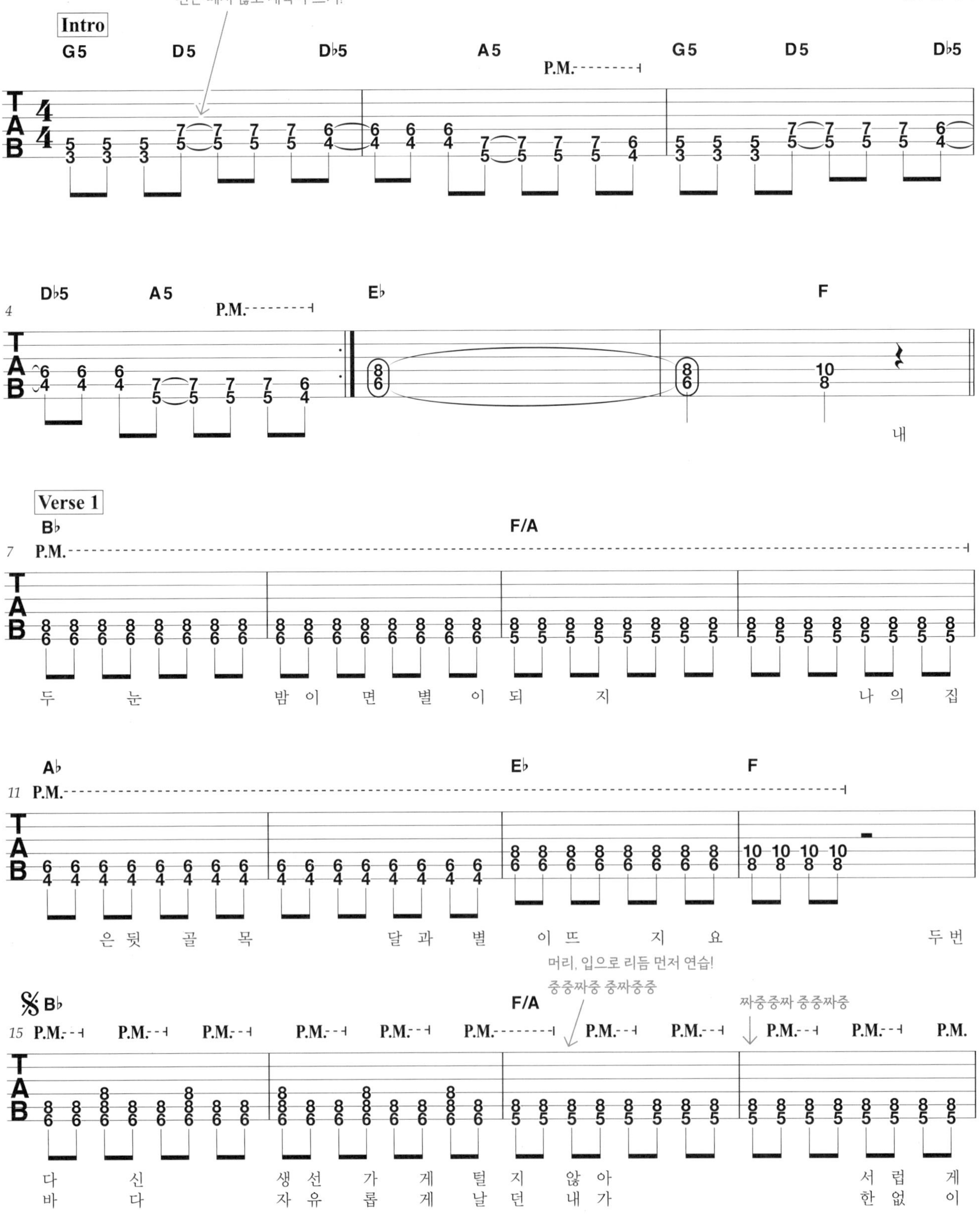

붙임줄이므로 앞에 쳤던 음 유지, 왼손 떼지 않고 계속 누르기!

Intro

G5 D5 D♭5 A5 G5 D5 D♭5

P.M.

4 D♭5 A5 E♭ F

P.M.

내

Verse 1

7 B♭ F/A

P.M.

두 눈 밤이면 별이 되지 나의 집

11 A♭ E♭ F

P.M.

은 뒷 골 목 달과 별 이 뜨 지 요 두번

머리, 입으로 리듬 먼저 연습!
중중짜중 중짜중중

짜중중짜 중중짜중

𝄋 B♭ F/A

15 P.M. P.M. P.M. P.M. P.M. P.M. P.M. P.M. P.M. P.M. P.M.

다 신 생 선 가 게 털 지 않 아 서 럽 게
바 다 자 유 롭 게 날 던 내 가 한 없 이

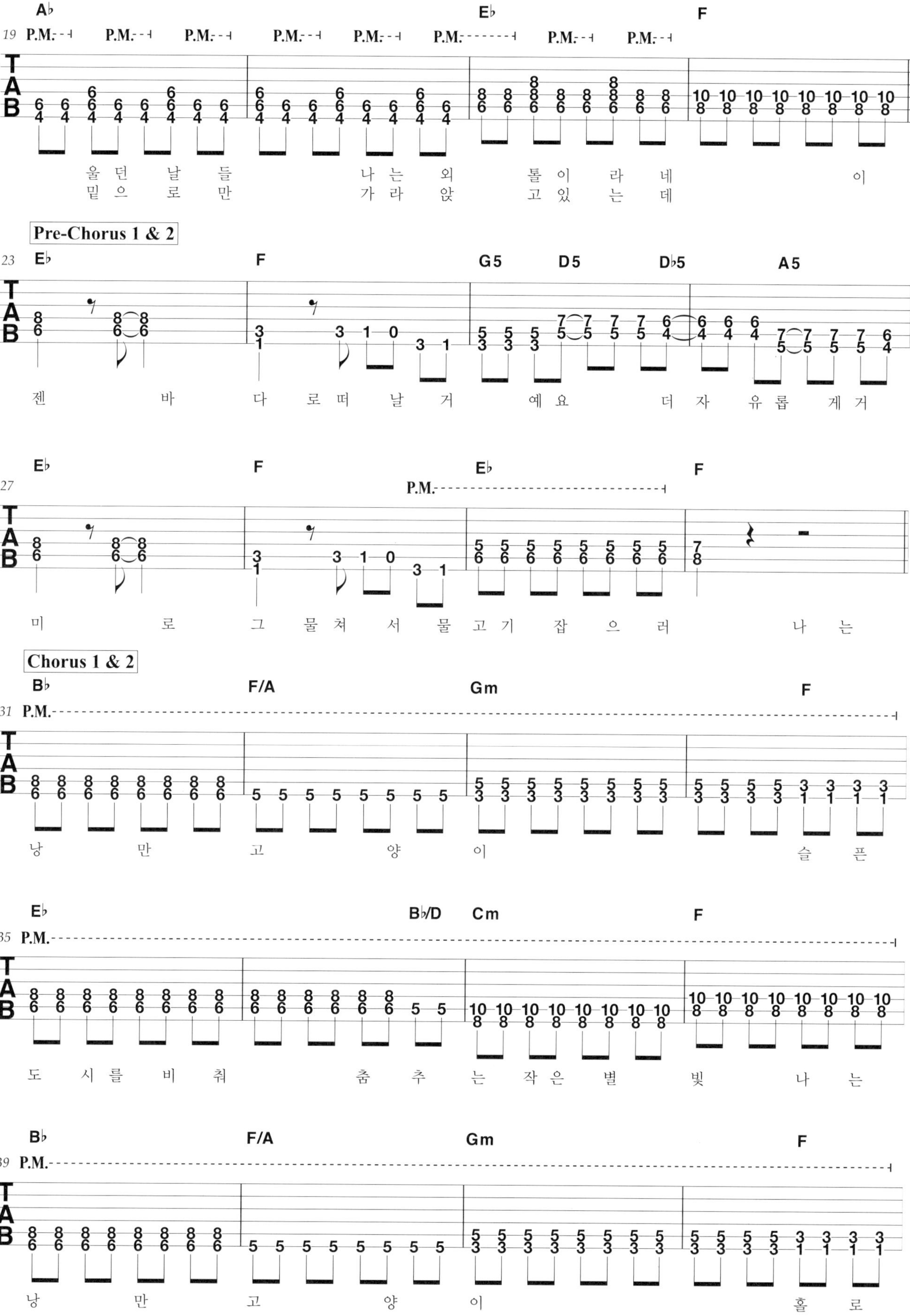

A♭ E♭ F
P.M.
울 던 날 들 나 는 외 톨 이 라 네 이
밑 으 로 만 가 라 앉 고 있 는 데
Pre-Chorus 1 & 2
E♭ F G5 D5 D♭5 A5
젠 바 다 로 떠 날 거 예 요 더 자 유 롭 게 거
E♭ F E♭ F
미 로 그 물 쳐 서 물 고 기 잡 으 러 나 는
Chorus 1 & 2
B♭ F/A Gm F
낭 만 고 양 이 슬 픈
E♭ B♭/D Cm F
도 시 를 비 춰 춤 추 는 작 은 별 빛 나 는
B♭ F/A Gm F
낭 만 고 양 이 홀 로

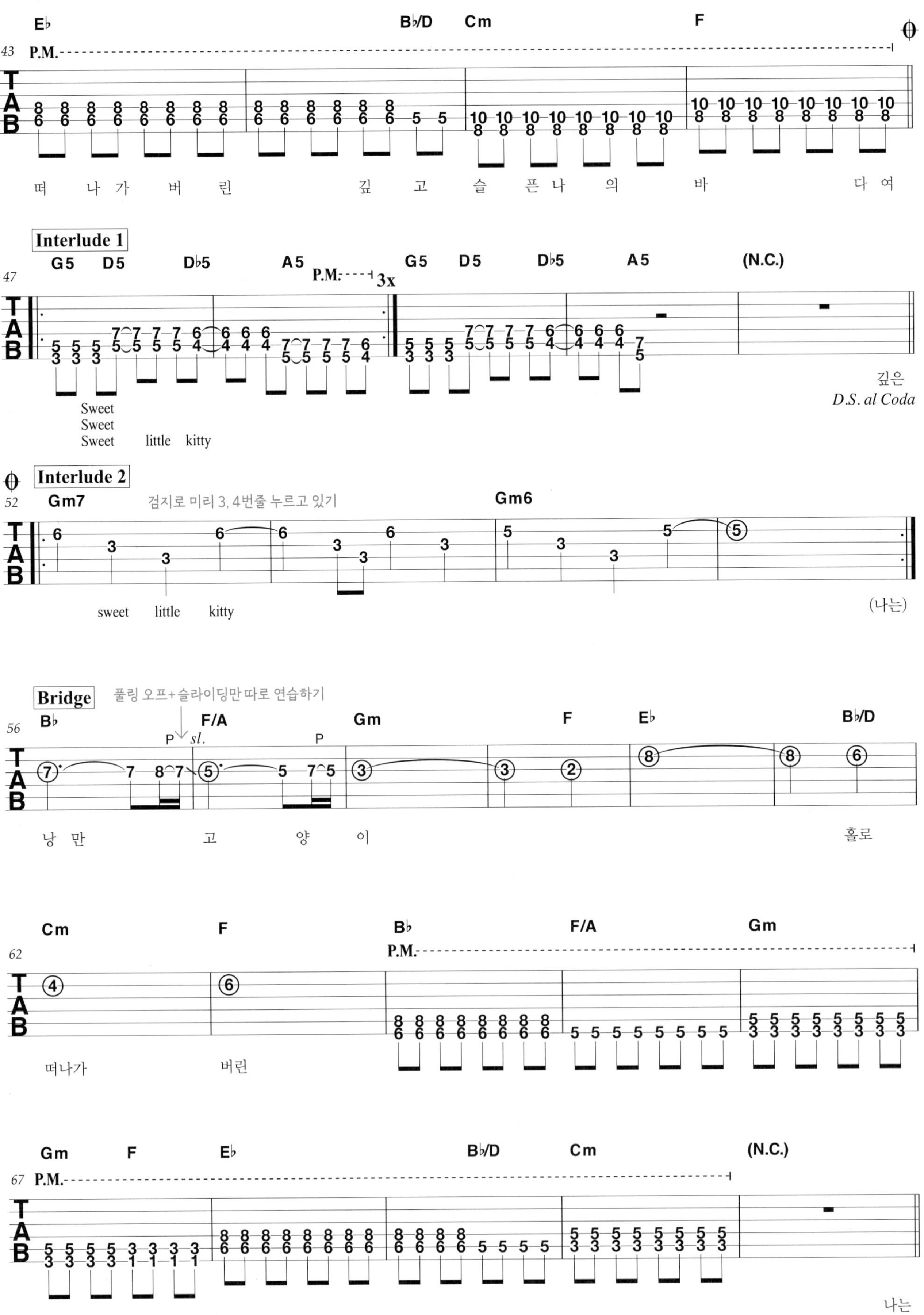
E♭
B♭/D
Cm
F
P.M.
떠 나 가 버 린 깊 고 슬 픈 나 의 바 다 여
Interlude 1
G5 D5 D♭5 A5
P.M.
3x
G5 D5 D♭5 A5
(N.C.)
Sweet
Sweet
Sweet little kitty
깊은
D.S. al Coda
Interlude 2
Gm7
검지로 미리 3, 4번줄 누르고 있기
Gm6
sweet little kitty
(나는)
Bridge
풀링 오프+슬라이딩만 따로 연습하기
B♭
F/A
Gm
F
E♭
B♭/D
낭 만 고 양 이 홀로
Cm
F
B♭
F/A
Gm
떠나가 버린
Gm F E♭ B♭/D Cm (N.C.)
나는

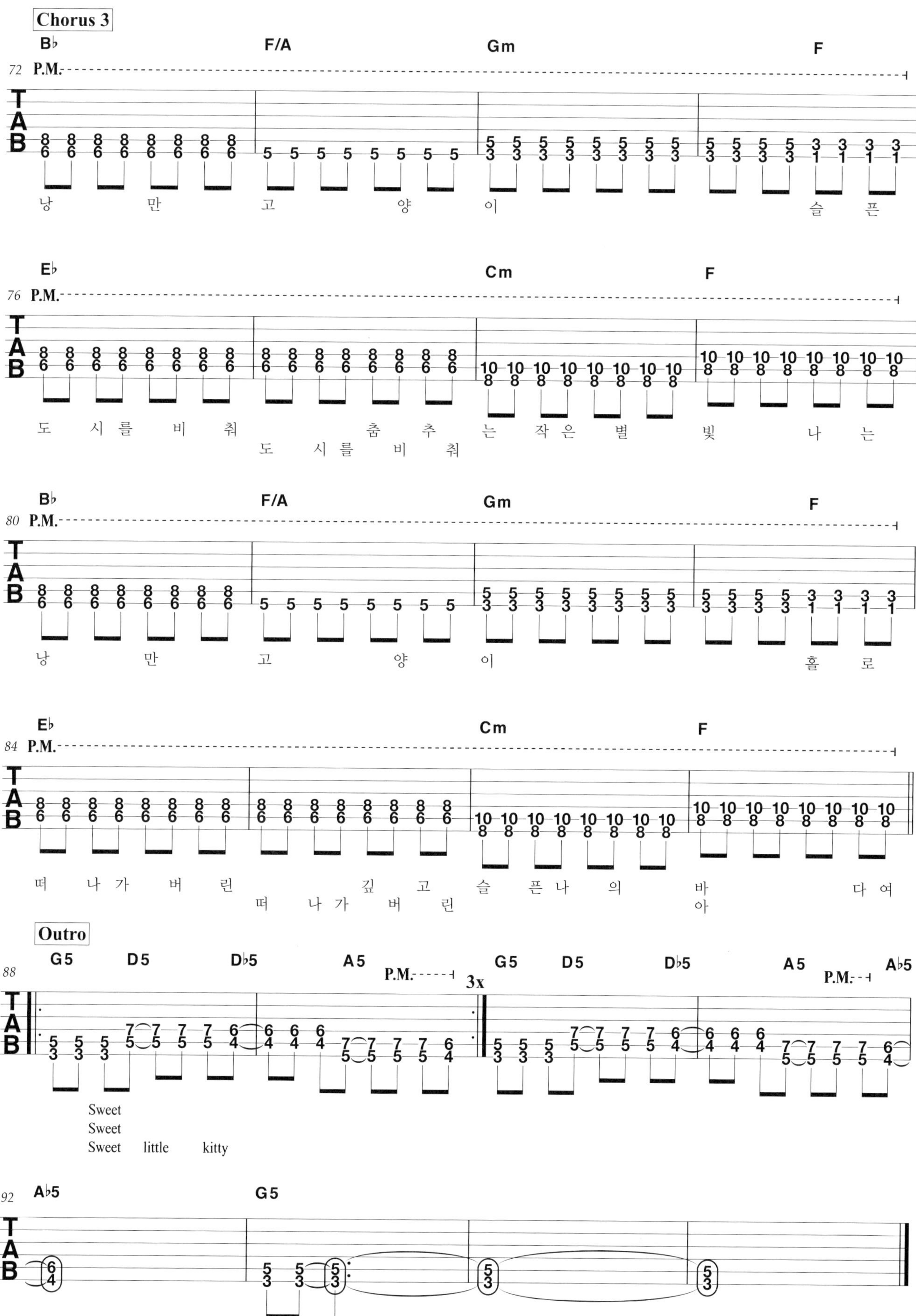
Chorus 3
B♭ F/A Gm F
P.M.
낭 만 고 양 이 슬 픈
E♭ Cm F
P.M.
도 시 를 비 춰 춤 추 는 작 은 별 빛 나 는
도 시 를 비 춰
B♭ F/A Gm F
P.M.
낭 만 고 양 이 홀 로
E♭ Cm F
P.M.
떠 나 가 버 린 깊 고 슬 픈 나 의 바 다 여
떠 나 가 버 린 아
Outro
G5 D5 D♭5 A5 G5 D5 D♭5 A5 A♭5
P.M.
3x
Sweet
Sweet
Sweet little kitty
A♭5 G5

Basket Case

그린 데이 하면 파워코드고, 파워코드 하면 그린 데이죠! 그 중 대표적인 메가 히트곡입니다. 생각보다 곡 템포가 빠르고 팜 뮤트 리듬이 변칙적이지만, 한두 개 틀리더라도 전체적인 리듬을 지킨다는 느낌으로 연주해 봅시다.

Green Day 노래
Tré Cool 외 2명 작사·작곡

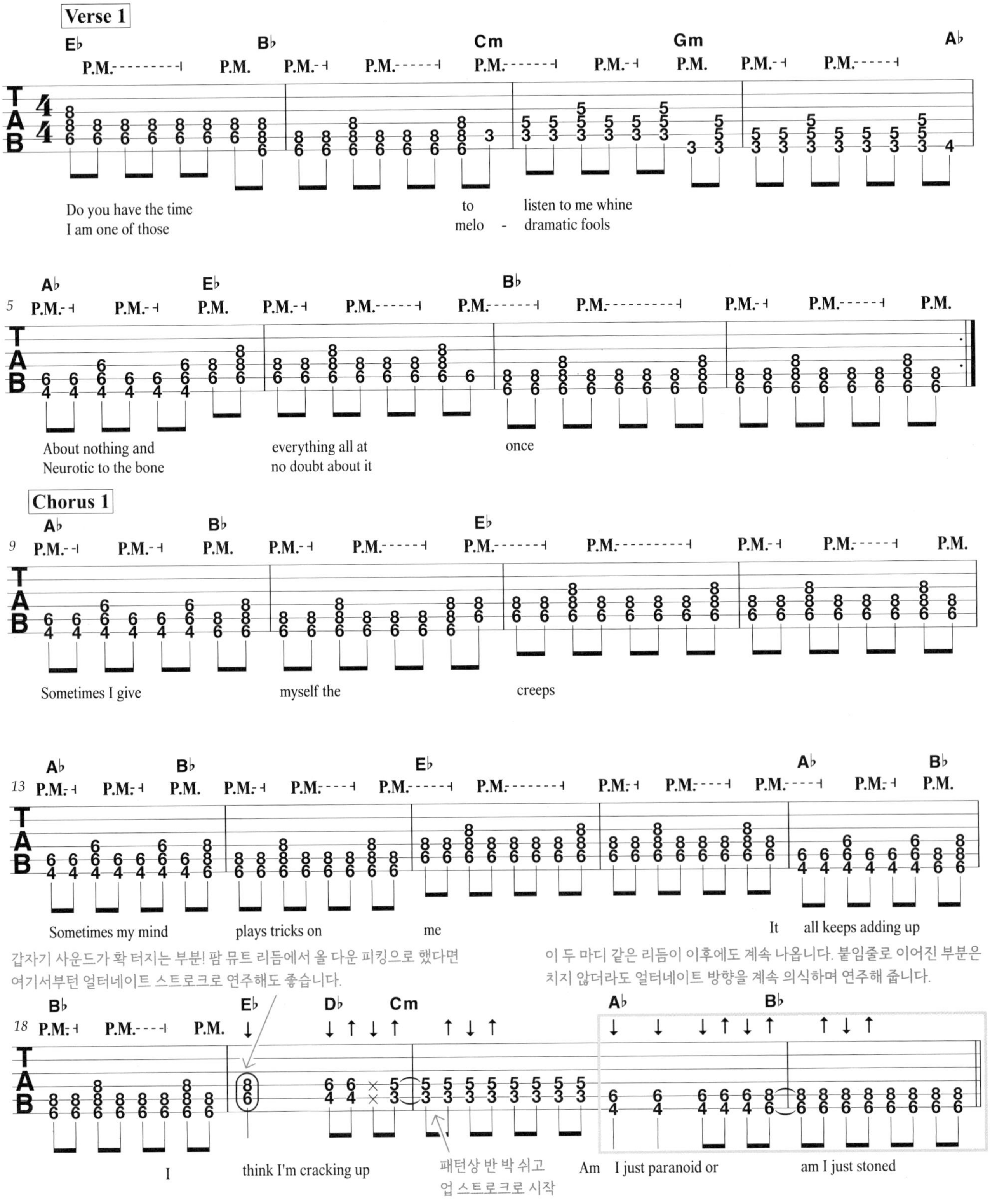

Verse 1

E♭ B♭ Cm Gm A♭

Do you have the time to listen to me whine
I am one of those melo - dramatic fools

A♭ E♭ B♭

About nothing and everything all at once
Neurotic to the bone no doubt about it

Chorus 1

A♭ B♭ E♭

Sometimes I give myself the creeps

A♭ B♭ E♭ A♭ B♭

Sometimes my mind plays tricks on me It all keeps adding up

갑자기 사운드가 확 터지는 부분! 팜 뮤트 리듬에서 올 다운 피킹으로 했다면 여기서부터 얼터네이트 스트로크로 연주해도 좋습니다.

이 두 마디 같은 리듬이 이후에도 계속 나옵니다. 붙임줄로 이어진 부분은 치지 않더라도 얼터네이트 방향을 계속 의식하며 연주해 줍니다.

B♭ E♭ D♭ Cm A♭ B♭

I think I'm cracking up Am I just paranoid or am I just stoned

패턴상 반 박 쉬고 업 스트로크로 시작

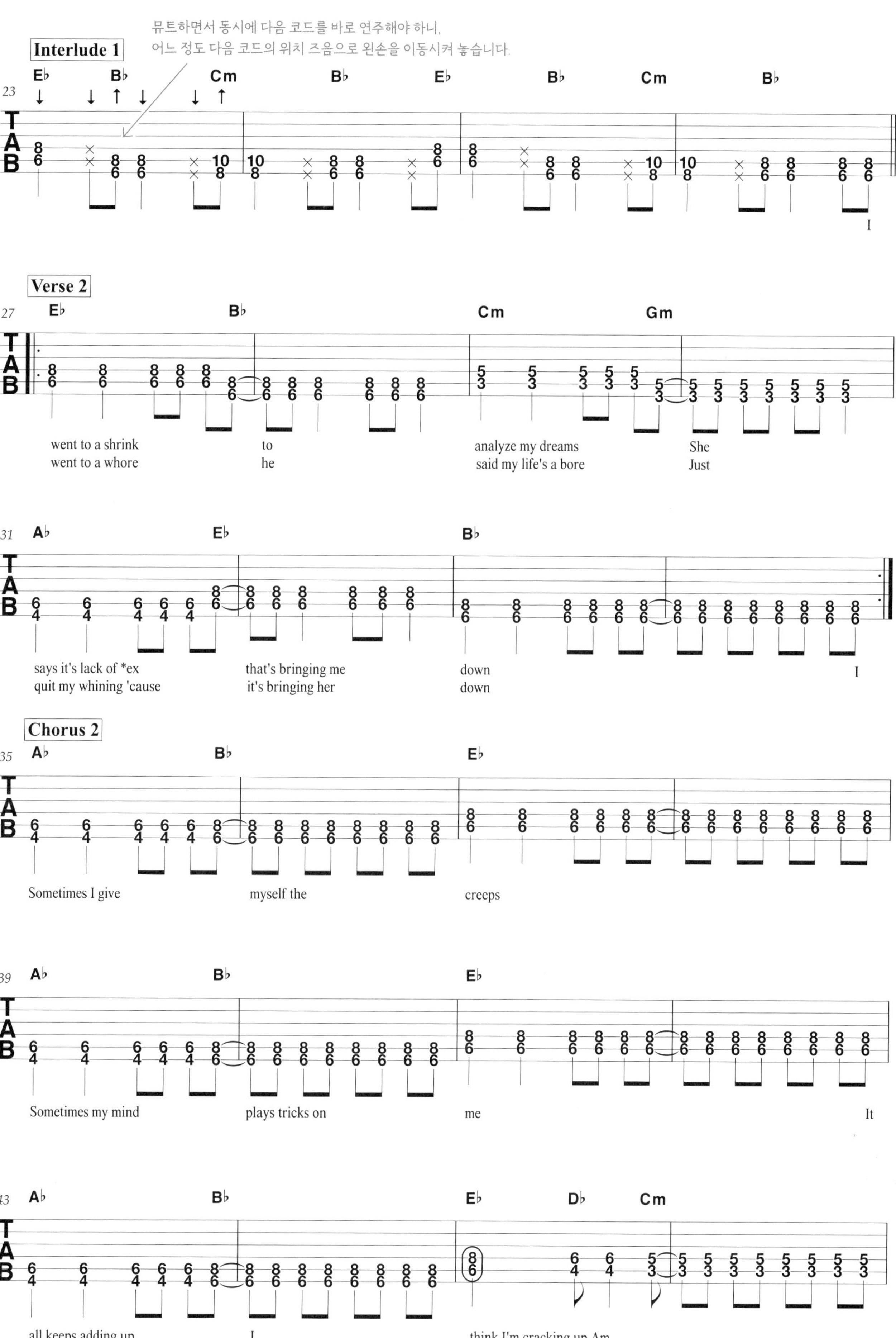
뮤트하면서 동시에 다음 코드를 바로 연주해야 하니,
어느 정도 다음 코드의 위치 즈음으로 왼손을 이동시켜 놓습니다.
Interlude 1
E♭ B♭ Cm B♭ E♭ B♭ Cm B♭
I
Verse 2
E♭ B♭ Cm Gm
went to a shrink
went to a whore
to
he
analyze my dreams
said my life's a bore
She
Just
A♭ E♭ B♭
says it's lack of *ex
quit my whining 'cause
that's bringing me
it's bringing her
down
down
I
Chorus 2
A♭ B♭ E♭
Sometimes I give
myself the
creeps
A♭ B♭ E♭
Sometimes my mind
plays tricks on
me
It
A♭ B♭ E♭ D♭ Cm
all keeps adding up
I
think I'm cracking up Am

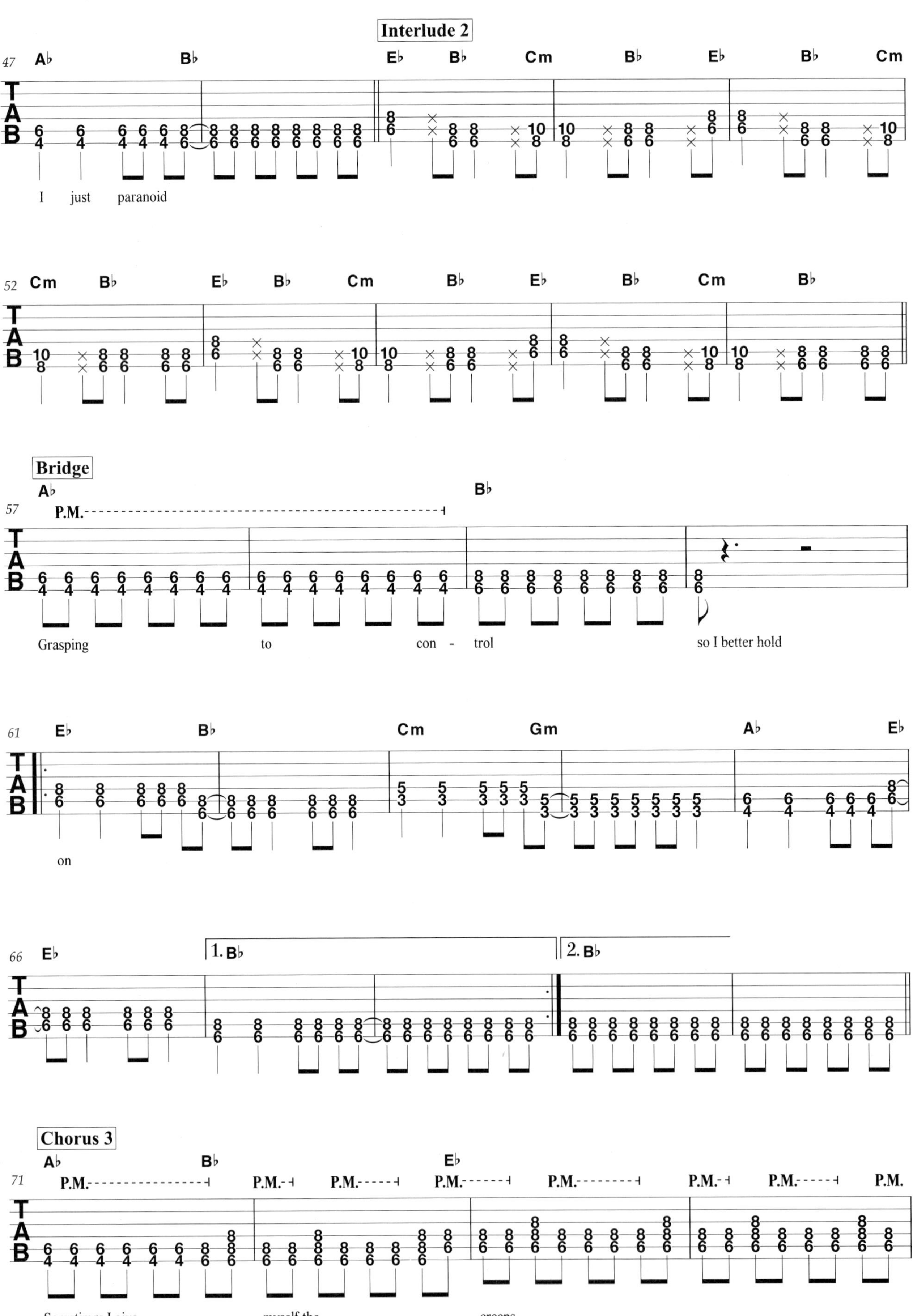
Interlude 2
Bridge
Chorus 3
P.M.
I just paranoid
Grasping to con - trol so I better hold
on
Sometimes I give myself the creeps

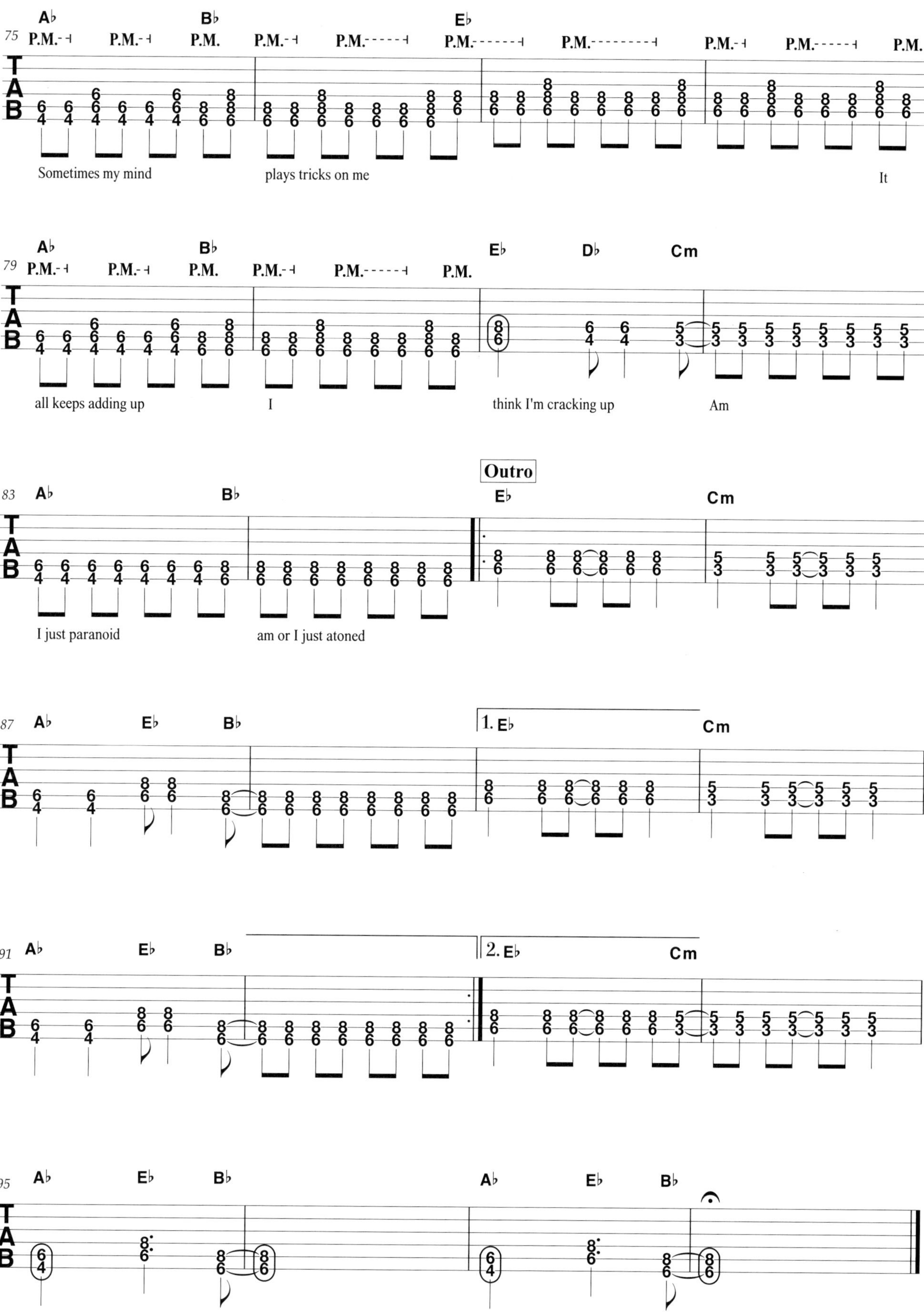

Outro
Sometimes my mind
plays tricks on me
It
all keeps adding up
I
think I'm cracking up
Am
I just paranoid
am or I just atoned

Chapter 3

짭짭이
(펑크 기타 스트로크)

1. 짭짭이
2. 싱글 노트
3. 스캥크

연습곡

· 옥탑방
· Sugar
· Cake by The Ocean
· Uptown Funk (Feat. Bruno Mars)
· I Got You (I Feel Good)
· Get Lucky (feat. Pharrell Williams and Nile Rodgers)
· Just Funky
· Can't Stop

짭짭이(펑크 기타 스트로크)

일렉기타를 조금 쳐봤다 하는 분들은 '짭짭이'라고 하면 바로 알겠지만, 뭔가 단어 자체가 희한하기도 하고 이게 뭔가 싶을 겁니다. 정확한 명칭은 '**펑크 기타 스트로크**(Funk Guitar Stroke)'라고 합니다. 짧게는 '**펑크 리듬**(Funk Rhythm)'이라고도 합니다. 락 음악과는 또 다른 신남이 있는 노래에 쓰이는 주법입니다.

설명하자면 '한 마디를 16개 노트(음)로 쪼개어 그 안에서 코드나 단일음 등을 치기도 하고 빼기도 하며 만들어 내는 리듬'입니다. 말로 풀어내니 꽤나 딱딱하게 들리네요. 쉽게, 한 마디를 16개로 쪼개서 째깍째깍 자유자재로 리듬을 친다고 해서 짭짭이라고 이름 붙여진 것으로 추측합니다. 연습곡들을 도전해 보기 전에 예제들을 연습하며 감을 잡아봅시다!

1. 짭짭이

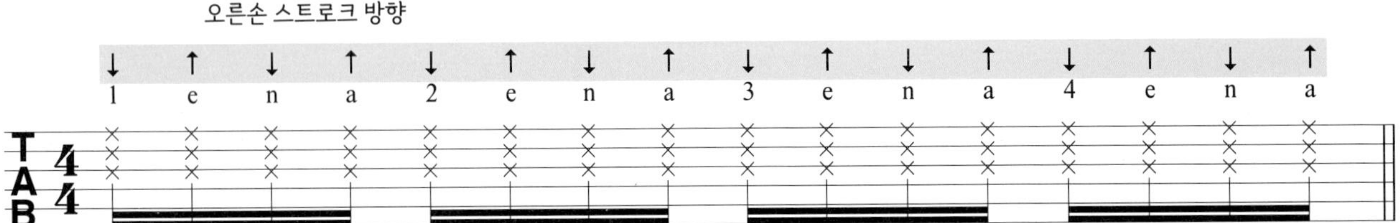

왼손으로 막고 뮤트 스트로크 음을 내는 것부터 시작합니다. 펑크 스트로크는 꼭! 다운 업 스트로크, 얼터네이트 스트로크를 생활화해야 합니다. 16분음표 단위로 항상 다운 업을 지키며 연습합니다. 유튜브에서 드럼만 나오는 영상을 재생한 후 같이 연주, 연습하는 것을 추천합니다. (검색어: Drum Only '템포') 안쌤은 템포 70으로 시작해 80 → 90 → 100으로 올려가며 연습했습니다.

안쌤 Tip! **박자별 노트 표현 방법**

각 박자별 노트를 가리킬 때 <1 e n a 2 e n a 3 e n a 4 e n a>로 표시합니다. 마치 <하나둘셋넷 둘둘셋넷 셋둘셋넷 넷둘셋넷>과 같다고 보면 됩니다. 이런 식으로 16분음표로 나누어져 있는 노트를 표현하는 것을 서브 디비젼(Sub-division)이라고 합니다.

안쌤 Tip! **짭짭이**

- 오른손으로 칠 때 마치 한 음만 들리는 것처럼 한 번에 착! 소리 나게 빠르게 스트로크 해야 합니다. 곧 나올 짭짭이 예제의 QR코드 영상을 꼭 보고 참고해 봅시다.
- 오른손 손목을 생각 이상으로 굽히고 팔을 돌리듯이 스트로크 해야 합니다. 팔을 위아래로 움직이는 게 아닙니다. 팔 위치는 그대로 두고 손목만 돌아간다는 느낌으로 해야 합니다.
- 처음 이 스트로크를 연습할 땐 대체로 빠르고 강하게 되거나 가볍고 약하게 됩니다. 계속 연마하여 빠르고 가볍게 연주할 때 듣기 좋은 스트로크 사운드가 됩니다.

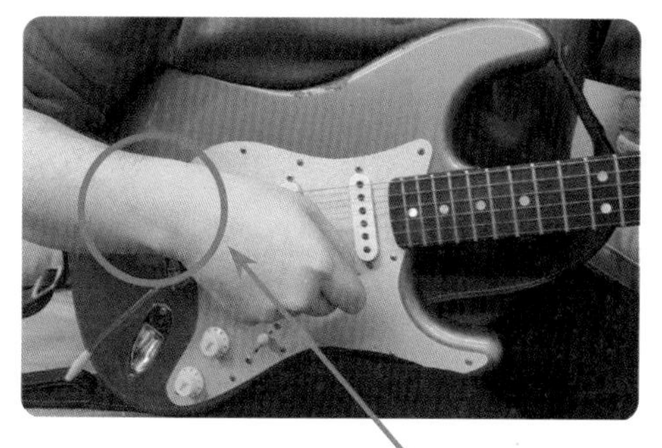

손목 꺾은 채로 팔만 돌리기, 팔 위치 그대로

앞서 설명드린 기본 자세를 유지하면서 이번에는 소리를 내봅시다.

예제 1 다운 스트로크

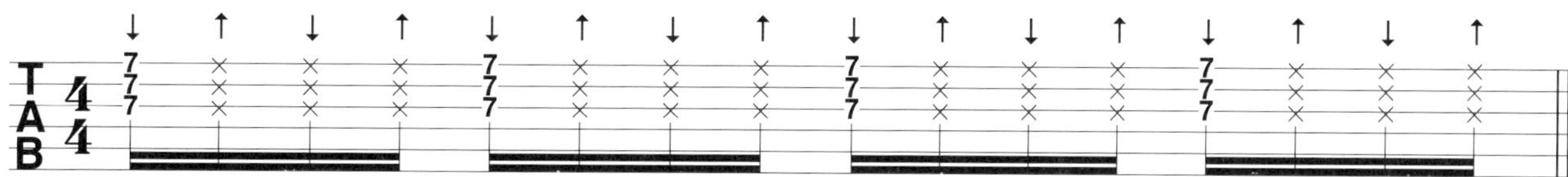

코드 소리를 낼 때만 왼손을 눌러주고, 그 외에 뮤트 음을 낼 때는 눌렀던 왼손을 다시 떼되 뮤트를 위해 줄에 계속 닿게 합니다. 약지로 뮤트해도 상관없습니다.

안쌤 Tip! **짭짭이 예제 1**

- 스타카토 느낌은 아닙니다. 16분음표 길이만큼 음 길이를 채우고 뮤트 음을 칩니다.
- 위의 코드를 검지로 다 잡은 상태에서 중지가 4번줄에 살짝 닿아 있는 상태로 뮤트합니다.
- 내가 소리 내야 하는 줄 외의 줄은 언제든 뮤트+치지도 않을 수 있게끔 연습해 주어야 합니다.

예제 2 업 스트로크

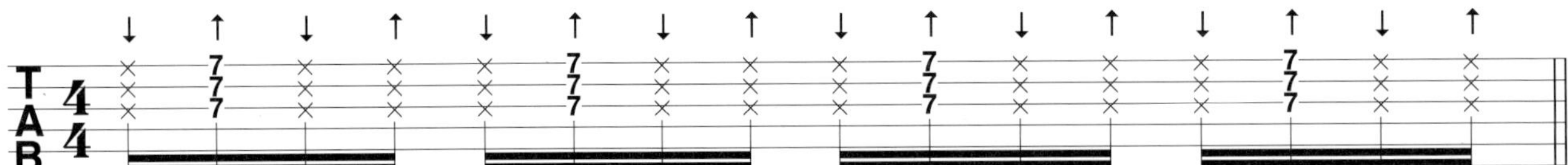

업 스트로크도 다운 스트로크 소리와 최대한 비슷하게 나게끔 만들어줍시다.

예제 3 다운 업 스트로크

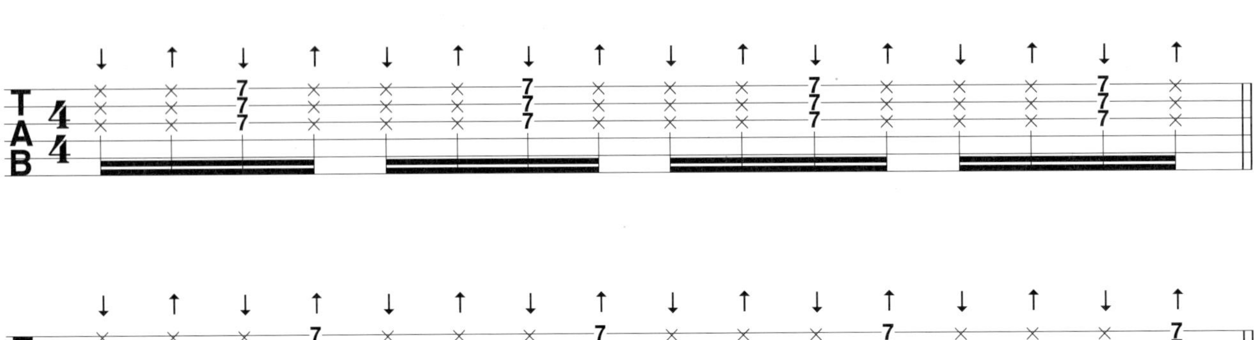

여기까지가 기본 손풀기이고, 다운 스트로크에서 코드의 위치를 바꿔 다른 리듬의 스트로크를 해봅시다.

펑크 스트로크에서는 아래와 같이 2번줄 혹은 3번줄 위주의 코드 운지가 많이 보이는데, 그 코드들을 주로 트라이어드(Triad)라고 합니다. 쉽게 말해 코드의 구성음 3음을 한 세트로 연주하는 것을 뜻합니다.

예제 4 Dm – G 트라이어드 리듬

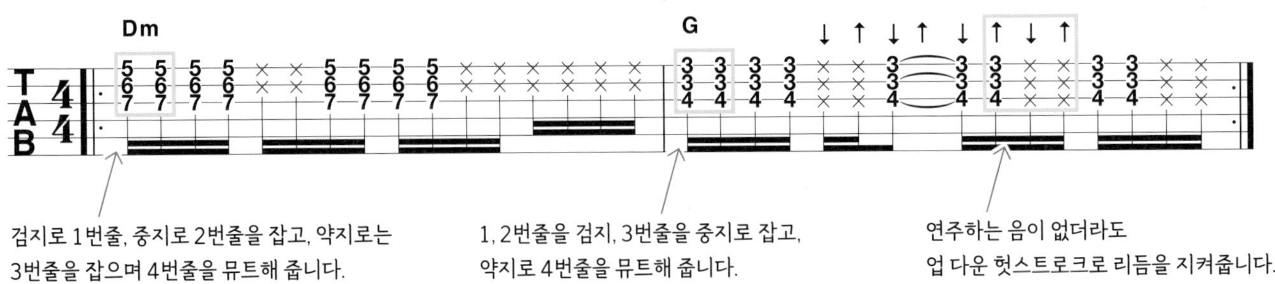

Dm
G
검지로 1번줄, 중지로 2번줄을 잡고, 약지로는 3번줄을 잡으며 4번줄을 뮤트해 줍니다.
1, 2번줄을 검지, 3번줄을 중지로 잡고, 약지로 4번줄을 뮤트해 줍니다.
연주하는 음이 없더라도 업 다운 헛스트로크로 리듬을 지켜줍니다.

또 다른 트라이어드 리듬을 해봅시다!

예제 5 Cm – F 트라이어드 리듬

치는 음이 없더라도
업 헛스트로크를 해줍니다.

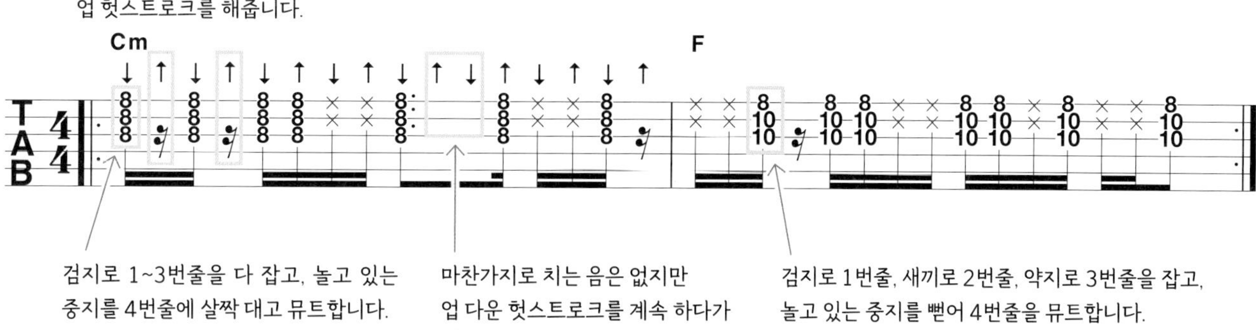

검지로 1~3번줄을 다 잡고, 놀고 있는 중지를 4번줄에 살짝 대고 뮤트합니다.

마찬가지로 치는 음은 없지만 업 다운 헛스트로크를 계속 하다가 다음 음을 업으로 칩니다.

검지로 1번줄, 새끼로 2번줄, 약지로 3번줄을 잡고, 놀고 있는 중지를 뻗어 4번줄을 뮤트합니다.

2. 싱글 노트

말 그대로 노트 하나만을 연주해서 리듬을 치는 주법입니다. 속칭으로 뚝딱이라고도 합니다. (음이 연속으로 뚝딱뚝딱 나와서…) 풀 코드로 연주하기에는 너무 요란한데 리듬을 쪼개는 느낌은 주고 싶을 때 싱글 노트 주법으로 연주하는 경우가 많습니다. 멜로디처럼 노트가 하나씩 나오지만, 리듬을 살리는 게 주목적이라 역시 얼터네이트 피킹으로 박자를 잘 맞추는 데 집중해야 합니다.

예제 6 싱글 노트 1

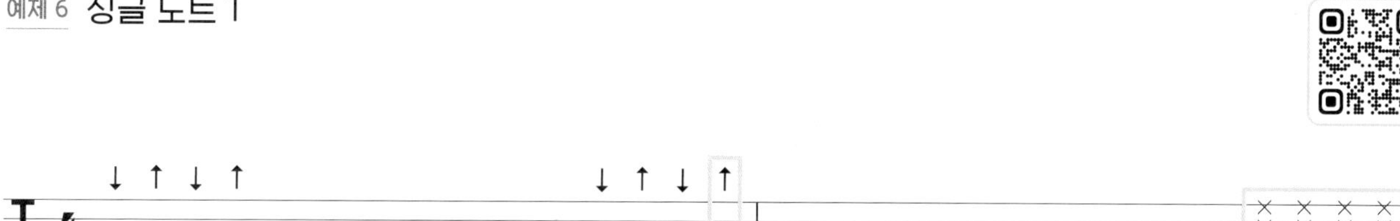

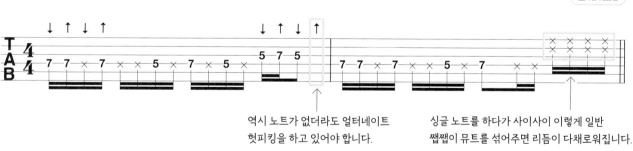

역시 노트가 없더라도 얼터네이트 헛피킹을 하고 있어야 합니다.

싱글 노트를 하다가 사이사이 이렇게 일반 짭짭이 뮤트를 섞어주면 리듬이 다채로워집니다.

예제 7 싱글 노트 2

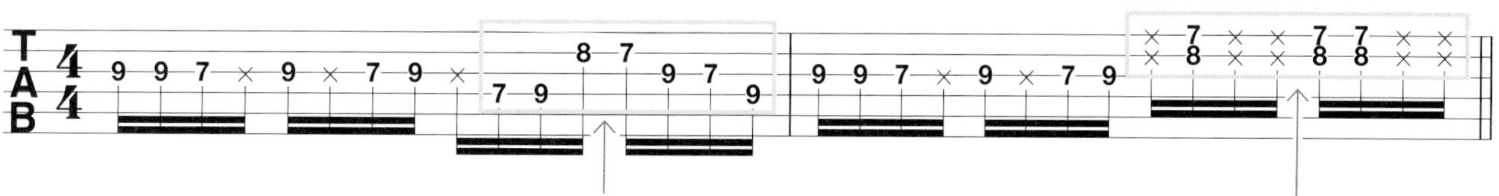

안쌤이 애용하는 라인! 솔로 라인 같아 보이지만 음 하나하나 리듬을 지켜서 연주했을 때 곡 분위기를 더 잘 살릴 수 있습니다.

이런 식으로 마지막 박쯤에 짭짭이를 섞어주면서 리듬의 맛을 살려줄 수 있습니다.

3. 스캥크

이 주법에 꽤 관심 있는 분들이 많은데, 신나는 노래에 빠지지 않고 나와 주어 곡을 맛깔지게 꾸며주는 주법이라 그런 듯 합니다. 뮤트 음과 단음을 한 스트로크에 같이 내주는 주법입니다. 이론상으로는 쉬운데, 이 사운드를 자연스럽게 내려면 왼손이 익숙해지게 연습을 꽤 해야 합니다.

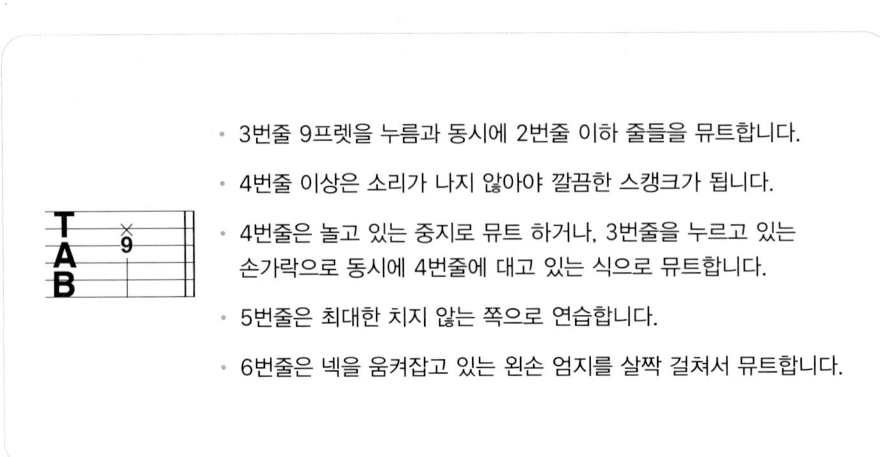

TAB
9
• 3번줄 9프렛을 누름과 동시에 2번줄 이하 줄들을 뮤트합니다.
• 4번줄 이상은 소리가 나지 않아야 깔끔한 스캥크가 됩니다.
• 4번줄은 놀고 있는 중지로 뮤트 하거나, 3번줄을 누르고 있는 손가락으로 동시에 4번줄에 대고 있는 식으로 뮤트합니다.
• 5번줄은 최대한 치지 않는 쪽으로 연습합니다.
• 6번줄은 넥을 움켜잡고 있는 왼손 엄지를 살짝 걸쳐서 뮤트합니다.

예제 8 **스캥크 1**

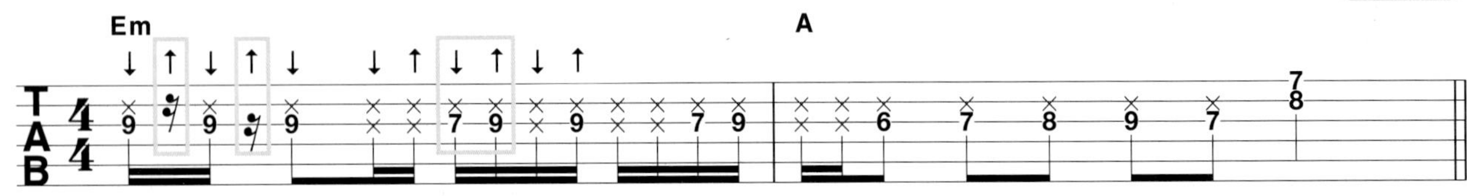

헛스트로크로 리듬을 지켜줍니다.

7프렛은 검지, 9프렛은 약지로 연주합니다. 스캥크의 다운과 업 느낌이 다르므로 따로 연습해 줍니다.

예제 9 **스캥크 2**

이 노트도 마찬가지로 검지로 하는 게 좋습니다.
Dm
TAB
왼손 검지로 잡고 연주한 직후 재빨리 손을 펴서 전체 줄 뮤트를 해줍니다.
편한 손가락으로 하면 되지만 안쌤은 약지로 잡으면서 동시에 1번줄을 뮤트하고, 검지로 3번줄 뮤트, 중지로 4번줄 뮤트를 해줍니다.

옥탑방

짭짭이와 파워코드가 적절해 분배된 곡!

엔플라잉 노래
이승협 작사 · 작곡

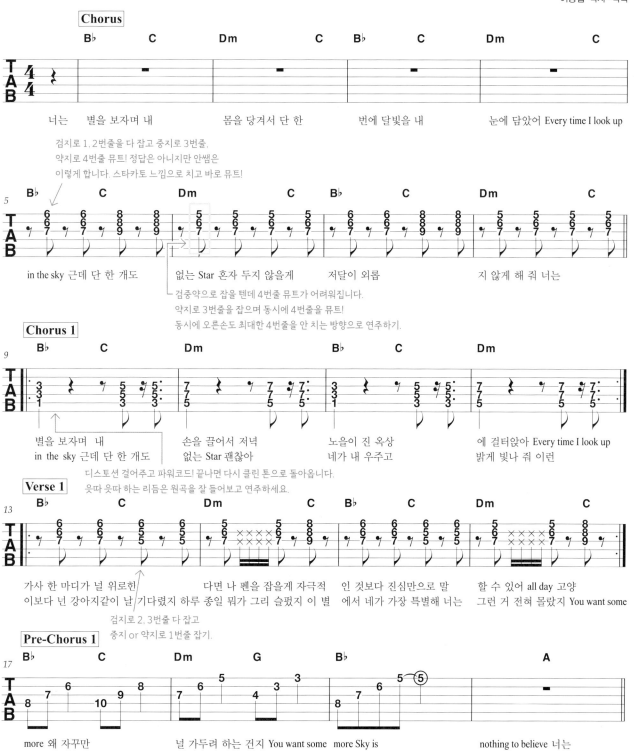

Chorus

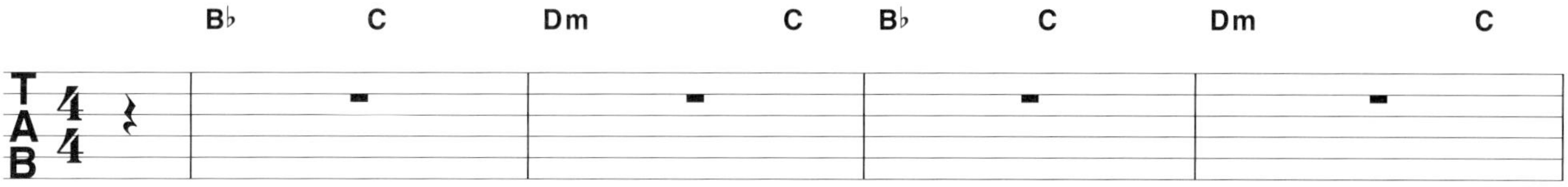

B♭ C | Dm C | B♭ C | Dm C

너는 별을 보자며 내 몸을 당겨서 단 한 번에 달빛을 내 눈에 담았어 Every time I look up

검지로 1, 2번줄을 다 잡고 중지로 3번줄, 약지로 4번줄 뮤트! 정답은 아니지만 안쌤은 이렇게 합니다. 스타카토 느낌으로 치고 바로 뮤트!

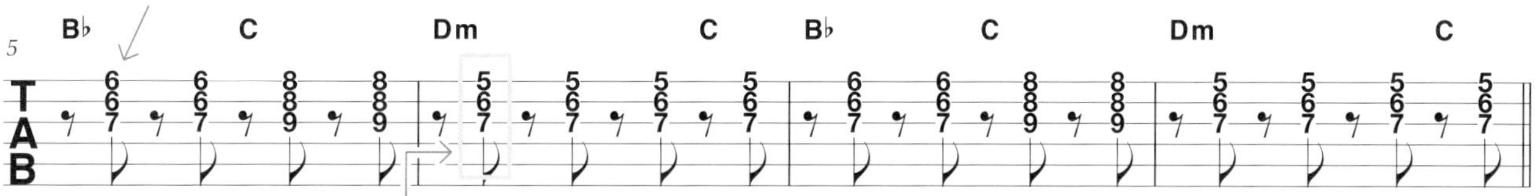

5 B♭ C | Dm C | B♭ C | Dm C

in the sky 근데 단 한 개도 없는 Star 혼자 두지 않을게 저달이 외롭 지 않게 해 줘 너는

검중약으로 잡을 텐데 4번줄 뮤트가 어려워집니다. 약지로 3번줄을 잡으며 동시에 4번줄을 뮤트! 동시에 오른손도 최대한 4번줄을 안 치는 방향으로 연주하기.

Chorus 1

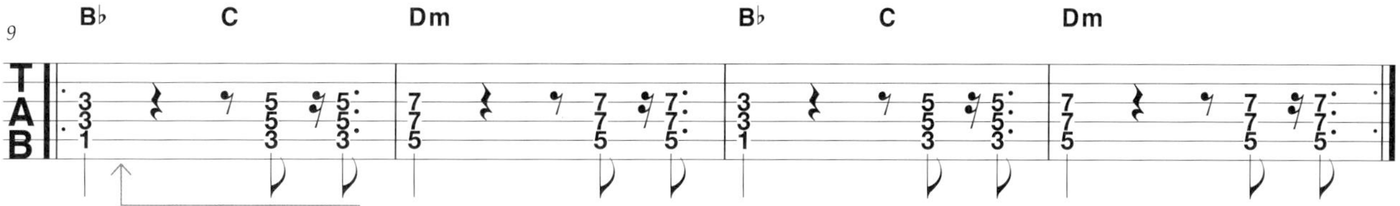

9 B♭ C | Dm | B♭ C | Dm

별을 보자며 내 손을 끌어서 저녁 노을이 진 옥상 에 걸터앉아 Every time I look up
in the sky 근데 단 한 개도 없는 Star 괜찮아 네가 내 우주고 밝게 빛나 줘 이런

디스토션 걸어주고 파워코드! 끝나면 다시 클린 톤으로 돌아옵니다. 읏따 읏따 하는 리듬은 원곡을 잘 들어보고 연주하세요.

Verse 1

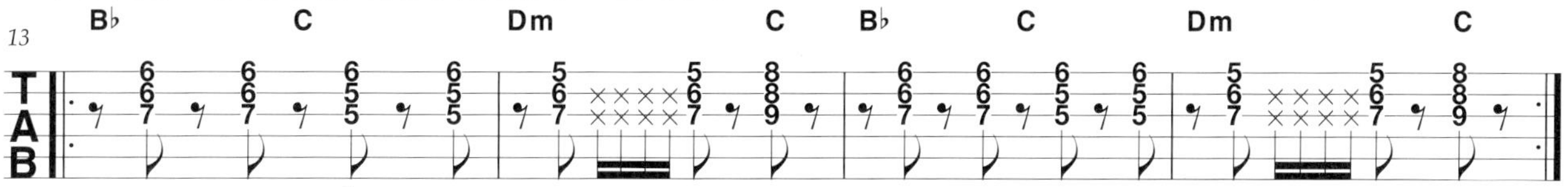

13 B♭ C | Dm C | B♭ C | Dm C

가사 한 마디가 널 위로한 다면 나 펜을 잡을게 자극적 인 것보다 진심만으로 말 할 수 있어 all day 고양
이보다 넌 강아지같이 날 기다렸지 하루 종일 뭐가 그리 슬펐지 이 별 에서 네가 가장 특별해 너는 그런 거 전혀 몰랐지 You want some

검지로 2, 3번줄 다 잡고 중지 or 약지로 1번줄 잡기.

Pre-Chorus 1

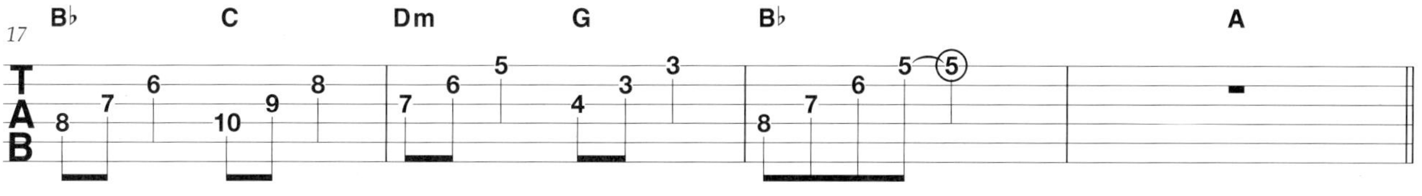

17 B♭ C | Dm G | B♭ | A

more 왜 자꾸만 널 가두려 하는 건지 You want some more Sky is nothing to believe 너는

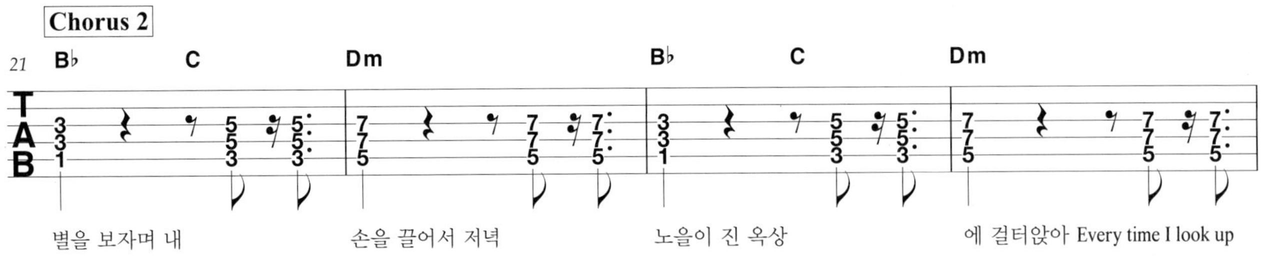
Chorus 2
21
B♭ C Dm B♭ C Dm
별을 보자며 내
손을 끌어서 저녁
노을이 진 옥상
에 걸터앉아 Every time I look up

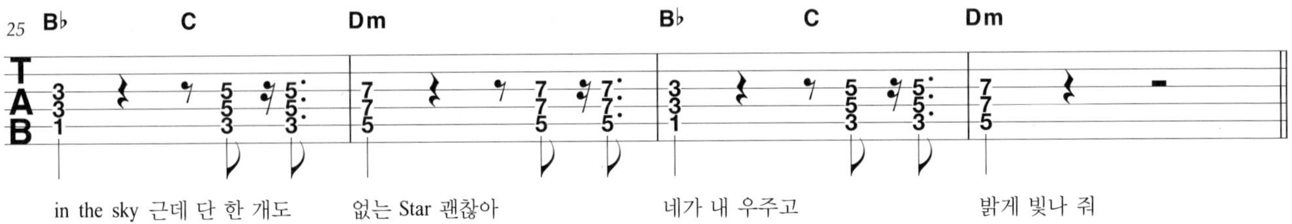
25
B♭ C Dm B♭ C Dm
in the sky 근데 단 한 개도
없는 Star 괜찮아
네가 내 우주고
밝게 빛나 줘

Verse 2
29
B♭ C Dm C B♭ C
있잖아 난 네가 아주 가
갈 길을 잃은 별 날 당기는 힘은 너 넌
끔씩 무겁게 할 때마다 움칫
별들 잃은 하늘처럼 떠돌고 다녀 우리가
널 위로할 손이 난 없
지난 길이 별자리처럼 나와 너 그 길을 따

Pre-Chorus 2
32
Dm C B♭ C Dm G B♭ A
네 지금 난
라서 날 기억해 줘 You want some
more 왜 자꾸만
널 가두려 하는 건지 You want some
more Sky is
nothing to believe 너는

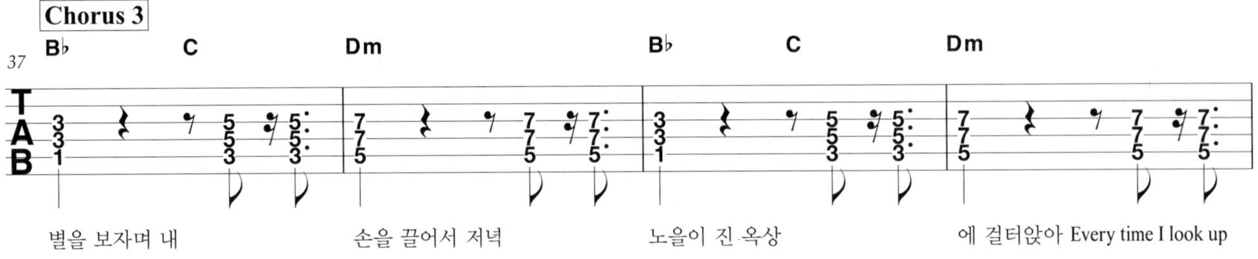
Chorus 3
37
B♭ C Dm B♭ C Dm
별을 보자며 내
손을 끌어서 저녁
노을이 진 옥상
에 걸터앉아 Every time I look up

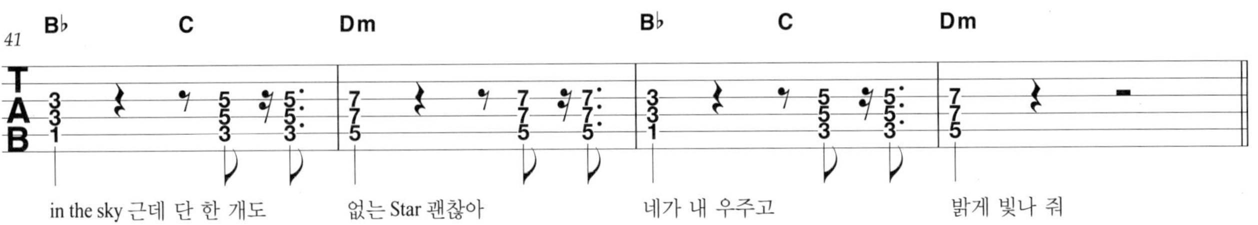
41
B♭ C Dm B♭ C Dm
in the sky 근데 단 한 개도
없는 Star 괜찮아
네가 내 우주고
밝게 빛나 줘

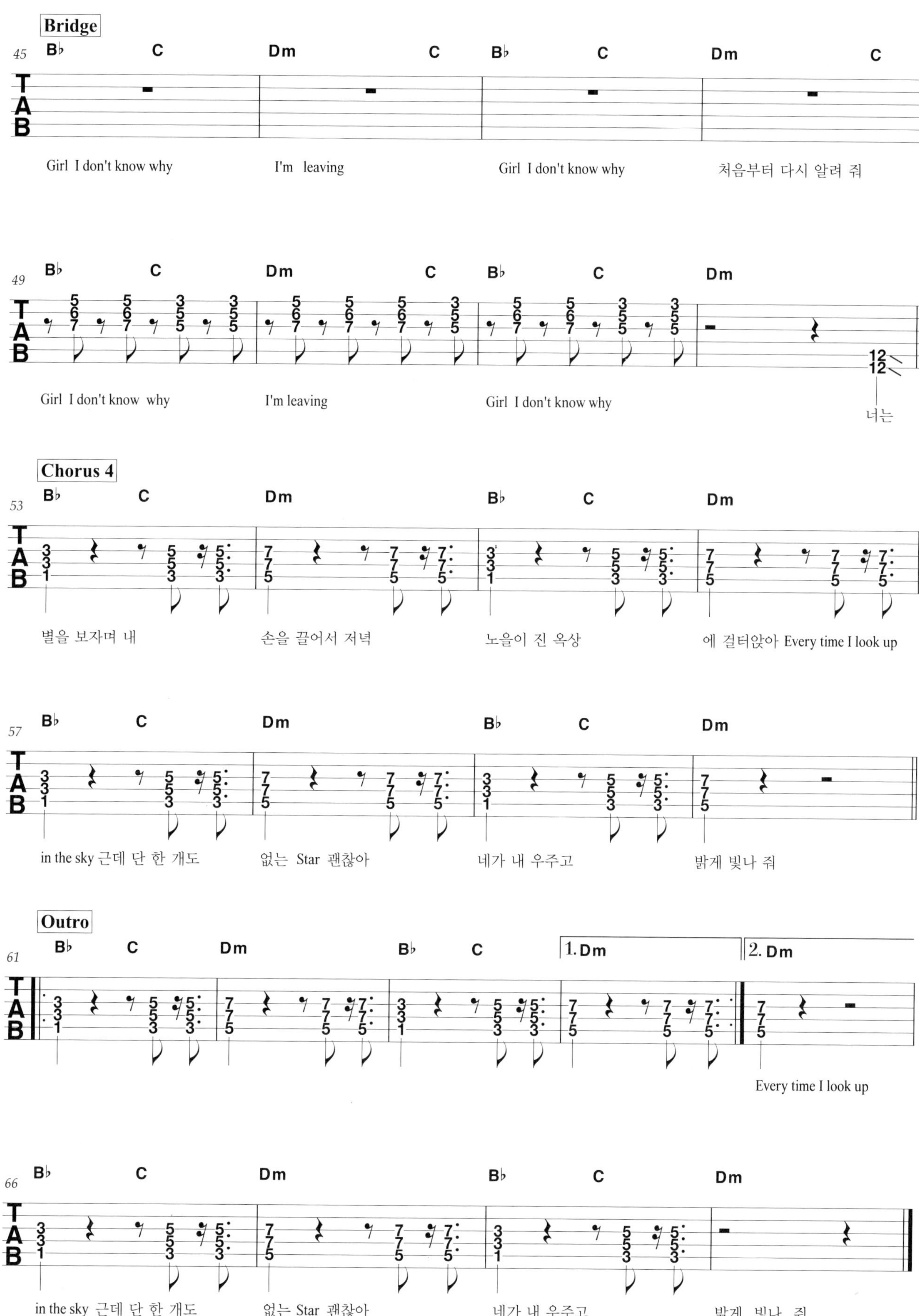
Bridge
Girl I don't know why
I'm leaving
Girl I don't know why
처음부터 다시 알려 줘
Girl I don't know why
I'm leaving
Girl I don't know why
너는
Chorus 4
별을 보자며 내
손을 끌어서 저녁
노을이 진 옥상
에 걸터앉아 Every time I look up
in the sky 근데 단 한 개도
없는 Star 괜찮아
네가 내 우주고
밝게 빛나 줘
Outro
Every time I look up
in the sky 근데 단 한 개도
없는 Star 괜찮아
네가 내 우주고
밝게 빛나 줘

Sugar

팝의 제왕 마룬 파이브. 이 곡 말고도 친숙하고 연주하기 쉬운 노래들이 많지만 한 곡만 딱 골라보았습니니다!

Maroon 5 노래
Adam Levine 외 5명 작사·작곡

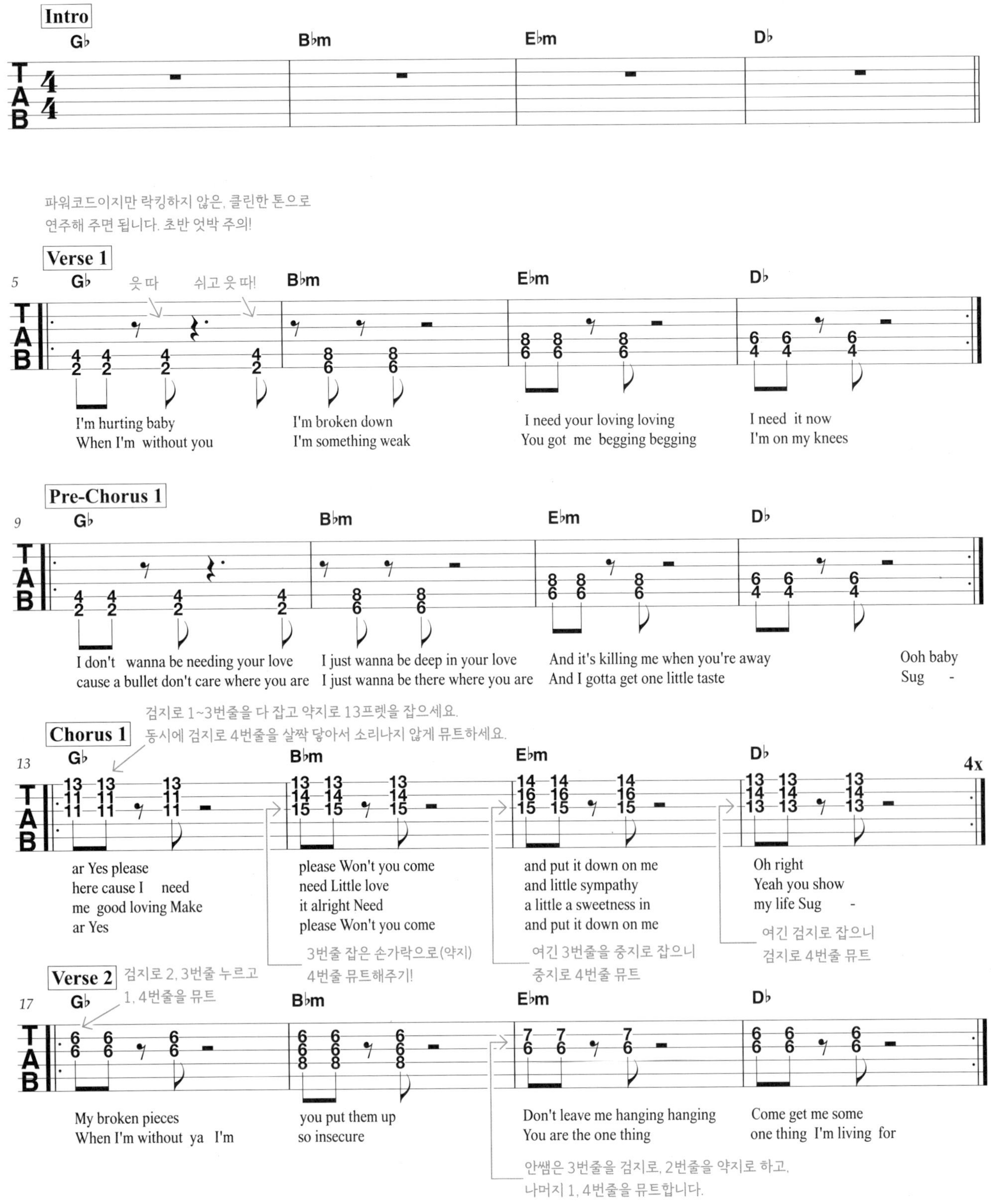

Intro

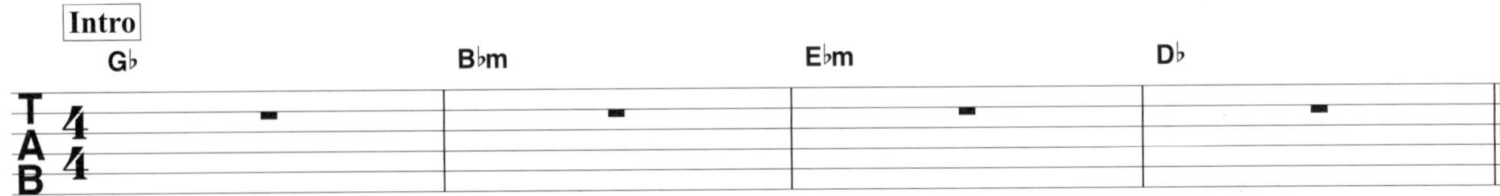

파워코드이지만 락킹하지 않은, 클린한 톤으로 연주해 주면 됩니다. 초반 엇박 주의!

Verse 1

5 G♭ (웃 따 / 쉬고 웃 따!) | B♭m | E♭m | D♭

I'm hurting baby / When I'm without you | I'm broken down / I'm something weak | I need your loving loving / You got me begging begging | I need it now / I'm on my knees

Pre-Chorus 1

9 G♭ | B♭m | E♭m | D♭

I don't wanna be needing your love / cause a bullet don't care where you are | I just wanna be deep in your love / I just wanna be there where you are | And it's killing me when you're away / And I gotta get one little taste | Ooh baby / Sug -

Chorus 1

검지로 1~3번줄을 다 잡고 약지로 13프렛을 잡으세요.
동시에 검지로 4번줄을 살짝 닿아서 소리나지 않게 뮤트하세요.

13 G♭ | B♭m | E♭m | D♭ 4x

ar Yes please / here cause I need / me good loving Make / ar Yes | please Won't you come / need Little love / it alright Need / please Won't you come | and put it down on me / and little sympathy / a little a sweetness in / and put it down on me | Oh right / Yeah you show / my life Sug -

3번줄 잡은 손가락으로(약지) 4번줄 뮤트해주기!

여긴 3번줄을 중지로 잡으니 중지로 4번줄 뮤트

여긴 검지로 잡으니 검지로 4번줄 뮤트

Verse 2

검지로 2, 3번줄 누르고 1, 4번줄을 뮤트

17 G♭ | B♭m | E♭m | D♭

My broken pieces / When I'm without ya I'm | you put them up / so insecure | Don't leave me hanging hanging / You are the one thing | Come get me some / one thing I'm living for

안쌤은 3번줄을 검지로, 2번줄을 약지로 하고, 나머지 1, 4번줄을 뮤트합니다.

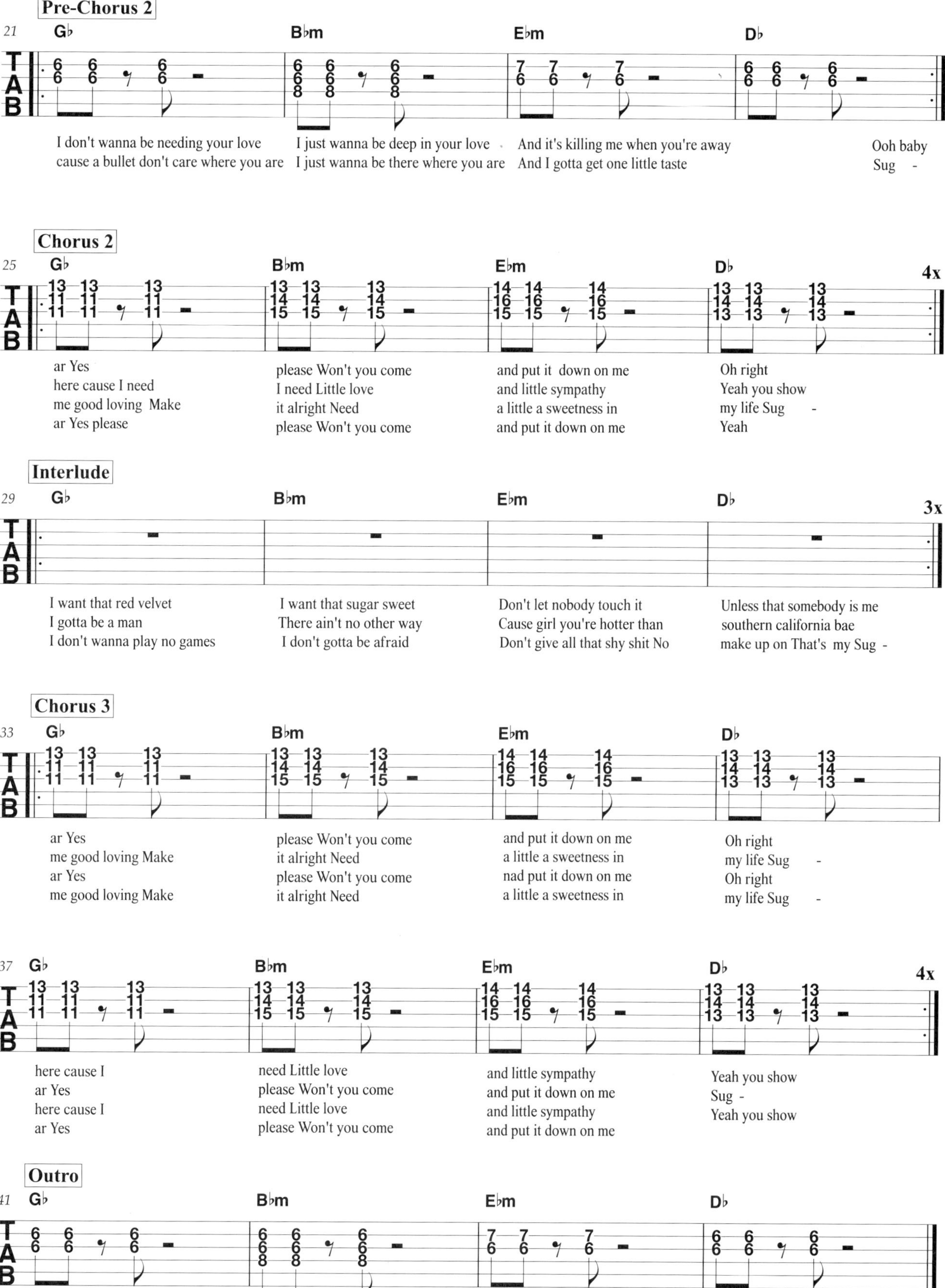
Pre-Chorus 2
21 G♭ B♭m E♭m D♭
I don't wanna be needing your love
cause a bullet don't care where you are
I just wanna be deep in your love
I just wanna be there where you are
And it's killing me when you're away
And I gotta get one little taste
Ooh baby
Sug -
Chorus 2
25 G♭ B♭m E♭m D♭
4x
ar Yes
here cause I need
me good loving Make
ar Yes please
please Won't you come
I need Little love
it alright Need
please Won't you come
and put it down on me
and little sympathy
a little a sweetness in
and put it down on me
Oh right
Yeah you show
my life Sug -
Yeah
Interlude
29 G♭ B♭m E♭m D♭
3x
I want that red velvet
I gotta be a man
I don't wanna play no games
I want that sugar sweet
There ain't no other way
I don't gotta be afraid
Don't let nobody touch it
Cause girl you're hotter than
Don't give all that shy shit No
Unless that somebody is me
southern california bae
make up on That's my Sug -
Chorus 3
33 G♭ B♭m E♭m D♭
ar Yes
me good loving Make
ar Yes
me good loving Make
please Won't you come
it alright Need
please Won't you come
it alright Need
and put it down on me
a little a sweetness in
nad put it down on me
a little a sweetness in
Oh right
my life Sug -
Oh right
my life Sug -
37 G♭ B♭m E♭m D♭
4x
here cause I
ar Yes
here cause I
ar Yes
need Little love
please Won't you come
need Little love
please Won't you come
and little sympathy
and put it down on me
and little sympathy
and put it down on me
Yeah you show
Sug -
Yeah you show
Outro
41 G♭ B♭m E♭m D♭

Cake by The Ocean

댄스댄스한 신나는 팝 음악에는 빠질 수 없는 기타 짭짭이!
그 중에서도 짭짭이가 찰진 노래 중 하나인 듯하여 골라보았습니다.

DNCE 노래
Justin Tranter 외 3명 작사·작곡

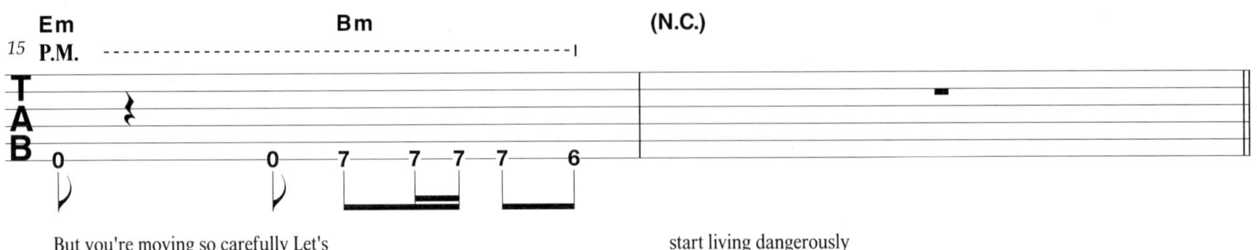

3번줄 뮤트는 기본으로 신경쓰기!

Chorus 1　검지로 다 잡다가　1번줄 중지, 2번줄 약지로 잡기　1번줄 검지, 2번줄 약지로 재빨리 바꾸기

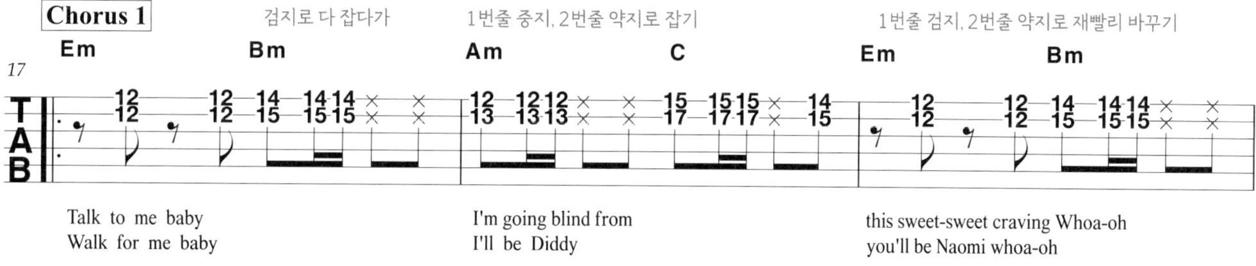

Em
Bm
Am
C
Em
Bm
17
Talk to me baby
Walk for me baby
I'm going blind from
I'll be Diddy
this sweet-sweet craving Whoa-oh
you'll be Naomi whoa-oh

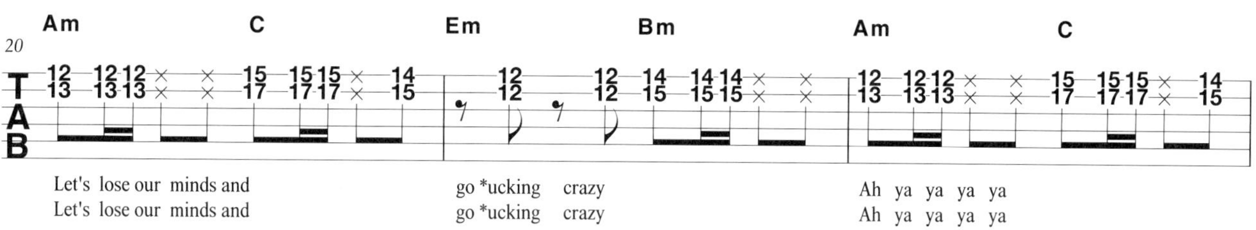

Am
C
Em
Bm
Am
C
20
Let's lose our minds and
Let's lose our minds and
go *ucking crazy
go *ucking crazy
Ah ya ya ya ya
Ah ya ya ya ya

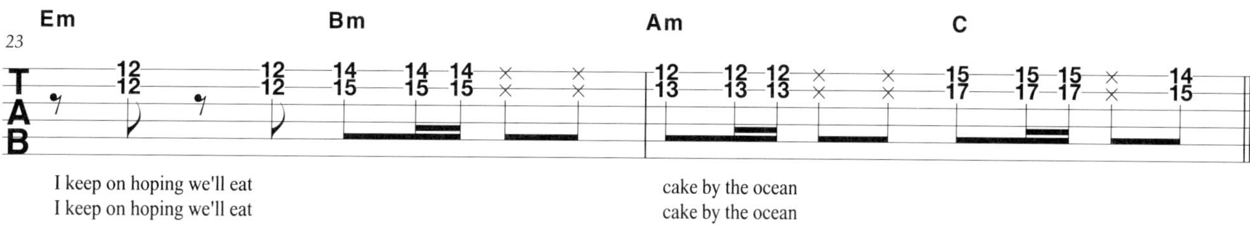

Em
Bm
Am
C
23
I keep on hoping we'll eat
I keep on hoping we'll eat
cake by the ocean
cake by the ocean

Interlude 1　**Verse 2** → 앞의 1절과 비슷한 코드지만 약간 다른 리듬! 원곡을 많이 들어보세요.

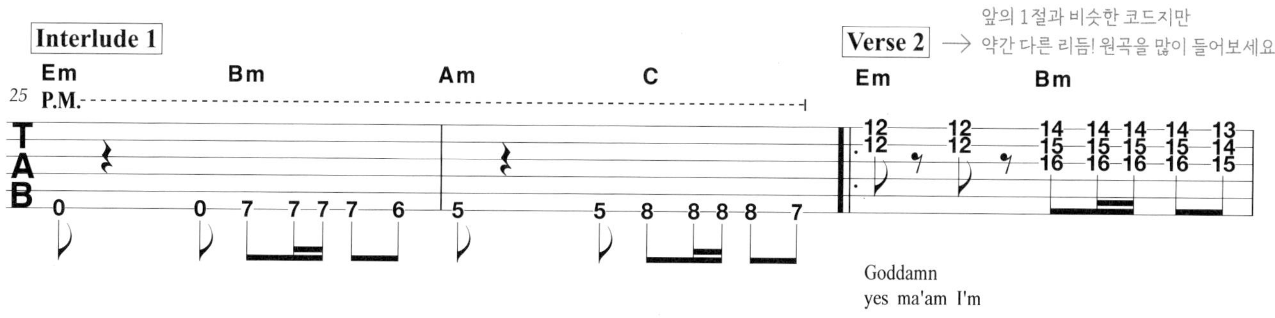

Em
Bm
Am
C
Em
Bm
25
P.M.
Goddamn
yes ma'am I'm

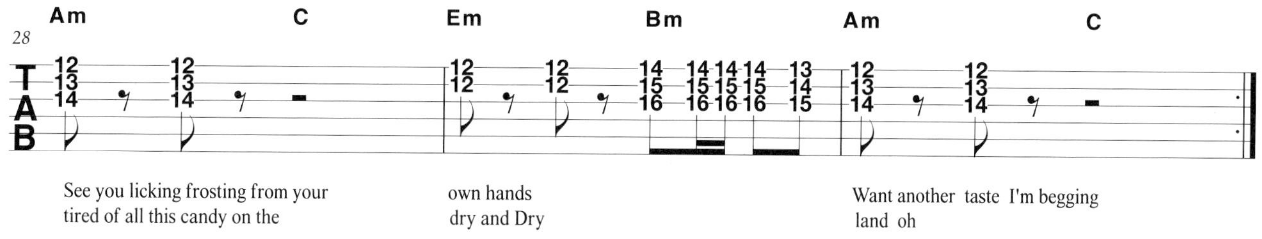

Am
C
Em
Bm
Am
C
28
See you licking frosting from your
tired of all this candy on the
own hands
dry and Dry
Want another taste I'm begging
land oh

Pre-Chorus 2

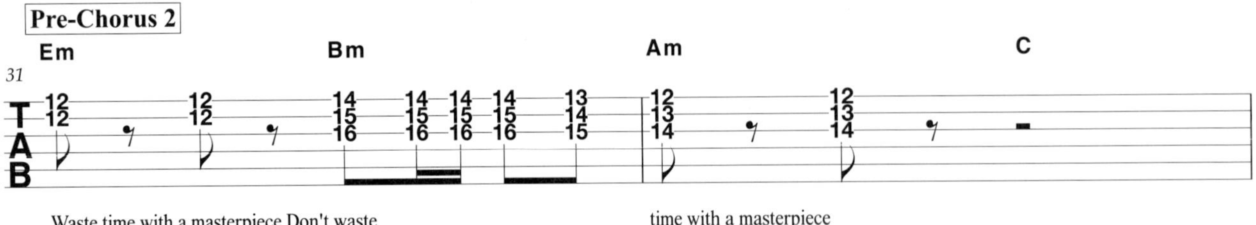
Em Bm Am C
Waste time with a masterpiece Don't waste
time with a masterpiece

Em Bm Am C Em Bm
You should be rolling with me You
should be rolling with me ah
You're a real-life fantasy You're a

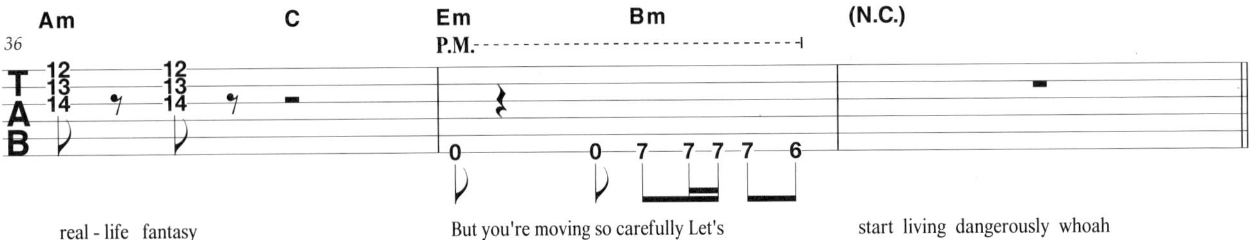
Am C Em Bm (N.C.)
P.M.
real - life fantasy
But you're moving so carefully Let's
start living dangerously whoah

Chorus 2

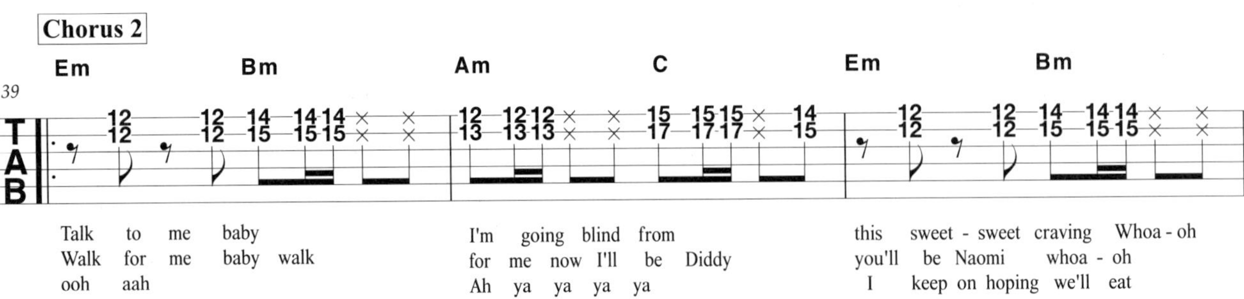
Em Bm Am C Em Bm
Talk to me baby
Walk for me baby walk
ooh aah
I'm going blind from
for me now I'll be Diddy
Ah ya ya ya ya
this sweet - sweet craving Whoa - oh
you'll be Naomi whoa - oh
I keep on hoping we'll eat

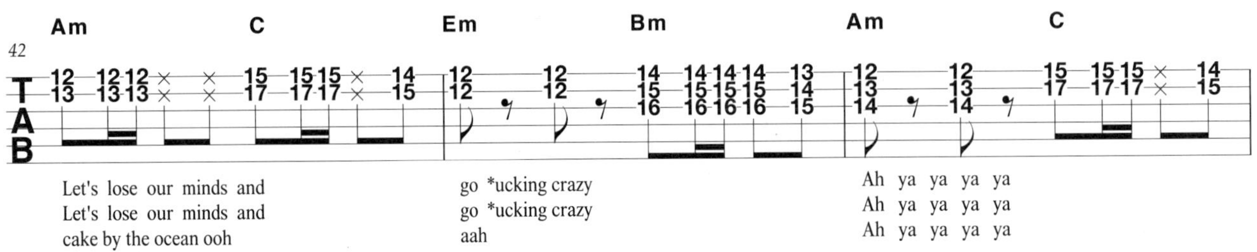
Am C Em Bm Am C
Let's lose our minds and
Let's lose our minds and
cake by the ocean ooh
go *ucking crazy
go *ucking crazy
aah
Ah ya ya ya ya
Ah ya ya ya ya
Ah ya ya ya ya

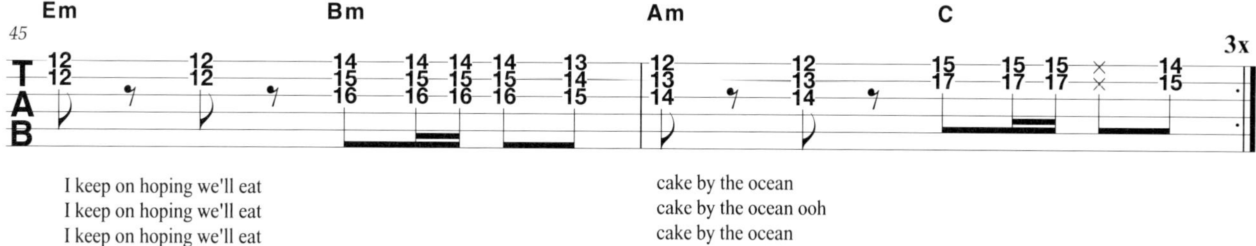
Em
Bm
Am
C
3x
I keep on hoping we'll eat
I keep on hoping we'll eat
I keep on hoping we'll eat
cake by the ocean
cake by the ocean ooh
cake by the ocean

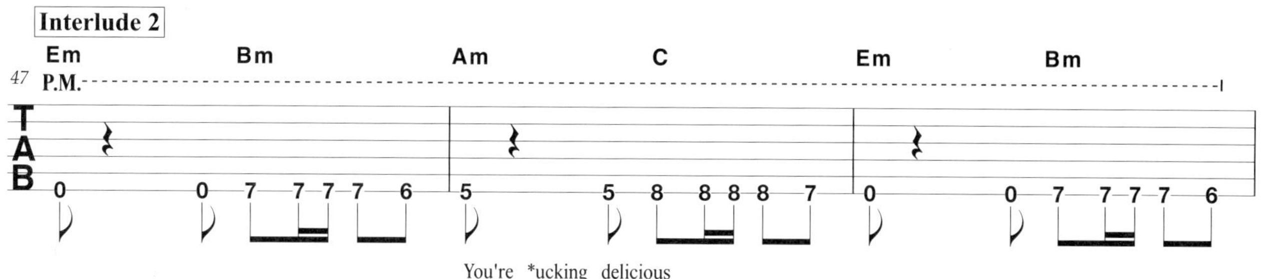
Interlude 2
Em
Bm
Am
C
Em
Bm
P.M.
You're *ucking delicious

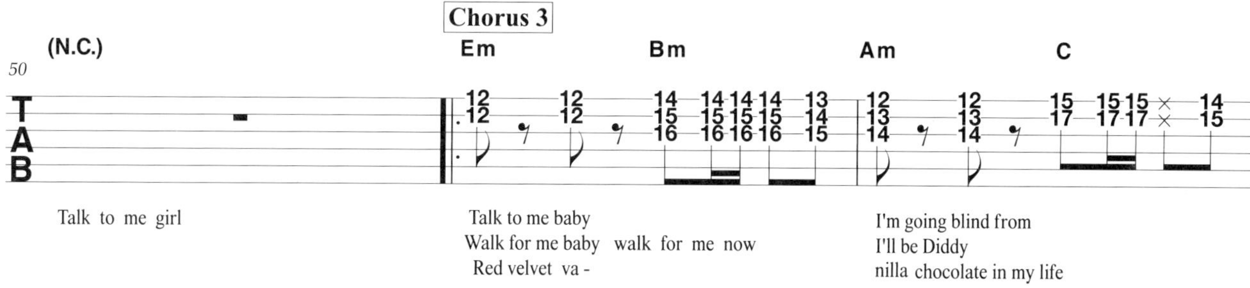
(N.C.)
Chorus 3
Em
Bm
Am
C
Talk to me girl
Talk to me baby
Walk for me baby walk for me now
Red velvet va -
I'm going blind from
I'll be Diddy
nilla chocolate in my life

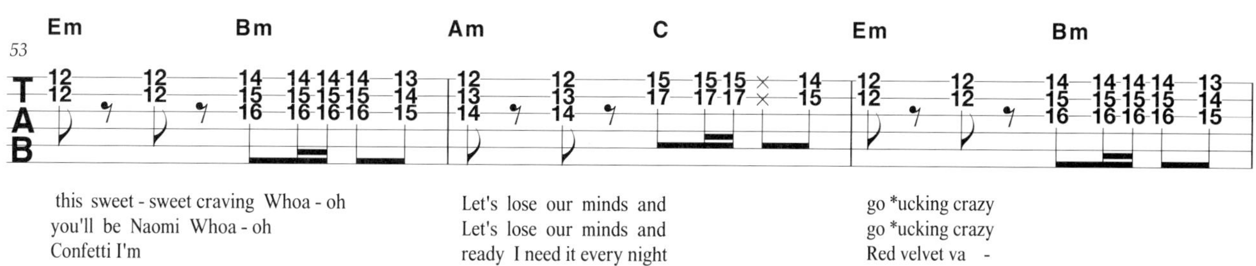
Em
Bm
Am
C
Em
Bm
this sweet - sweet craving Whoa - oh
you'll be Naomi Whoa - oh
Confetti I'm
Let's lose our minds and
Let's lose our minds and
ready I need it every night
go *ucking crazy
go *ucking crazy
Red velvet va -

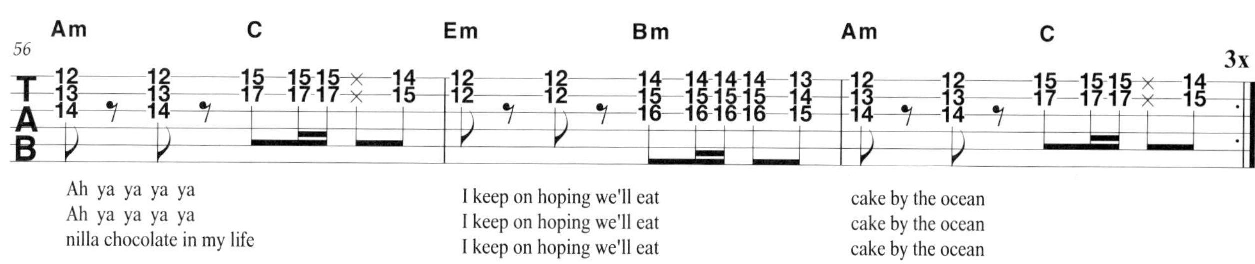
Am
C
Em
Bm
Am
C
3x
Ah ya ya ya ya
Ah ya ya ya ya
nilla chocolate in my life
I keep on hoping we'll eat
I keep on hoping we'll eat
I keep on hoping we'll eat
cake by the ocean
cake by the ocean
cake by the ocean

Uptown Funk (Feat. Bruno Mars)

펑키한 음악을 논할 때 'Uptown Funk'를 뺄 순 없죠!
그 중 메가 히트한 이 곡 역시 기타가 중요한 역할을 합니다.

Mark Ronson 노래
Bruno Mars 외 10명 작사·작곡

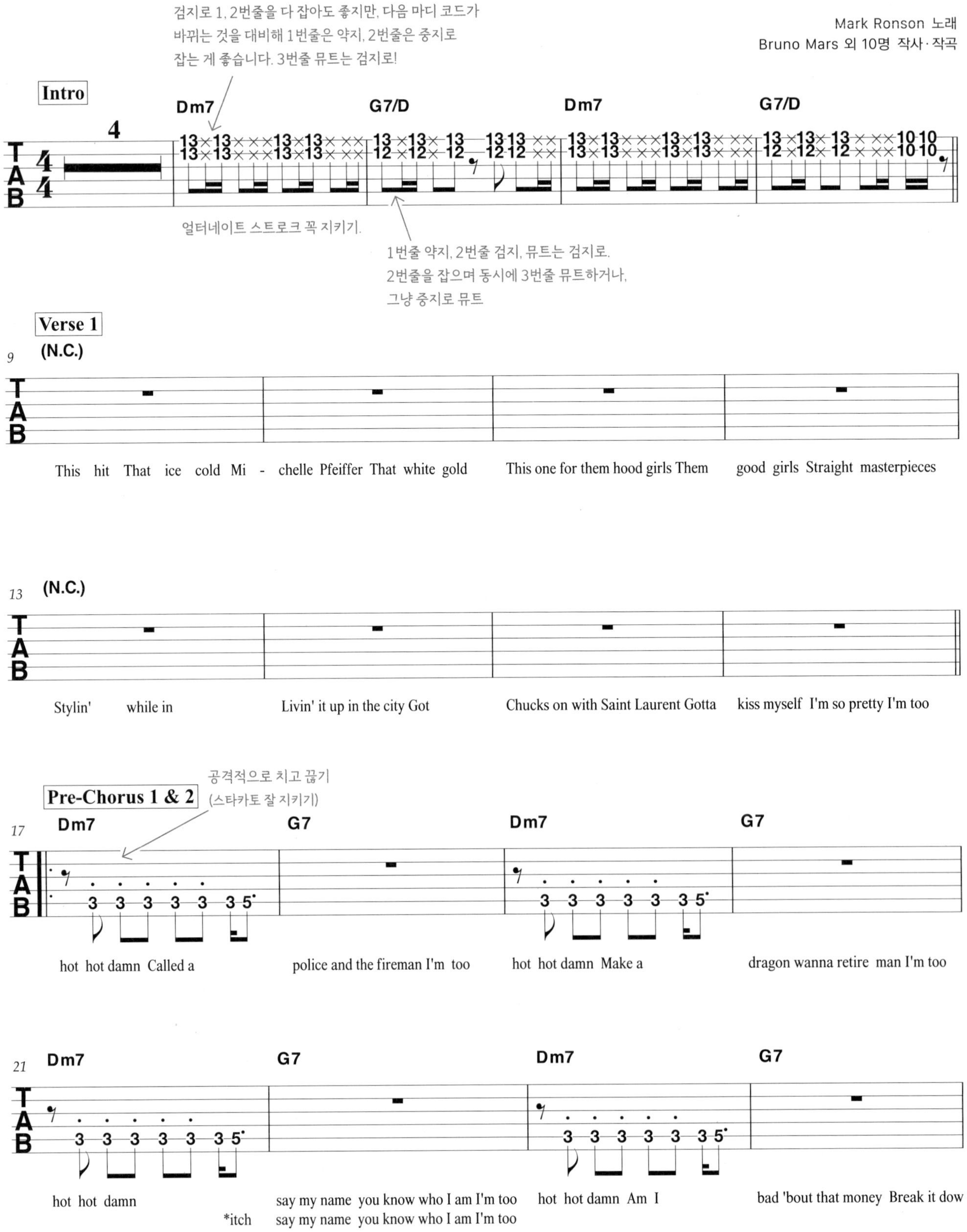

검지로 1, 2번줄을 다 잡아도 좋지만, 다음 마디 코드가 바뀌는 것을 대비해 1번줄은 약지, 2번줄은 중지로 잡는 게 좋습니다. 3번줄 뮤트는 검지로!

Intro

Dm7 G7/D Dm7 G7/D

얼터네이트 스트로크 꼭 지키기.

1번줄 약지, 2번줄 검지, 뮤트는 검지로.
2번줄을 잡으며 동시에 3번줄 뮤트하거나,
그냥 중지로 뮤트

Verse 1

9 (N.C.)

This hit That ice cold Mi - chelle Pfeiffer That white gold This one for them hood girls Them good girls Straight masterpieces

13 (N.C.)

Stylin' while in Livin' it up in the city Got Chucks on with Saint Laurent Gotta kiss myself I'm so pretty I'm too

Pre-Chorus 1 & 2

공격적으로 치고 끊기
(스타카토 잘 지키기)

17 Dm7 G7 Dm7 G7

hot hot damn Called a police and the fireman I'm too hot hot damn Make a dragon wanna retire man I'm too

21 Dm7 G7 Dm7 G7

hot hot damn *itch say my name you know who I am I'm too say my name you know who I am I'm too hot hot damn Am I bad 'bout that money Break it dow

25
Dm7
(N.C.)
T
A
B
Girls hit your hallelujah whuoo
Girls hit your hallclujah whuoo
Girls hit your hallelujah whuoo 'Cause

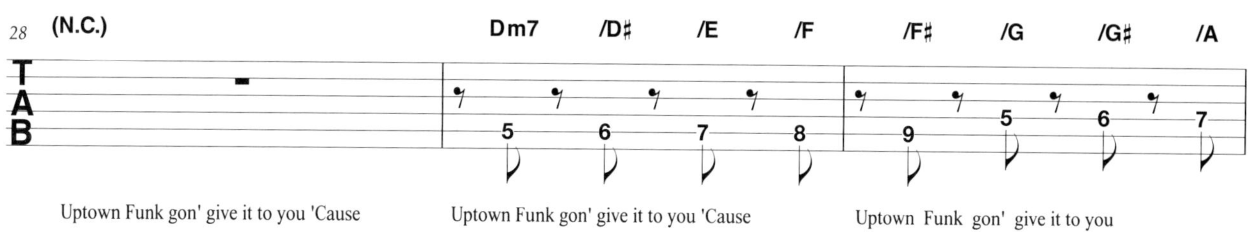
28
(N.C.)
Dm7
/D♯
/E
/F
/F♯
/G
/G♯
/A
T
A
B
Uptown Funk gon' give it to you 'Cause
Uptown Funk gon' give it to you 'Cause
Uptown Funk gon' give it to you

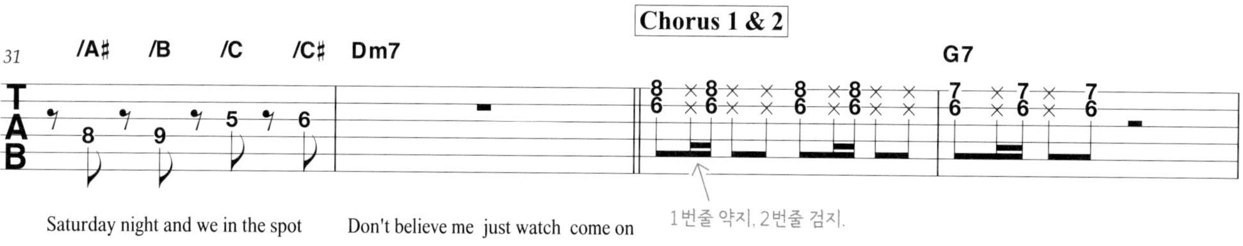
31
/A♯
/B
/C
/C♯
Dm7
Chorus 1 & 2
G7
T
A
B
Saturday night and we in the spot
Don't believe me just watch come on
1번줄 약지, 2번줄 검지.

35
Dm7
G7
Dm7
T
A
B
Don't believe me just watch

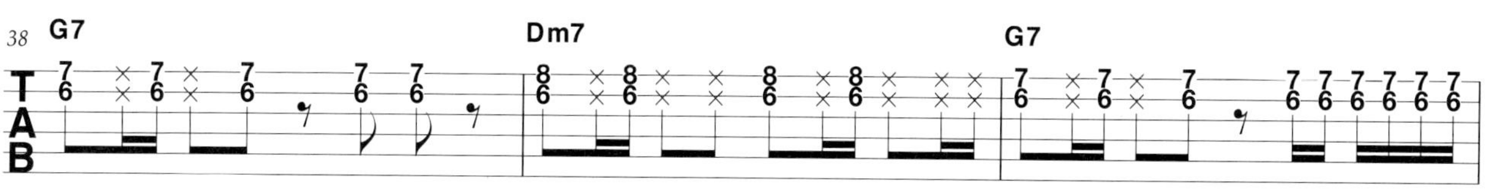
38
G7
Dm7
G7
T
A
B
Don't believe me just watch

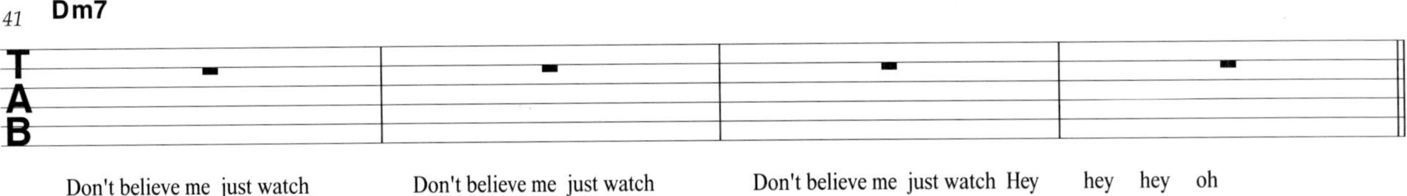
41
Dm7
Don't believe me just watch
Don't believe me just watch
Don't believe me just watch Hey
hey hey oh

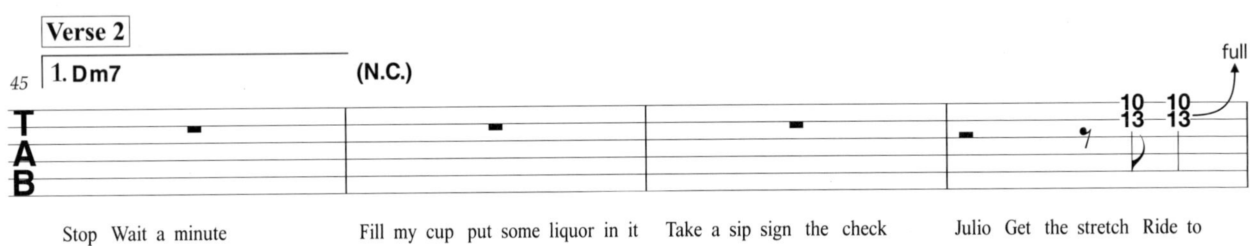
Verse 2
45
1. Dm7
(N.C.)
full
10 10
13 13
Stop Wait a minute
Fill my cup put some liquor in it
Take a sip sign the check
Julio Get the stretch Ride to

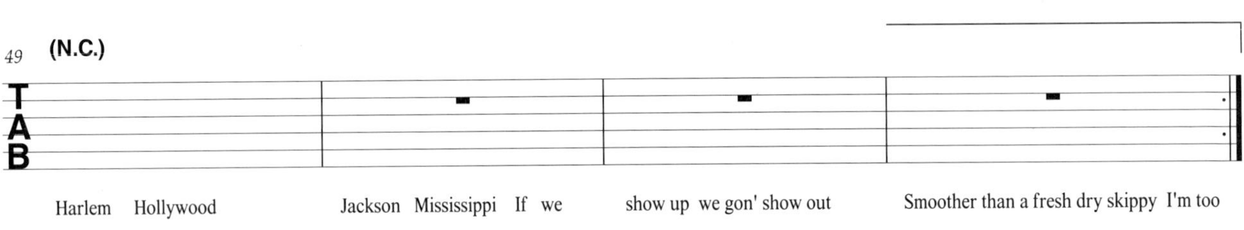
49
(N.C.)
Harlem Hollywood
Jackson Mississippi If we
show up we gon' show out
Smoother than a fresh dry skippy I'm too

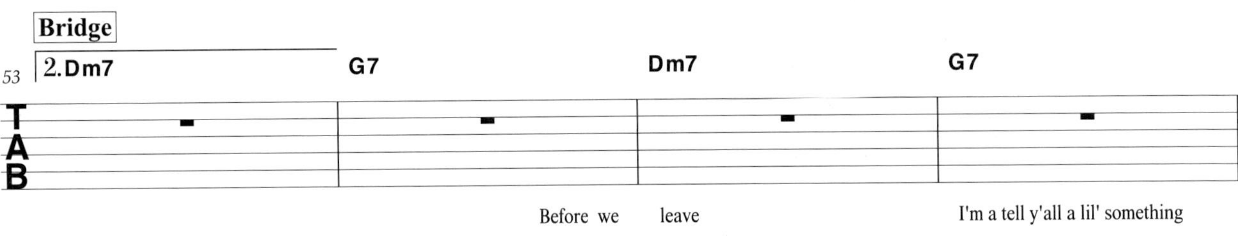
Bridge
53
2. Dm7
G7
Dm7
G7
Before we leave
I'm a tell y'all a lil' something

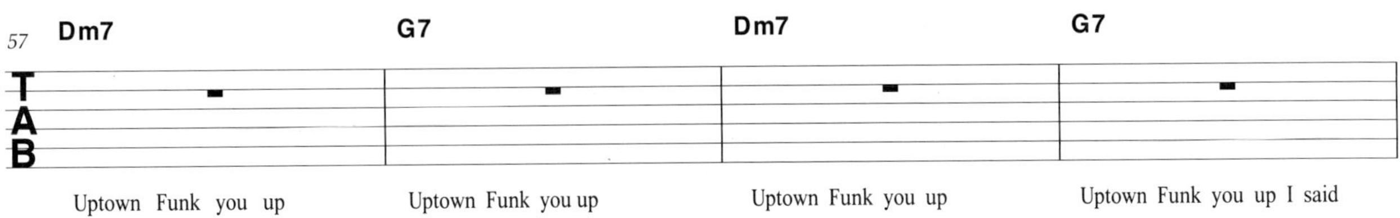
57
Dm7
G7
Dm7
G7
Uptown Funk you up
Uptown Funk you up
Uptown Funk you up
Uptown Funk you up I said

Uptown Funk you up Uptown Funk you up Uptown Funk you up Uptown Funk you up Come on

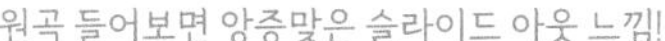

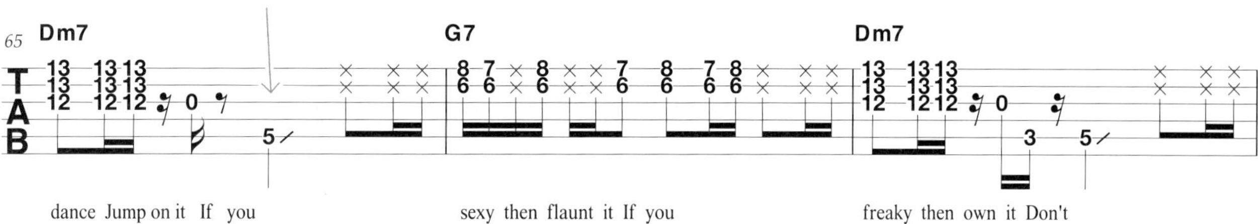

dance Jump on it If you sexy then flaunt it If you freaky then own it Don't

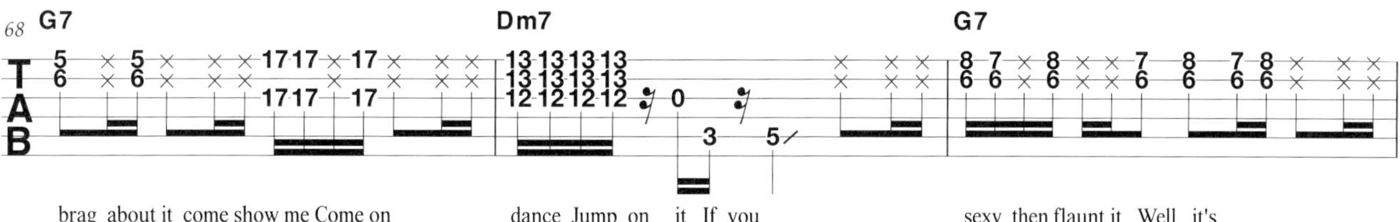

brag about it come show me Come on dance Jump on it If you sexy then flaunt it Well it's

이런 코드는 검지로 4번줄까지 바(Bar)로 잡고,
1, 2번줄 '약중'이나 '새약'으로 잡기.

Chorus 3

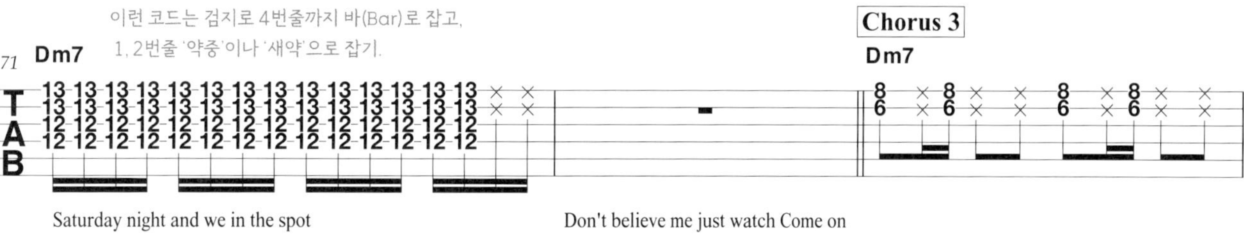

Saturday night and we in the spot Don't believe me just watch Come on

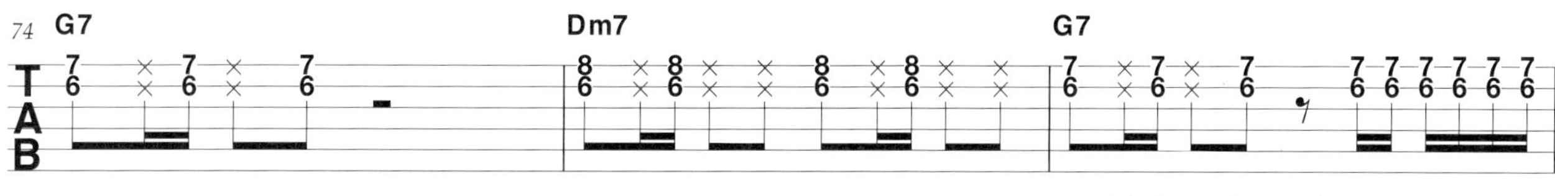

Don't believe me just watch

Dm7 G7 Dm7 G7

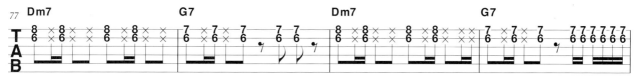

Don't believe me just watch

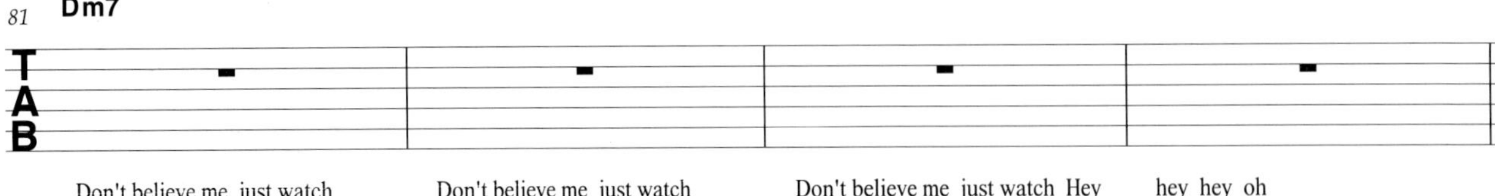
81
Dm7
Don't believe me just watch
Don't believe me just watch
Don't believe me just watch Hey
hey hey oh

Chorus 4

85
Dm7
G7
Dm7
Uptown Funk you up
Uptown Funk you up say whaa
Uptown Funk you up

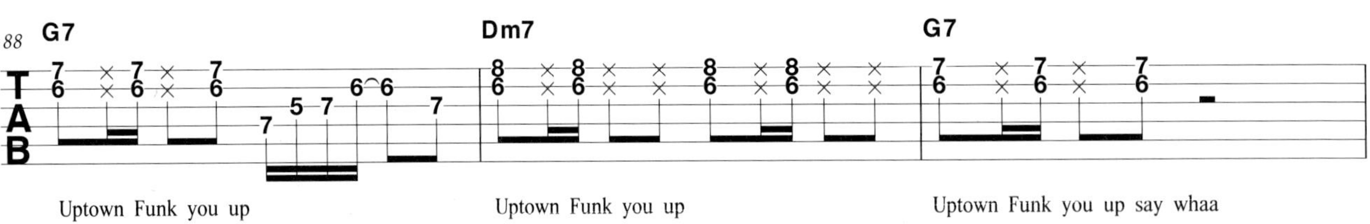
88
G7
Dm7
G7
Uptown Funk you up
Uptown Funk you up
Uptown Funk you up say whaa

91
Dm7
스타카토로 딱딱딱딱 끊어 치기.
Dm7
Uptown Funk you up
Uptown Funk you up
Uptown Funk you up

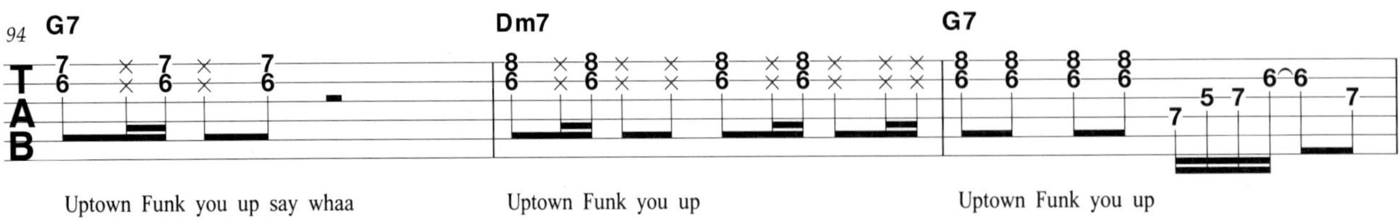
94
G7
Dm7
G7
Uptown Funk you up say whaa
Uptown Funk you up
Uptown Funk you up

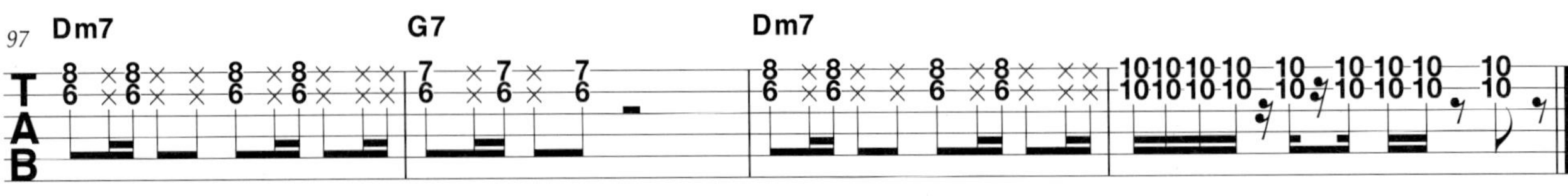
97
Dm7
G7
Dm7
Uptown Funk you up
Uptown Funk you up say whaa
Uptown Funk you up

I Got You (I Feel Good)

고전 펑키곡 하면 딱 떠오르는 제임스 브라운의 명곡! 지금 시대에도 이 곡을 들어본 사람들이 꽤 있을 듯 합니다.

James Brown 노래
James Brown 작사·작곡

A
D7
연속 코드 슬라이드. 자칫 더 미끄러져서
다른 프렛 소리가 나지 않게 정확히 연습하세요!
sl.
Wow I feel good
I knew that I would
like sugar and spice
now
I feel
I feel
소리가 나야 할 줄만 정확히 치는 연습하기.
5
G7
Good
Nice
I knew that I would
like sutar and spice
now
So good
So nice

9
A7
G7
D7
이 두 마디는 스타카토 느낌으로 쳐줘도 좋습니다.
So good
So nice
I got you
I got you
Wow
I feel nice

13
B
무슨 손가락으로 잡든 상관없지만
3번줄 뮤트는 필수!
G7
D7
When I hold you
in my
arms
I
know that I can do no wrong
And

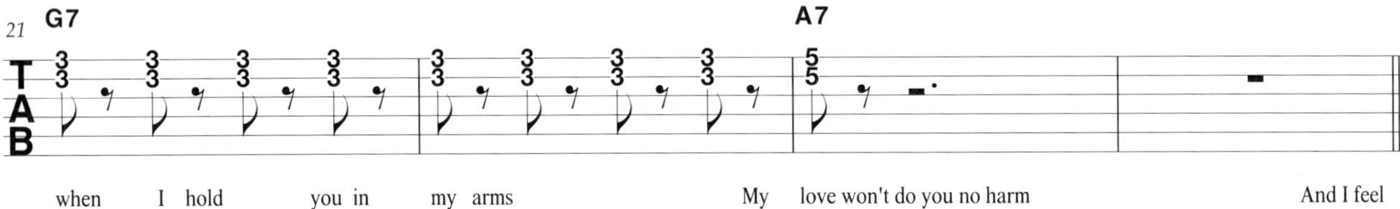
21
G7
A7
when I hold you in my arms
My love won't do you no harm
And I feel

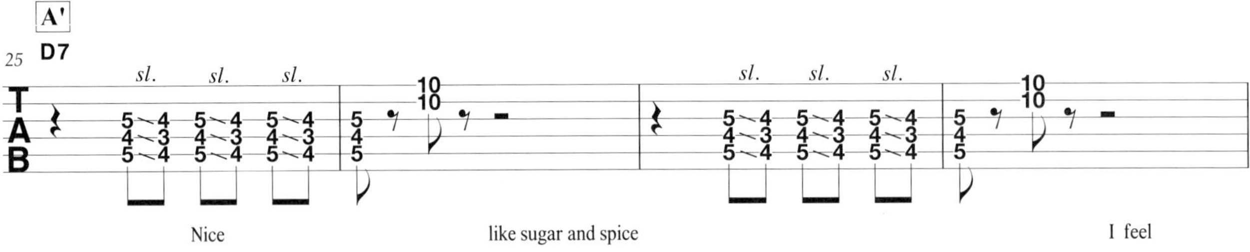
A'
25
D7
sl.
Nice
like sugar and spice
I feel

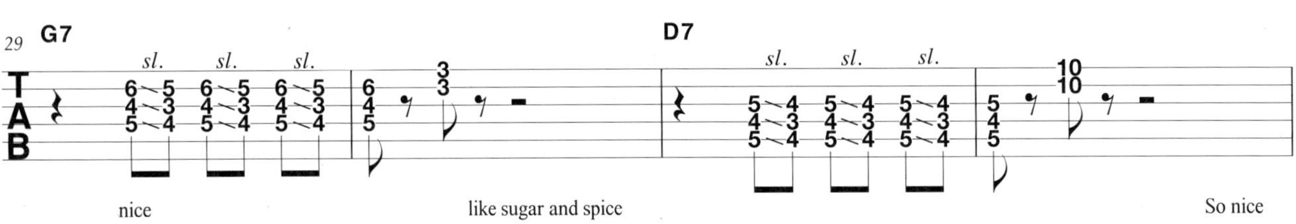
29
G7
D7
sl.
nice
like sugar and spice
So nice

33
A7
G7
D7
So nice
I got you
(Wow I feel good)

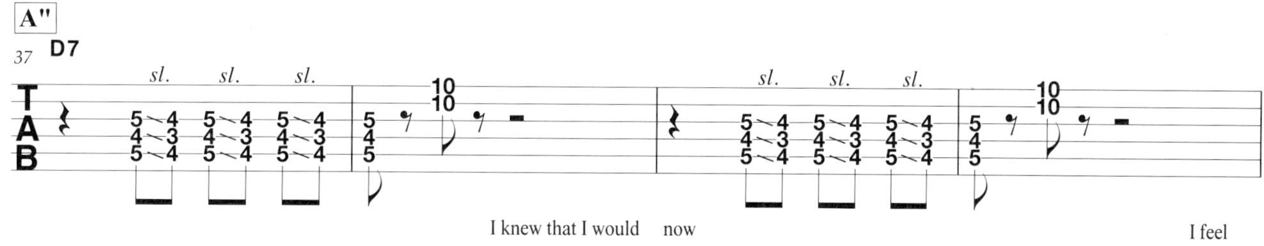
A"
D7
sl. sl. sl.
I knew that I would
now
I feel

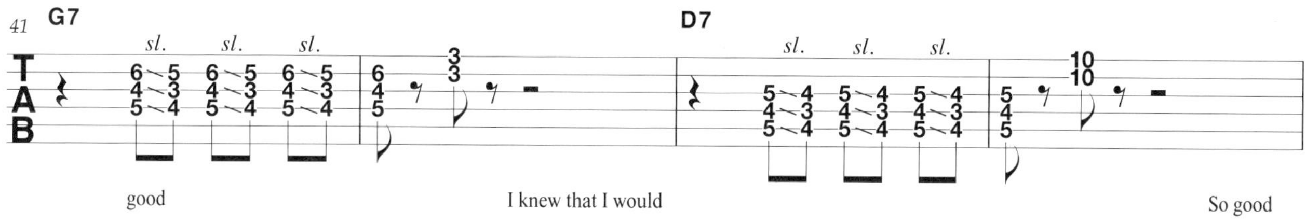
G7
D7
sl. sl. sl.
good
I knew that I would
So good

A7
G7
D7
So good
'cause I got you
So good

A7
G7
D7
So good
'cause I got you

마지막 노래 끝날 때 코드 잡고 신나게 치는 그 부분!
악보 그대로 치는 부분은 아닙니다.

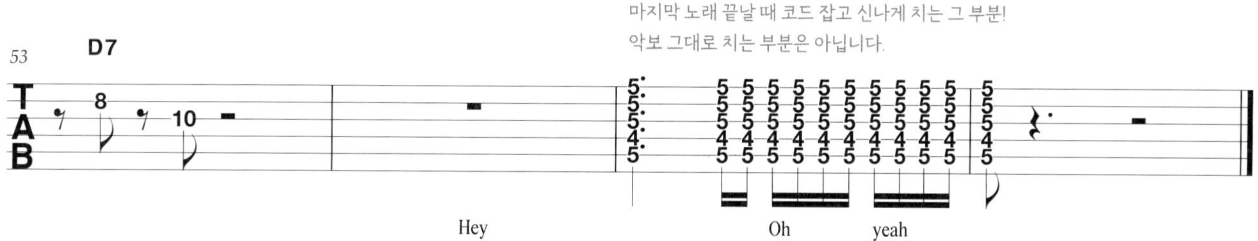
D7
Hey
Oh
yeah

Get Lucky (feat. Pharrell Williams and Nile Rodgers)

이 노래가 처음 나왔을 때 한동안 이 곡만 들었던 기억이 있습니다.
기타리스트 나일 로저스의 찰진 기타 짭짭이가 돋보이는 곡!

Daft Punk, Pharrell Williams, Nile Rodgers 노래
Pharrell Williams 외 3명 작사 · 작곡

곡 전체 얼터네이트 스트로크 유지 필수!
검지로 2, 3번줄 다 누르고
4번줄을 약지로 잡아줍니다.
안쌤은 검지로 다 잡는 편.
물론 5번줄 뮤트 챙기면서!
Intro
Bm
D
F♯m
E
2번줄 약지, 3번줄 검지,
4번줄 뮤트는 중지로 하는 편이지만,
검지로 동시에 해도 됩니다.

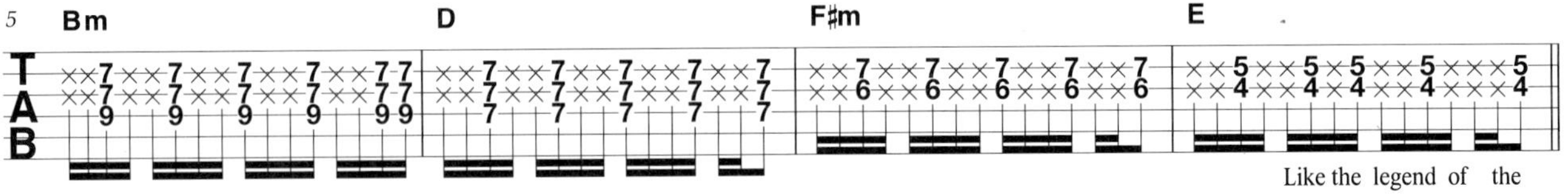

Bm
D
F♯m
E
Like the legend of the

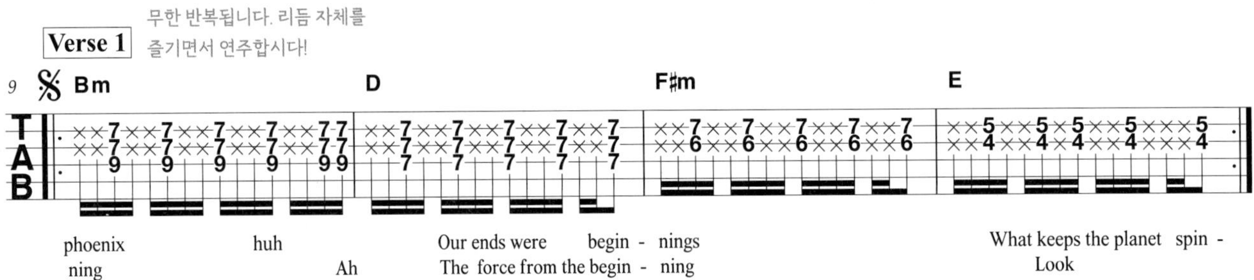

한동안 위의 인트로 짭짭이 리프가
무한 반복됩니다. 리듬 자체를
즐기면서 연주합시다!
Verse 1
Bm
D
F♯m
E
phoenix
ning
huh
Ah
Our ends were begin - nings
The force from the begin - ning
What keeps the planet spin -
Look

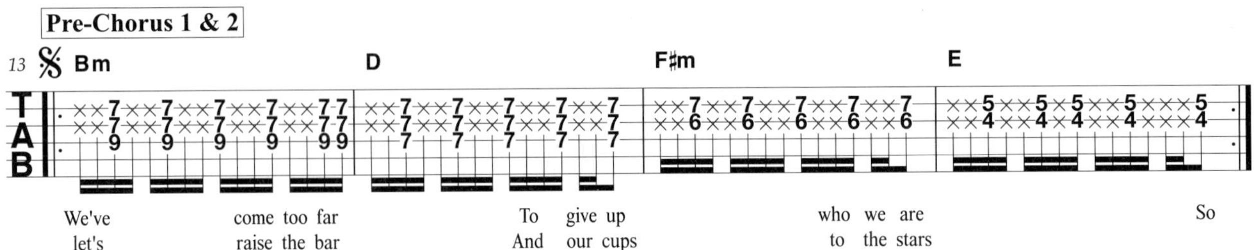

Pre-Chorus 1 & 2
Bm
D
F♯m
E
We've
let's
come too far
raise the bar
To give up
And our cups
who we are
to the stars
So

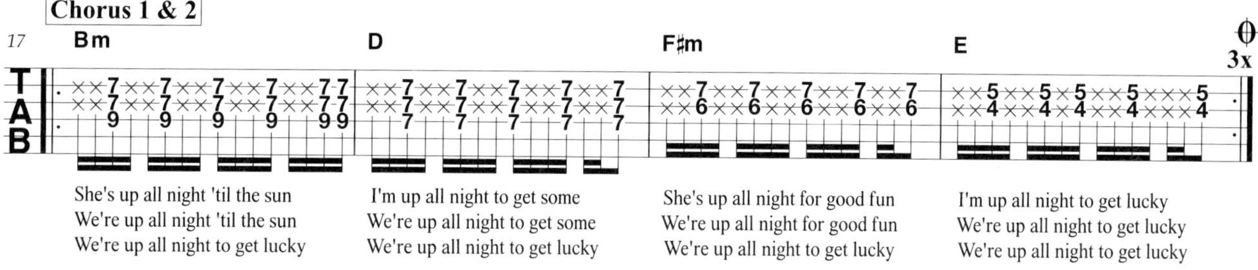
Chorus 1 & 2
Bm
D
F♯m
E
3x
She's up all night 'til the sun
We're up all night 'til the sun
We're up all night to get lucky
I'm up all night to get some
We're up all night to get some
We're up all night to get lucky
She's up all night for good fun
We're up all night for good fun
We're up all night to get lucky
I'm up all night to get lucky
We're up all night to get lucky
We're up all night to get lucky

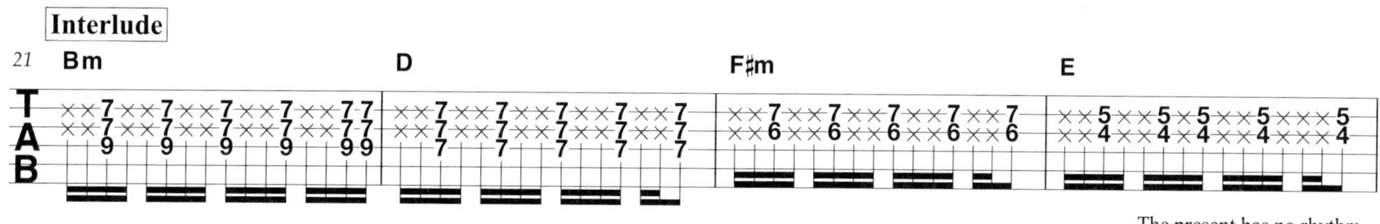
Interlude
Bm
D
F♯m
E
The present has no rhythm

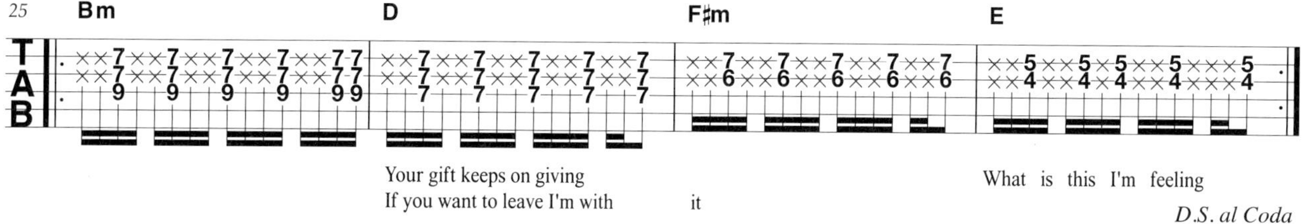
Bm
D
F♯m
E
Your gift keeps on giving
If you want to leave I'm with
it
What is this I'm feeling
D.S. al Coda

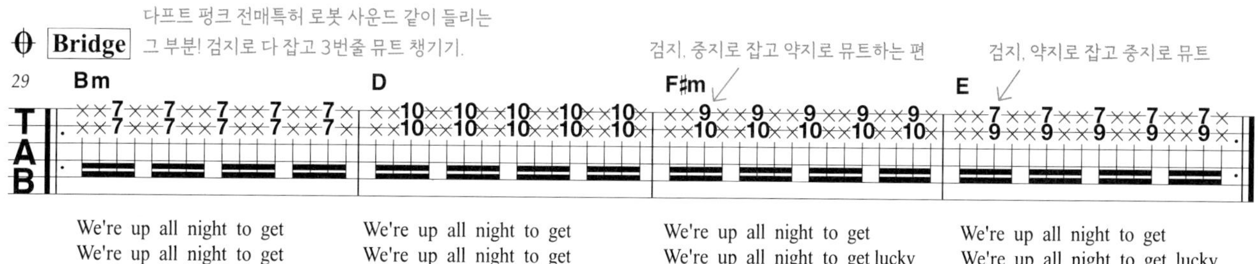
Bridge
다프트 펑크 전매특허 로봇 사운드 같이 들리는
그 부분! 검지로 다 잡고 3번줄 뮤트 챙기기.
검지, 중지로 잡고 약지로 뮤트하는 편
검지, 약지로 잡고 중지로 뮤트
Bm
D
F♯m
E
We're up all night to get
We're up all night to get
We're up all night to get
We're up all night to get
We're up all night to get
We're up all night to get lucky
We're up all night to get
We're up all night to get lucky

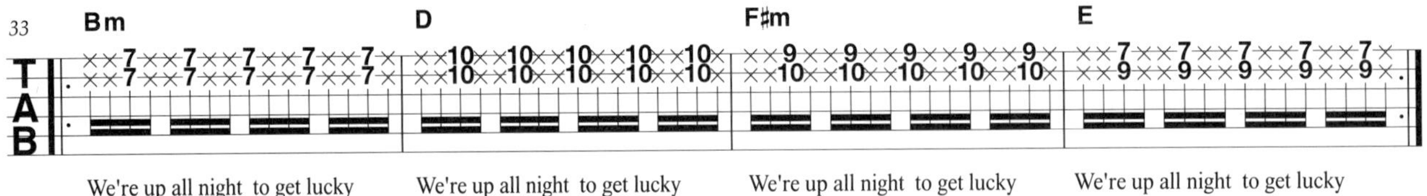
33
Bm
D
F♯m
E
We're up all night to get lucky
We're up all night to get lucky
We're up all night to get lucky
We're up all night to get lucky

Pre-Chorus 3

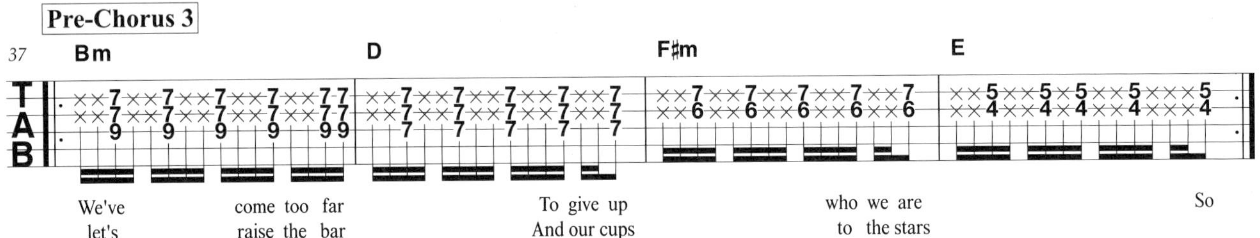
37
Bm
D
F♯m
E
We've come too far To give up who we are So
let's raise the bar And our cups to the stars

Chorus 3

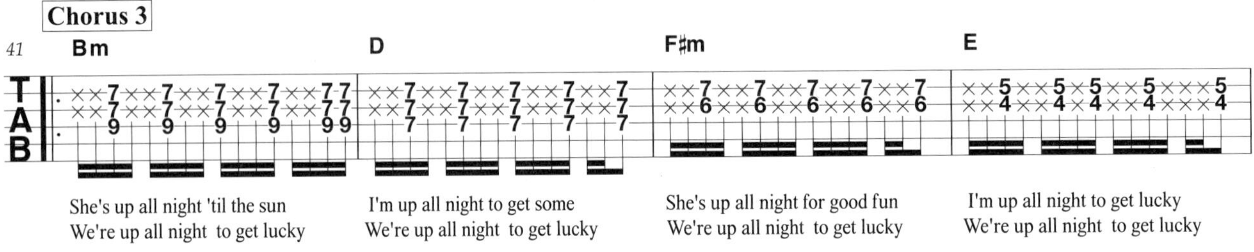
41
Bm
D
F♯m
E
She's up all night 'til the sun I'm up all night to get some She's up all night for good fun I'm up all night to get lucky
We're up all night to get lucky We're up all night to get lucky We're up all night to get lucky We're up all night to get lucky

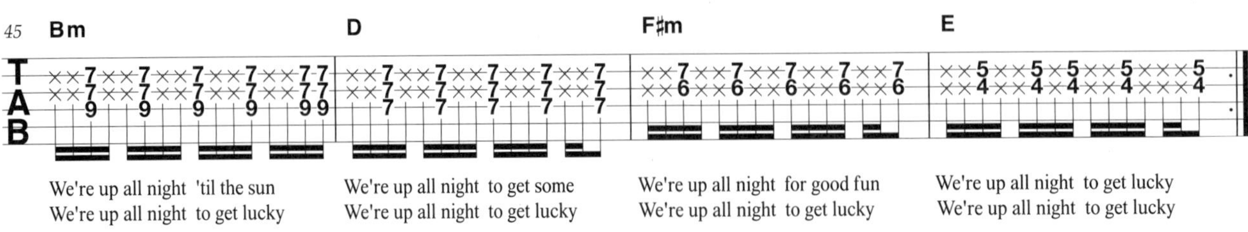
45
Bm
D
F♯m
E
We're up all night 'til the sun We're up all night to get some We're up all night for good fun We're up all night to get lucky
We're up all night to get lucky We're up all night to get lucky We're up all night to get lucky We're up all night to get lucky

Outro

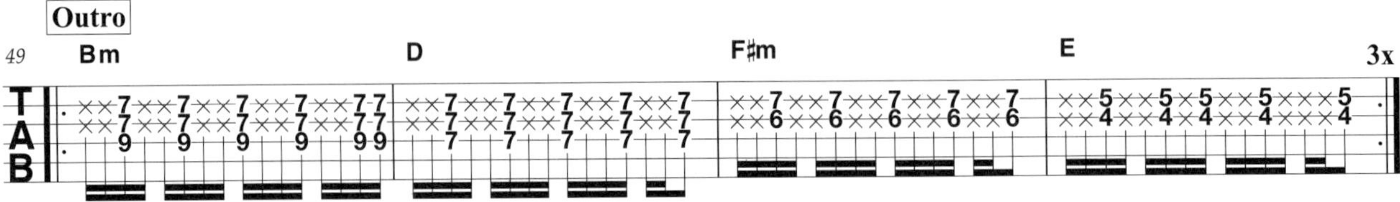
49
Bm
D
F♯m
E
3x

Just Funky

짭짭이의 모든 기술을 다 응집해 놓은 리듬곡계의 최종 보스 곡.
한 번쯤은 도전해 보세요!

인트로 파트는 리듬을 신경 쓰기 이전에
왼손 코드'만' 따로 먼저 연습해주길 추천!
코드 난이도가 꽤 있는 편으로, 코드 바꾸는
속도가 어느 정도 나올 때까지 연습하기.

Tomo Fujita 노래
Tomo Fujita 작곡

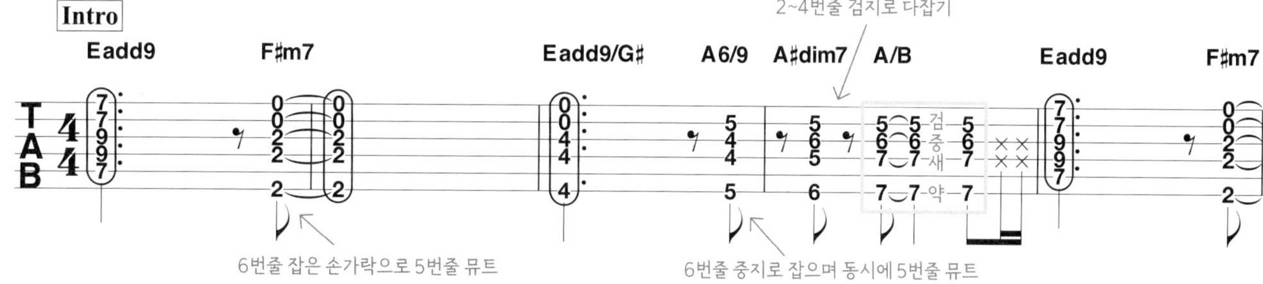

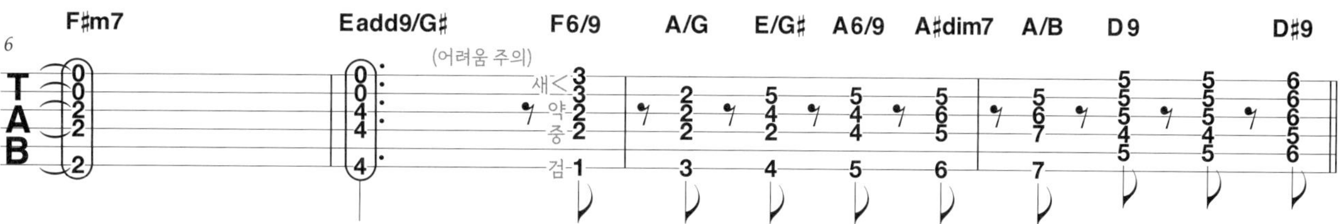

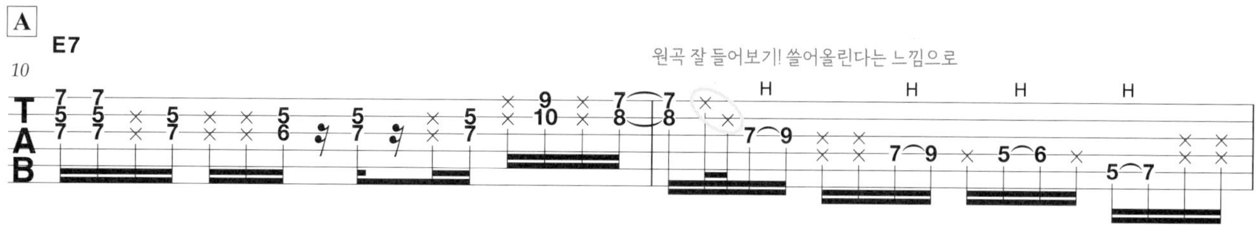

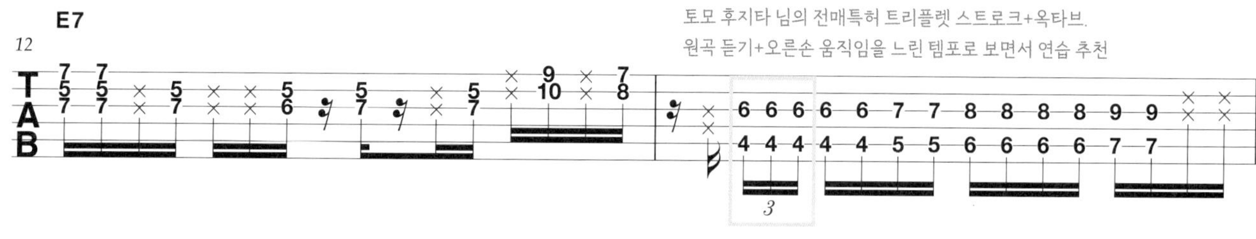

E7
토모 후지타 님의 전매특허 트리플렛 스트로크+옥타브.
원곡 듣기+오른손 움직임을 느린 템포로 보면서 연습 추천

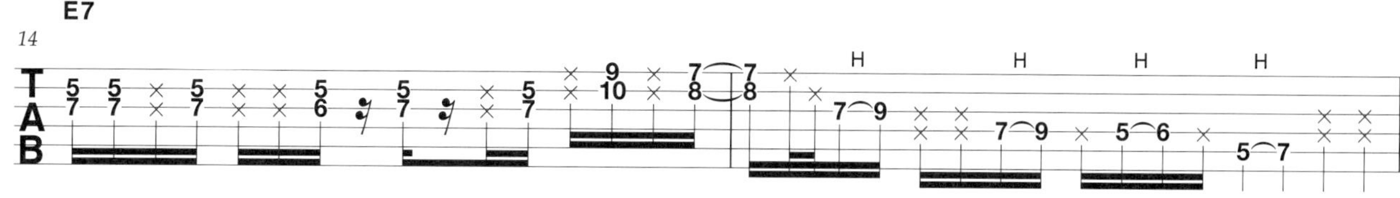

참 자주 나오는 트리플렛! 3번줄 뮤트가
깔끔하게 되어야 좋습니다.
E7
16

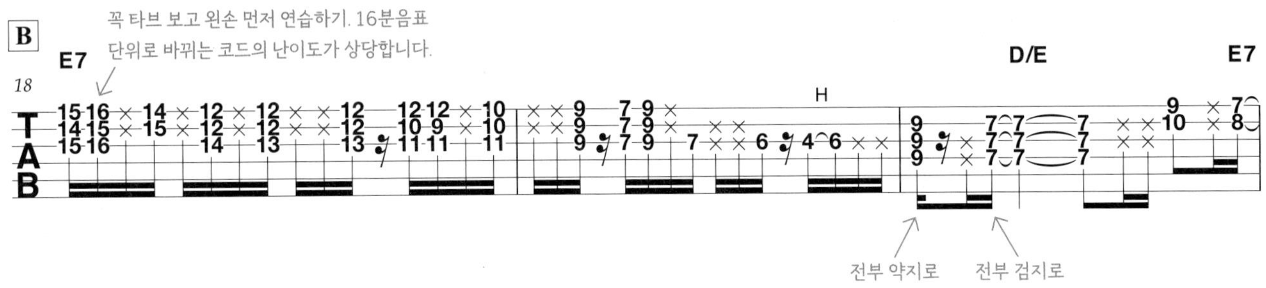
B
꼭 타브 보고 왼손 먼저 연습하기. 16분음표
단위로 바뀌는 코드의 난이도가 상당합니다.
E7
18
D/E
E7
H
전부 약지로
전부 검지로

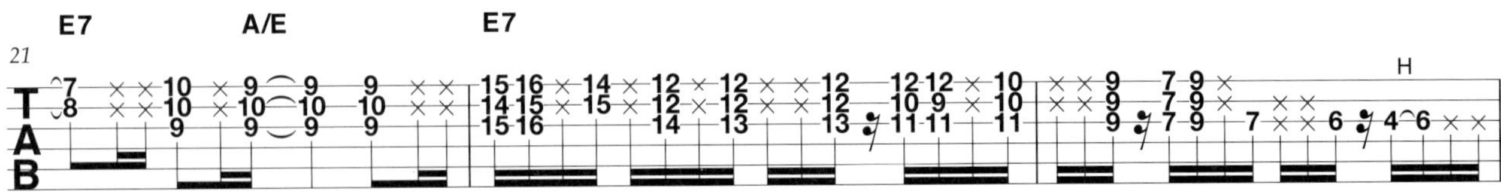
E7
A/E
E7
21
H

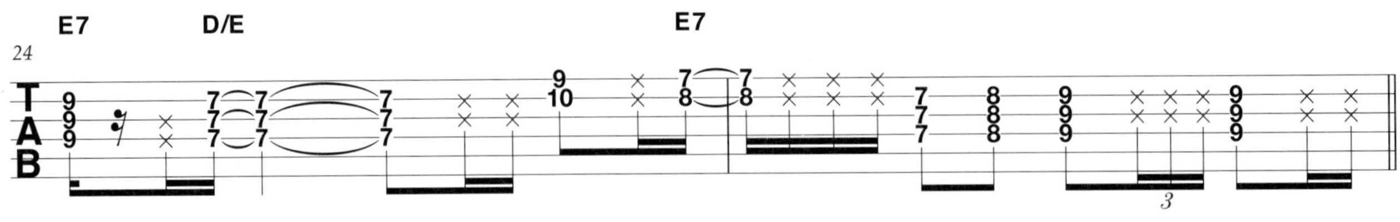
E7
D/E
E7
24

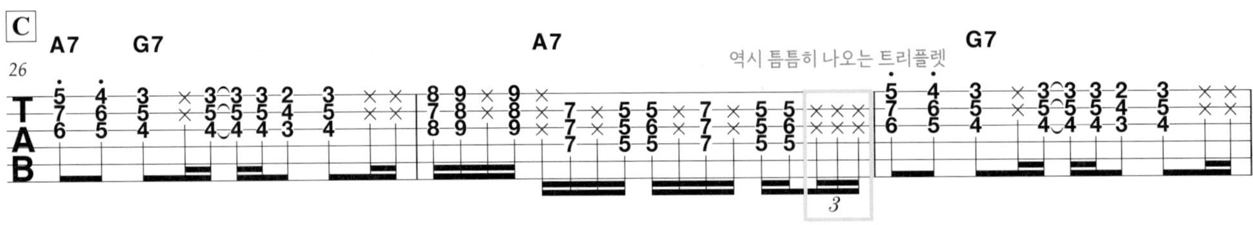
C
A7
G7
26
A7
역시 틈틈히 나오는 트리플렛
G7

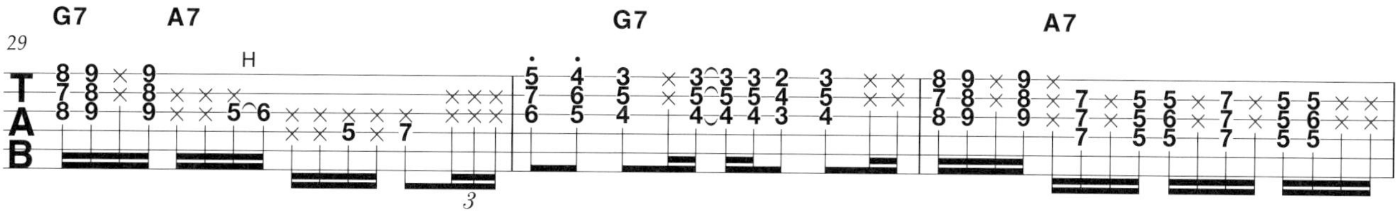
29
G7 A7 G7 A7
H
TAB

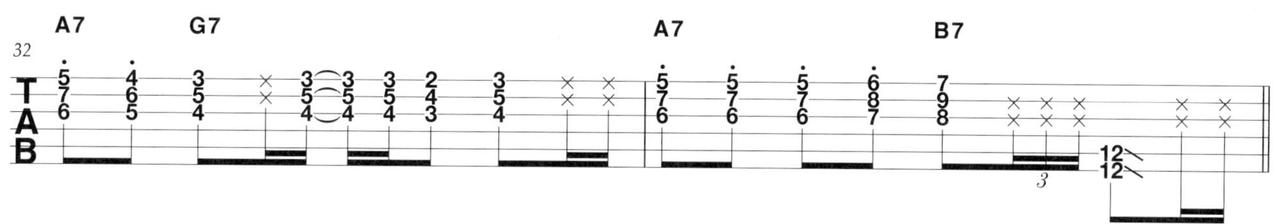
32
A7 G7 A7 B7
TAB

빈 노트 타이밍이 꽤 헷갈리므로
연습하기. 꼭 얼터네이트 피킹!

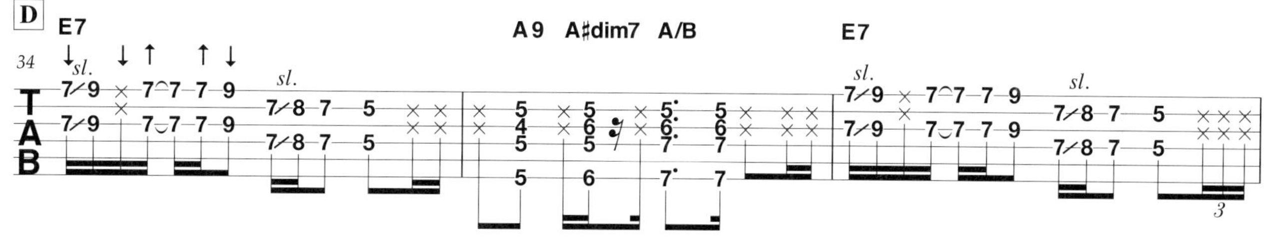
D
34
E7 A9 A♯dim7 A/B E7
sl.
TAB

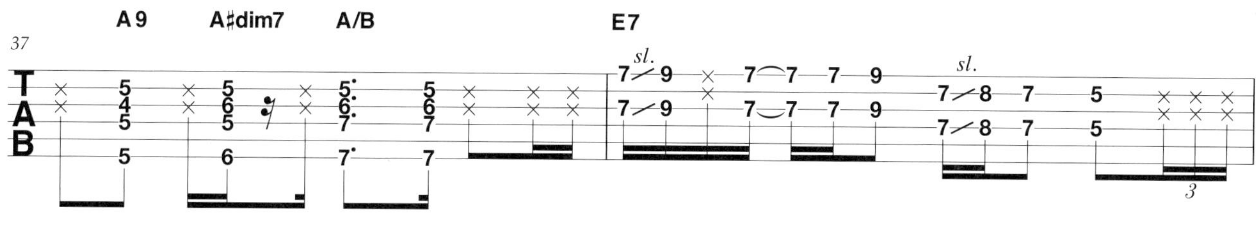
37
A9 A♯dim7 A/B E7
sl.
TAB

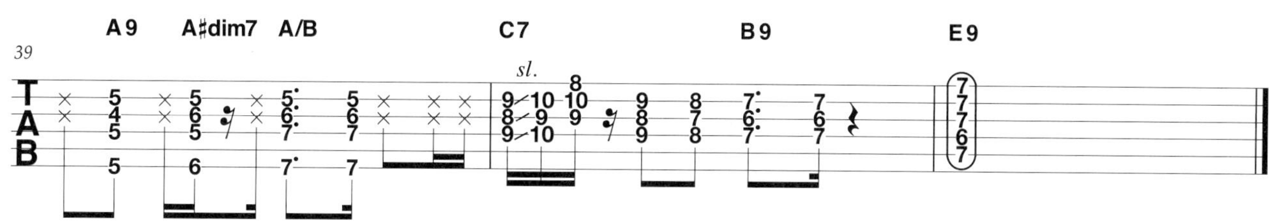
39
A9 A♯dim7 A/B C7 B9 E9
sl.
TAB

Can't Stop

스캥크 주법을 대표하는 레드 핫 칠리 페퍼스의 대표 명곡.
학창시절 이 곡 외에도 전곡을 한참 돌려 들었습니다.

Red Hot Chili Peppers 노래
Anthony Kiedi 외 3명 작곡

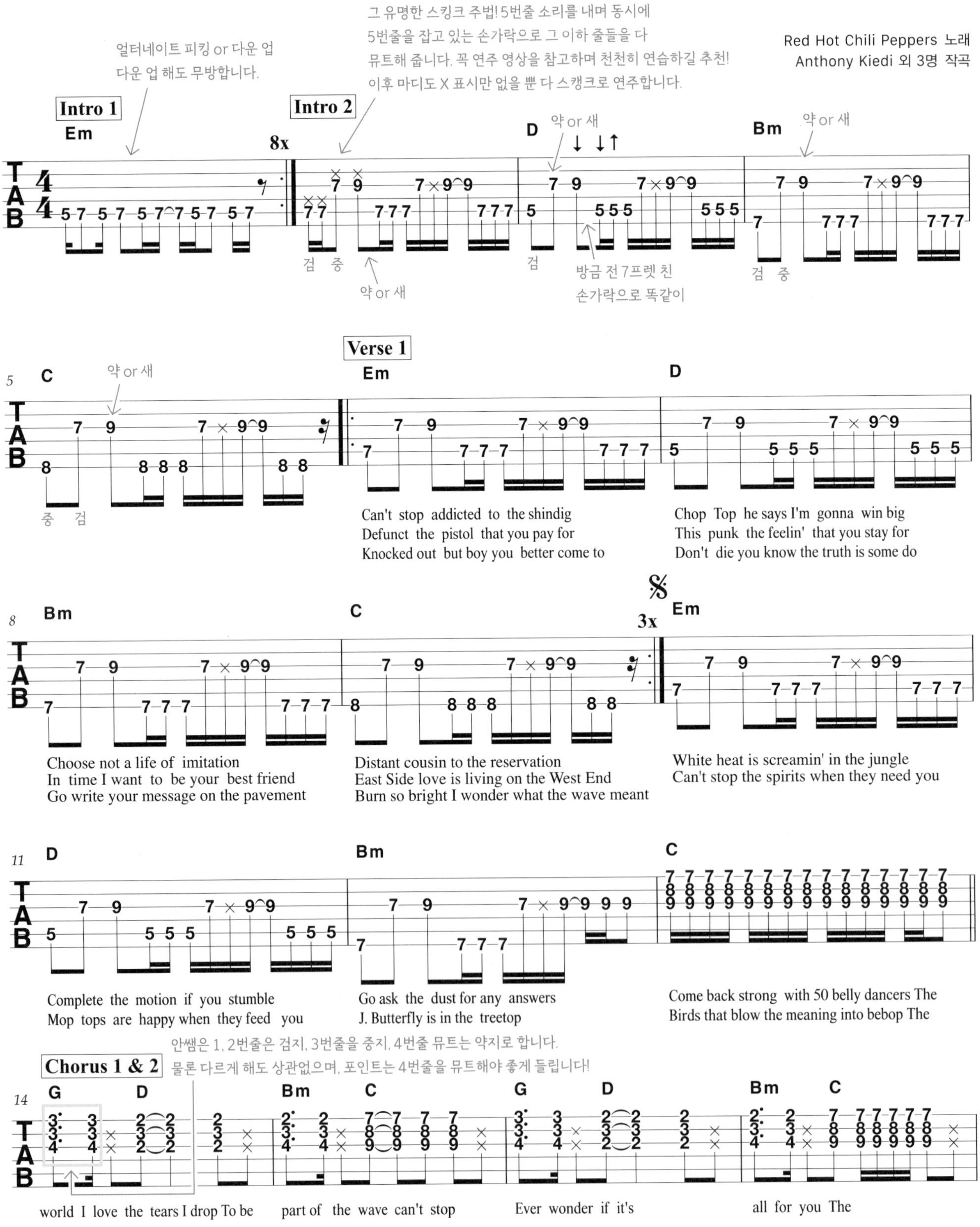

얼터네이트 피킹 or 다운 업 다운 업 해도 무방합니다.

그 유명한 스킹크 주법! 5번줄 소리를 내며 동시에 5번줄을 잡고 있는 손가락으로 그 이하 줄들을 다 뮤트해 줍니다. 꼭 연주 영상을 참고하며 천천히 연습하길 추천! 이후 마디도 X 표시만 없을 뿐 다 스캥크로 연주합니다.

Intro 1 Em 8x

Intro 2 D Bm

약 or 새 / 검 중 / 검 / 방금 전 7프렛 친 손가락으로 똑같이

5 C — 약 or 새 / 중 검

Verse 1

Em
Can't stop addicted to the shindig
Defunct the pistol that you pay for
Knocked out but boy you better come to

D
Chop Top he says I'm gonna win big
This punk the feelin' that you stay for
Don't die you know the truth is some do

8 Bm
Choose not a life of imitation
In time I want to be your best friend
Go write your message on the pavement

C
Distant cousin to the reservation
East Side love is living on the West End
Burn so bright I wonder what the wave meant

𝄋 3x Em
White heat is screamin' in the jungle
Can't stop the spirits when they need you

11 D
Complete the motion if you stumble
Mop tops are happy when they feed you

Bm
Go ask the dust for any answers
J. Butterfly is in the treetop

C
Come back strong with 50 belly dancers The
Birds that blow the meaning into bebop The

안쌤은 1, 2번줄은 검지, 3번줄을 중지, 4번줄 뮤트는 약지로 합니다.
물론 다르게 해도 상관없으며, 포인트는 4번줄을 뮤트해야 좋게 들립니다!

Chorus 1 & 2

14 G D
world I love the tears I drop To be

Bm C
part of the wave can't stop

G D
Ever wonder if it's

Bm C
all for you The

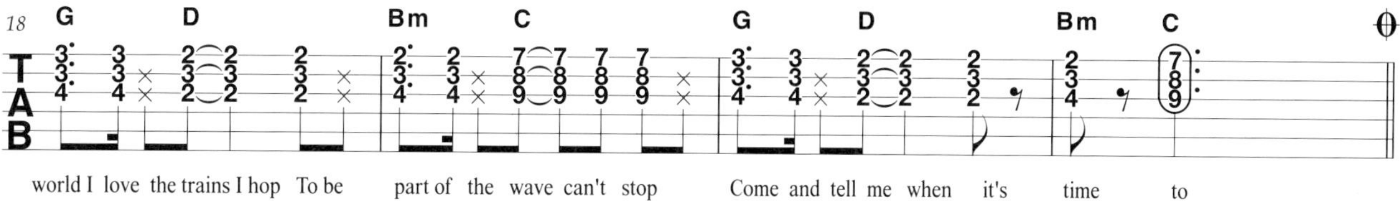
18
G
D
Bm
C
G
D
Bm
C
world I love the trains I hop To be
part of the wave can't stop
Come and tell me when it's
time
to

Verse 2

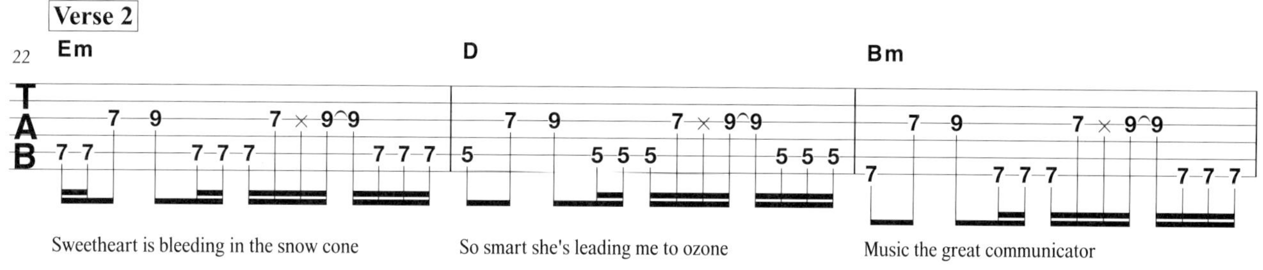
22
Em
D
Bm
Sweetheart is bleeding in the snow cone
So smart she's leading me to ozone
Music the great communicator

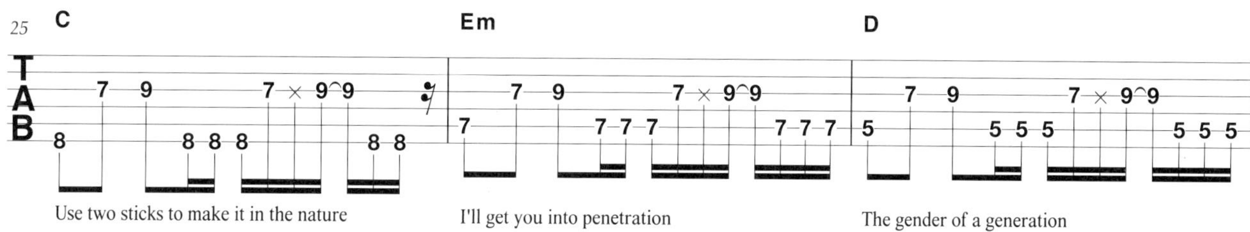
25
C
Em
D
Use two sticks to make it in the nature
I'll get you into penetration
The gender of a generation

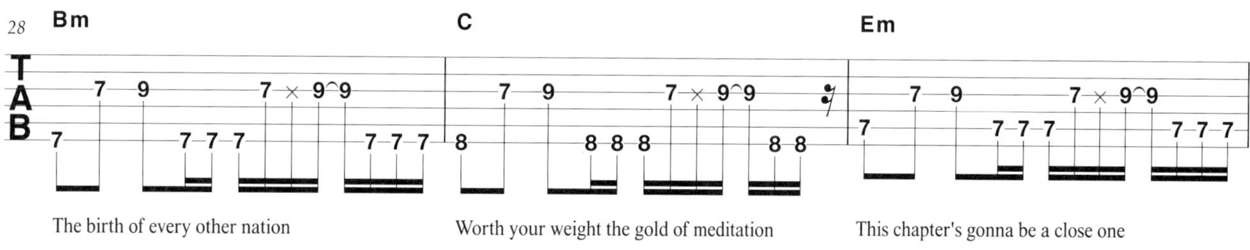
28
Bm
C
Em
The birth of every other nation
Worth your weight the gold of meditation
This chapter's gonna be a close one

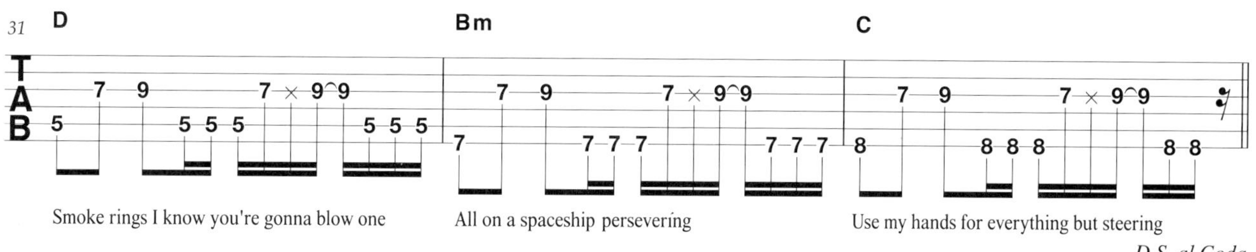
31
D
Bm
C
Smoke rings I know you're gonna blow one
All on a spaceship persevering
Use my hands for everything but steering

D.S. al Coda

Bridge

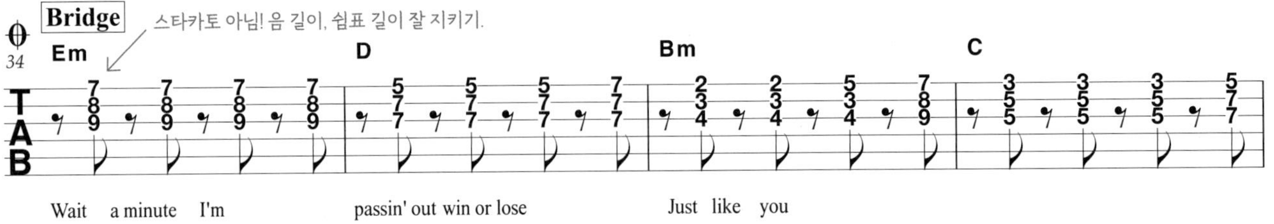

Bridge
스타카토 아님! 음 길이, 쉼표 길이 잘 지키기.
34
Em
D
Bm
C
Wait a minute I'm
passin' out win or lose
Just like you

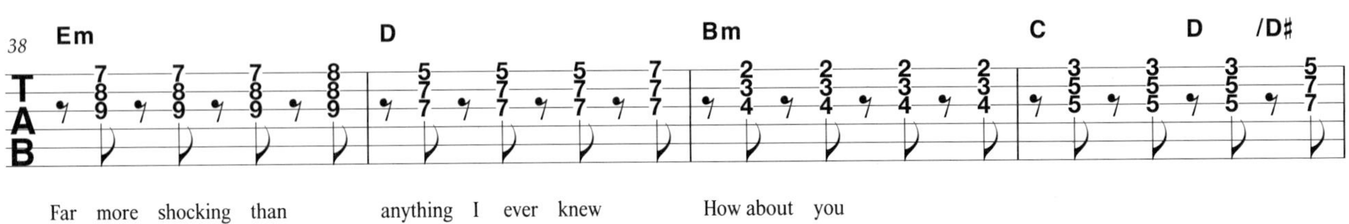

38
Em
D
Bm
C
D
/D♯
Far more shocking than
anything I ever knew
How about you

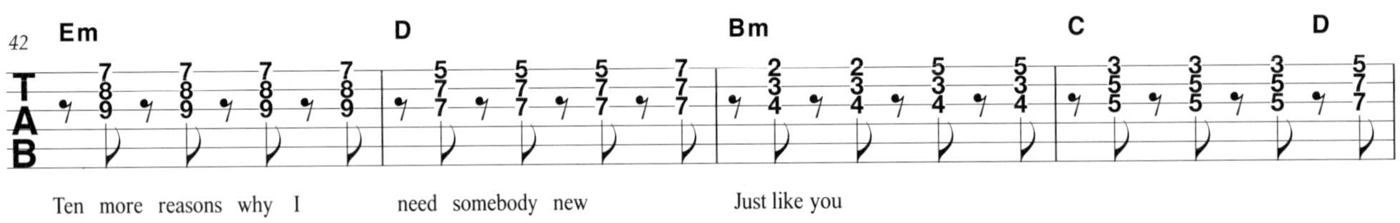

42
Em
D
Bm
C
D
Ten more reasons why I
need somebody new
Just like you

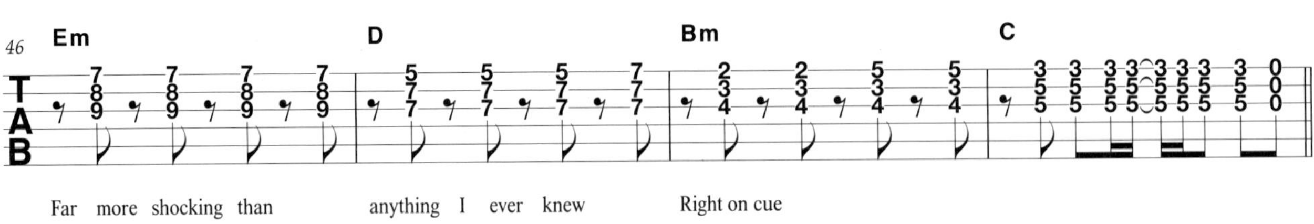

46
Em
D
Bm
C
Far more shocking than
anything I ever knew
Right on cue

Solo

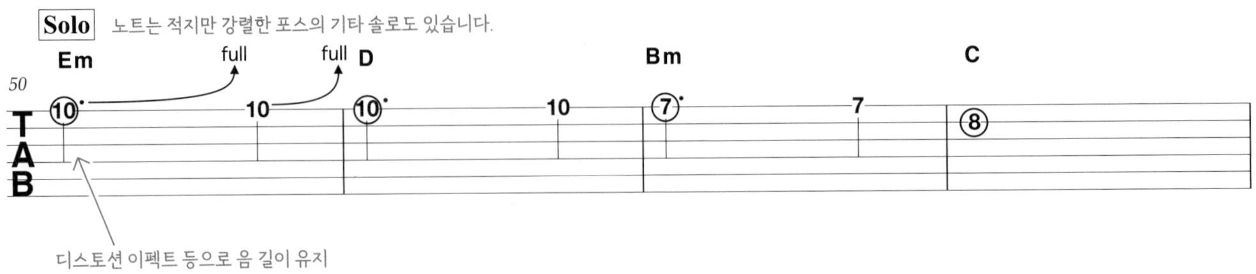

Solo
노트는 적지만 강렬한 포스의 기타 솔로도 있습니다.
50
Em
full
full
D
Bm
C
디스토션 이펙트 등으로 음 길이 유지

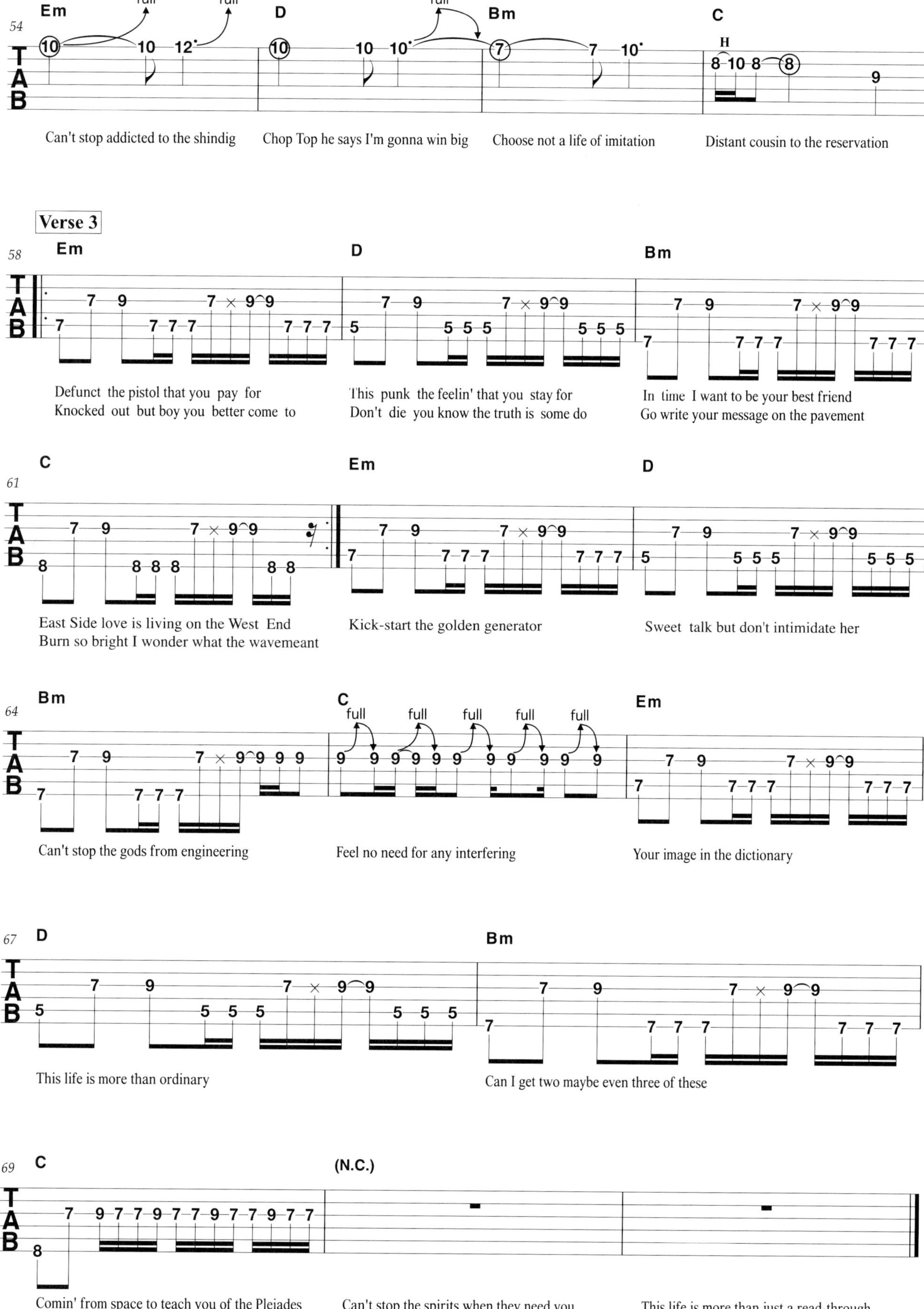
54
Em
full
full
10
10
12
D
10
10
10
full
Bm
7
7
10
C
H
8 10 8 8
9
Can't stop addicted to the shindig
Chop Top he says I'm gonna win big
Choose not a life of imitation
Distant cousin to the reservation
Verse 3
58
Em
D
Bm
Defunct the pistol that you pay for
Knocked out but boy you better come to
This punk the feelin' that you stay for
Don't die you know the truth is some do
In time I want to be your best friend
Go write your message on the pavement
61
C
Em
D
East Side love is living on the West End
Burn so bright I wonder what the wavemeant
Kick-start the golden generator
Sweet talk but don't intimidate her
64
Bm
C
full
full
full
full
full
Em
Can't stop the gods from engineering
Feel no need for any interfering
Your image in the dictionary
67
D
Bm
This life is more than ordinary
Can I get two maybe even three of these
69
C
(N.C.)
Comin' from space to teach you of the Pleiades
Can't stop the spirits when they need you
This life is more than just a read-through

Chapter 4
종합

연습곡

- Smoke On The Water
- Eye Of The Tiger
- Smells Like Teen Spirit
- Pretender
- Holiday
- Welcome to the Show
- HAPPY
- 나는 나비
- Legends Never Die
- 한 페이지가 될 수 있게
- 나에게로 떠나는 여행
- NO PAIN
- 고민중독
- 말해줘 Say It
- 녹아내려요
- Back In Black
- 사건의 지평선

Smoke On The Water

곡 첫 줄이 이 노래의 본체라고 할 수 있는 곡!

Deep Purple 노래
Ritchie Blackmore 외 4명 작사·작곡

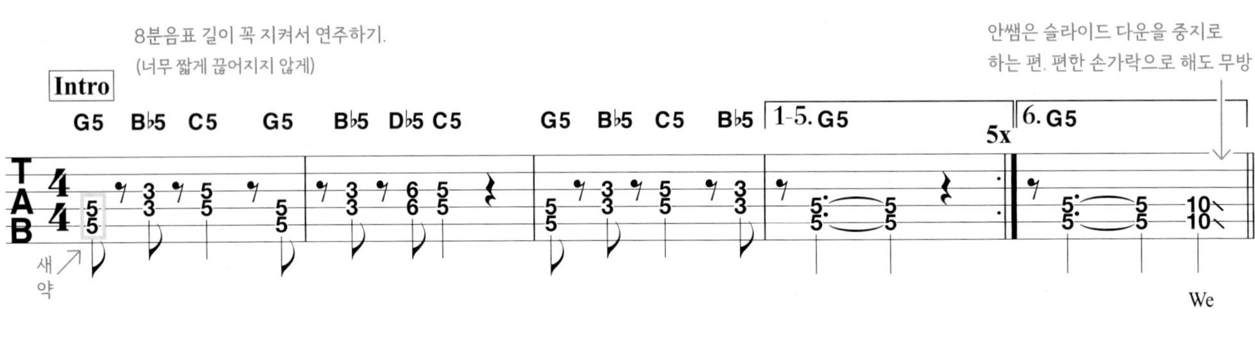

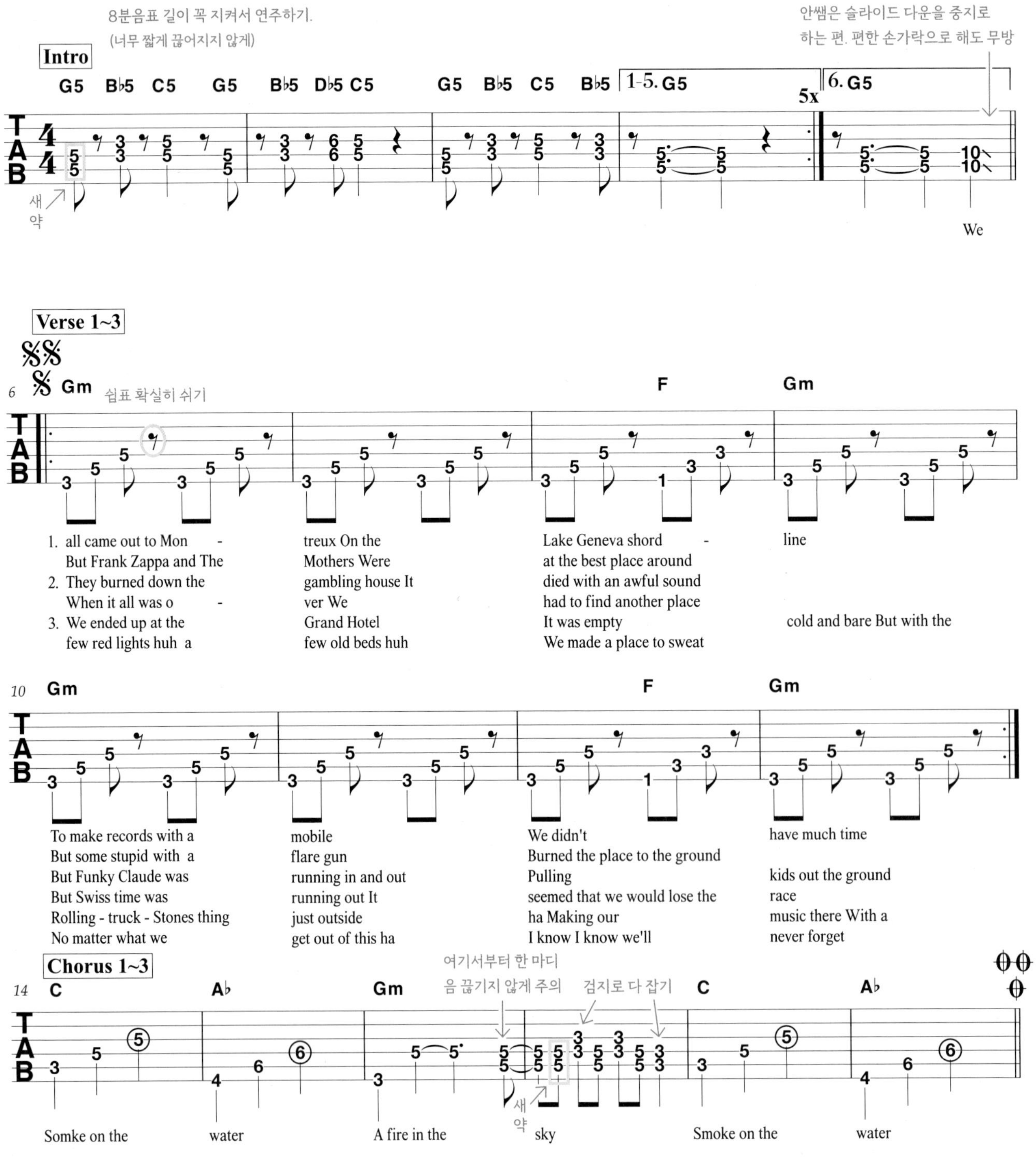

Verse 1~3

6 Gm 쉼표 확실히 쉬기 | F | Gm

1. all came out to Mon - treux On the Lake Geneva shord - line
   But Frank Zappa and The Mothers Were at the best place around
2. They burned down the gambling house It died with an awful sound
   When it all was o - ver We had to find another place
3. We ended up at the Grand Hotel It was empty cold and bare But with the
   few red lights huh a few old beds huh We made a place to sweat

10 Gm | F | Gm

To make records with a mobile We didn't have much time
But some stupid with a flare gun Burned the place to the ground
But Funky Claude was running in and out Pulling kids out the ground
But Swiss time was running out It seemed that we would lose the race
Rolling - truck - Stones thing just outside ha Making our music there With a
No matter what we get out of this ha I know I know we'll never forget

Chorus 1~3

14 C | A♭ | Gm 여기서부터 한 마디 음 끊기지 않게 주의 | 검지로 다 잡기 새약 | C | A♭ ⊕⊕ ⊕

Somke on the water A fire in the sky Smoke on the water

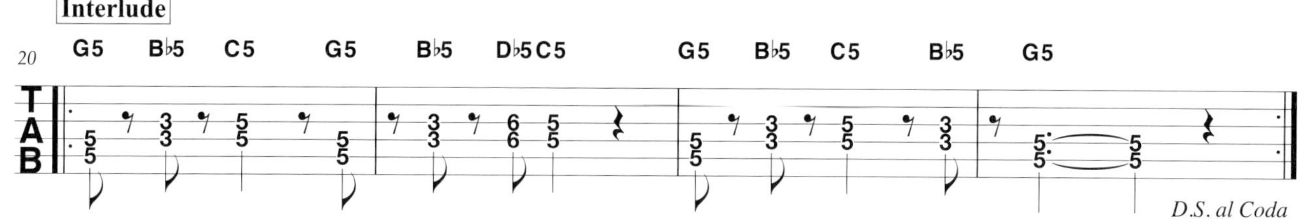
Interlude
20
G5 B♭5 C5 G5 B♭5 D♭5 C5 G5 B♭5 C5 B♭5 G5
TAB
D.S. al Coda

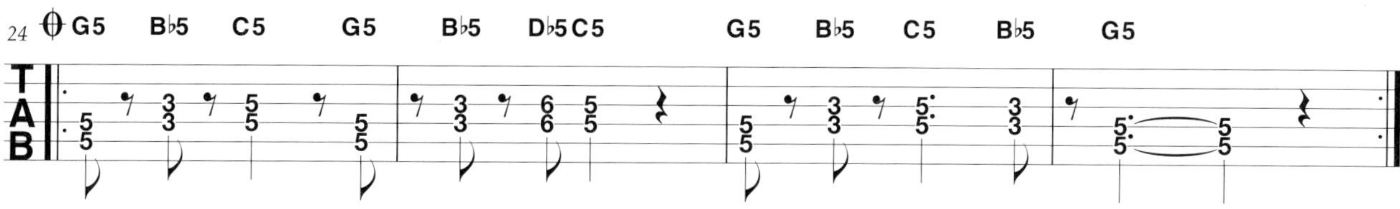
24
G5 B♭5 C5 G5 B♭5 D♭5 C5 G5 B♭5 C5 B♭5 G5
TAB

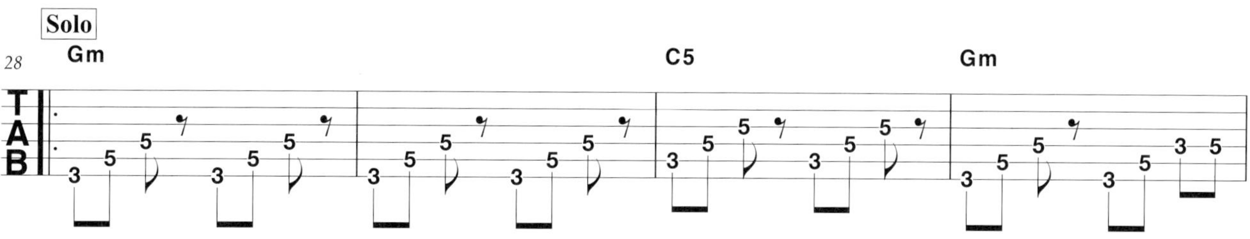
Solo
28
Gm C5 Gm
TAB

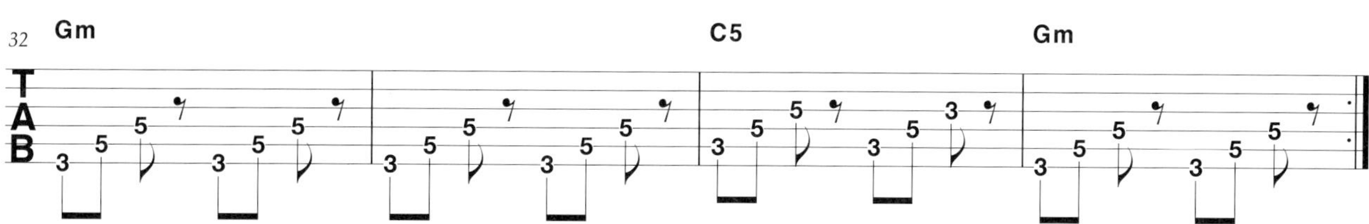
32
Gm C5 Gm
TAB

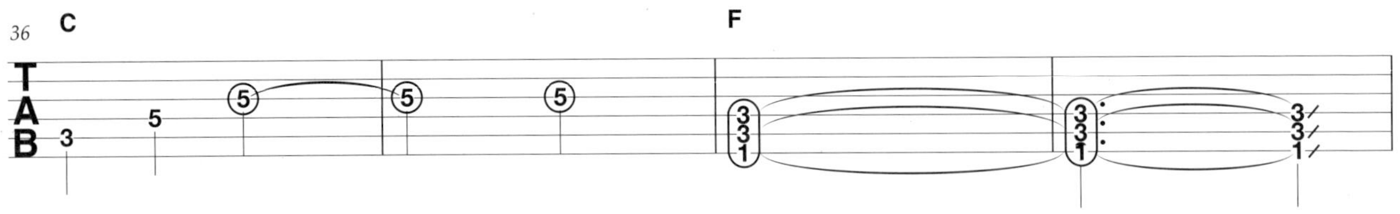
C
F

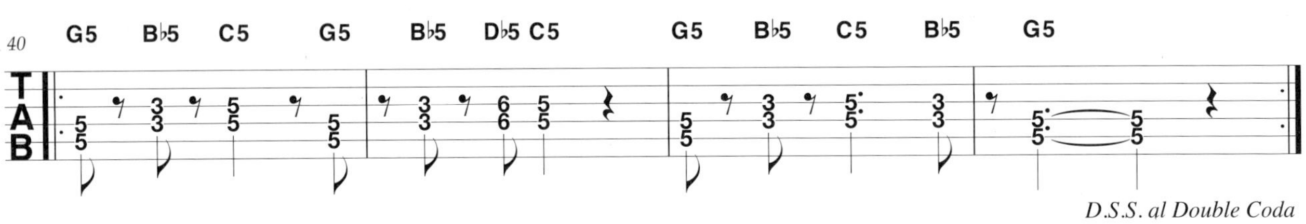
G5 B♭5 C5 G5 B♭5 D♭5 C5 G5 B♭5 C5 B♭5 G5
D.S.S. al Double Coda

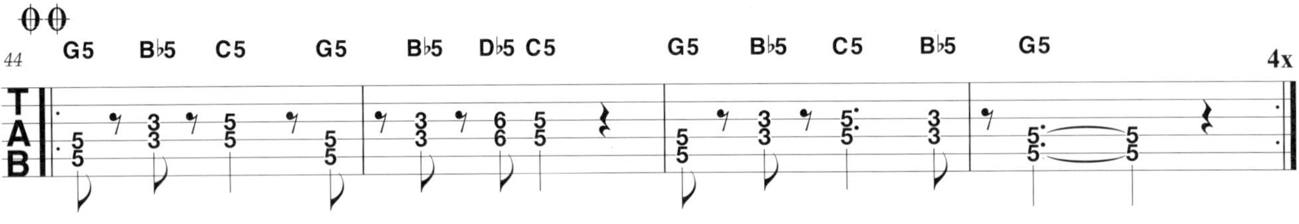
G5 B♭5 C5 G5 B♭5 D♭5 C5 G5 B♭5 C5 B♭5 G5
4x

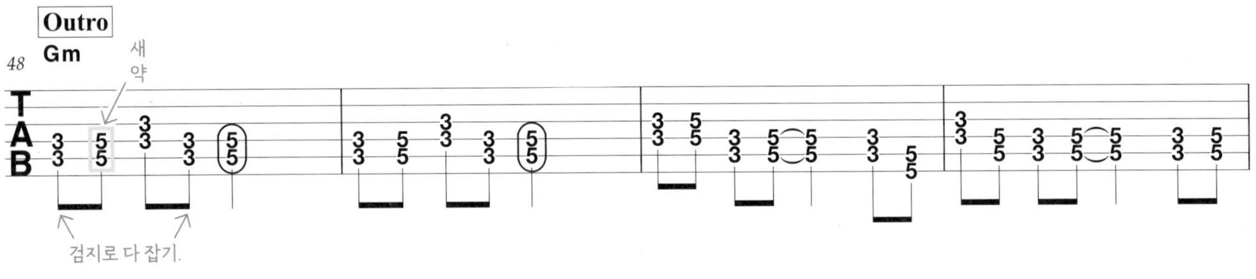
Outro
Gm
새약
검지로 다 잡기.

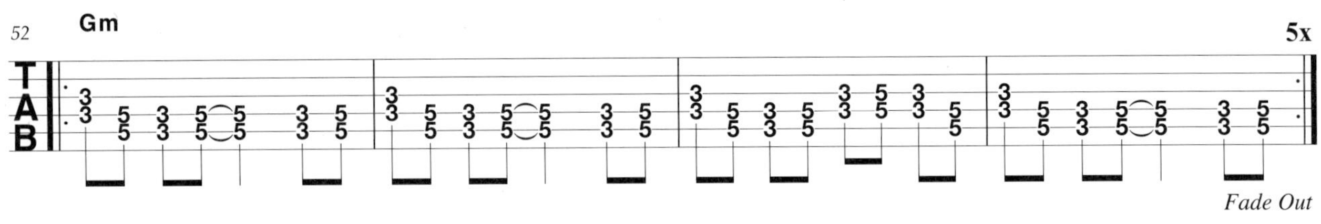
Gm
5x
Fade Out

Eye Of The Tiger

자가자가 하는 초반 리프가 꽤 중요한 곡.

Survivor 노래
Jim Peterik 외 1명 작사·작곡

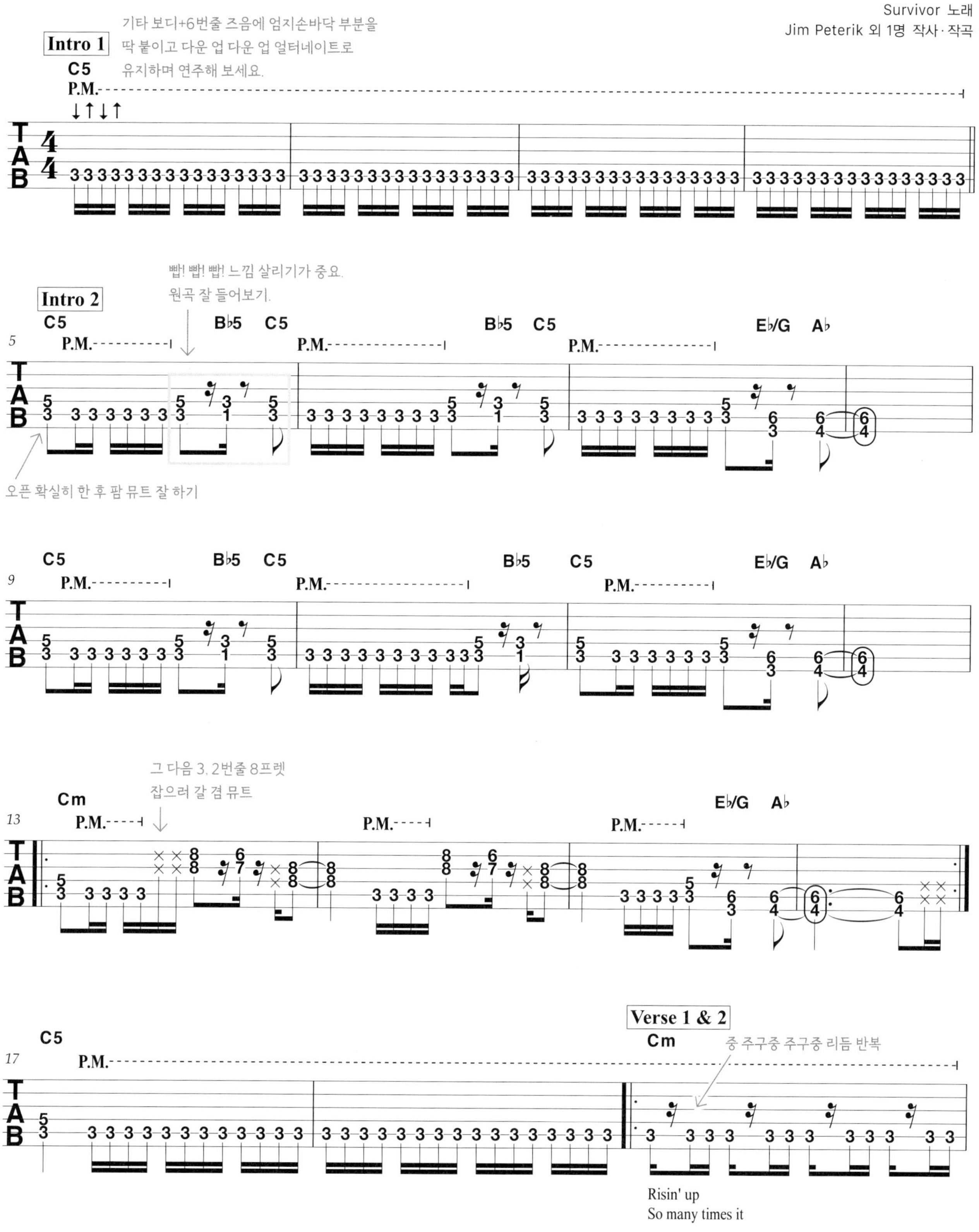

Intro 1

기타 보디+6번줄 즈음에 엄지손바닥 부분을 딱 붙이고 다운 업 다운 업 얼터네이트로 유지하며 연주해 보세요.

C5
P.M.

Intro 2

빱! 빱! 빱! 느낌 살리기가 중요. 원곡 잘 들어보기.

5 C5 B♭5 C5 B♭5 C5 E♭/G A♭

오픈 확실히 한 후 팜 뮤트 잘 하기

9 C5 B♭5 C5 B♭5 C5 E♭/G A♭

그 다음 3, 2번줄 8프렛 잡으러 갈 겸 뮤트

13 Cm E♭/G A♭

17 C5

Verse 1 & 2

Cm

중 주구중 주구중 리듬 반복

Risin' up
So many times it

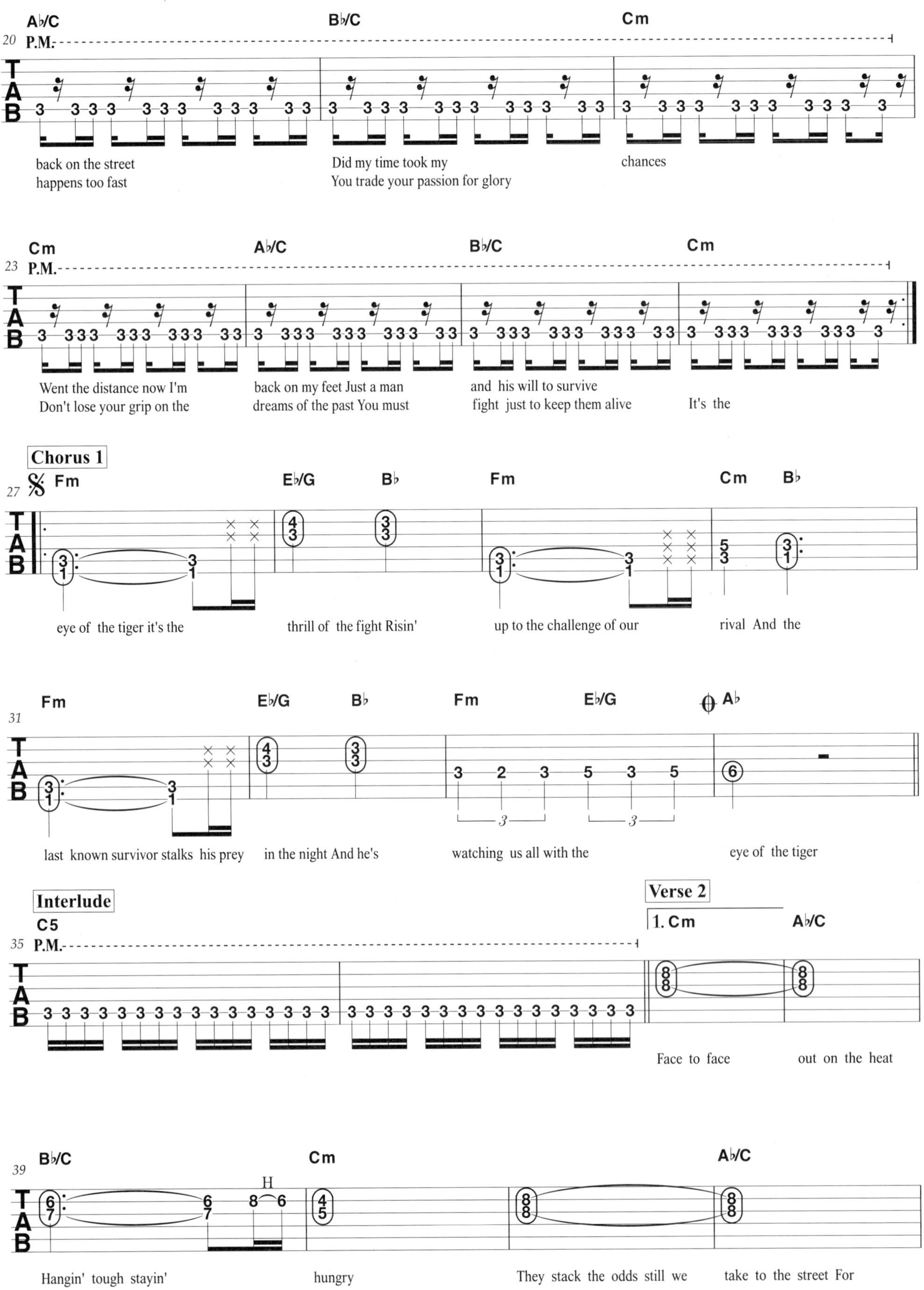
A♭/C
B♭/C
Cm
20 P.M.
back on the street
happens too fast
Did my time took my
You trade your passion for glory
chances
Cm
A♭/C
B♭/C
Cm
23 P.M.
Went the distance now I'm
Don't lose your grip on the
back on my feet Just a man
dreams of the past You must
and his will to survive
fight just to keep them alive
It's the
Chorus 1
27 Fm
E♭/G
B♭
Fm
Cm
B♭
eye of the tiger it's the
thrill of the fight Risin'
up to the challenge of our
rival And the
31 Fm
E♭/G
B♭
Fm
E♭/G
A♭
last known survivor stalks his prey
in the night And he's
watching us all with the
eye of the tiger
Interlude
C5
35 P.M.
Verse 2
1. Cm
A♭/C
Face to face
out on the heat
39 B♭/C
Cm
A♭/C
Hangin' tough stayin'
hungry
They stack the odds still we
take to the street For

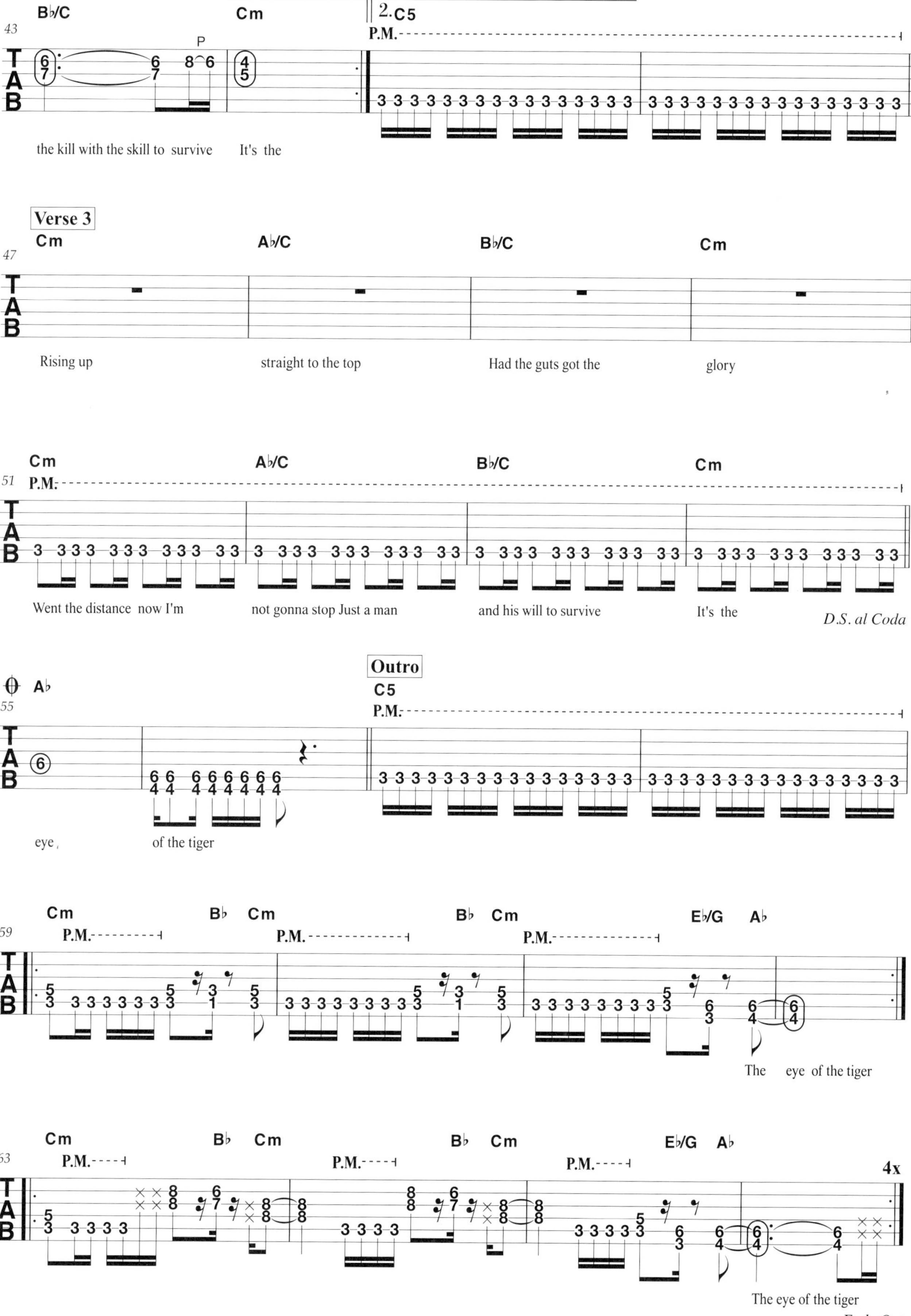

B♭/C
Cm
2. C5
P.M.
the kill with the skill to survive
It's the
Verse 3
Cm
A♭/C
B♭/C
Cm
Rising up
straight to the top
Had the guts got the
glory
Cm
A♭/C
B♭/C
Cm
P.M.
Went the distance now I'm
not gonna stop Just a man
and his will to survive
It's the
D.S. al Coda
A♭
Outro
C5
P.M.
eye,
of the tiger
Cm
B♭
Cm
B♭
Cm
E♭/G
A♭
P.M.
The eye of the tiger
Cm
B♭
Cm
B♭
Cm
E♭/G
A♭
P.M.
4x
The eye of the tiger
Fade Out

Smells Like Teen Spirit

파워코드 하면 빼놓을 수 없는 고전 명곡 중 한 곡.
연주만 해도 굉장히 에너지가 넘치는 기분이 드는 곡입니다.

Nirvana 노래
David Eric Grohl 외 2명 작사·작곡

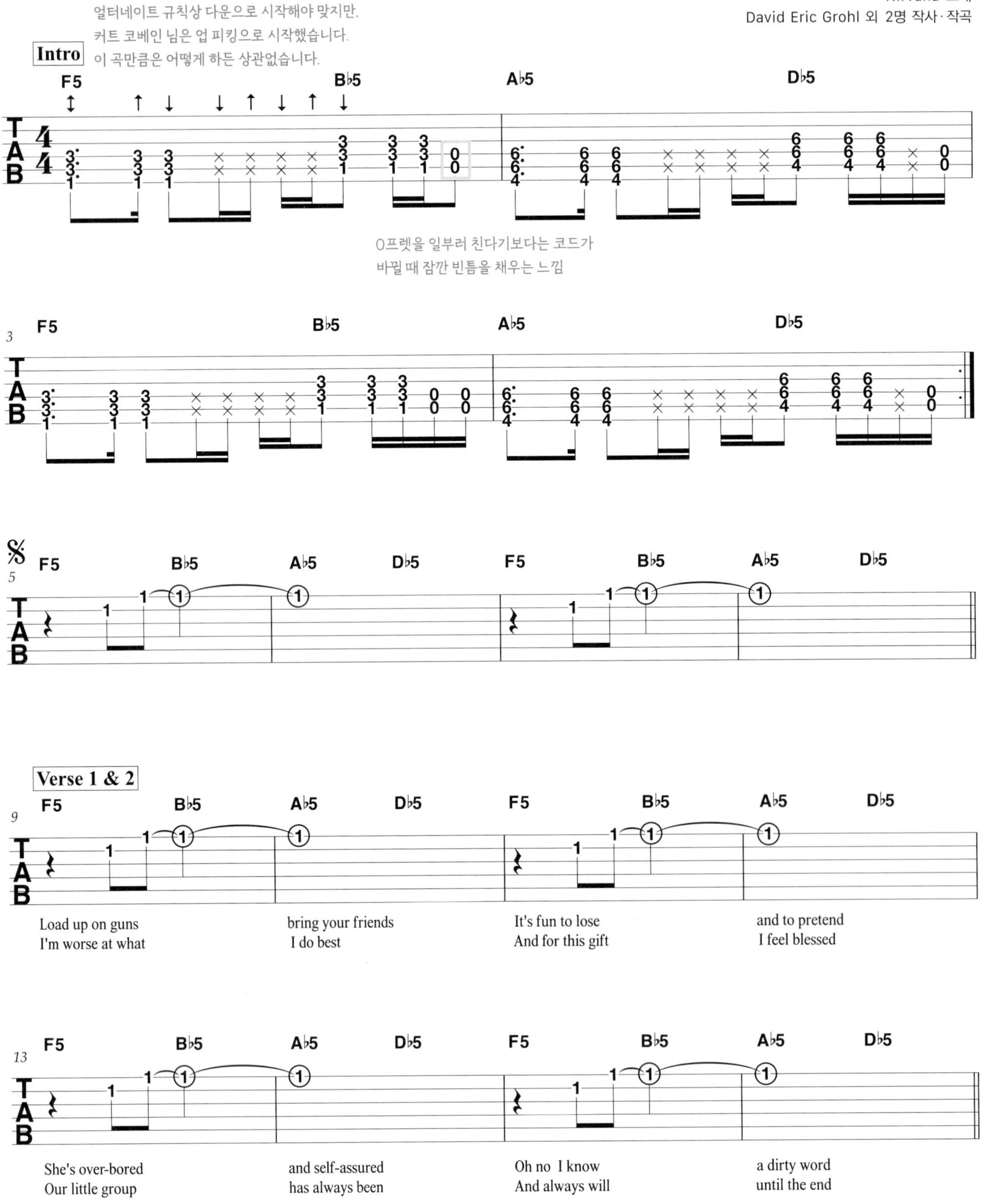

얼터네이트 규칙상 다운으로 시작해야 맞지만,
커트 코베인 님은 업 피킹으로 시작했습니다.
이 곡만큼은 어떻게 하든 상관없습니다.

Intro

F5 B♭5 A♭5 D♭5

0프렛을 일부러 친다기보다는 코드가
바뀔 때 잠깐 빈틈을 채우는 느낌

3 F5 B♭5 A♭5 D♭5

5 F5 B♭5 A♭5 D♭5 F5 B♭5 A♭5 D♭5

Verse 1 & 2

9 F5 B♭5 A♭5 D♭5 F5 B♭5 A♭5 D♭5

Load up on guns / bring your friends / It's fun to lose / and to pretend
I'm worse at what / I do best / And for this gift / I feel blessed

13 F5 B♭5 A♭5 D♭5 F5 B♭5 A♭5 D♭5

She's over-bored / and self-assured / Oh no I know / a dirty word
Our little group / has always been / And always will / until the end

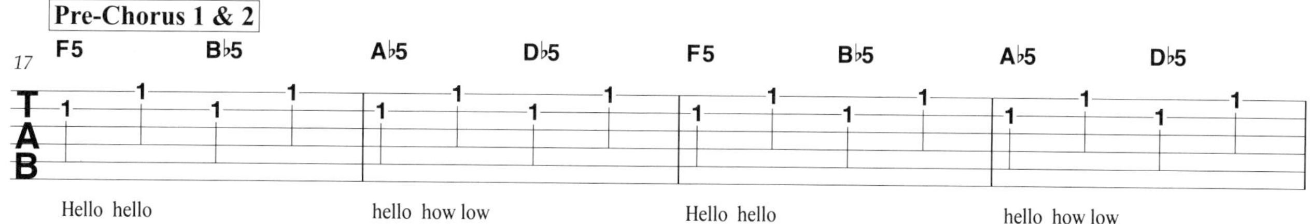
Pre-Chorus 1 & 2
17
F5
B♭5
A♭5
D♭5
Hello hello
hello how low
Hello hello
hello how low

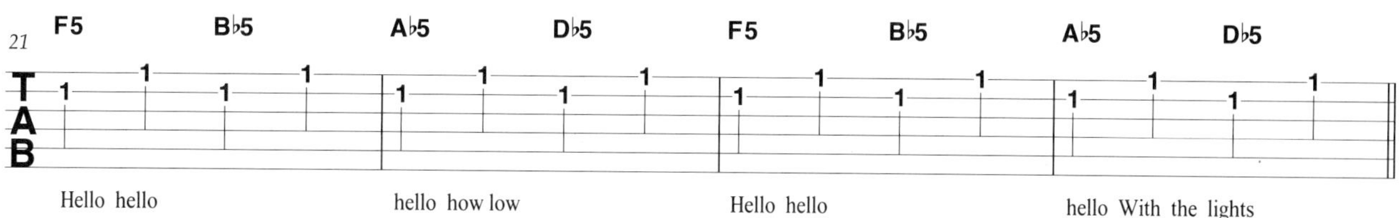
21
F5
B♭5
A♭5
D♭5
Hello hello
hello how low
Hello hello
hello With the lights

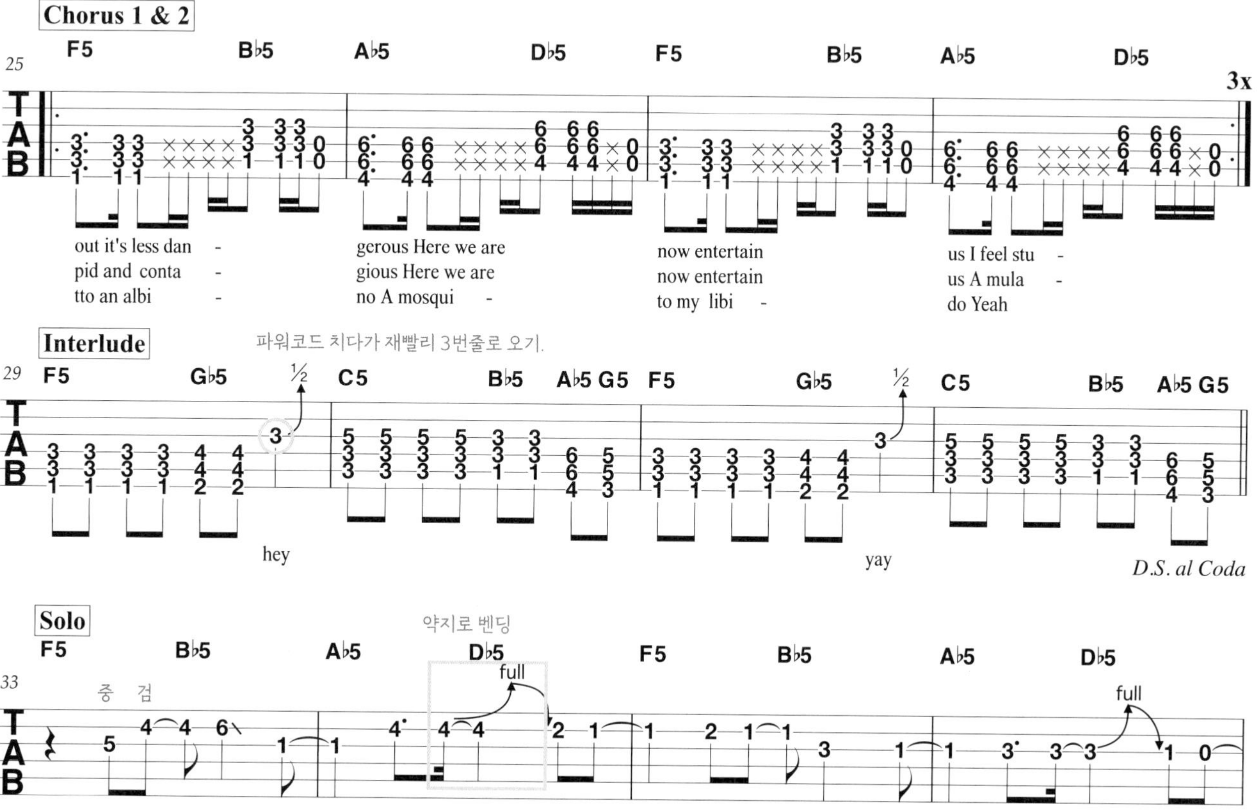
Chorus 1 & 2
25
3x
out it's less dan -
pid and conta -
tto an albi -
gerous Here we are
gious Here we are
no A mosqui -
now entertain
now entertain
to my libi -
us I feel stu -
us A mula -
do Yeah
Interlude
파워코드 치다가 재빨리 3번줄로 오기.
29
F5
G♭5
C5
A♭5 G5
hey
yay
D.S. al Coda
Solo
약지로 벤딩
33
중 검
full

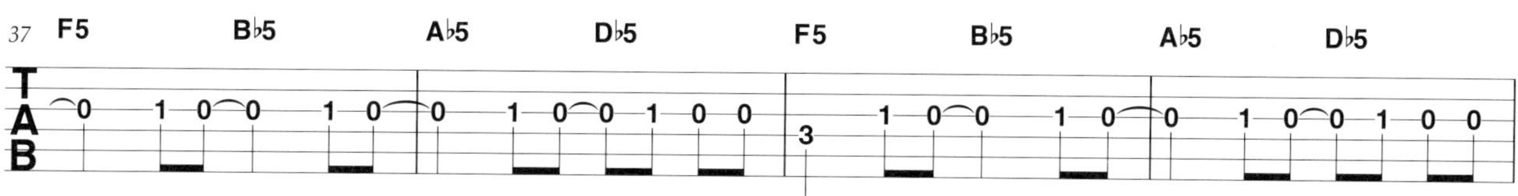
37
F5
B♭5
A♭5
D♭5

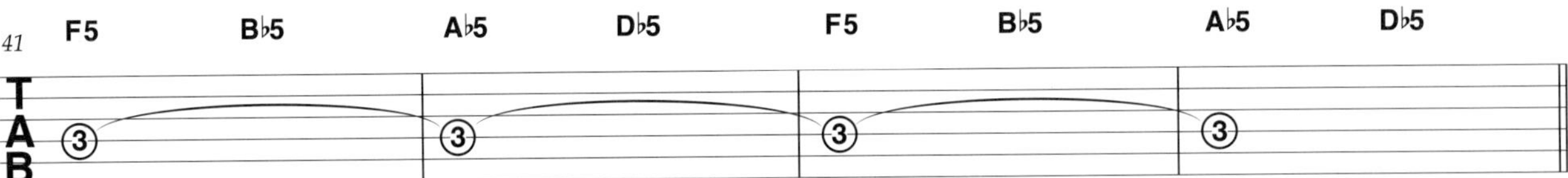
41
F5 B♭5 A♭5 D♭5 F5 B♭5 A♭5 D♭5
TAB

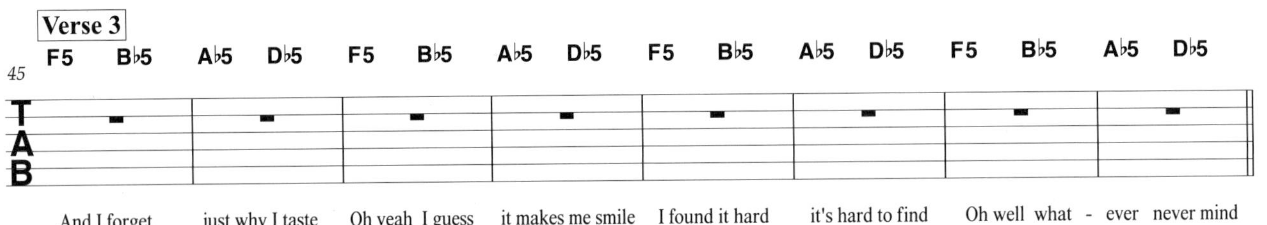
Verse 3
45
F5 B♭5 A♭5 D♭5 F5 B♭5 A♭5 D♭5 F5 B♭5 A♭5 D♭5 F5 B♭5 A♭5 D♭5
TAB
And I forget
just why I taste
Oh yeah I guess
it makes me smile
I found it hard
it's hard to find
Oh well what - ever never mind

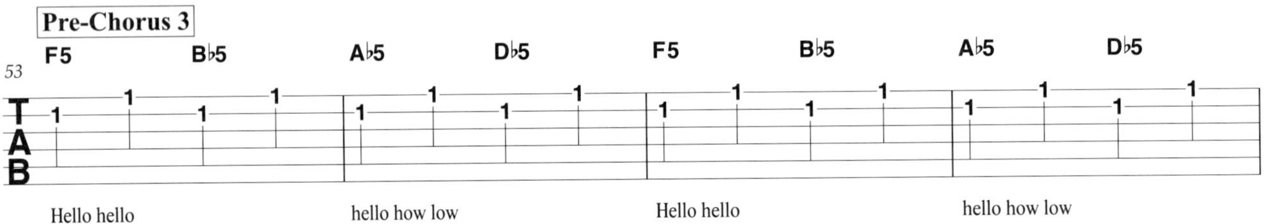
Pre-Chorus 3
53
F5 B♭5 A♭5 D♭5 F5 B♭5 A♭5 D♭5
TAB
Hello hello
hello how low
Hello hello
hello how low

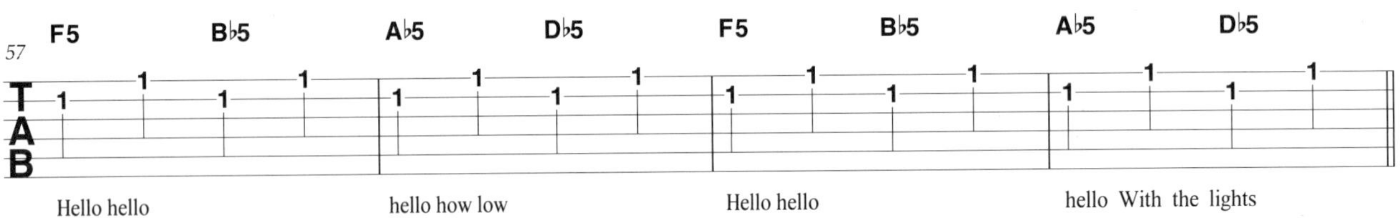
57
F5 B♭5 A♭5 D♭5 F5 B♭5 A♭5 D♭5
TAB
Hello hello
hello how low
Hello hello
hello With the lights

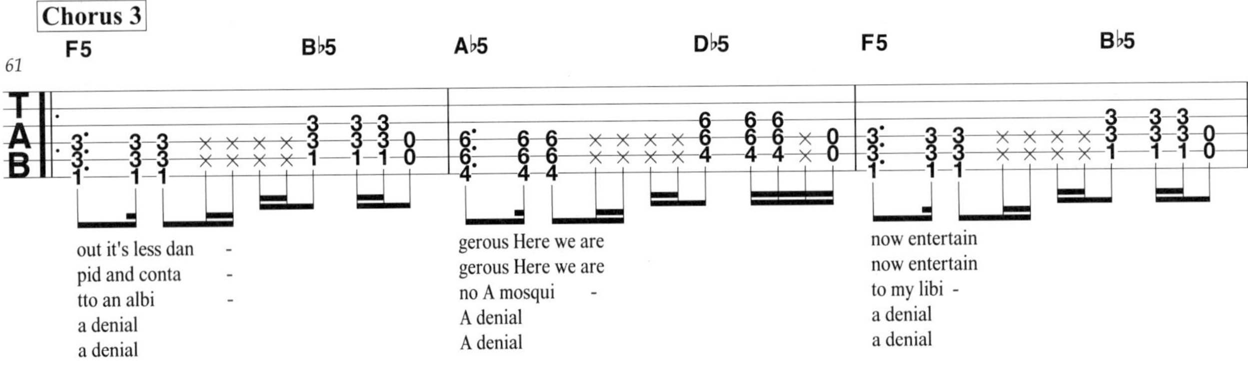
Chorus 3
61
F5 B♭5 A♭5 D♭5 F5 B♭5
TAB
out it's less dan -
pid and conta -
tto an albi -
a denial
a denial
gerous Here we are
gerous Here we are
no A mosqui -
A denial
A denial
now entertain
now entertain
to my libi -
a denial
a denial

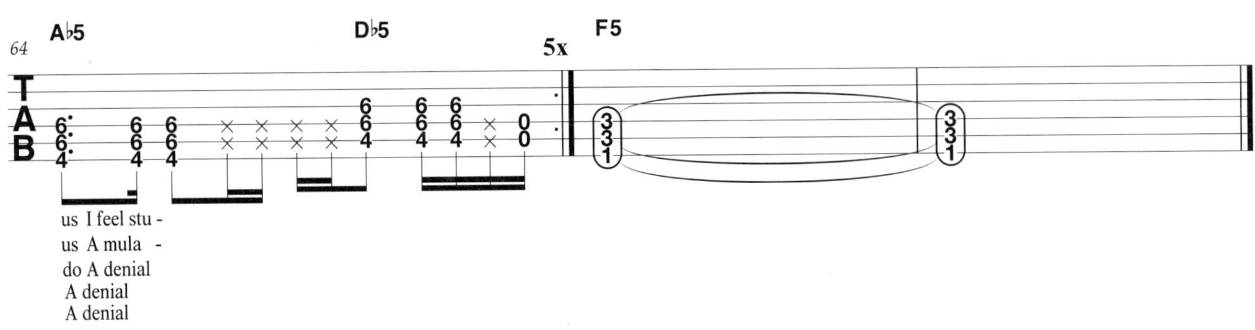
64
A♭5 D♭5 F5
5x
TAB
us I feel stu -
us A mula -
do A denial
A denial
A denial

Pretender

많은 제이팝 유명한 입문 곡 중 하나! 첫 리프가 이 노래의 본체일 정도로 중요한 곡. 리프 한 마디를 편해질 때까지 계속 돌려보는 게 중요합니다.

Half Down Tuning
① = E♭ ④ = D♭
② = B♭ ⑤ = A♭
③ = G♭ ⑥ = E♭

OFFICIAL HIGE DANDISM 노래
Fujihara Satoshi 작사·작곡

풀링 오프라고 해서 빨리만 하기보다는 정확한 음 길이를 지켜서 연주(16분음표 길이만큼)

치지 않는 부분 헛피킹으로 얼터네이트 피킹 유지! 그래야 박자가 잘 지켜집니다.

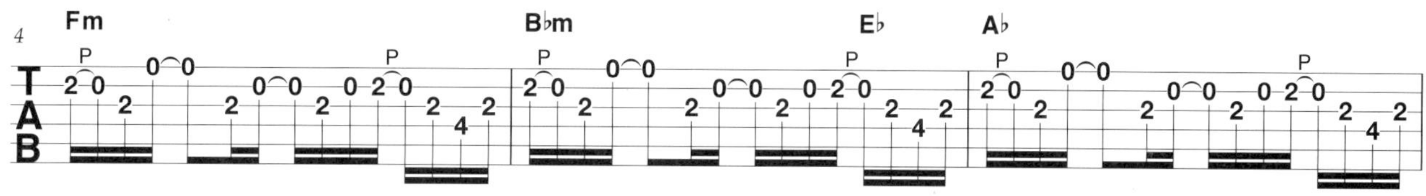

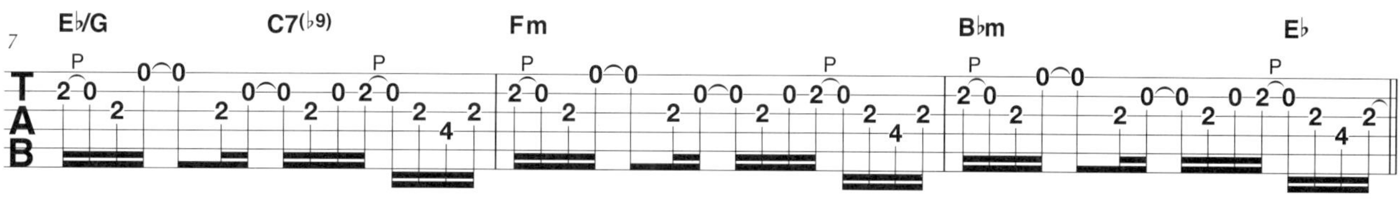

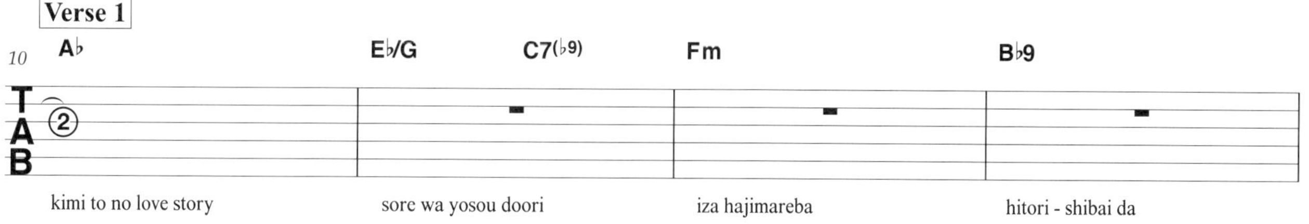

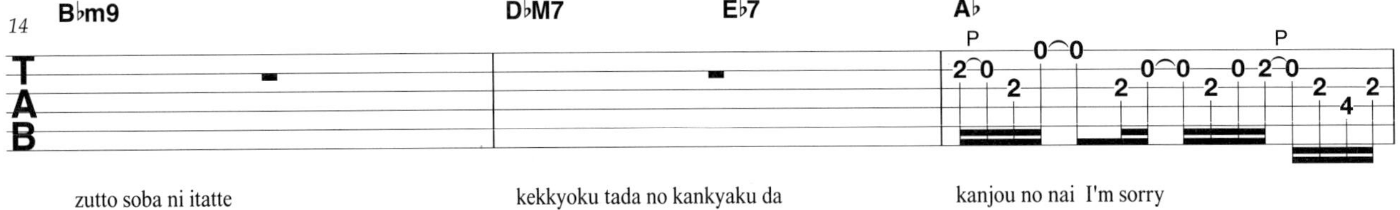
14
B♭m9
D♭M7
E♭7
A♭
zutto soba ni itatte
kekkyoku tada no kankyaku da
kanjou no nai I'm sorry

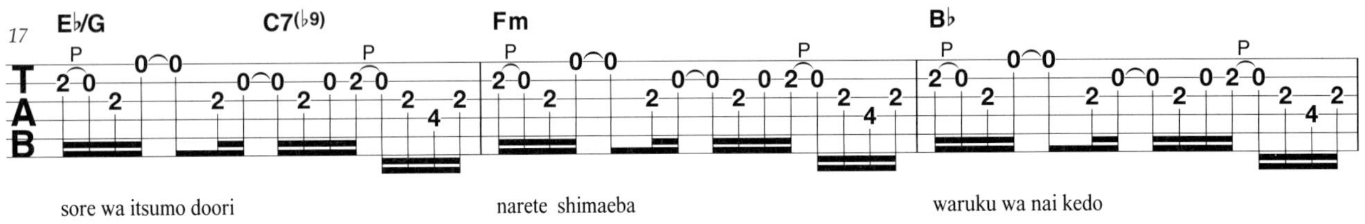
17
E♭/G
C7(♭9)
Fm
B♭
sore wa itsumo doori
narete shimaeba
waruku wa nai kedo

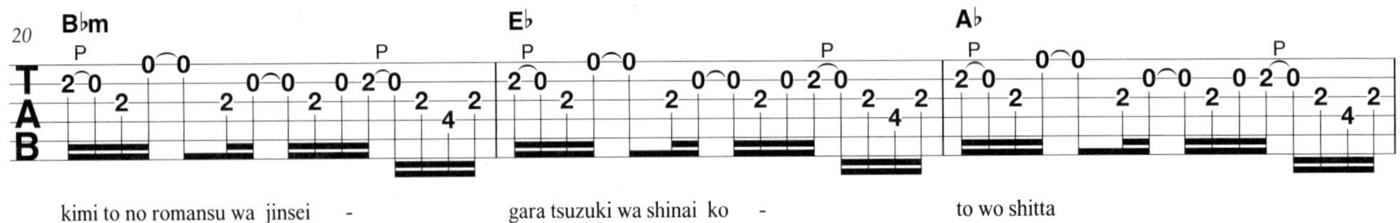
20
B♭m
E♭
A♭
kimi to no romansu wa jinsei -
gara tsuzuki wa shinai ko -
to wo shitta

원곡 많이 들어보면서 쉽표 잘 지키기.
8분음표 단위라 충분히 할만하지만, 엇박이 많습니다.

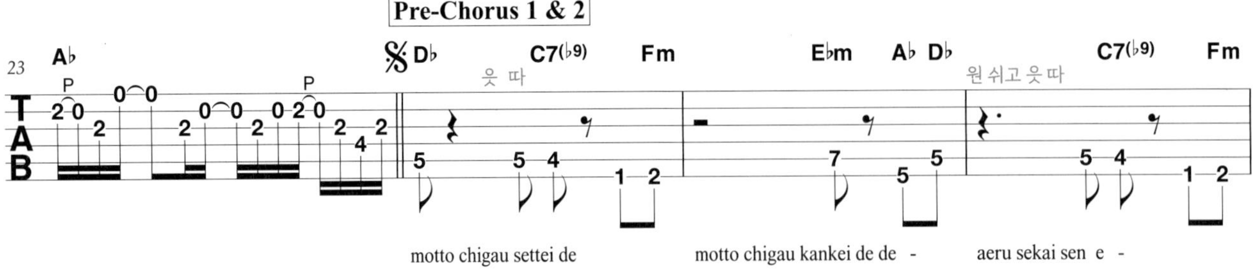
Pre-Chorus 1 & 2
23
A♭
D♭
C7(♭9)
Fm
E♭m
A♭ D♭
C7(♭9)
Fm
웃 따
원 쉬고 웃 따
motto chigau settei de
motto chigau kankei de de -
aeru sekai sen e -

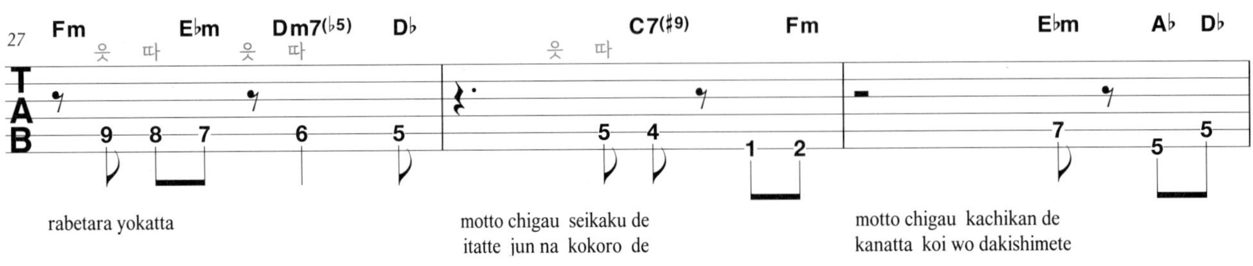
27
Fm
E♭m
Dm7(♭5)
D♭
C7(♯9)
Fm
E♭m
A♭ D♭
웃 따 웃 따
웃 따
rabetara yokatta
motto chigau seikaku de
itatte jun na kokoro de
motto chigau kachikan de
kanatta koi wo dakishimete

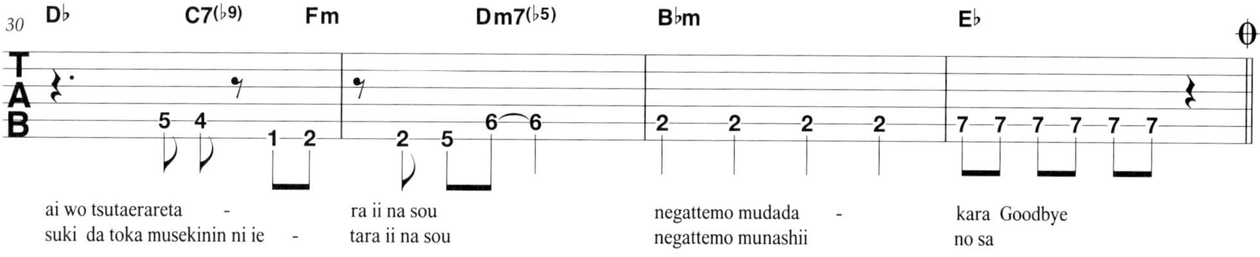
30
D♭
C7(♭9)
Fm
Dm7(♭5)
B♭m
E♭
ai wo tsutaerareta -
suki da toka musekinin ni ie -
ra ii na sou
tara ii na sou
negattemo mudada -
negattemo munashii
kara Goodbye
no sa

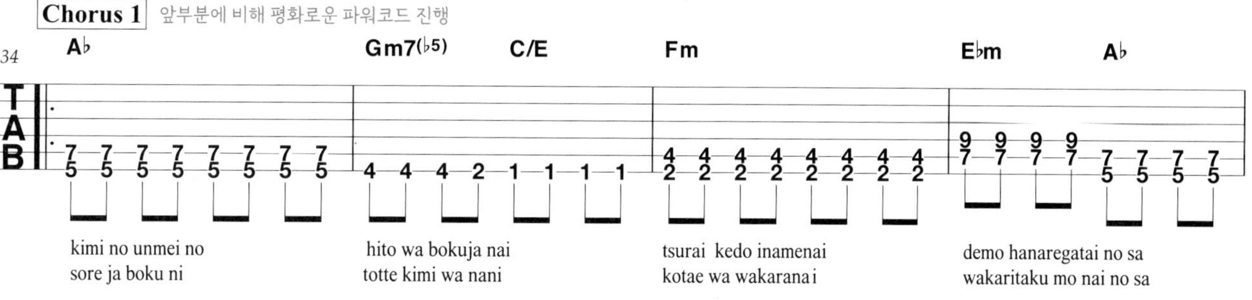
Chorus 1
앞부분에 비해 평화로운 파워코드 진행
34
A♭
Gm7(♭5)
C/E
Fm
E♭m
A♭
kimi no unmei no
sore ja boku ni
hito wa bokuja nai
totte kimi wa nani
tsurai kedo inamenai
kotae wa wakaranai
demo hanaregatai no sa
wakaritaku mo nai no sa

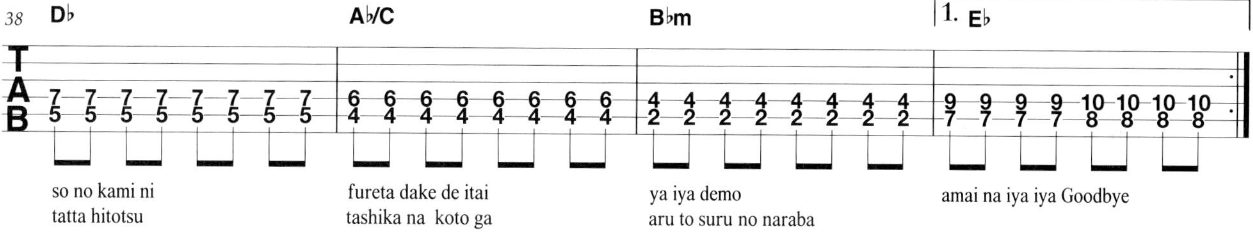
38
D♭
A♭/C
B♭m
1. E♭
so no kami ni
tatta hitotsu
fureta dake de itai
tashika na koto ga
ya iya demo
aru to suru no naraba
amai na iya iya Goodbye

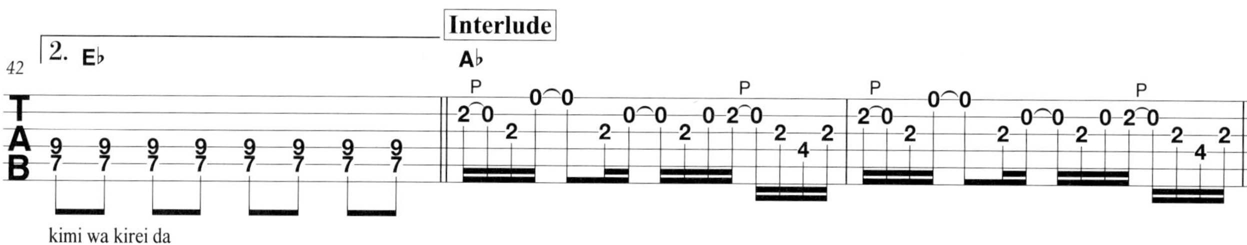
Interlude
42
2. E♭
A♭
kimi wa kirei da

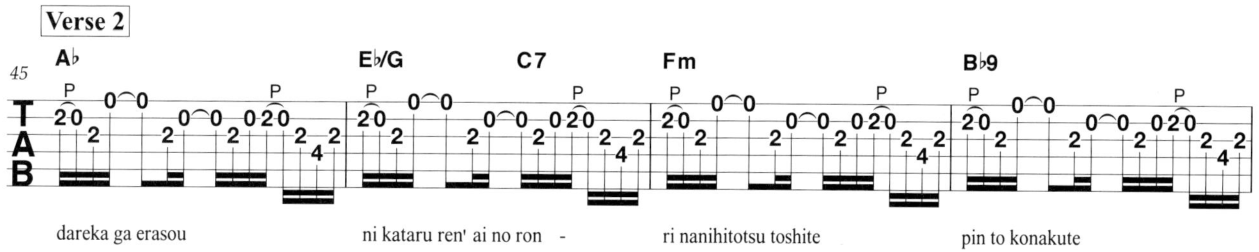
Verse 2
45
A♭
E♭/G
C7
Fm
B♭9
dareka ga erasou
ni kataru ren' ai no ron -
ri nanihitotsu toshite
pin to konakute

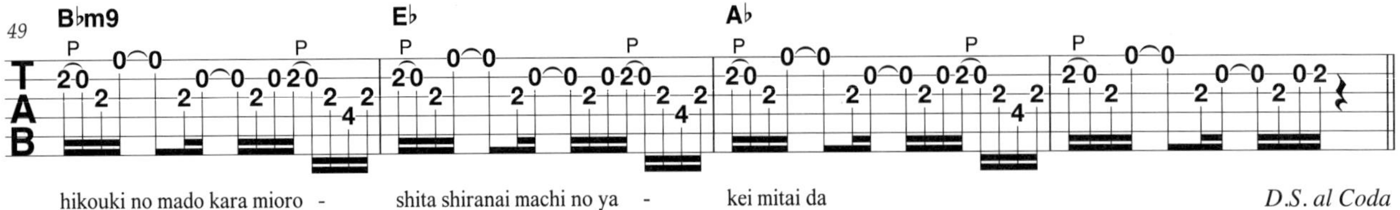
49
B♭m9
E♭
A♭
hikouki no mado kara mioro -
shita shiranai machi no ya -
kei mitai da
D.S. al Coda

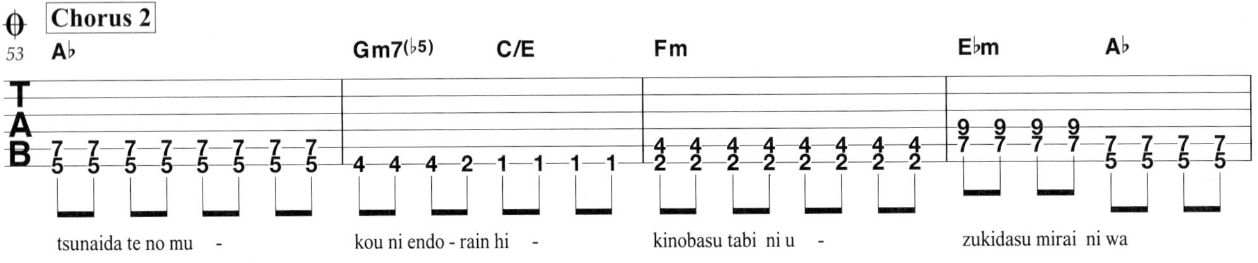
Chorus 2
53
A♭
Gm7(♭5)
C/E
Fm
E♭m
A♭
tsunaida te no mu -
kou ni endo - rain hi -
kinobasu tabi ni u -
zukidasu mirai ni wa

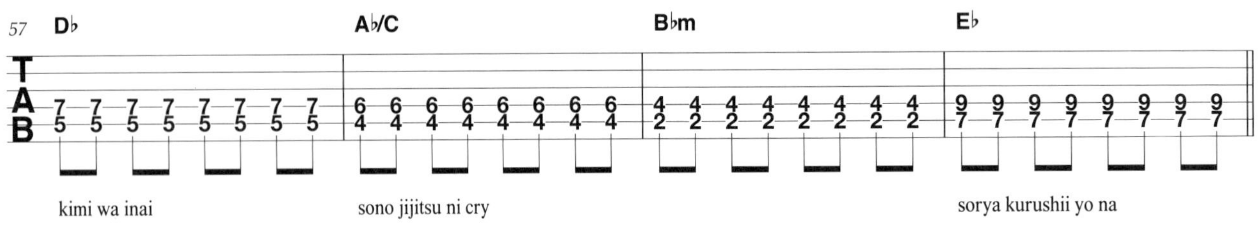
57
D♭
A♭/C
B♭m
E♭
kimi wa inai
sono jijitsu ni cry
sorya kurushii yo na

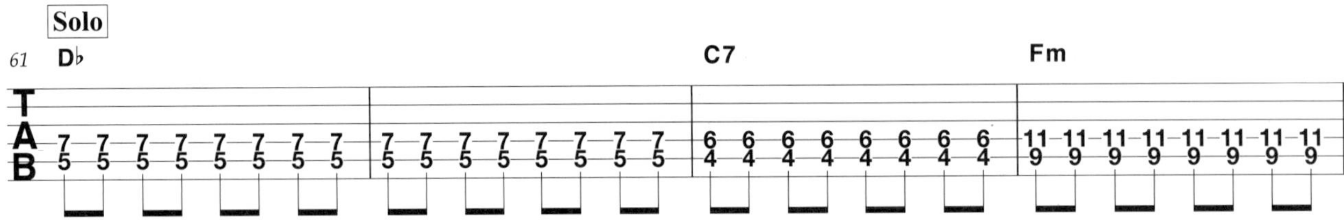
Solo
61
D♭
C7
Fm

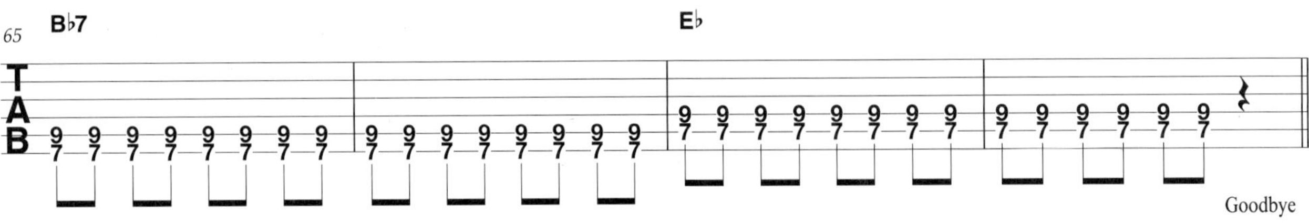
65
B♭7
E♭
Goodbye

Chorus 3

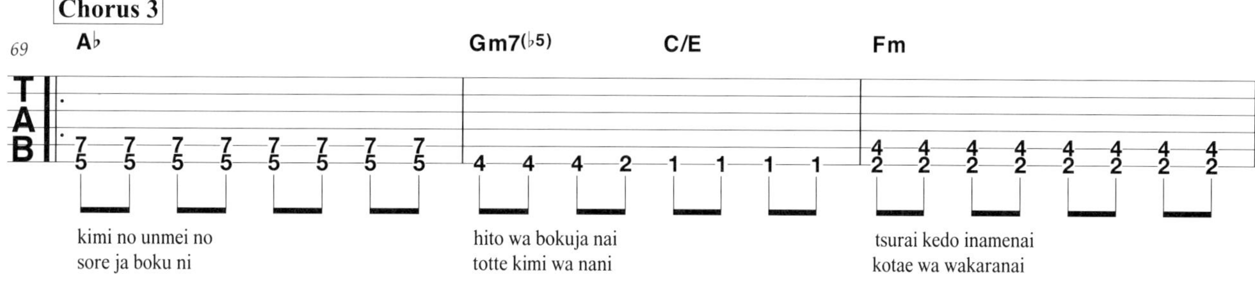
69
A♭
Gm7(♭5)
C/E
Fm
kimi no unmei no
sore ja boku ni
hito wa bokuja nai
totte kimi wa nani
tsurai kedo inamenai
kotae wa wakaranai

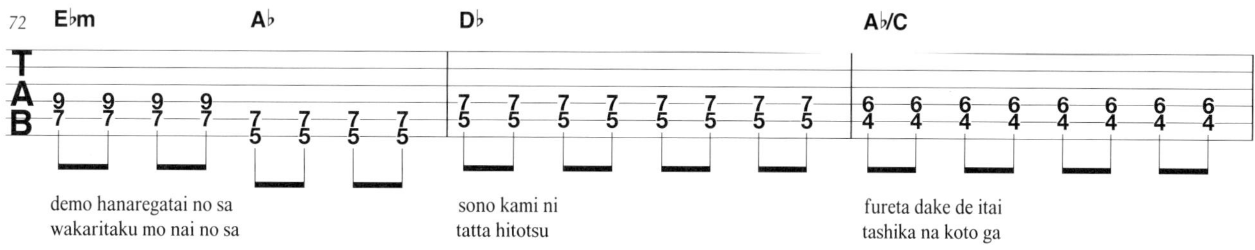
72
E♭m
A♭
D♭
A♭/C
demo hanaregatai no sa
wakaritaku mo nai no sa
sono kami ni
tatta hitotsu
fureta dake de itai
tashika na koto ga

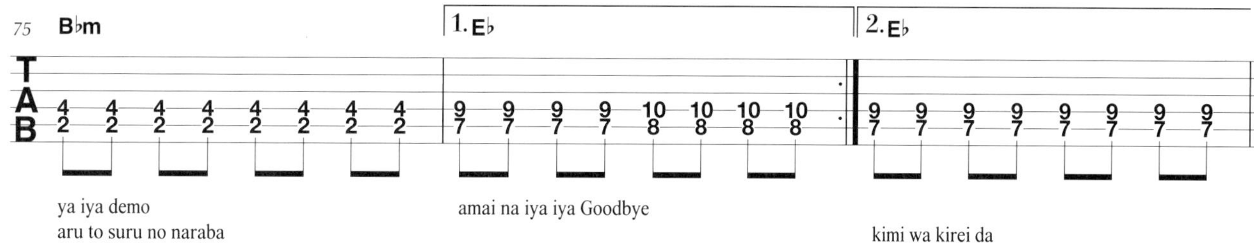
75
B♭m
1. E♭
2. E♭
ya iya demo
aru to suru no naraba
amai na iya iya Goodbye
kimi wa kirei da

Chorus 3'

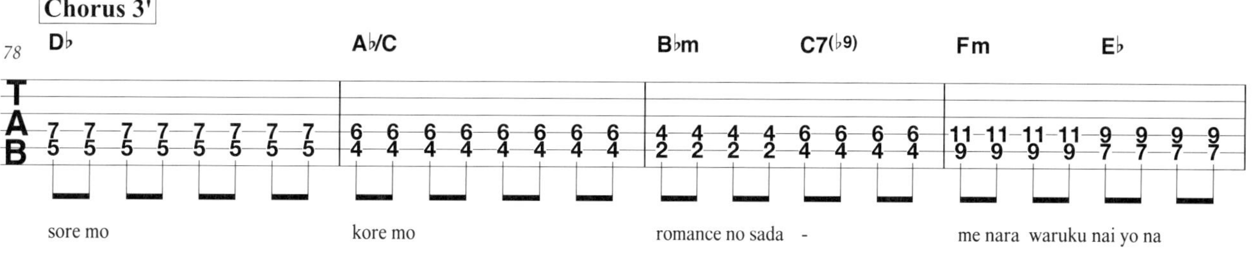
78
D♭
A♭/C
B♭m
C7(♭9)
Fm
E♭
sore mo
kore mo
romance no sada -
me nara waruku nai yo na

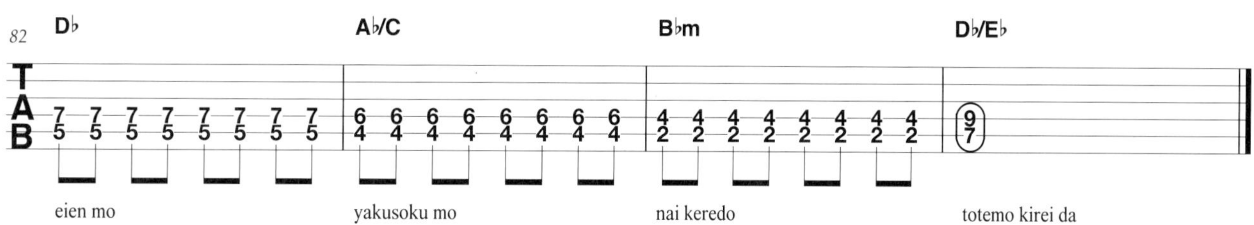
82
D♭
A♭/C
B♭m
D♭/E♭
eien mo
yakusoku mo
nai keredo
totemo kirei da

Holiday

이 노래는 셔플 느낌이 나와줘야 합니다. 원곡을 많이 들으면서
그 리듬감에 익숙해 집시다. 장~가 장~가 느낌!

Greenday 노래
Tré Cool 외 2명 작사·작곡

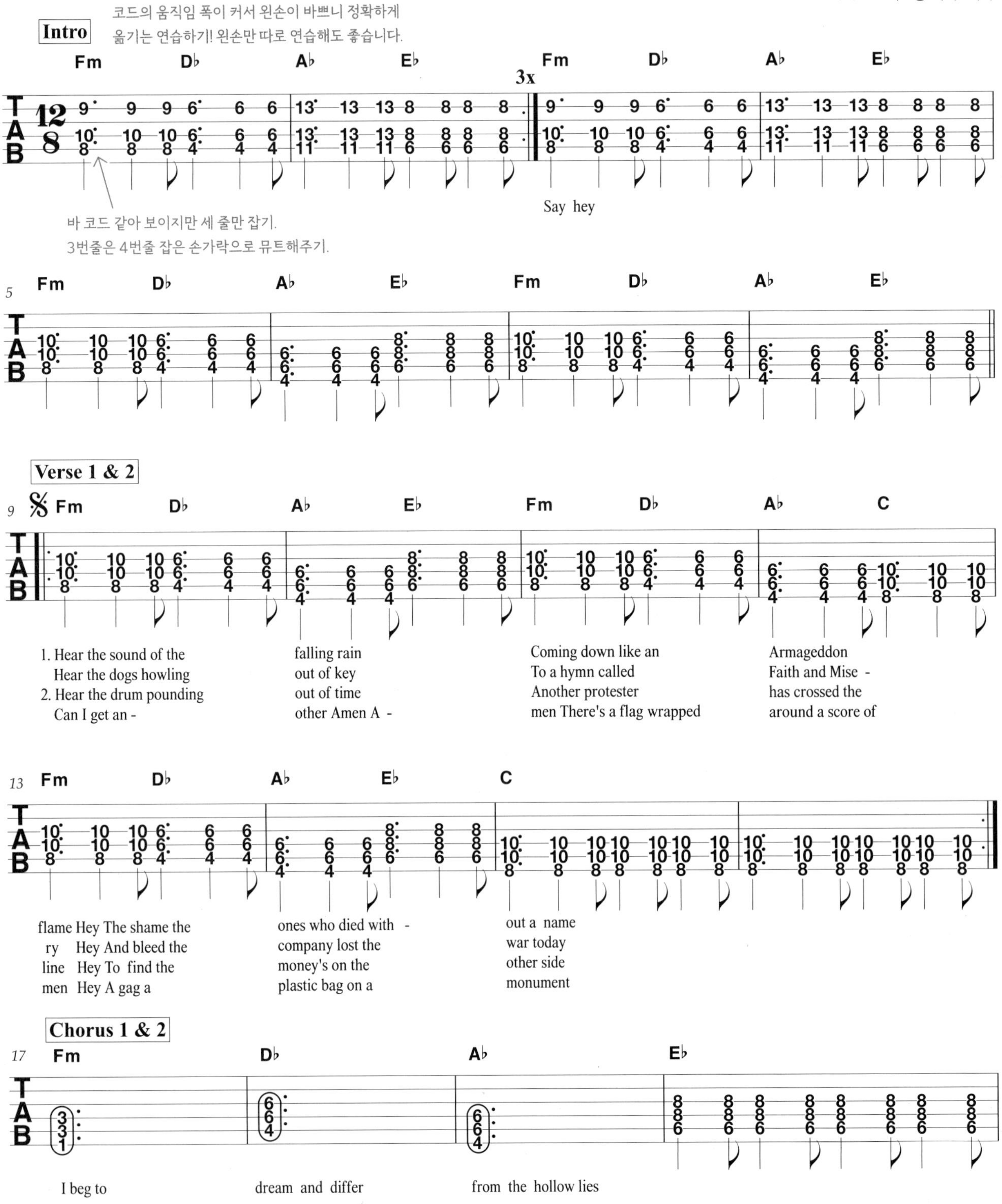

Intro

코드의 움직임 폭이 커서 왼손이 바쁘니 정확하게 옮기는 연습하기! 왼손만 따로 연습해도 좋습니다.

Fm D♭ A♭ E♭ (3x) Fm D♭ A♭ E♭

12/8

Say hey

바 코드 같아 보이지만 세 줄만 잡기.
3번줄은 4번줄 잡은 손가락으로 뮤트해주기.

5 Fm D♭ A♭ E♭ Fm D♭ A♭ E♭

Verse 1 & 2

9 Fm D♭ A♭ E♭ Fm D♭ A♭ C

1. Hear the sound of the | falling rain | Coming down like an | Armageddon
Hear the dogs howling | out of key | To a hymn called | Faith and Mise -
2. Hear the drum pounding | out of time | Another protester | has crossed the
Can I get an - | other Amen A - | men There's a flag wrapped | around a score of

13 Fm D♭ A♭ E♭ C

flame Hey The shame the | ones who died with - | out a name
ry Hey And bleed the | company lost the | war today
line Hey To find the | money's on the | other side
men Hey A gag a | plastic bag on a | monument

Chorus 1 & 2

17 Fm D♭ A♭ E♭

I beg to | dream and differ | from the hollow lies

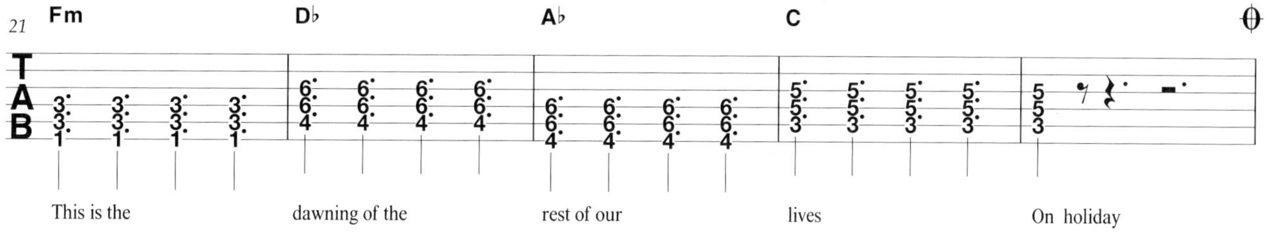

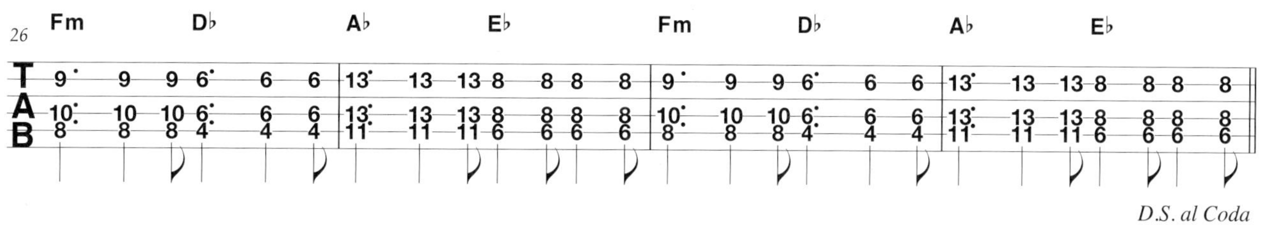

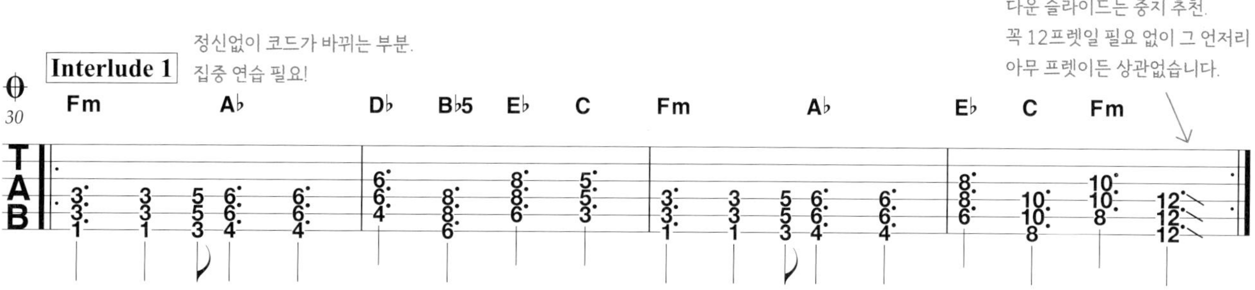

솔로할 때 역시 셔플 느낌을 내는 게 쉽지 않습니다.
(피킹도 얼터네이트+셔플이어야 하므로)
셔플 엇박에 업 피킹 주의! 원래는 다운 피킹 해야 할
빈 공간의 타이밍에도 헛피킹

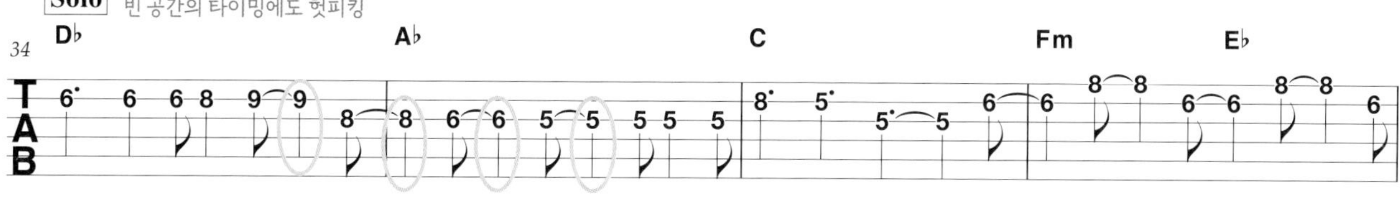

( ) = 헛피킹(다운 피킹) 타이밍

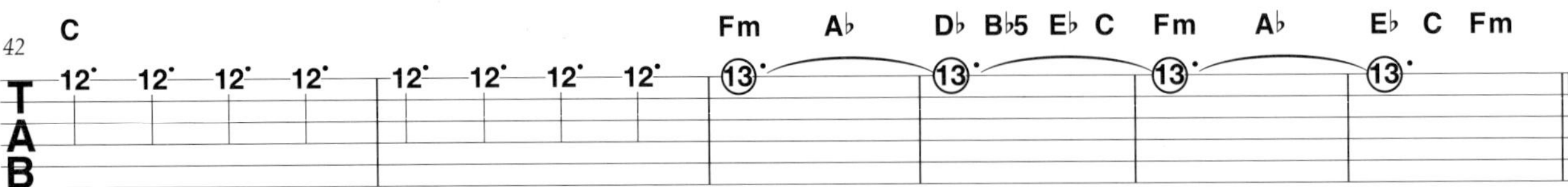
42
C
Fm Ab Db Bb5 Eb C Fm Ab Eb C Fm
T
A
B
12 12 12 12 12 12 12 12
13 13 13 13

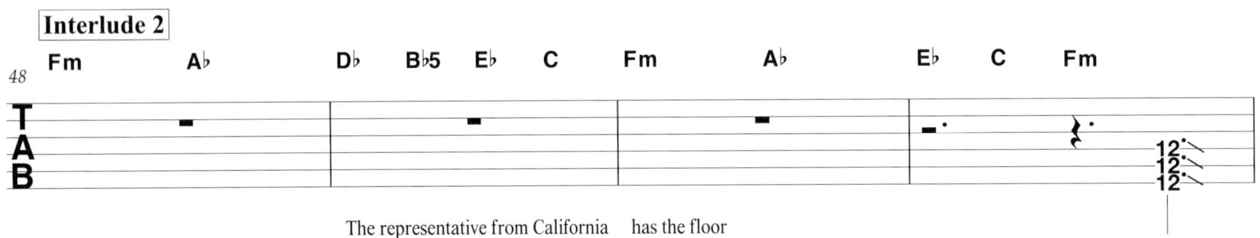
Interlude 2
48
Fm Ab Db Bb5 Eb C Fm Ab Eb C Fm
T
A
B
12
12
12
The representative from California has the floor

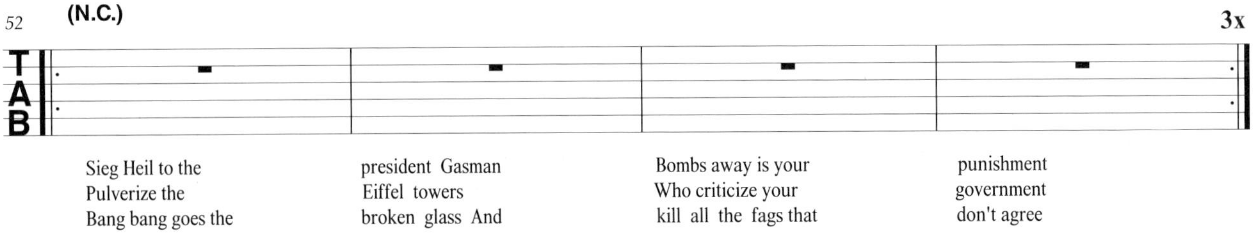
52
(N.C.)
3x
T
A
B
Sieg Heil to the
Pulverize the
Bang bang goes the
president Gasman
Eiffel towers
broken glass And
Bombs away is your
Who criticize your
kill all the fags that
punishment
government
don't agree

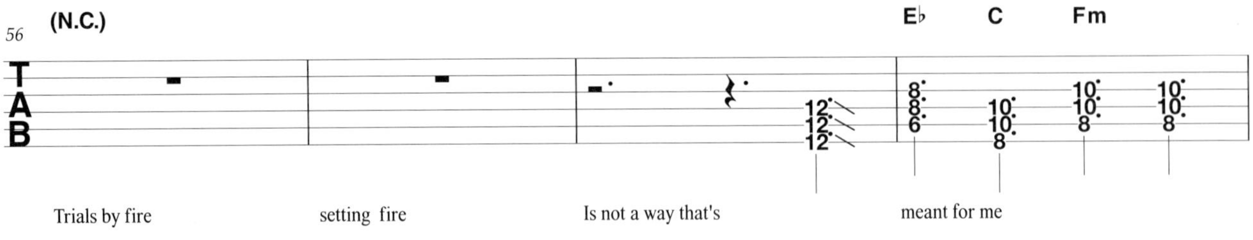
56
(N.C.)
Eb C Fm
T
A
B
12
12
12
8
8
6
10
10
8
10
10
8
10
10
8
Trials by fire
setting fire
Is not a way that's
meant for me

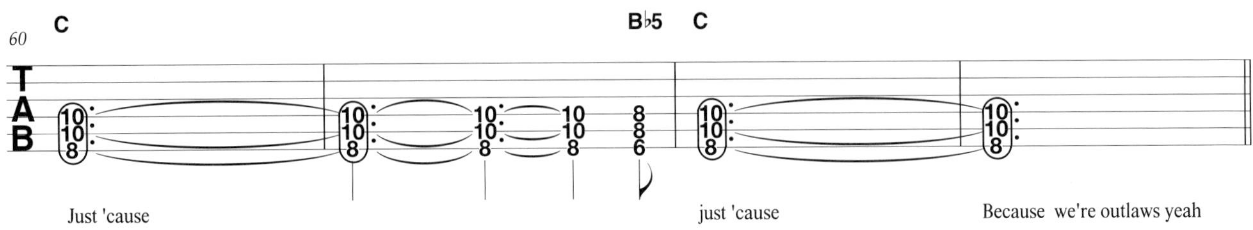
60
C
Bb5 C
T
A
B
10
10
8
10
10
8
10
10
8
10
10
8
8
8
6
10
10
8
10
10
8
Just 'cause
just 'cause
Because we're outlaws yeah

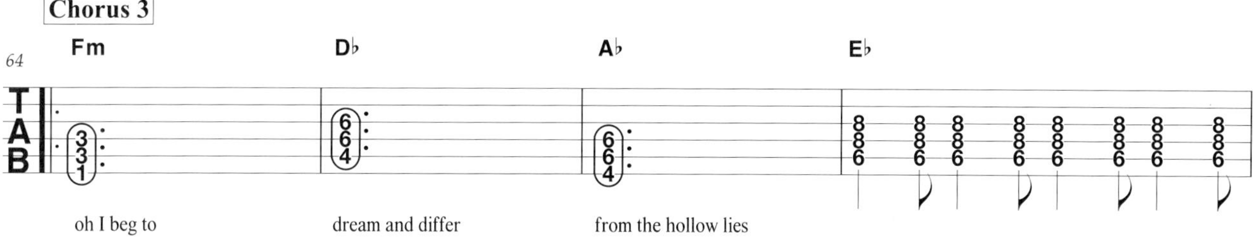
Chorus 3
Fm
D♭
A♭
E♭
oh I beg to
dream and differ
from the hollow lies

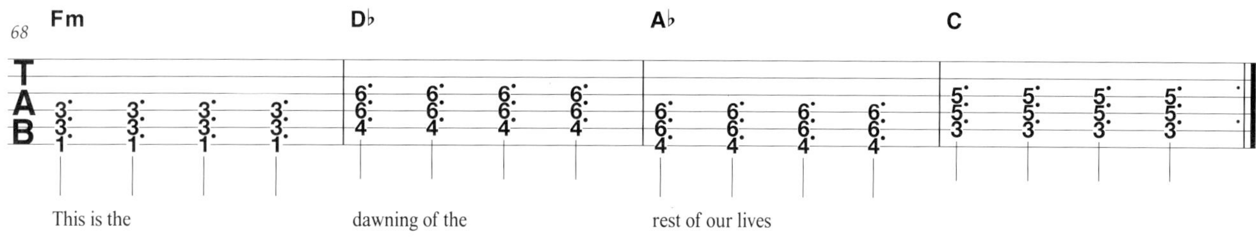
Fm
D♭
A♭
C
This is the
dawning of the
rest of our lives

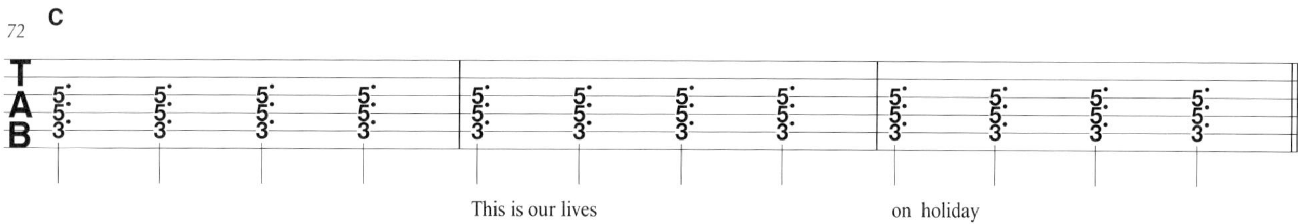
C
This is our lives
on holiday

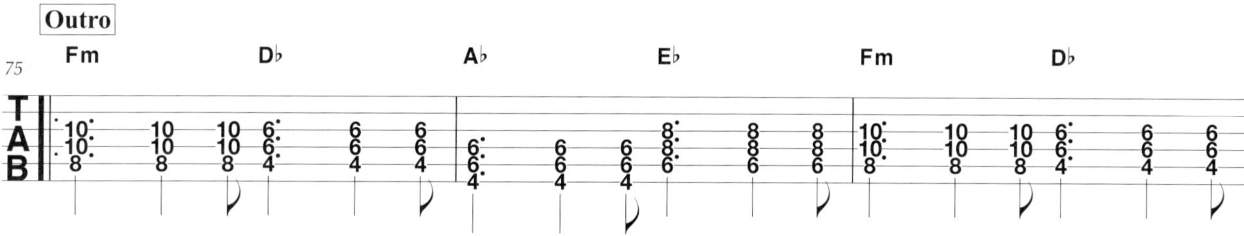
Outro
Fm
D♭
A♭
E♭
Fm
D♭

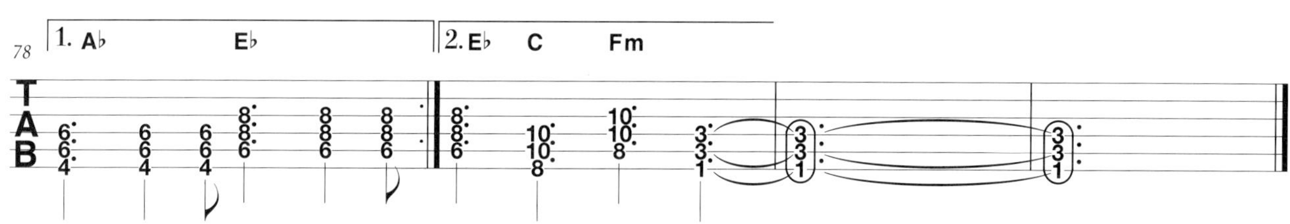
1. A♭
E♭
2. E♭
C
Fm

Welcome to the Show

벅차오르는 느낌을 주는 밴드 음악을 좋아하는데,
데이식스 노래 중 이 곡이 그런 느낌이라 골라보았습니다!

DAY6 노래
Young K 작사
Young K 외 3명 작곡

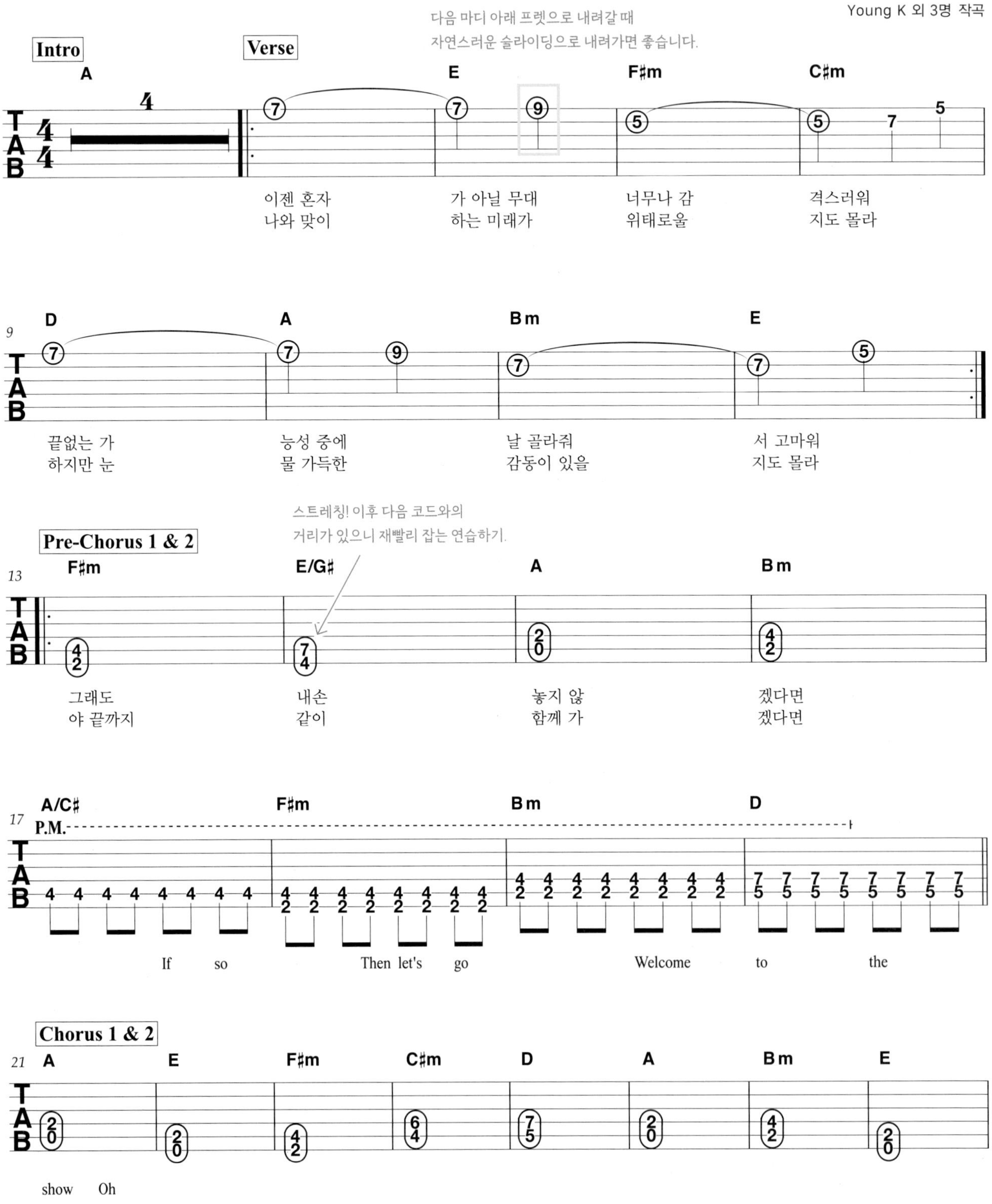

다음 마디 아래 프렛으로 내려갈 때
자연스러운 슬라이딩으로 내려가면 좋습니다.

Intro A

Verse E F♯m C♯m

이젠 혼자 / 가 아닐 무대 / 너무나 감 / 격스러워
나와 맞이 / 하는 미래가 / 위태로울 / 지도 몰라

D A Bm E

끝없는 가 / 능성 중에 / 날 골라줘 / 서 고마워
하지만 눈 / 물 가득한 / 감동이 있을 / 지도 몰라

스트레칭! 이후 다음 코드와의
거리가 있으니 재빨리 잡는 연습하기.

Pre-Chorus 1 & 2 F♯m E/G♯ A Bm

그래도 / 내손 / 놓지 않 / 겠다면
야 끝까지 / 같이 / 함께 가 / 겠다면

A/C♯ F♯m Bm D
P.M.

If so Then let's go Welcome to the

Chorus 1 & 2 A E F♯m C♯m D A Bm E

show Oh

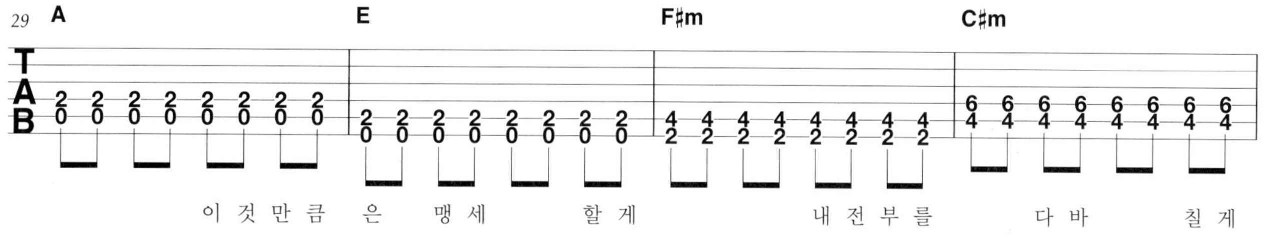
29
A
E
F♯m
C♯m
이 것 만 큼 은 맹 세 할 게 내 전 부 를 다 바 칠 게

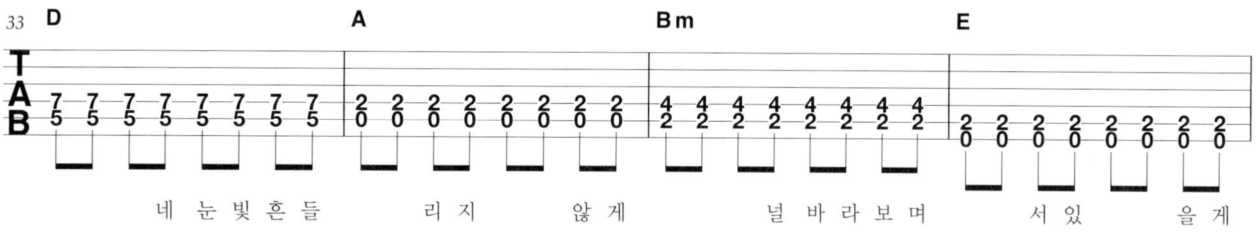
33
D
A
Bm
E
네 눈 빛 흔 들 리 지 않 게 널 바 라 보 며 서 있 을 게

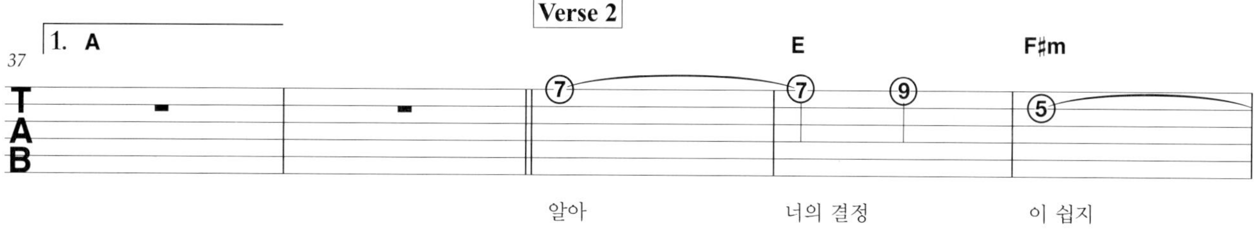
Verse 2
37
1. A
E
F♯m
알아 너의 결정 이 쉽지

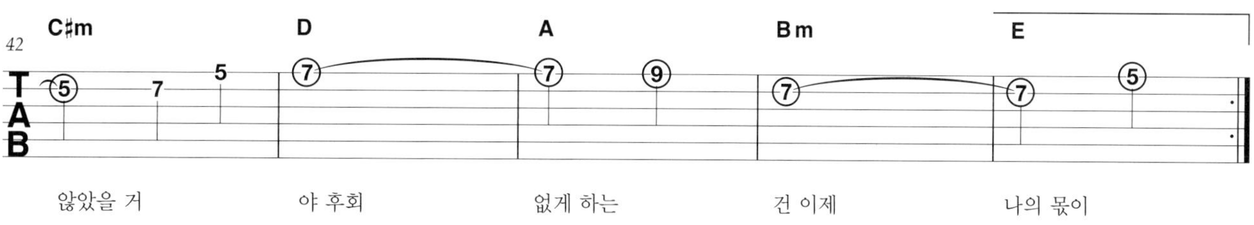
42
C♯m
D
A
Bm
E
않았을 거 야 후회 없게 하는 건 이제 나의 몫이

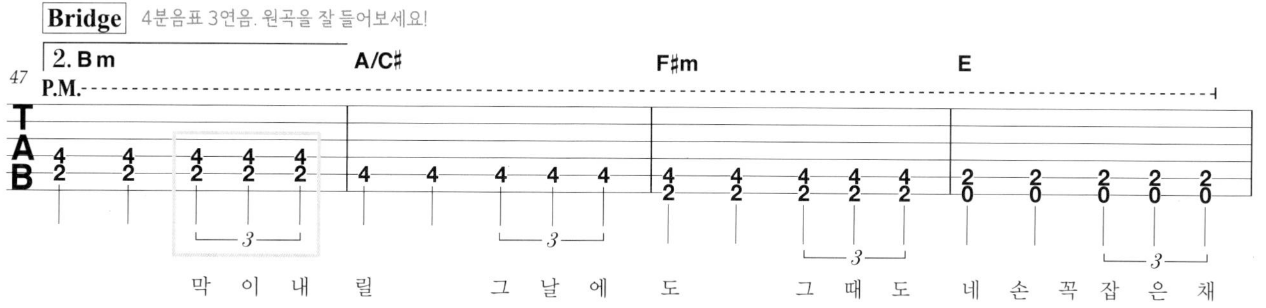
Bridge
4분음표 3연음. 원곡을 잘 들어보세요!
47
2. Bm
A/C♯
F♯m
E
P.M.
막 이 내 릴 그 날 에 도 그 때 도 네 손 꼭 잡 은 채

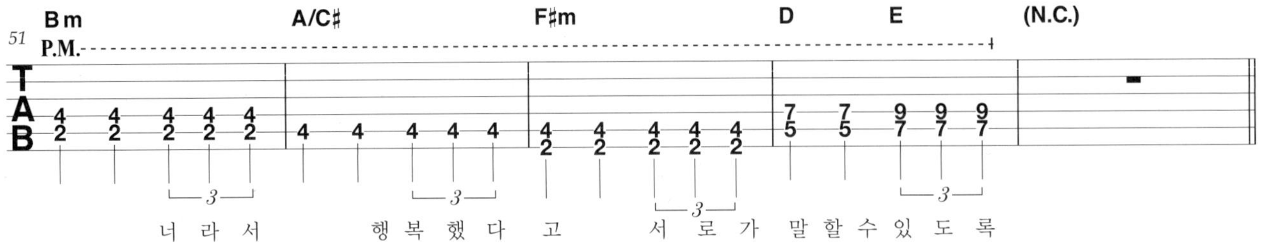
51
Bm
A/C♯
F♯m
D
E
(N.C.)
P.M.
너 라 서
행 복 했 다 고
서 로 가 말 할 수 있 도 록

Chorus 3

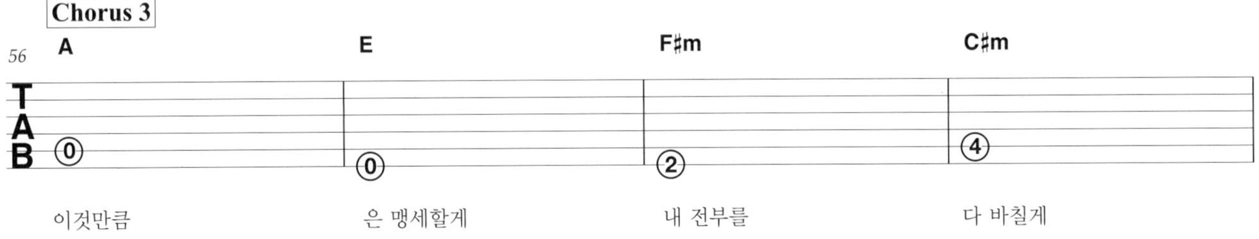
56
A
E
F♯m
C♯m
이것만큼
은 맹세할게
내 전부를
다 바칠게

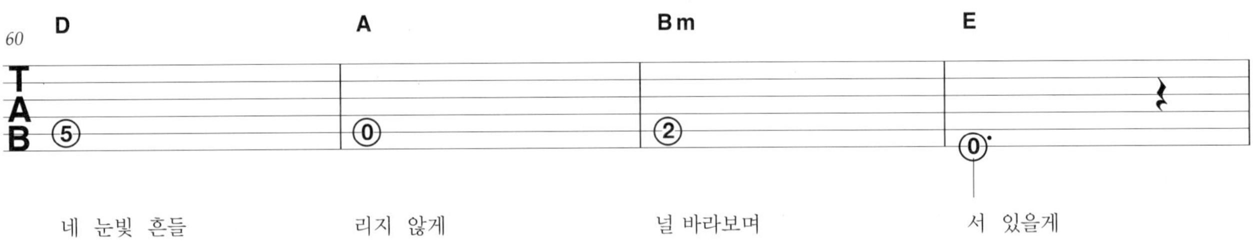
60
D
A
Bm
E
네 눈빛 흔들
리지 않게
널 바라보며
서 있을게

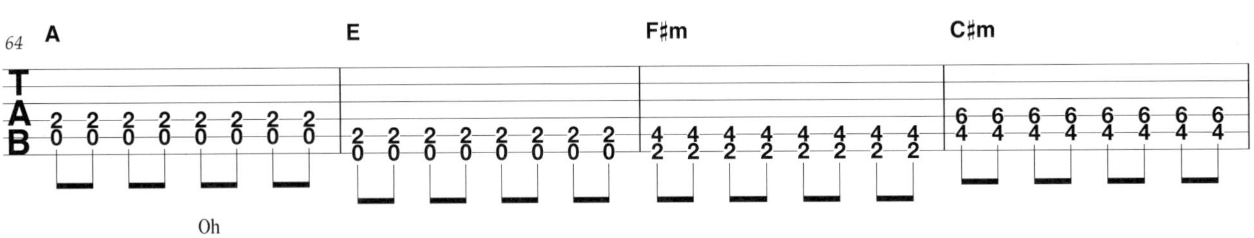
64
A
E
F♯m
C♯m
Oh

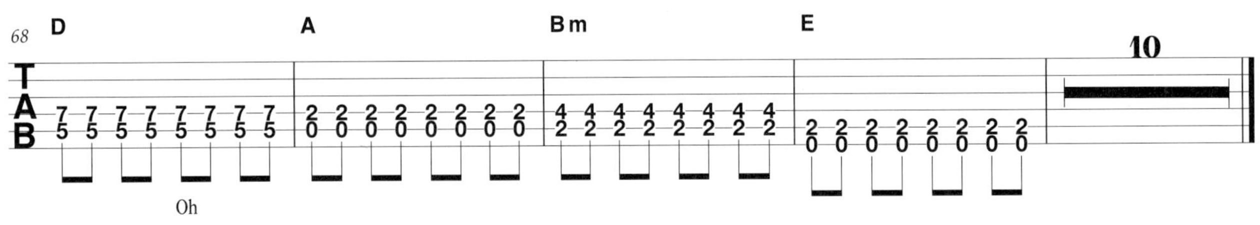
68
D
A
Bm
E
10
Oh

HAPPY

벅차오르는 데이식스 곡 중 또 하나! 처음에는 제목을 보고 행복하다~ 하는 노래인 줄 알았는데 행복하고 싶다~ 하는 노래여서 급 울컥했던… 힘들어서 그랬나…

DAY6 노래
Young K 작사
성진 외 2명 작곡

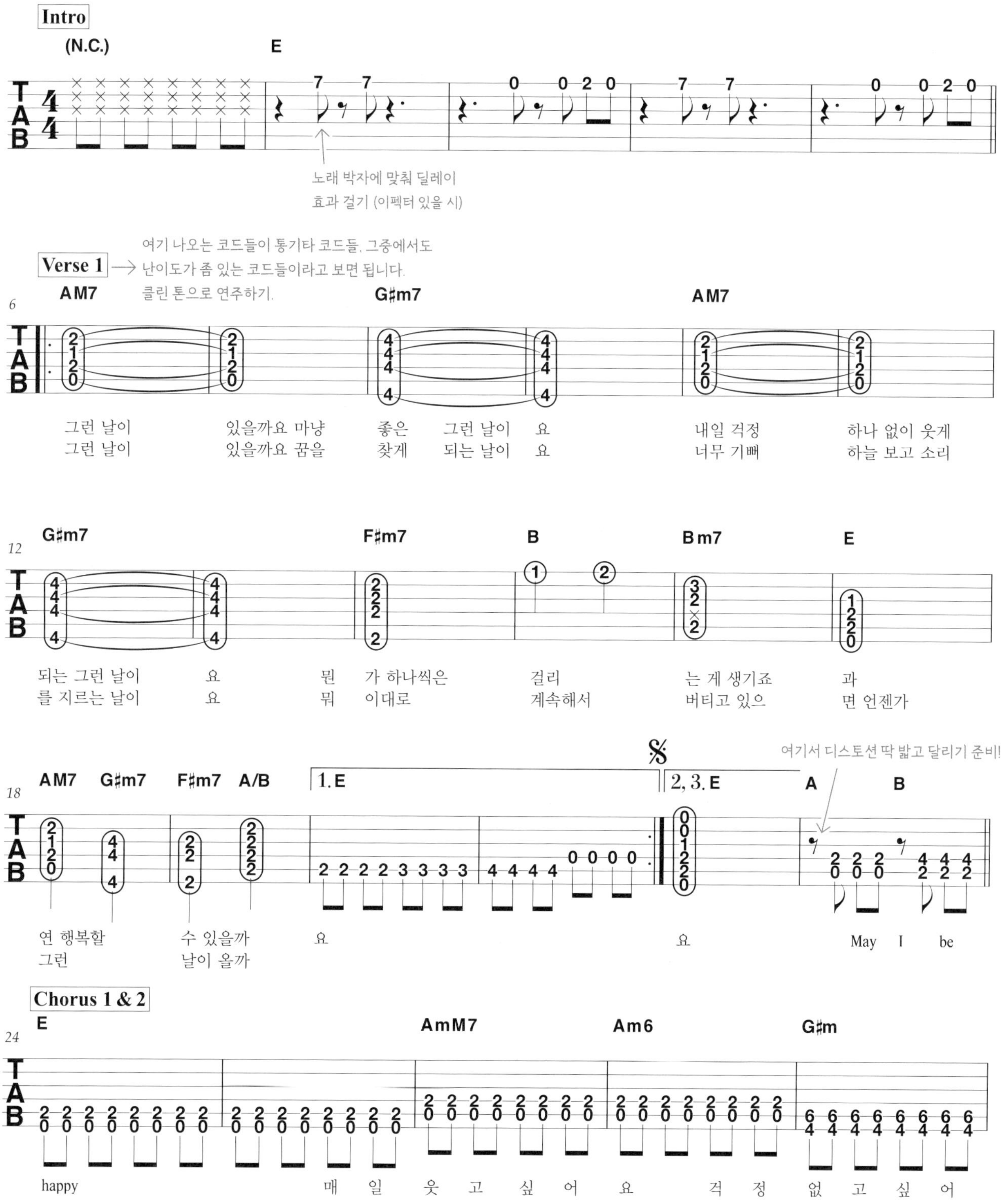

Intro

(N.C.) E

노래 박자에 맞춰 딜레이 효과 걸기 (이펙터 있을 시)

Verse 1 → 여기 나오는 코드들이 통기타 코드들. 그중에서도 난이도가 좀 있는 코드들이라고 보면 됩니다. 클린 톤으로 연주하기.

6 AM7 G♯m7 AM7

그런 날이 있을까요 마냥 좋은 그런 날이 요 내일 걱정 하나 없이 웃게
그런 날이 있을까요 꿈을 찾게 되는 날이 요 너무 기뻐 하늘 보고 소리

12 G♯m7 F♯m7 B Bm7 E

되는 그런 날이 요 뭔 가 하나씩은 걸리 는 게 생기죠 과
를 지르는 날이 요 뭐 이대로 계속해서 버티고 있으 면 언젠가

18 AM7 G♯m7 F♯m7 A/B 1.E 𝄋 2, 3.E A B

연 행복할 수 있을까 요 요 May I be
그런 날이 올까

여기서 디스토션 딱 밟고 달리기 준비!

Chorus 1 & 2

24 E AmM7 Am6 G♯m

happy 매 일 웃 고 싶 어 요 걱 정 없 고 싶 어

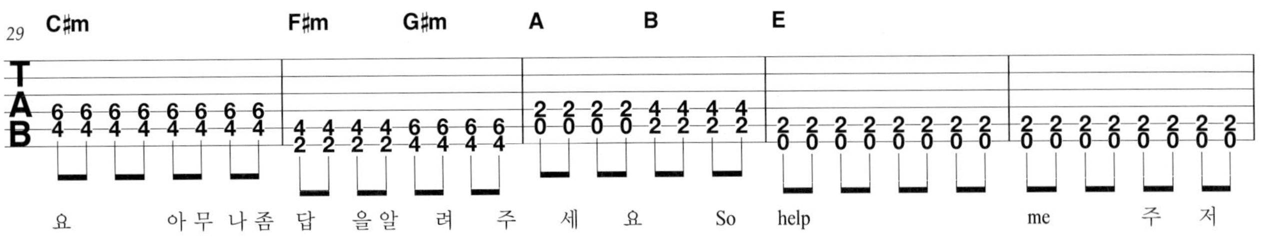
29
C♯m
F♯m
G♯m
A
B
E
T
A
B
요 아무나좀 답 을알 려 주 세 요 So help me 주 저

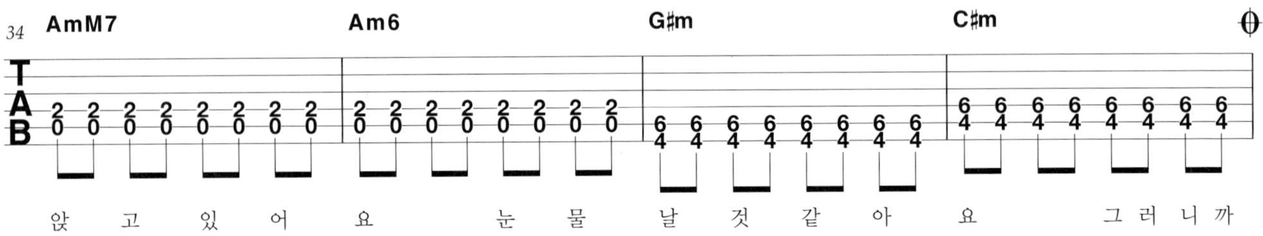
34
AmM7
Am6
G♯m
C♯m
T
A
B
앉 고 있 어 요 눈 물 날 것 같 아 요 그러니까

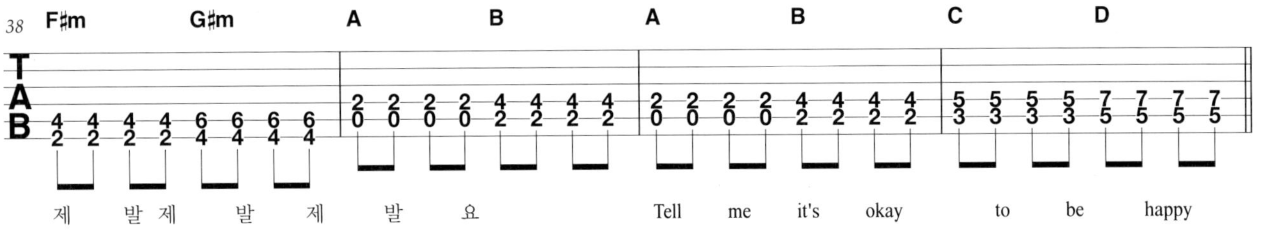
38
F♯m
G♯m
A
B
A
B
C
D
T
A
B
제 발 제 발 제 발 요 Tell me it's okay to be happy

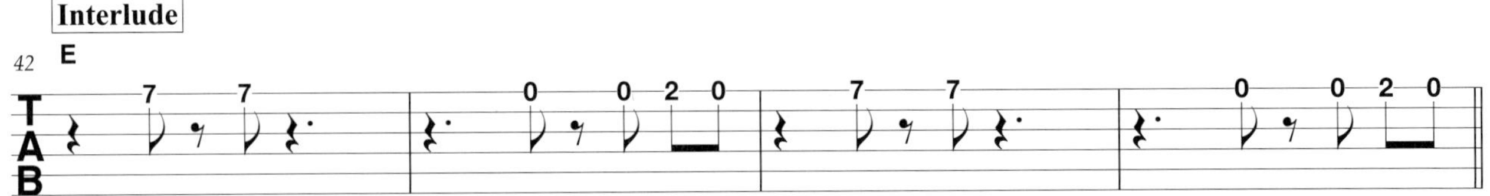
Interlude
42
E
T
A
B

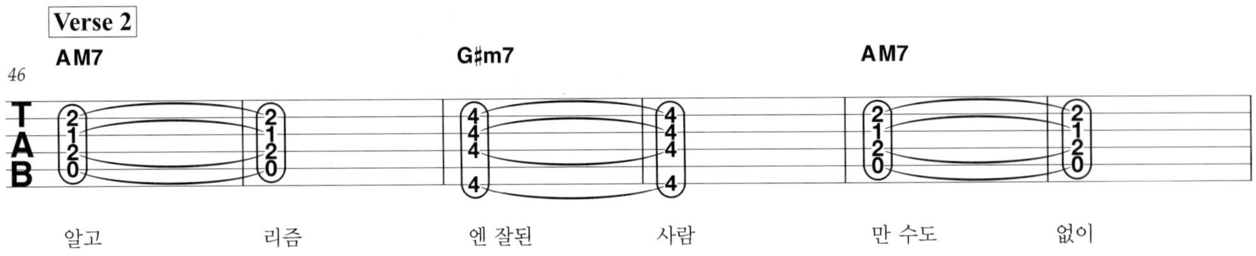
Verse 2
46
AM7
G♯m7
AM7
T
A
B
알고 리즘 엔 잘된 사람 만 수도 없이

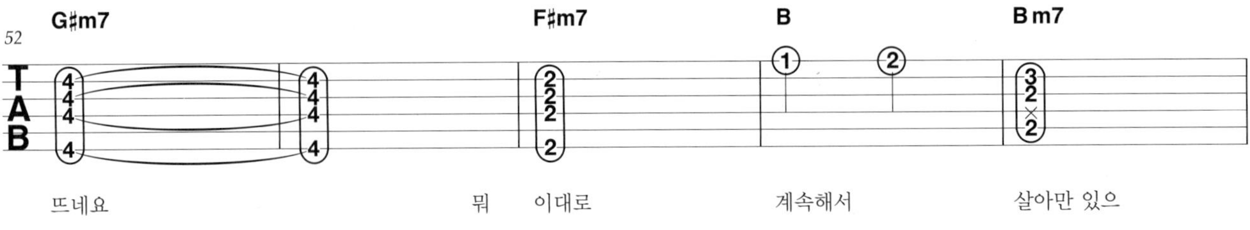
52
G♯m7
F♯m7
B
Bm7
T
A
B
뜨네요 뭐 이대로 계속해서 살아만 있으

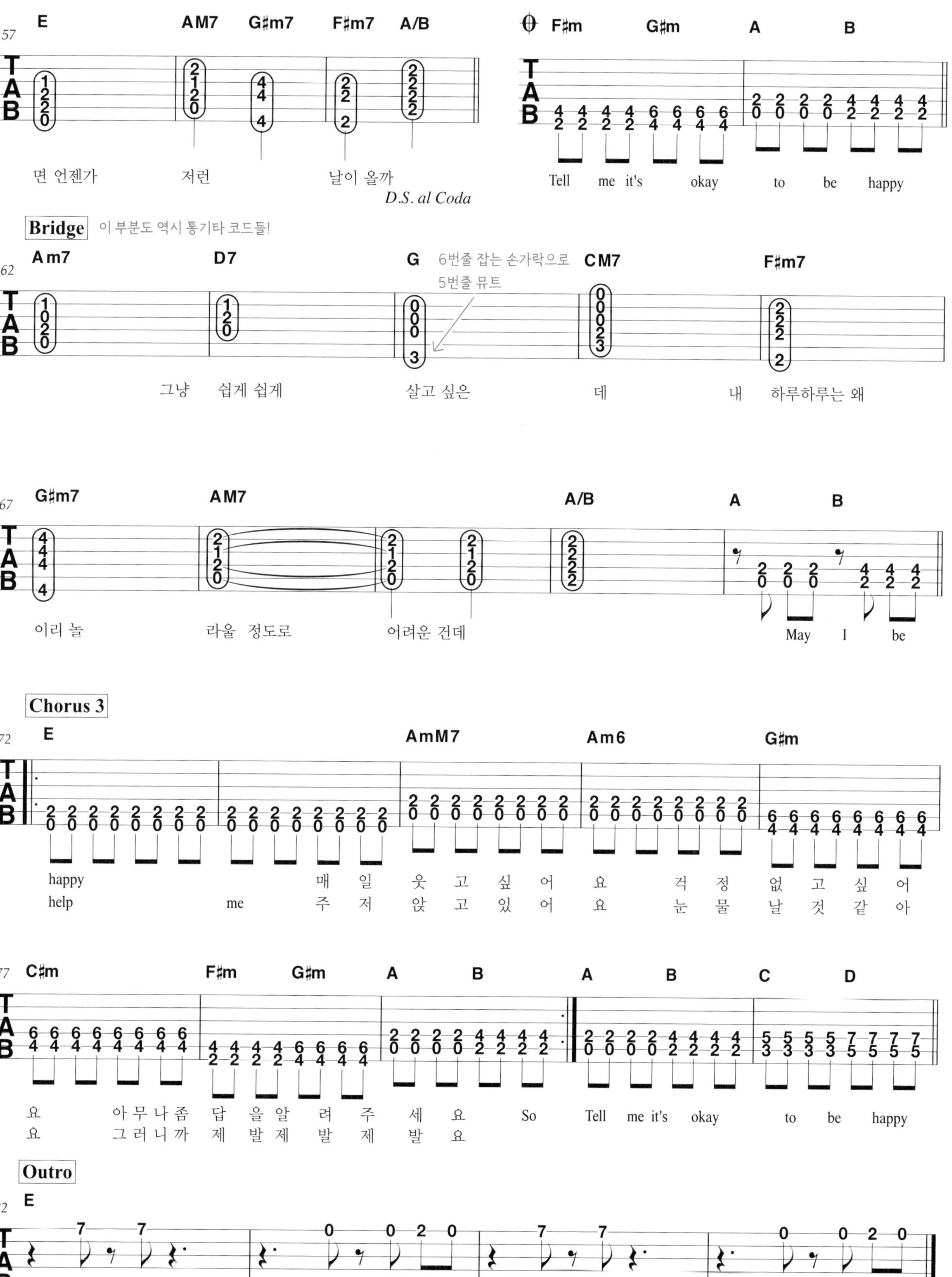

57
E AM7 G♯m7 F♯m7 A/B
면 언젠가 저런 날이 올까
D.S. al Coda
F♯m G♯m A B
Tell me it's okay to be happy
Bridge
이 부분도 역시 통기타 코드들!
62
Am7 D7 G CM7 F♯m7
6번줄 잡는 손가락으로 5번줄 뮤트
그냥 쉽게 쉽게 살고 싶은 데 내 하루하루는 왜
67
G♯m7 AM7 A/B A B
이리 놀 라울 정도로 어려운 건데
May I be
Chorus 3
72
E AmM7 Am6 G♯m
happy 매 일 웃 고 싶 어 요 걱 정 없 고 싶 어
help me 주 저 앉 고 있 어 요 눈 물 날 것 같 아
77
C♯m F♯m G♯m A B A B C D
요 아 무 나 좀 답 을 알 려 주 세 요 So Tell me it's okay to be happy
요 그 러 니 까 제 발 제 발 제 발 요
Outro
82
E

나는 나비

일렉기타를 치는데 이 노래를 뺄 순 없다! 한국 락의
대표주자 밴드의 대표 곡 중 하나. 파워코드 반주부터
리프, 솔로 등 다양한 테크닉들을 해볼 수 있는 좋은 곡입니다.

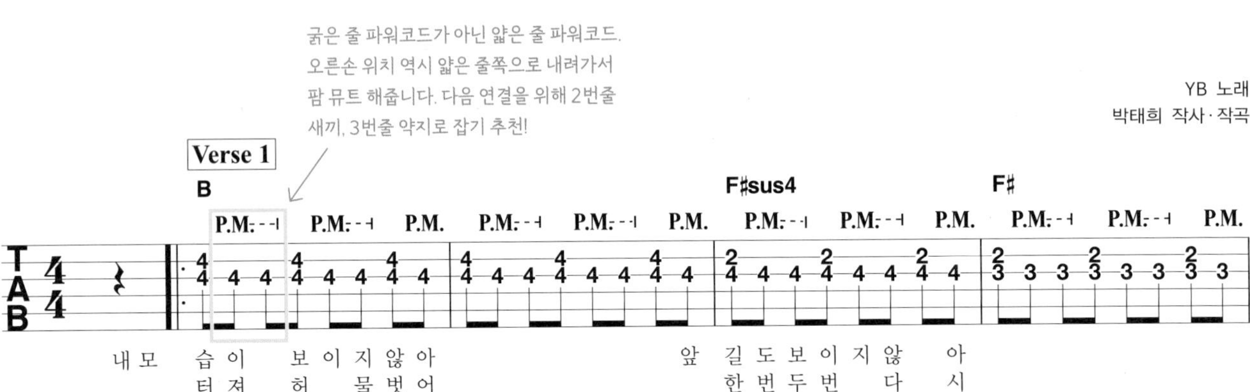

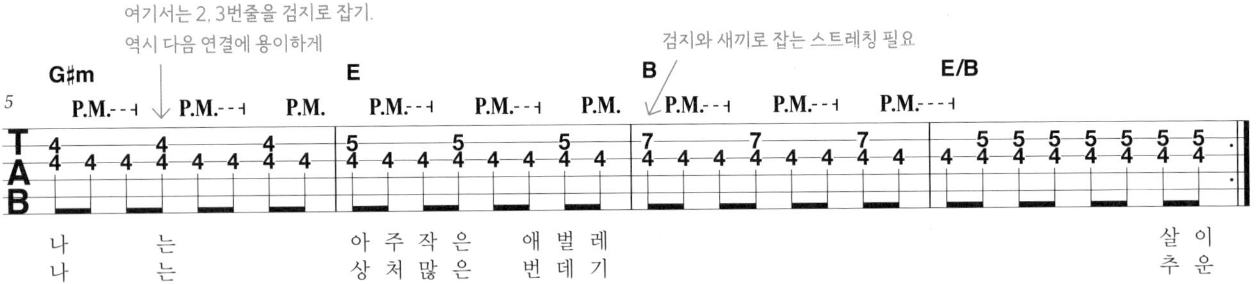

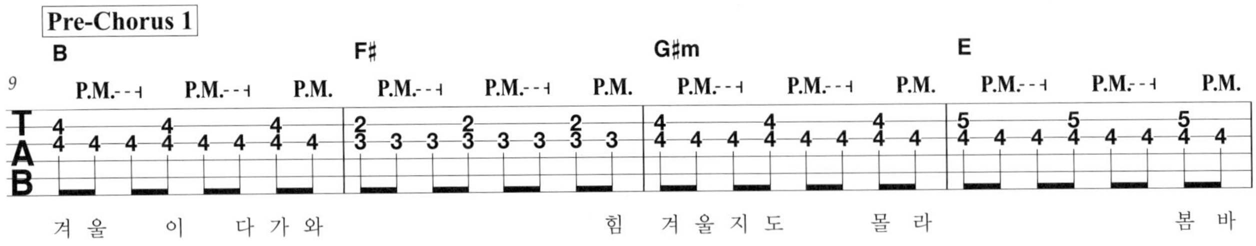

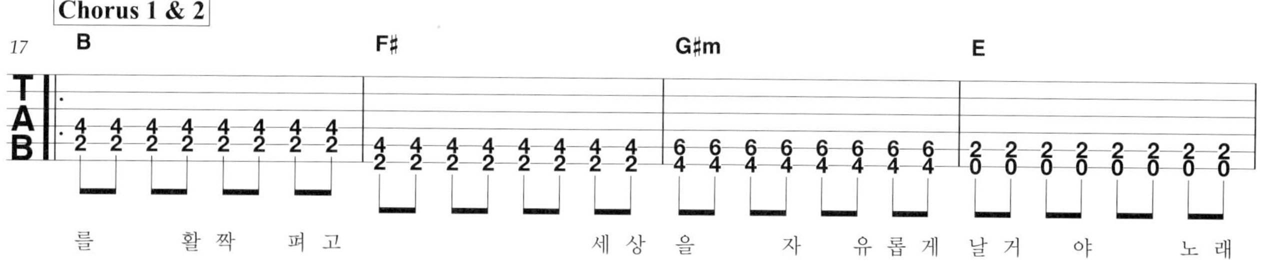
Chorus 1 & 2
B
F♯
G♯m
E
를 활 짝 펴 고
세 상 을 자 유 롭 게 날 거 야 노 래

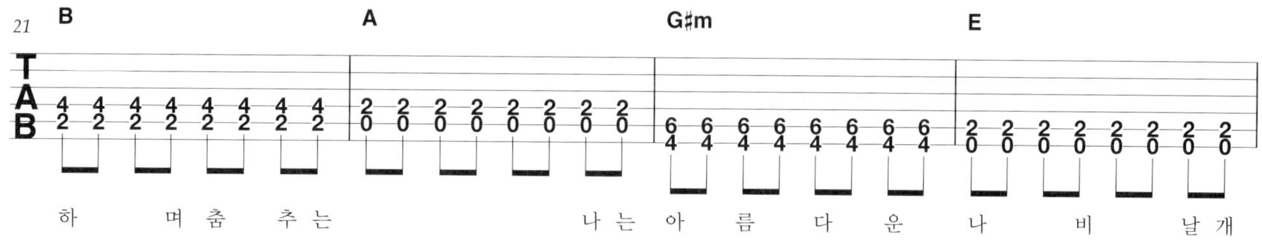
B
A
G♯m
E
하 며 춤 추 는
나 는 아 름 다 운 나 비 날 개

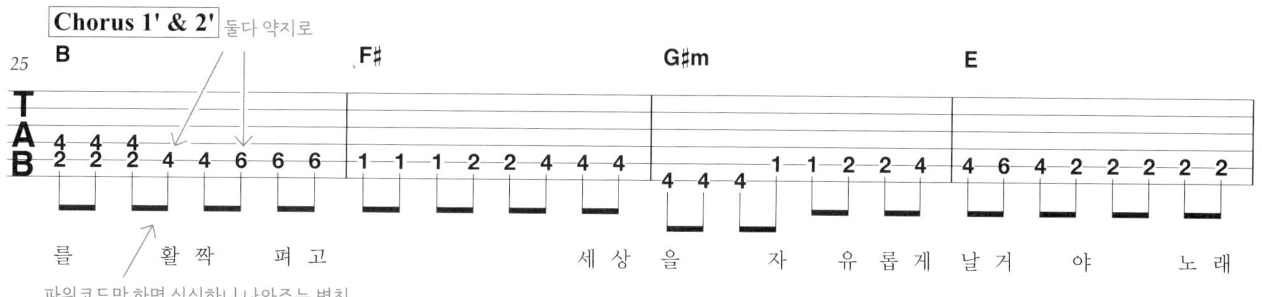
Chorus 1' & 2'
둘다 약지로
B
F♯
G♯m
E
를 활 짝 펴 고
세 상 을 자 유 롭 게 날 거 야 노 래
파워코드만 하면 심심하니 나와주는 변칙.
사실 투 기타가 이미 이 라인을 치고 있긴 합니다.
계속 파워코드로 가도 좋지만, 이 라인도 연습해 줍시다!

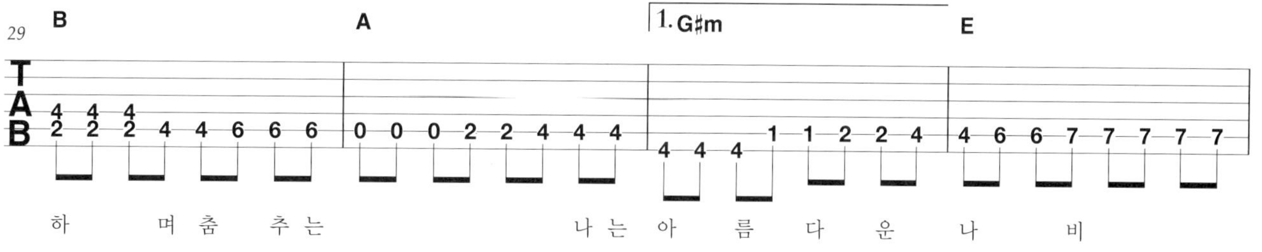
B
A
1. G♯m
E
하 며 춤 추 는
나 는 아 름 다 운 나 비

이 부분도 원 기타 편곡을 하다보니 둘 다 넣게 되었습니다.
아래 파워코드만 하거나, 1, 2번줄 아르페지오만 하거나,
여유가 된다면 둘 다 해도 됩니다. (영상은 둘 다 하는 버전)
Chorus 1''
B
F♯
G♯m
전부 엇박
E
원에 파워코드를 치고, 투에 엇따로 들어오는 박자.
원곡을 많이 들어보세요.

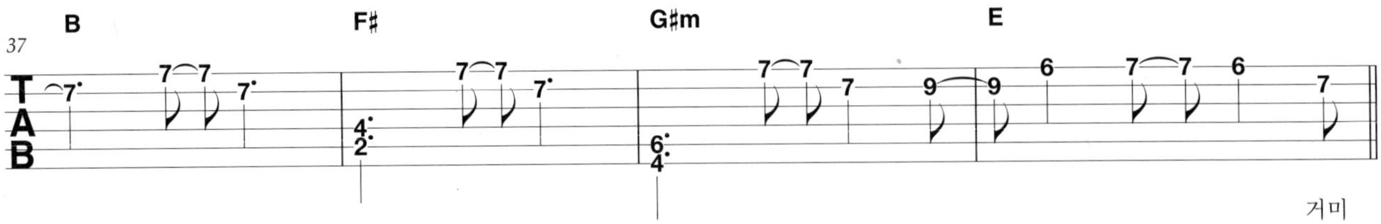
B
F♯
G♯m
E
거미

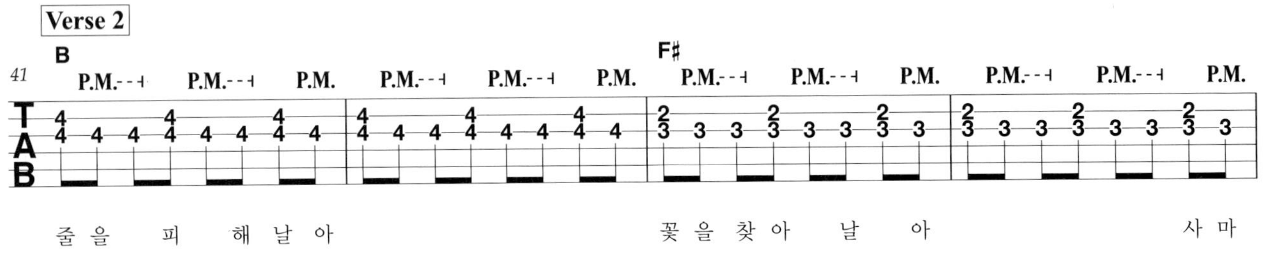
Verse 2
B
F♯
P.M.
줄 을 피 해 날 아
꽃 을 찾 아 날 아
사 마

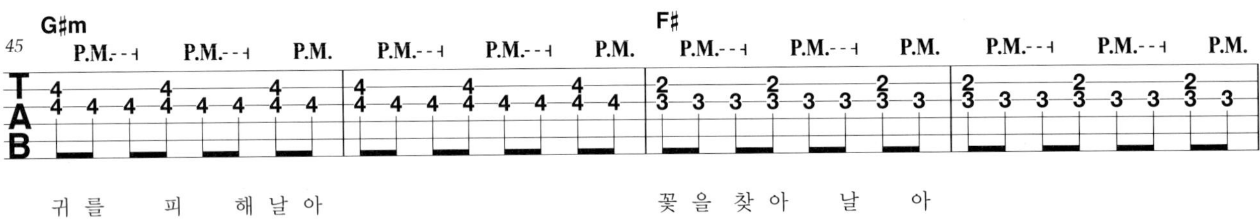
G♯m
F♯
P.M.
귀 를 피 해 날 아
꽃 을 찾 아 날 아

G♯m
E
B
꽃 들 의 사 랑 을 전 하 는 나 비
날 개
하이 프렛 얇은 줄 옥타브! 3번줄
검지, 1번줄 새끼로 잡습니다.
Solo
2. G♯m
B
F♯
G♯m
아름다운
나비
옥타브 주법이 익숙하지 않으면 프렛을 옮길 때 왼손 폼이 흐트러질 수 있으니
계속 연습해보며 흐트러지지 않게끔 합니다.

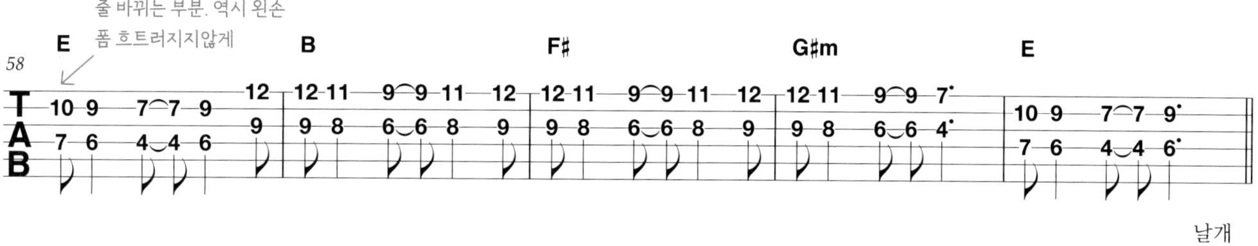
줄 바뀌는 부분. 역시 왼손
폼 흐트러지지않게
E
B
F♯
G♯m
E
날개

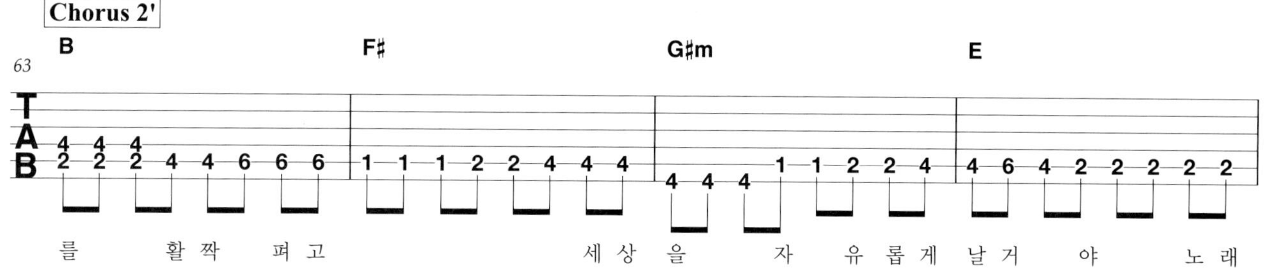
Chorus 2'
B
F♯
G♯m
E
를 활 짝 펴 고
세 상 을 자 유 롭 게 날 거 야 노 래

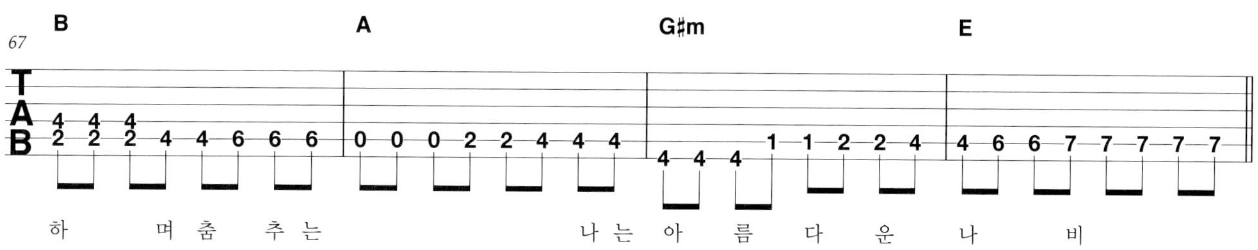
B
A
G♯m
E
하 며 춤 추 는
나 는 아 름 다 운 나 비

Chorus 2"
B
F♯
G♯m
E
B

F♯
G♯m
1. E
2. E
B

Legends Never Die

세계적인 게임 리그 오브 레전드의 대회에서
매 해마다 대표곡이 발매됩니다. 이번 곡은
그 중 제일 좋아하는 곡이라서 수록해 보았습니다.

Against The Current 노래
Sebastien Najand 외 6명 작사 · 작곡

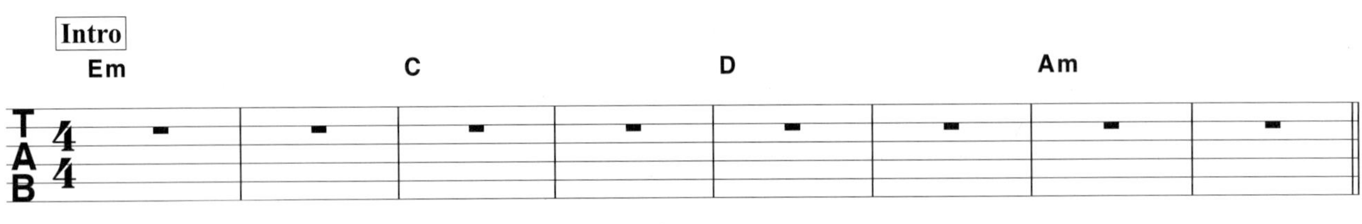

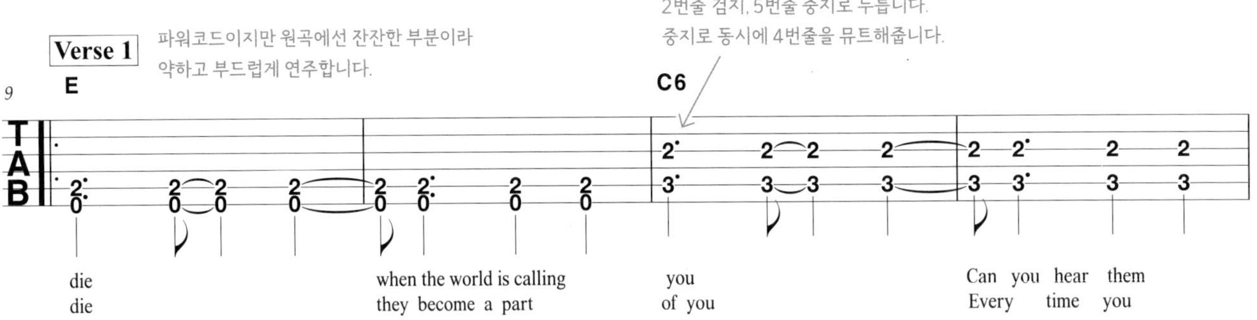

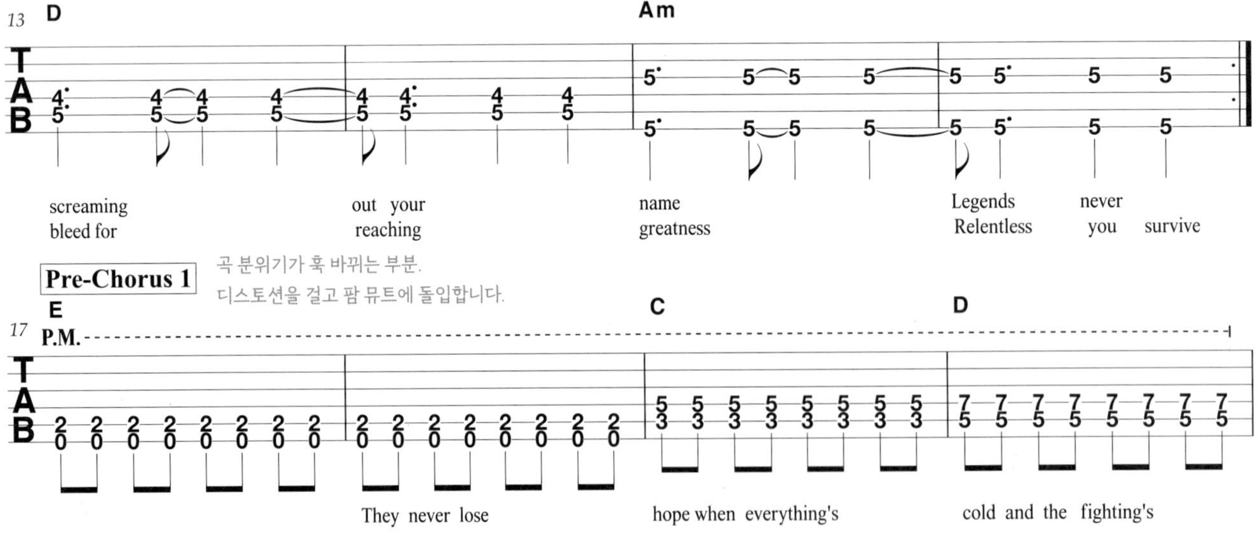

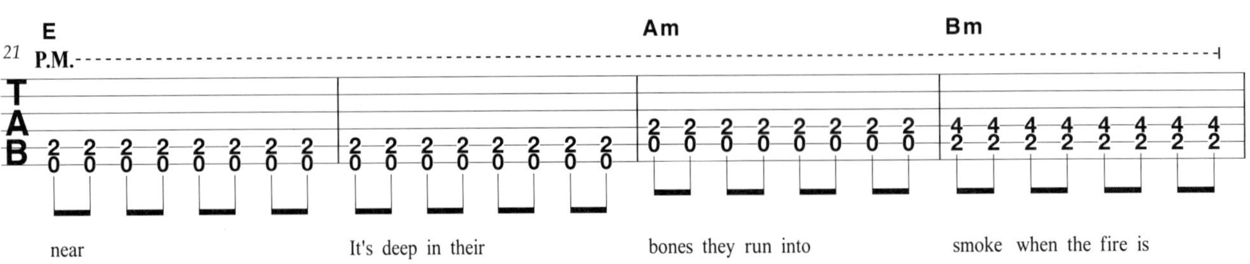

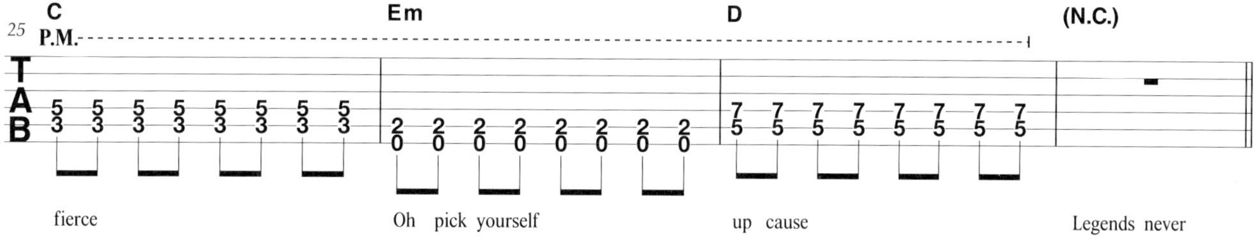
25
C
Em
D
(N.C.)
P.M.
T
A
B
fierce
Oh pick yourself
up cause
Legends never

Chorus 1

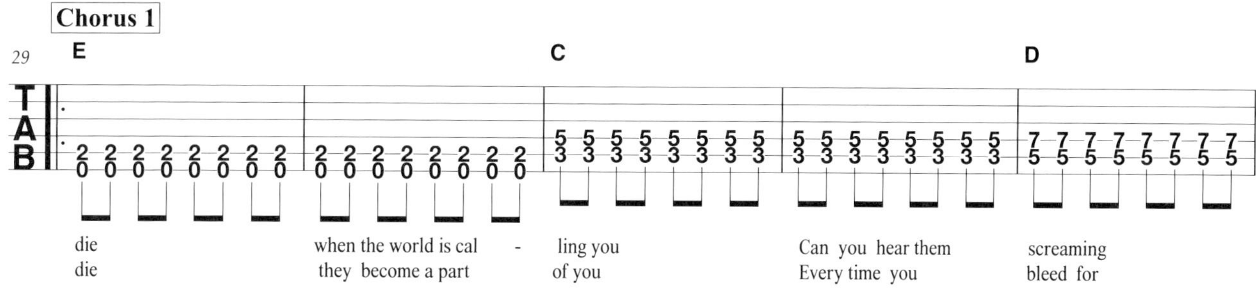
29
E
C
D
T
A
B
die
die
when the world is cal -
they become a part
ling you
of you
Can you hear them
Every time you
screaming
bleed for

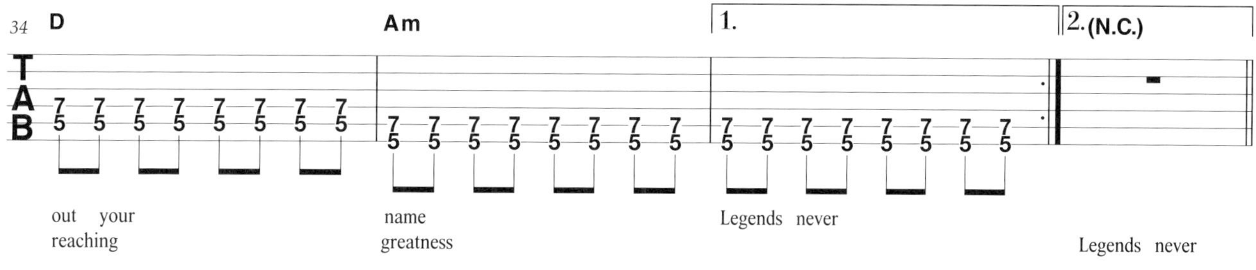
34
D
Am
1.
2. (N.C.)
T
A
B
out your
reaching
name
greatness
Legends never
Legends never

Verse 2

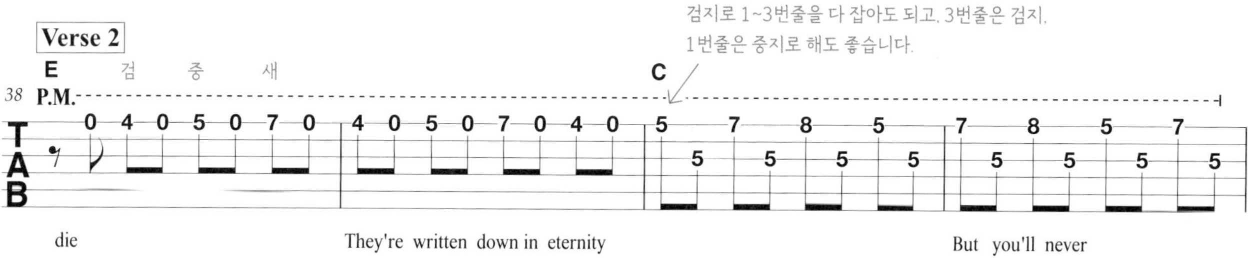
검지로 1~3번줄을 다 잡아도 되고, 3번줄은 검지,
1번줄은 중지로 해도 좋습니다.
E
검
중
새
C
38
P.M.
T
A
B
die
They're written down in eternity
But you'll never

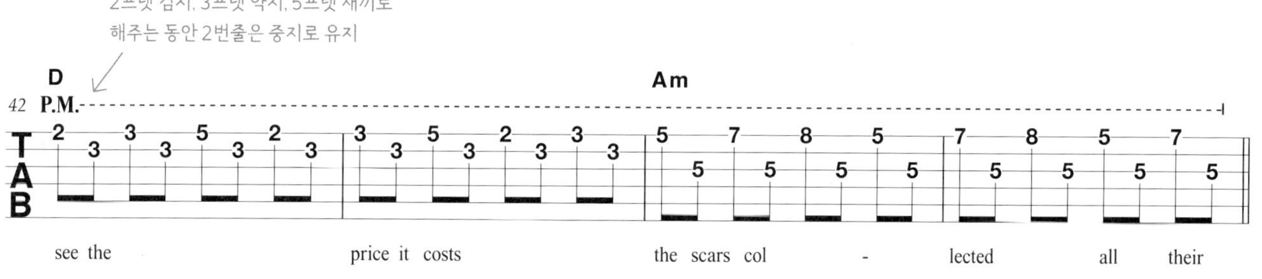
2프렛 검지, 3프렛 약지, 5프렛 새끼로
해주는 동안 2번줄은 중지로 유지
D
Am
42
P.M.
T
A
B
see the
price it costs
the scars col - lected
all their

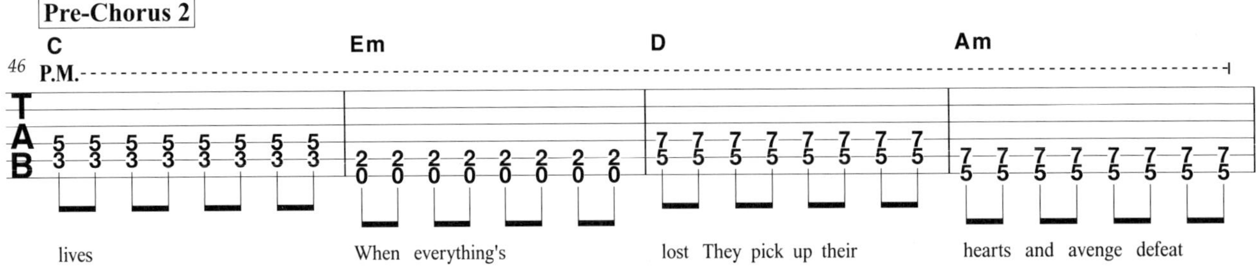
Pre-Chorus 2
C
Em
D
Am
46
P.M.
lives
When everything's
lost They pick up their
hearts and avenge defeat

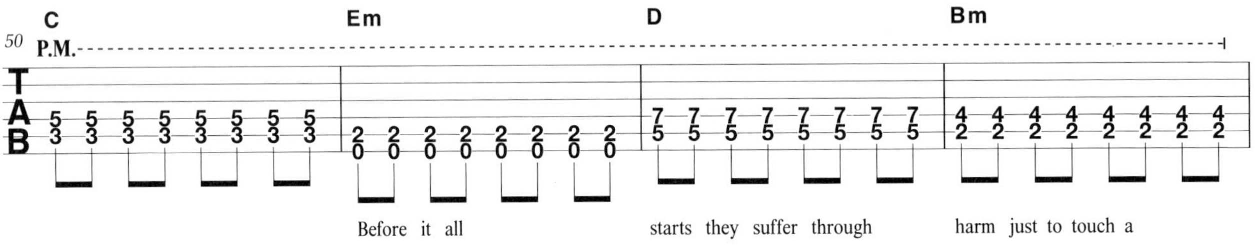
C
Em
D
Bm
50
P.M.
Before it all
starts they suffer through
harm just to touch a

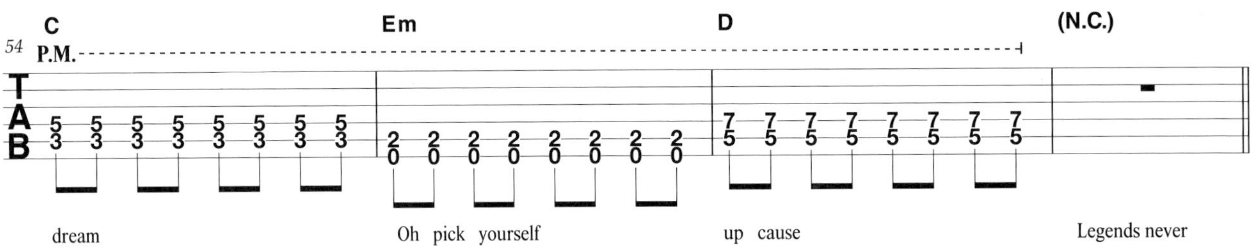
C
Em
D
(N.C.)
54
P.M.
dream
Oh pick yourself
up cause
Legends never

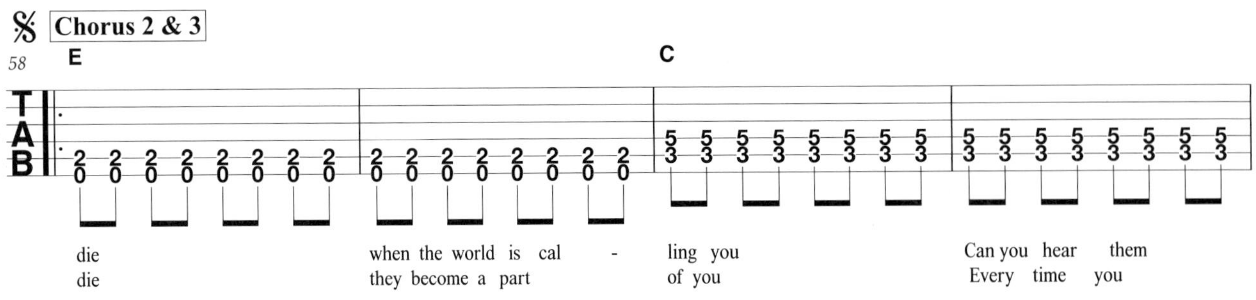
Chorus 2 & 3
58
E
C
die
die
when the world is cal -
they become a part
ling you
of you
Can you hear them
Every time you

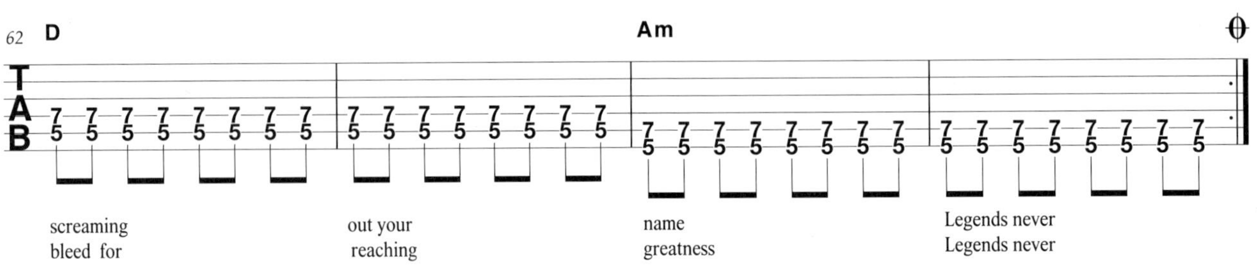
62
D
Am
screaming
bleed for
out your
reaching
name
greatness
Legends never
Legends never

볼륨을 많이 낮추고 연주해야 원곡의 분위기와 비슷해집니다.

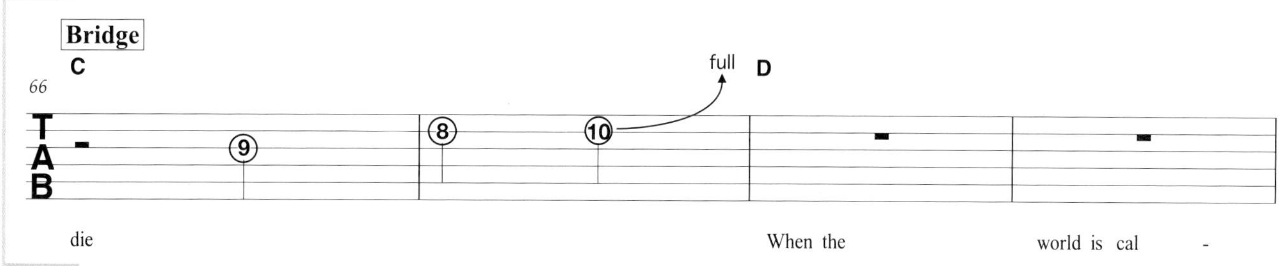

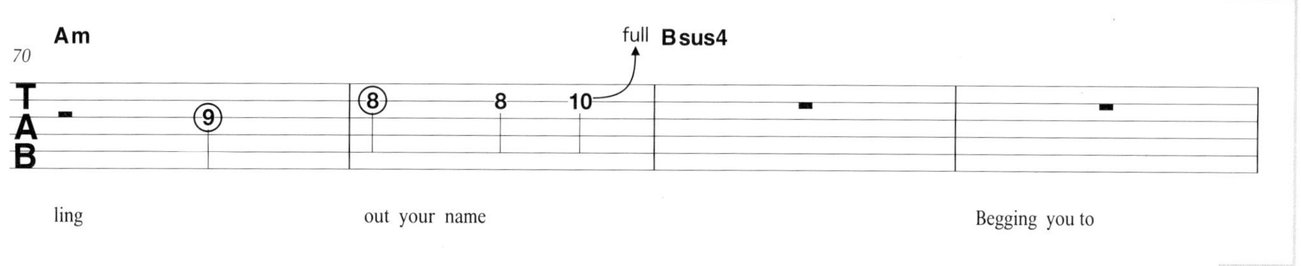

여기부터 디스토션을 걸고 연주하면 더 좋습니다. 윗줄과 비슷한 듯 좀 더 강하게 발전!

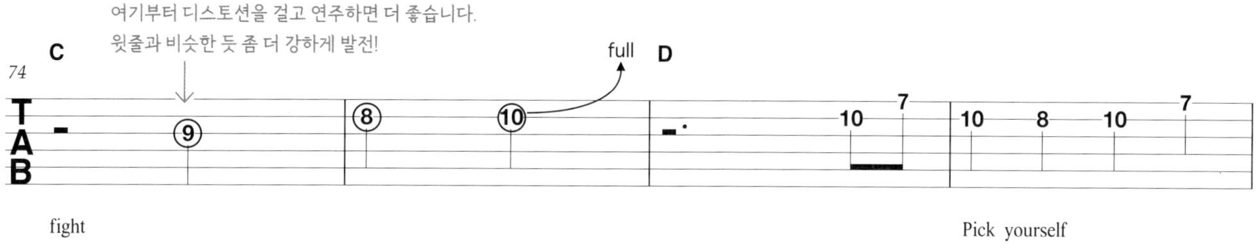

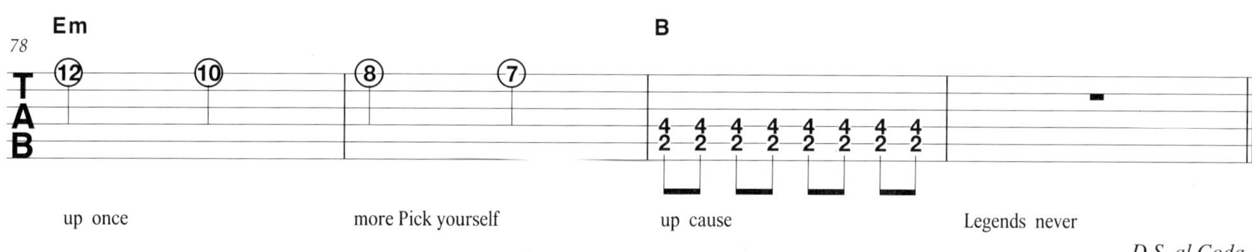

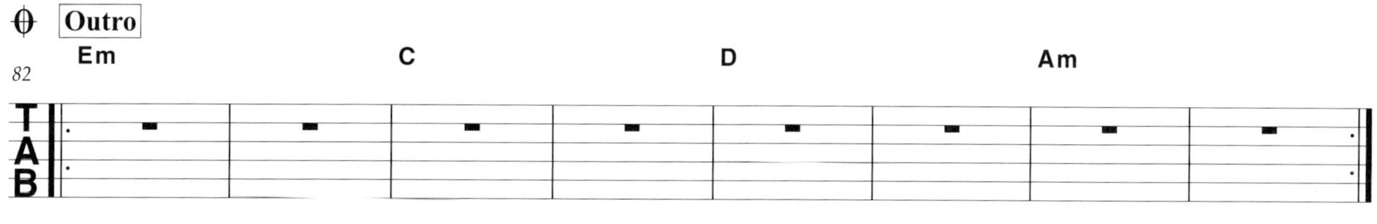

한 페이지가 될 수 있게

데이식스의 베스트 곡 중 하나를 뽑으라면 고민도 안 하고 고르는 곡입니다.
세련된 밴드 사운드 느낌으로, 템포가 꽤 빠르니 주의하세요.

DAY6 노래
Young K 작사
Young K 외 4명 작곡

Intro 1

Drum Hihat

A♭ B♭ Cm E♭ A♭ B♭ E♭

TAB 4/4

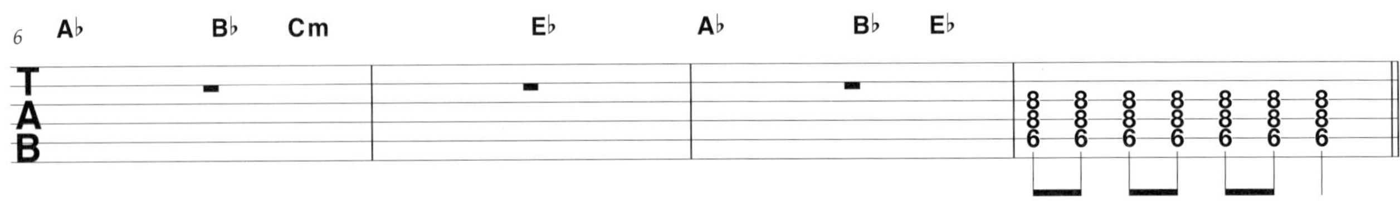

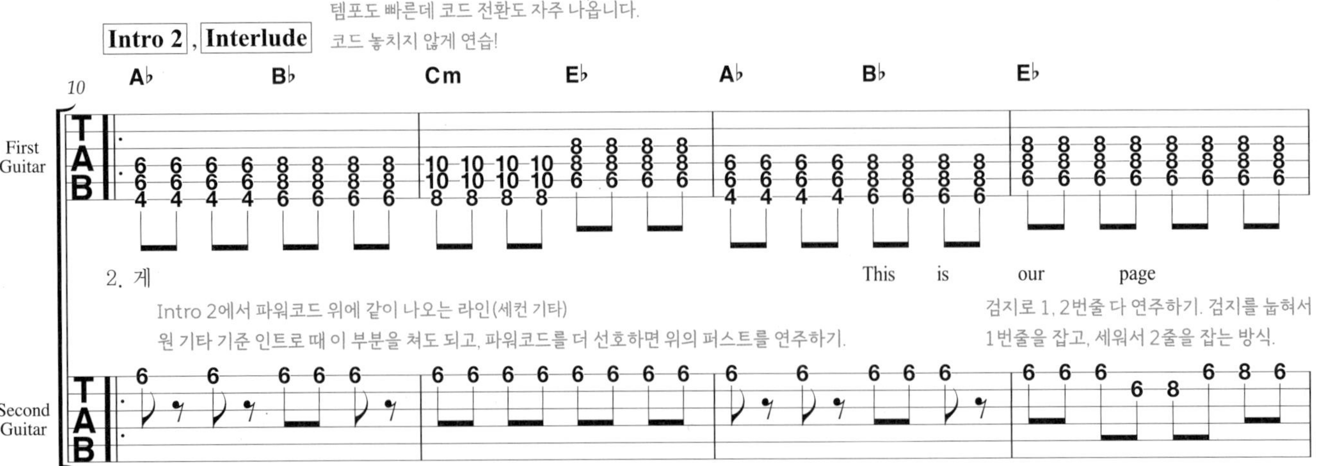

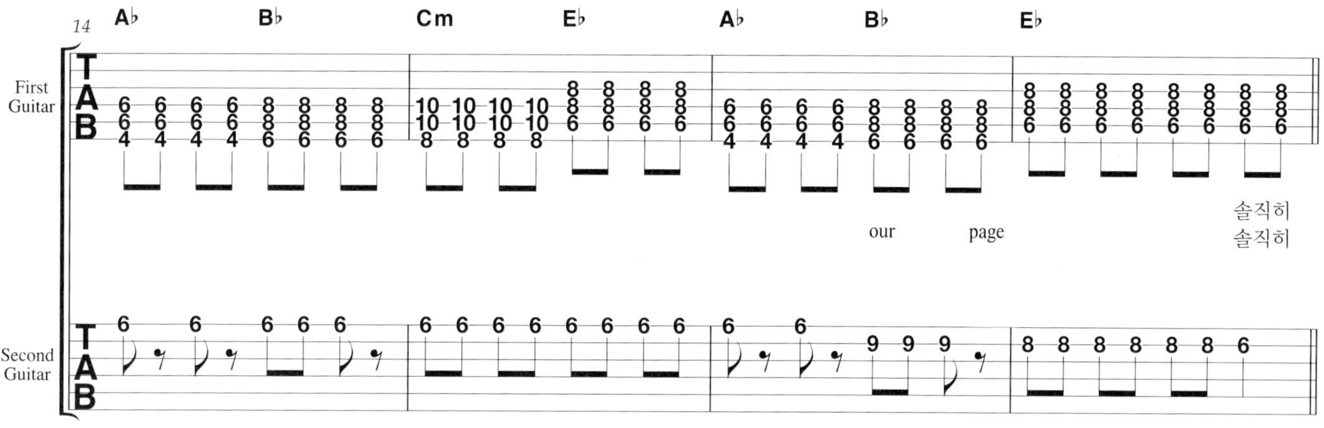
14
A♭ B♭ Cm E♭ A♭ B♭ E♭
First Guitar
Second Guitar
our page
솔직히
솔직히

Verse 1 & 2

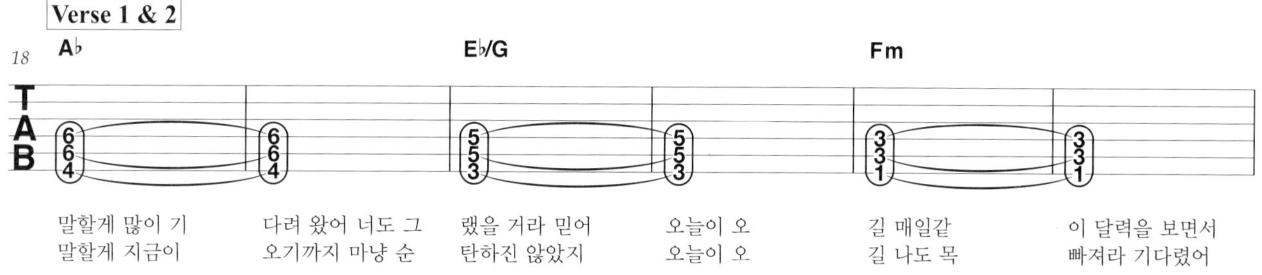
18
A♭ E♭/G Fm
말할게 많이 기 다려 왔어 너도 그 랬을 거라 믿어 오늘이 오 길 매일같 이 달력을 보면서
말할게 지금이 오기까지 마냥 순 탄하진 않았지 오늘이 오 길 나도 목 빠져라 기다렸어

왼손으로 줄을 건드린 채로 치기.
(왼손 뮤트)
이부분은 올 다운,
얼터네이트 모두 해도 됩니다.
24
E♭ Fm E♭/G A♭ E♭/G
솔직히 나 에 게 도 지 금 이 순 간 은 꿈 만 같 아 너 와 함 께 라
솔직히 나 보 다 도 네 가 몇 배 는 더 힘 들 었 을 거 라 고 믿 어

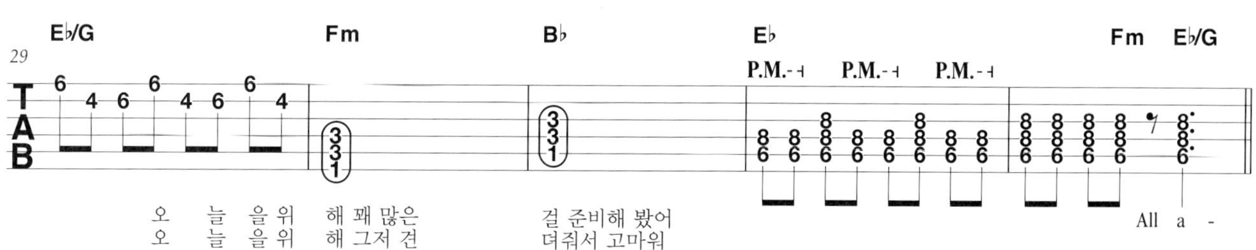
29
E♭/G Fm B♭ E♭ Fm E♭/G
P.M. P.M. P.M.
오 늘 을 위 해 꽤 많은 걸 준비해 봤어
오 늘 을 위 해 그저 견 뎌줘서 고마워
All a -

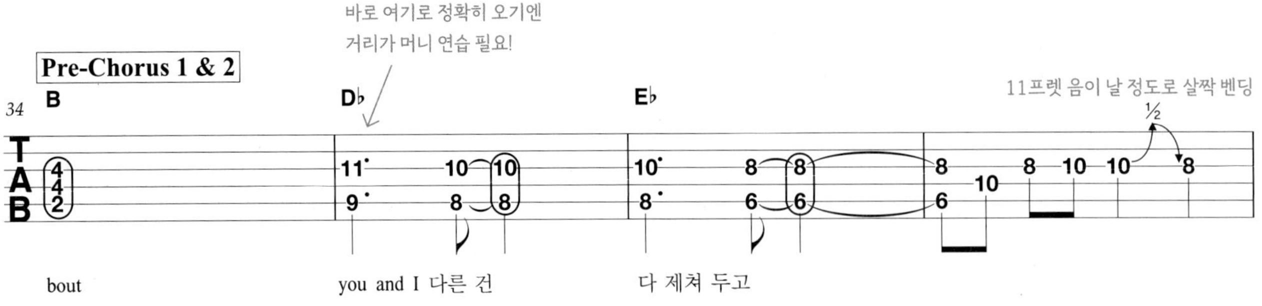
바로 여기로 정확히 오기엔
거리가 머니 연습 필요!
Pre-Chorus 1 & 2
11프렛 음이 날 정도로 살짝 벤딩
B
D♭
E♭
bout
you and I 다른 건
다 제쳐 두고

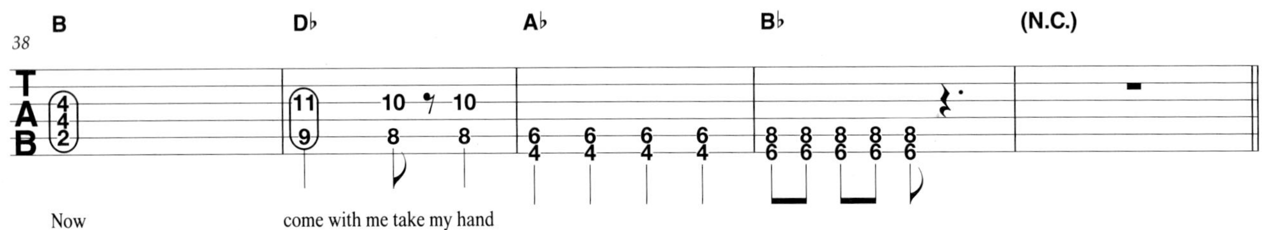
B
D♭
A♭
B♭
(N.C.)
Now
come with me take my hand

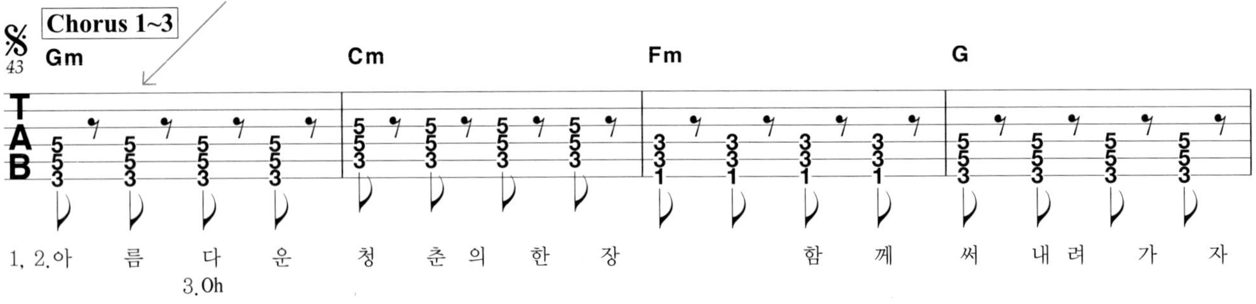
스타카토 느낌은 아닙니다. 코드 음 길이와
사이사이 쉼표 음 길이를 잘 지켜서 연주하기.
Chorus 1~3
Gm
Cm
Fm
G
1, 2.아 름 다 운 청 춘 의 한 장 함 께 써 내 려 가 자
3.Oh

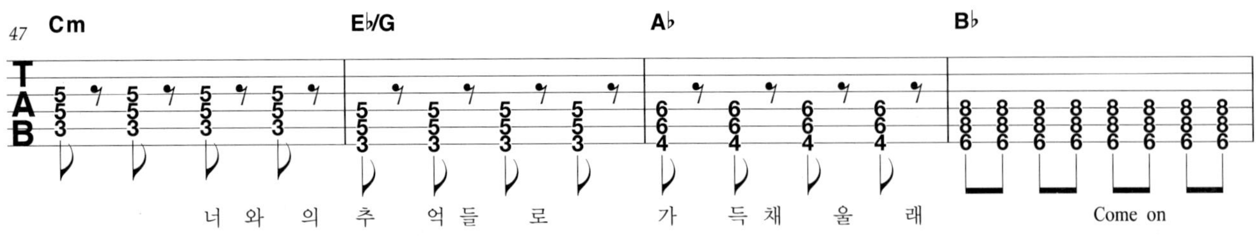
Cm
E♭/G
A♭
B♭
너 와 의 추 억 들 로 가 득 채 울 래
Come on

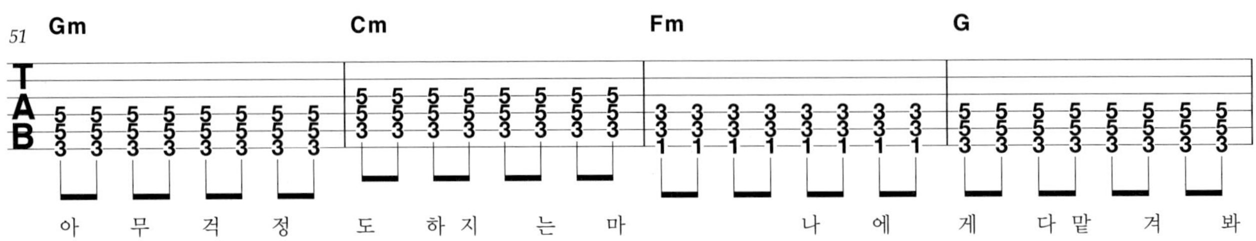
Gm
Cm
Fm
G
아 무 걱 정 도 하 지 는 마 나 에 게 다 맡 겨 봐

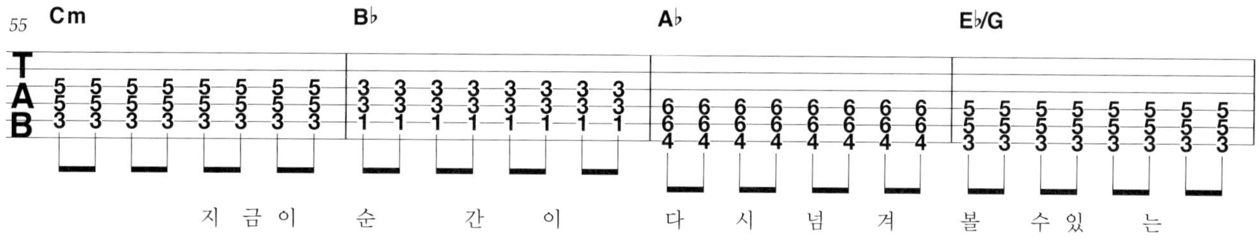

55
Cm
B♭
A♭
E♭/G
지 금 이 순 간 이 다 시 넘 겨 볼 수 있 는

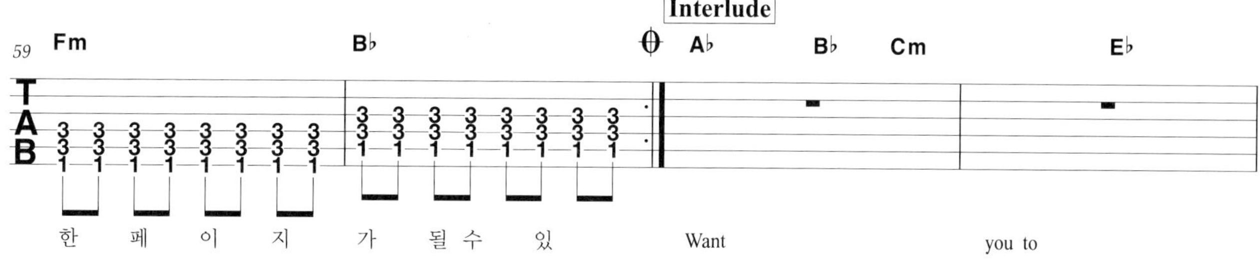

Interlude
59
Fm
B♭
A♭
B♭
Cm
E♭
한 페 이 지 가 될 수 있
Want
you to

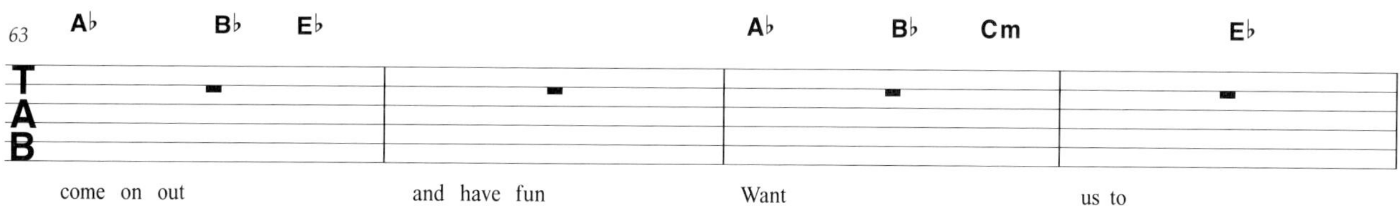

63
A♭
B♭
E♭
A♭
B♭
Cm
E♭
come on out
and have fun
Want
us to

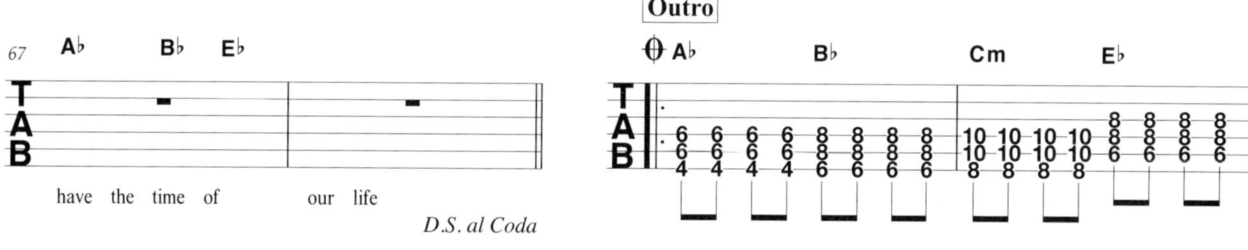

Outro
67
A♭
B♭
E♭
A♭
B♭
Cm
E♭
have the time of
our life
D.S. al Coda

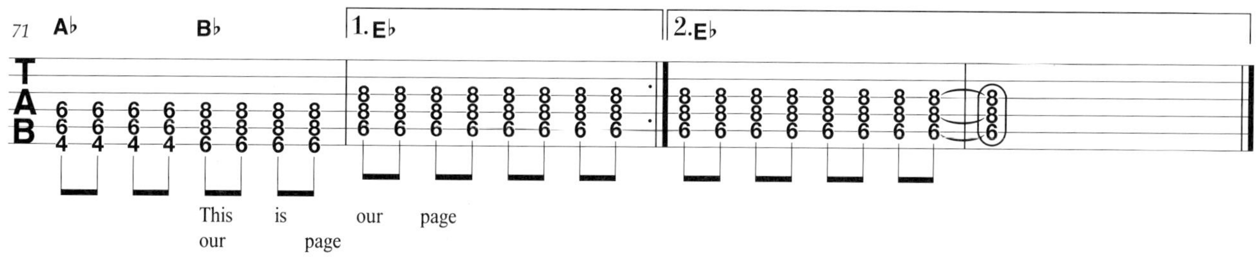

71
A♭
B♭
1. E♭
2. E♭
This is our page
our page

나에게로 떠나는 여행

학창 시절 일렉을 칠 줄 모르던 때에 일렉을 친다면
꼭 이곡을 쳐보고 싶다는 생각이 들게 해준 정말 신나는 곡입니다.

버즈 노래
한경혜 작사
고석영 작곡

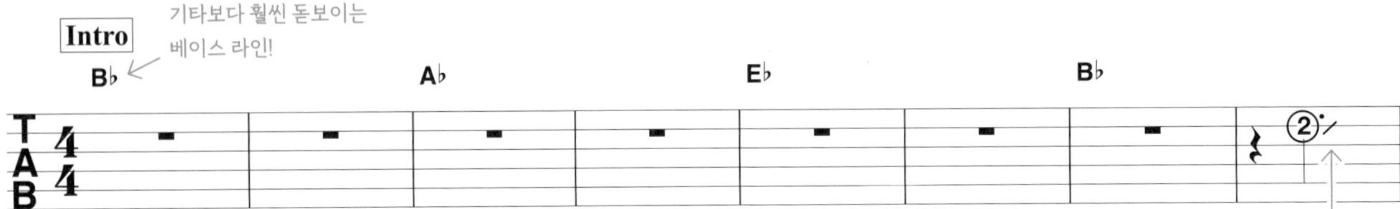

Intro
기타보다 훨씬 돋보이는
베이스 라인!
B♭
A♭
E♭
B♭
2
다음 마디 11프렛까지 슬라이딩인데 노트가
3박으로 깁니다. 천천히 슬라이딩 올라가다가
박자에 맞춰 다음 마디 11프렛에 안착한다는
느낌으로 연주. 원곡을 꼭 들어보세요!

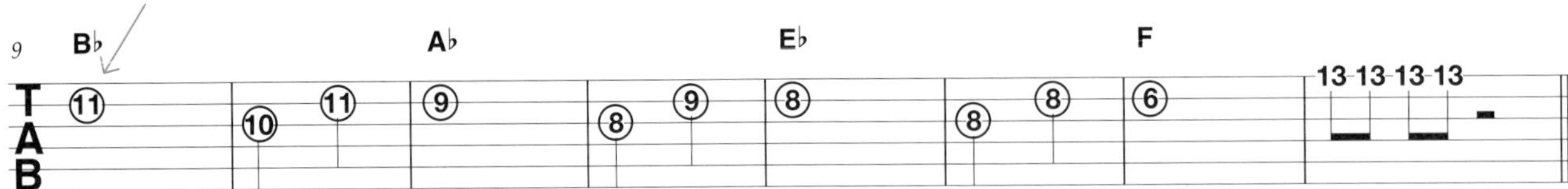

디스토션+와우 페달. 와우 페달 사용법의 정석은 없으니,
원곡을 들어보며 타이밍 맞춰 페달 와우~ 눌러보기!
9
B♭
A♭
E♭
F
11 10 11 9 8 9 8 8 8 6
13 13 13 13

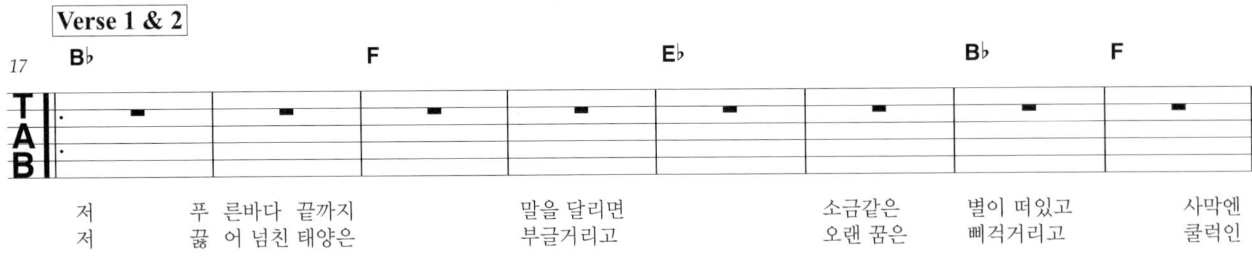

Verse 1 & 2
17
B♭
F
E♭
B♭
F
저 푸 른바다 끝까지 말을 달리면 소금같은 별이 떠있고 사막엔
저 끓 어 넘친 태양은 부글거리고 오랜 꿈은 삐걱거리고 쿨럭인

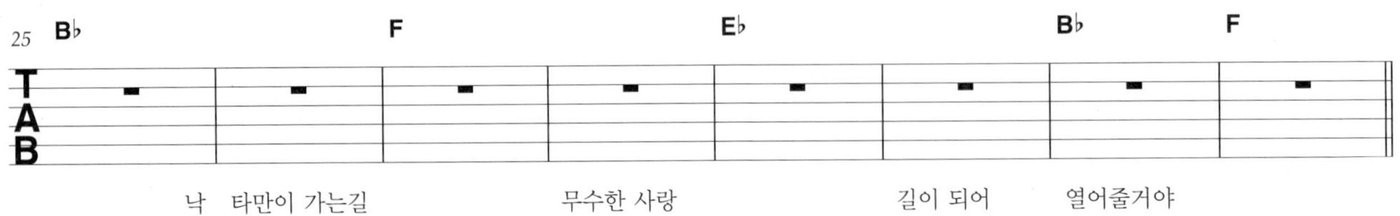

25
B♭
F
E♭
B♭
F
낙 타만이 가는길 무수한 사랑 길이 되어 열어줄거야

마디별로 음이 유지되게끔
1, 2번줄을 계속 눌러주고 있기.

Pre-Chorus 1 & 2

얼터네이트 or 올 다운

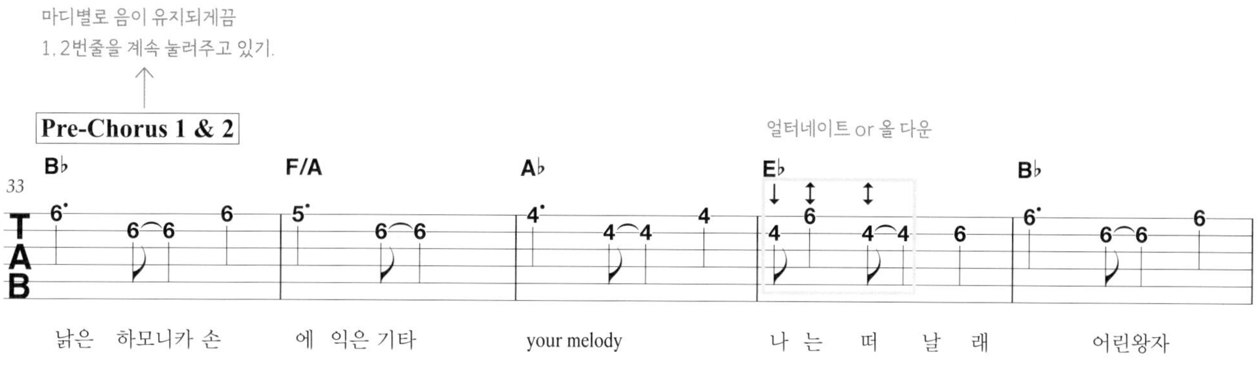

피크 스크래치. 피크로 줄을
쓸어내립니다. 연주 영상 참고!

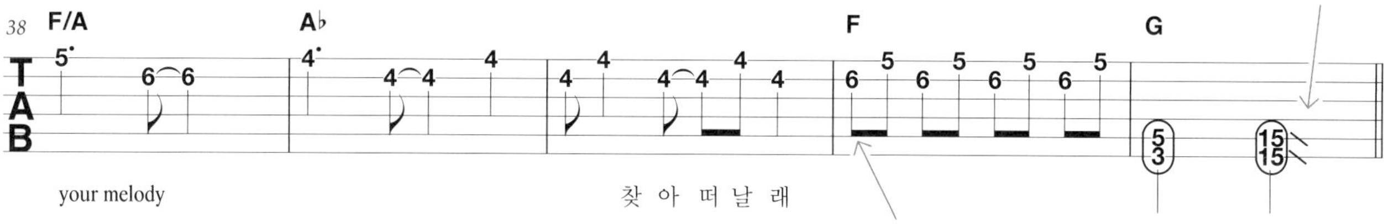

38 F/A A♭ F G

your melody 찾 아 떠 날 래

1, 2번줄 번갈아 나오는 부분. 올 다운으로 하기엔
곡 템포가 빠르고, 얼터네이트로 하기엔 번갈아
나오는 줄이 꽤 어려울 수 있습니다. 개인적으론
얼터네이트 추천!

Chorus 1 & 2

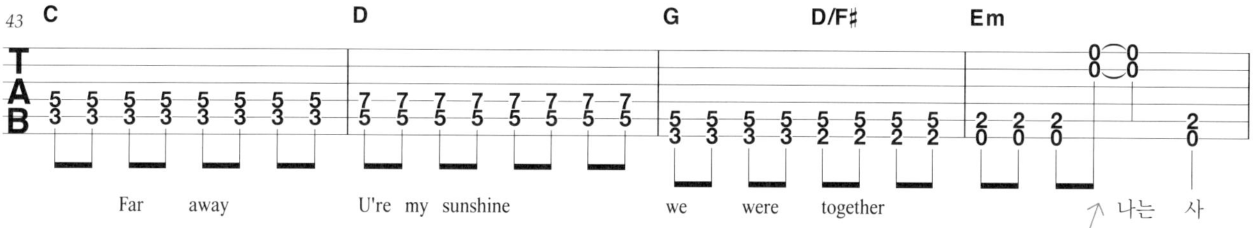

43 C D G D/F♯ Em

Far away U're my sunshine we were together 나는 사

파워코드만 하면 심심하니
섞어주는 느낌

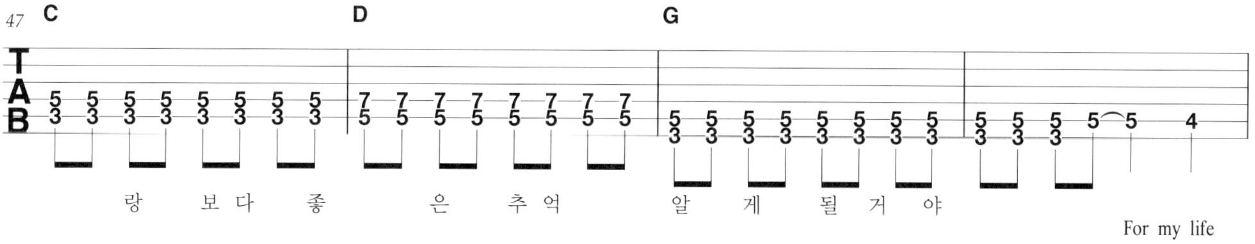

47 C D G

랑 보 다 좋 은 추 억 알 게 될 거 야

For my life

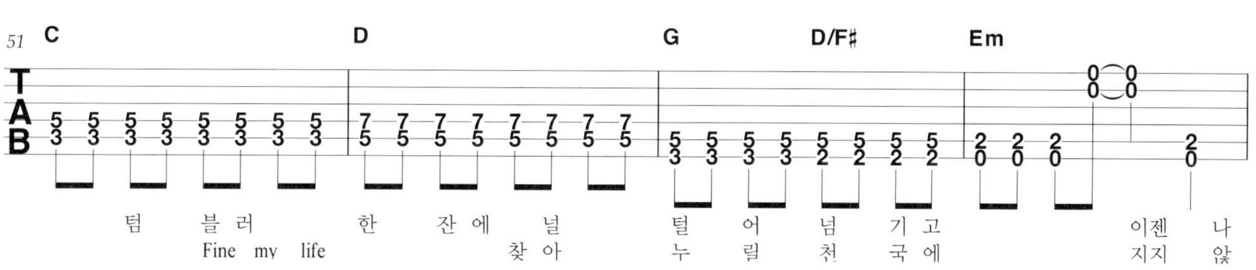

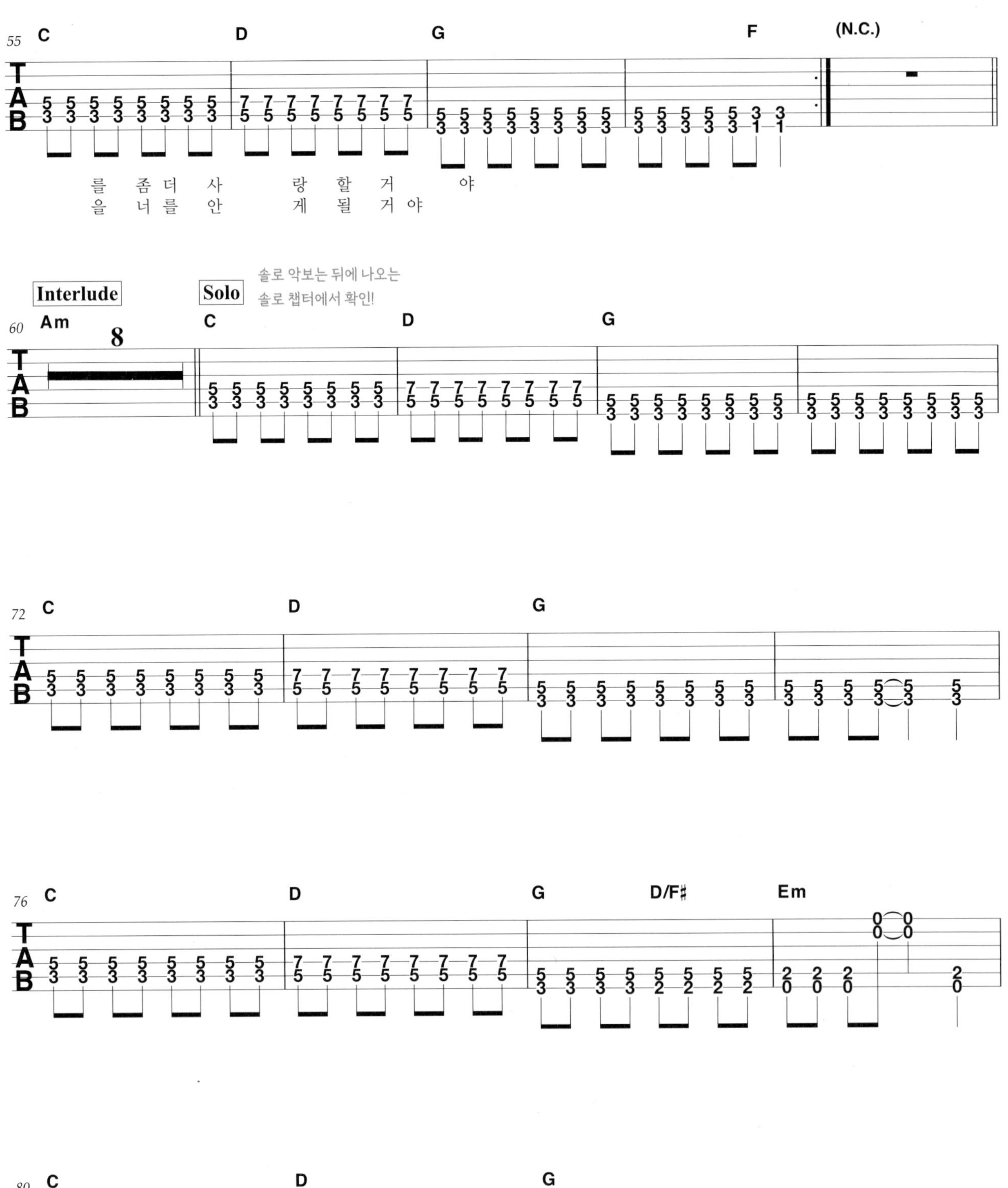
55
C
D
G
F
(N.C.)
를 좀더 사 랑 할 거 야
을 너를 안 게 될 거 야
Interlude
Solo
솔로 악보는 뒤에 나오는
솔로 챕터에서 확인!
60
Am
8
C
D
G
72
C
D
G
76
C
D
G
D/F♯
Em
80
C
D
G

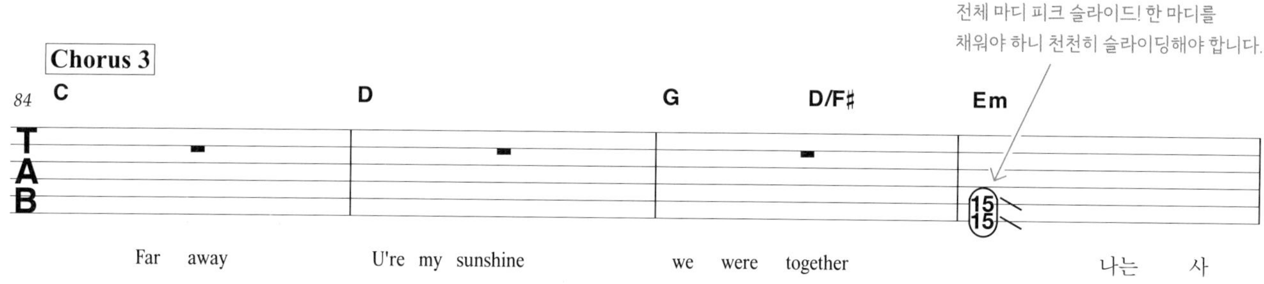
전체 마디 피크 슬라이드! 한 마디를
채워야 하니 천천히 슬라이딩해야 합니다.
Chorus 3
C D G D/F♯ Em
Far away U're my sunshine we were together 나는 사

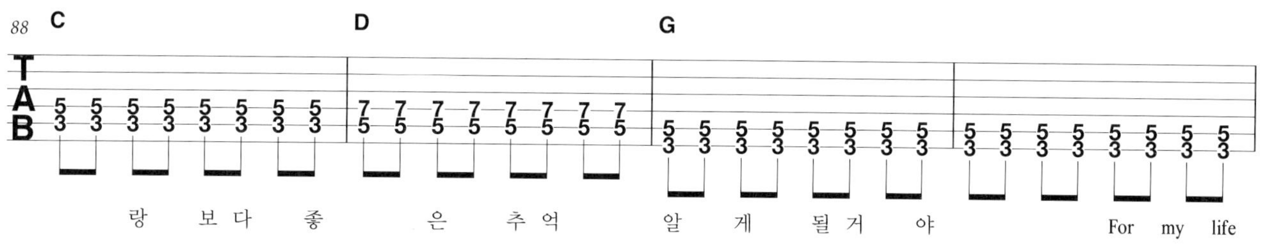
C D G
랑 보 다 좋 은 추 억 알 게 될 거 야 For my life

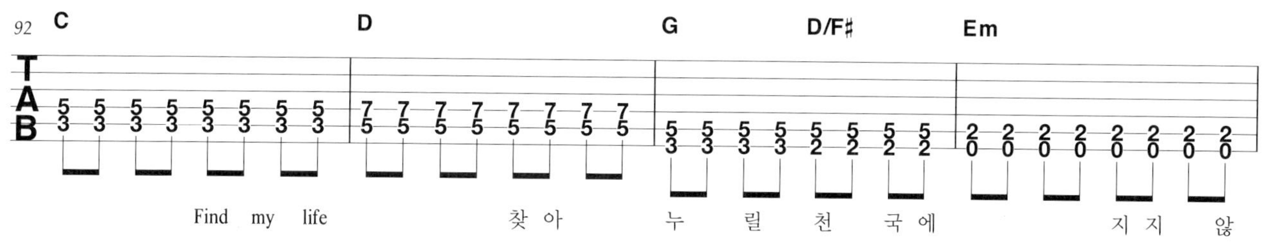
C D G D/F♯ Em
Find my life 찾 아 누 릴 천 국 에 지 지 않

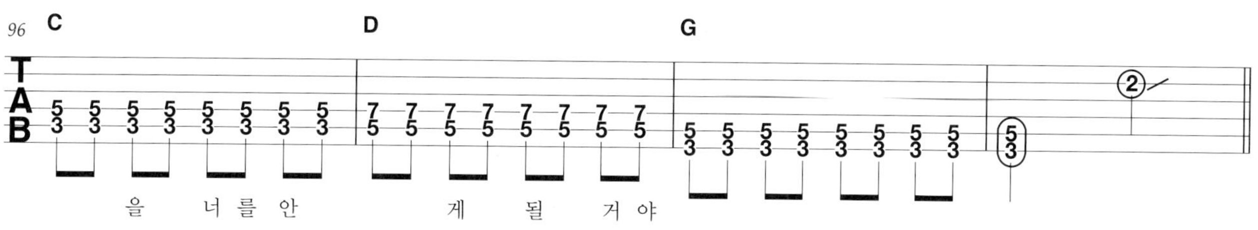
C D G
을 너 를 안 게 될 거 야

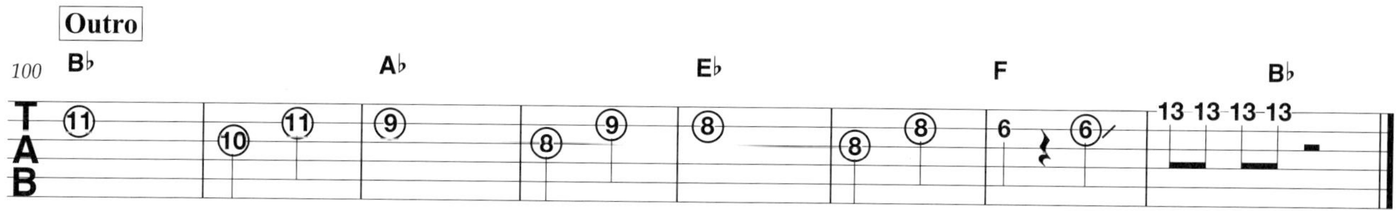
Outro
B♭ A♭ E♭ F B♭

NO PAIN

인트로 리프가 본체인 곡. 리프 연주 시에 일렉기타 톤이 뭔가 특이한 느낌입니다. 개개인마다 톤을 잡는 차이와 해석이 있겠지만, 피치 쉬프터 또는 Whammy 등으로 추가적인 음이 들리게끔 해줍니다. (드라이브에 퍼즈 계열 추가로 살짝 들어가주는 느낌) 원곡자는 복스 앰프를 쓴다고 알고 있지만, 안쌤은 마샬을 씁니다. (정답은 없습니다!)

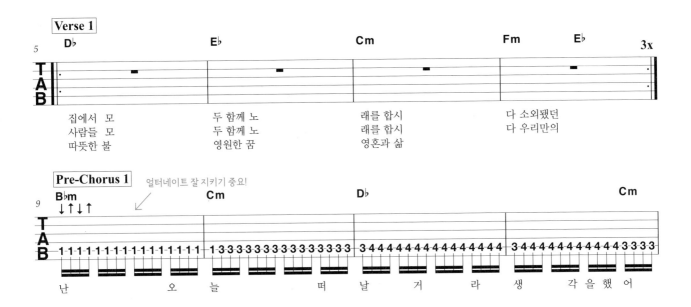

실리카겔 노래
실리카겔 작사·작곡

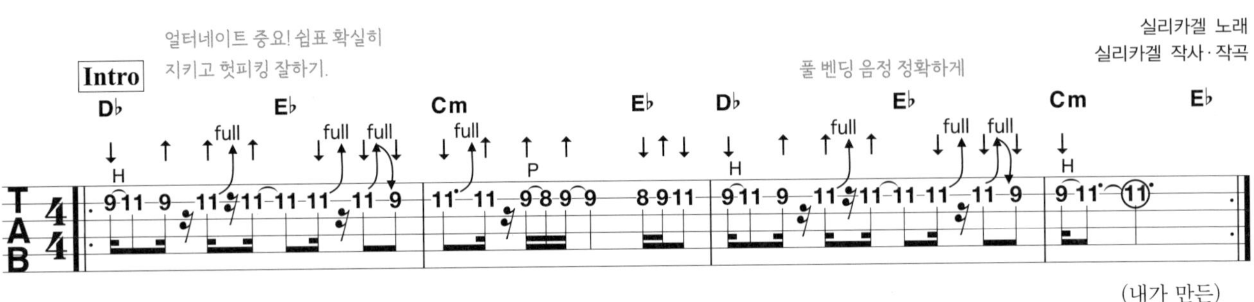

Verse 1

5 D♭ | E♭ | Cm | Fm E♭ | 3x

집에서 모 / 두 함께 노 / 래를 합시 / 다 소외됐던
사람들 모 / 두 함께 노 / 래를 합시 / 다 우리만의
따뜻한 불 / 영원한 꿈 / 영혼과 삶

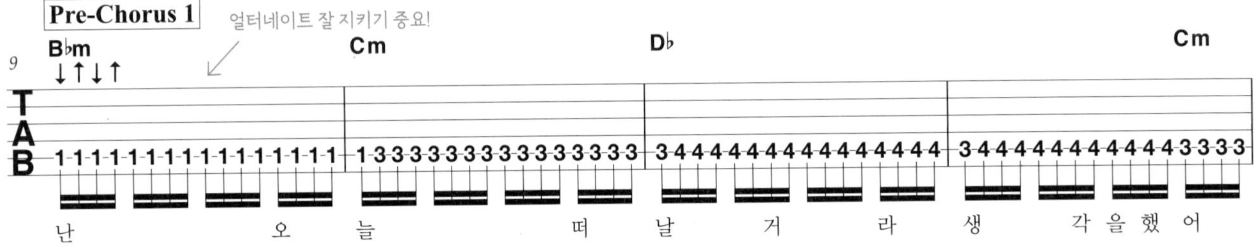

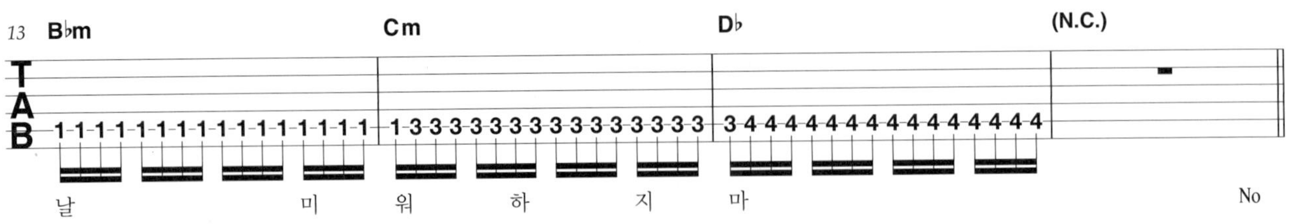

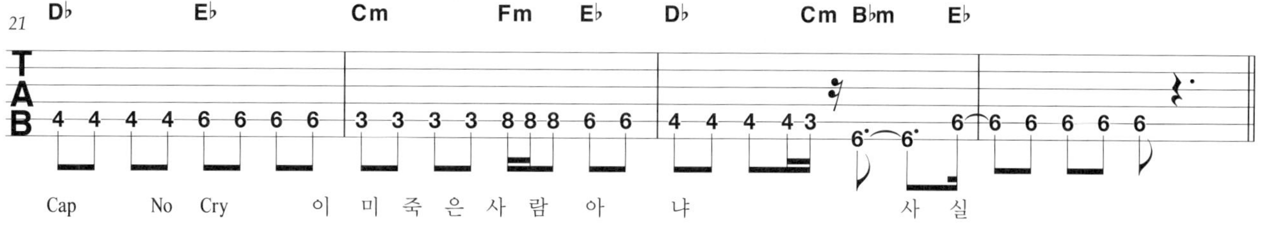
21
D♭ E♭ Cm Fm E♭ D♭ Cm B♭m E♭
Cap No Cry 이 미 죽 은 사 람 아 냐 사 실

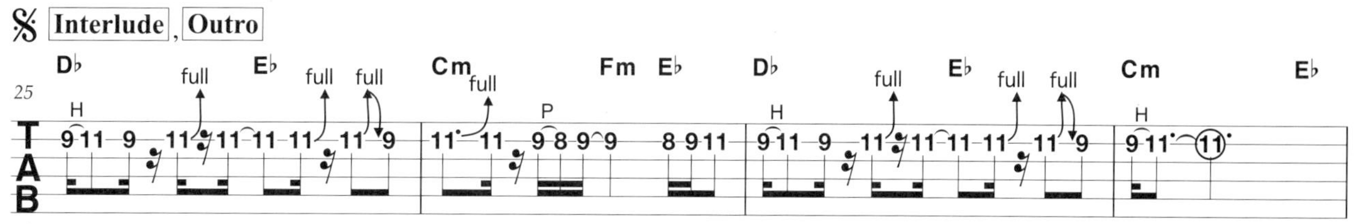
Interlude, Outro
25
D♭ E♭ Cm Fm E♭ D♭ E♭ Cm E♭

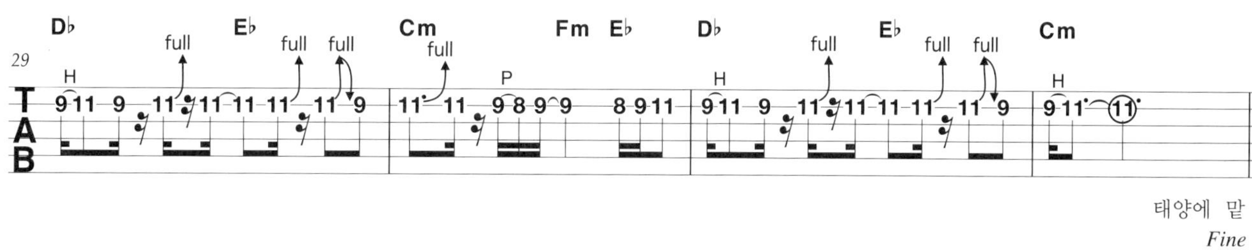
29
D♭ E♭ Cm Fm E♭ D♭ E♭ Cm
태양에 맡
Fine

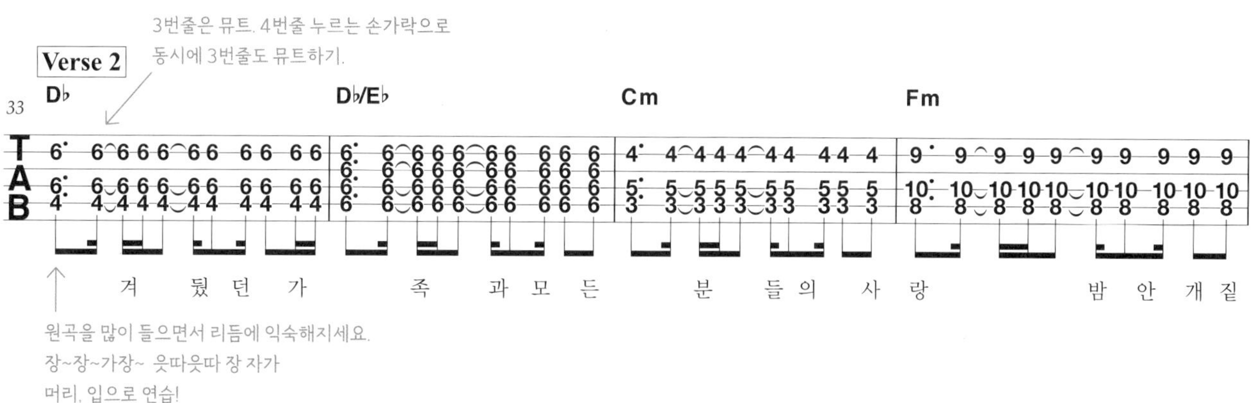
3번줄은 뮤트. 4번줄 누르는 손가락으로
동시에 3번줄도 뮤트하기.
Verse 2
33
D♭ D♭/E♭ Cm Fm
겨 뒀 던 가 족 과 모 든 분 들 의 사 랑 밤 안 개 짙
원곡을 많이 들으면서 리듬에 익숙해지세요.
장~장~가장~ 읏따읏따 장 자가
머리, 입으로 연습!

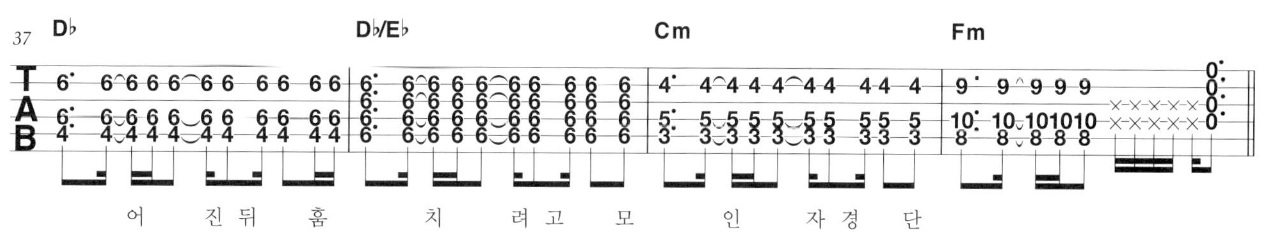
37
D♭ D♭/E♭ Cm Fm
어 진 뒤 흠 치 려 고 모 인 자 경 단

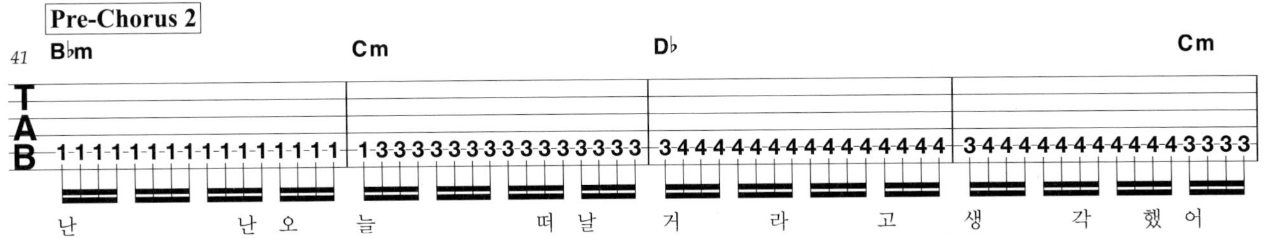
Pre-Chorus 2
B♭m Cm D♭ Cm
난 난 오 늘 떠 날 거 라 고 생 각 했 어

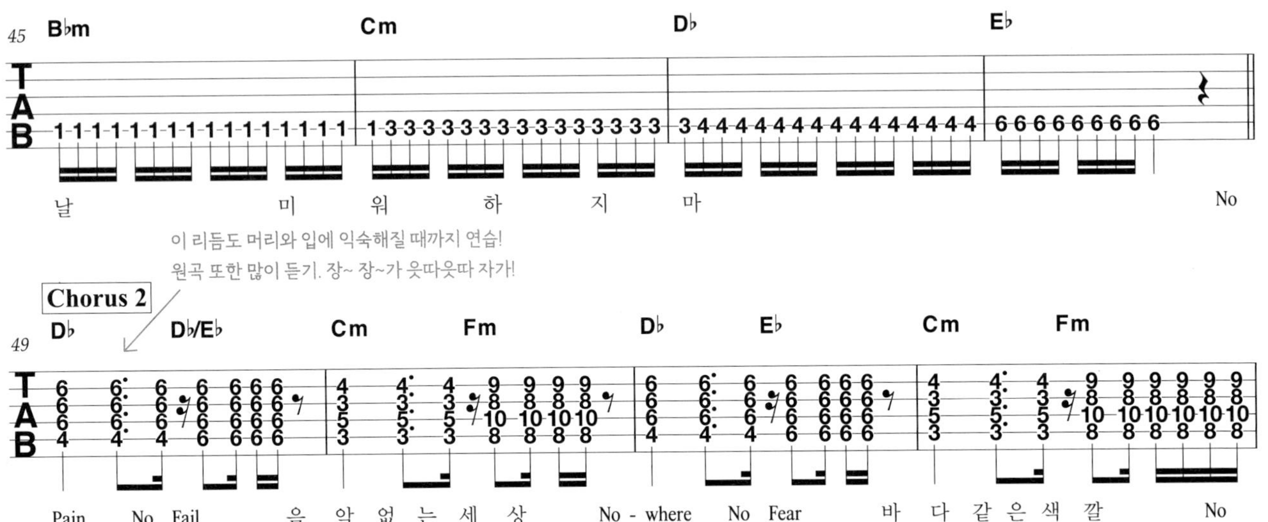
B♭m Cm D♭ E♭
날 미 워 하 지 마 No
이 리듬도 머리와 입에 익숙해질 때까지 연습!
원곡 또한 많이 듣기. 장~ 장~가 읏따읏따 자가!
Chorus 2
D♭ D♭/E♭ Cm Fm D♭ E♭ Cm Fm
Pain No Fail 음 악 없 는 세 상 No - where No Fear 바 다 같 은 색 깔 No

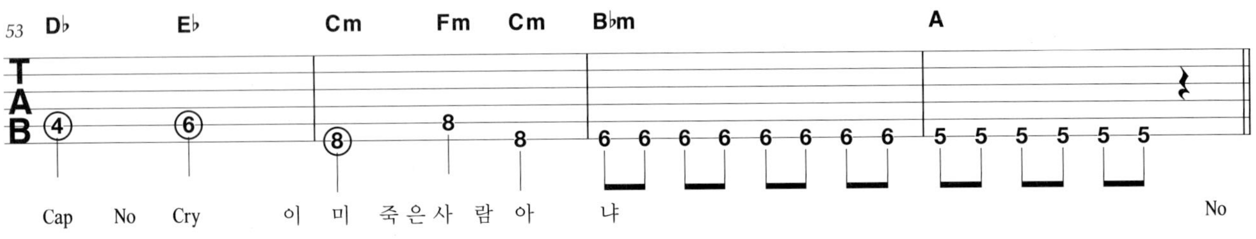
D♭ E♭ Cm Fm Cm B♭m A
Cap No Cry 이 미 죽 은 사 람 아 냐 No

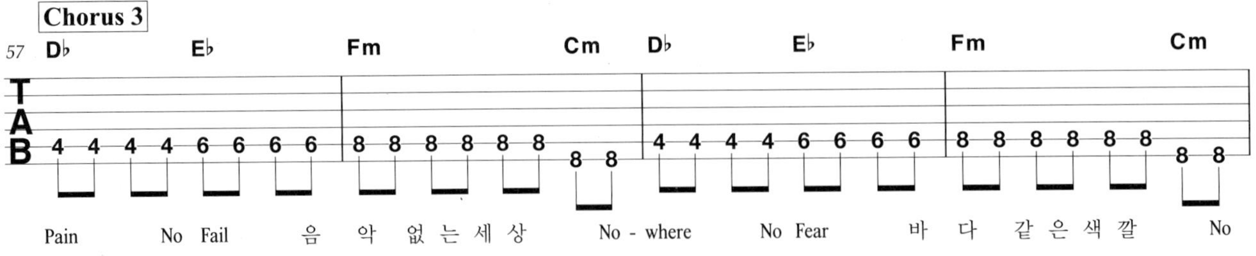
Chorus 3
D♭ E♭ Fm Cm D♭ E♭ Fm Cm
Pain No Fail 음 악 없 는 세 상 No - where No Fear 바 다 같 은 색 깔 No

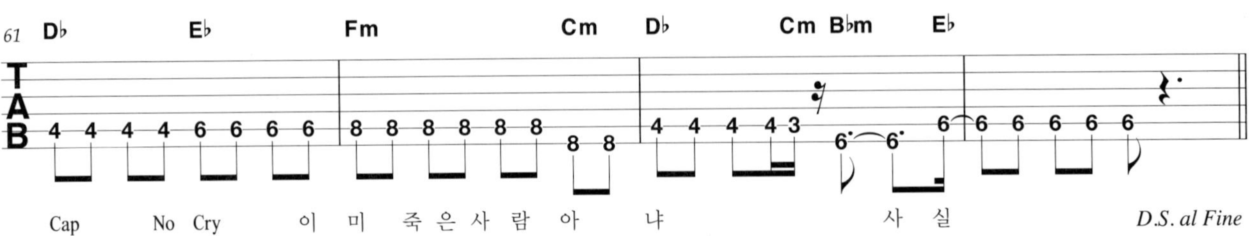
D♭ E♭ Fm Cm D♭ Cm B♭m E♭
Cap No Cry 이 미 죽 은 사 람 아 냐 사 실
D.S. al Fine

고민중독

밴드 씬의 신흥 강자 QWER의 상큼한 메가 히트곡.
안쌤 버전의 편곡으로 연주해 보세요!

QWER 노래
이동혁 외 4명 작사·작곡

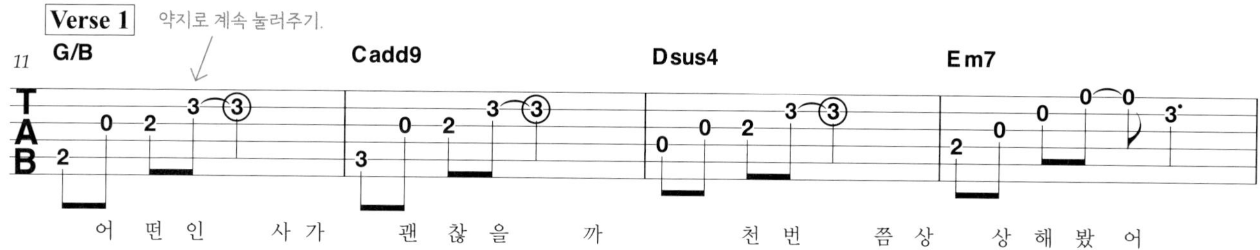

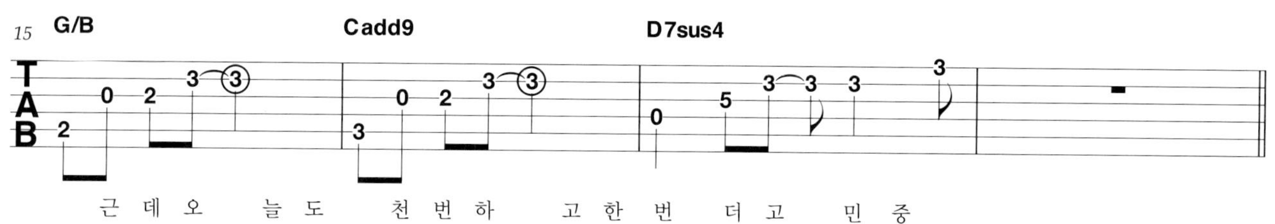

Verse 1' → 통기타 코드의 연속. 파워코드만 하면 허전하니 꼭 연습해 보세요!

19 G/B Cadd9 D D♯dim7 Em7 G Am7

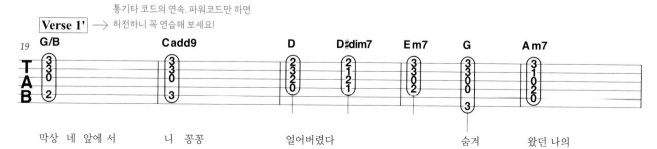

막상 네 앞에 서 니 꽁꽁 얼어버렸다 숨겨 왔던 나의

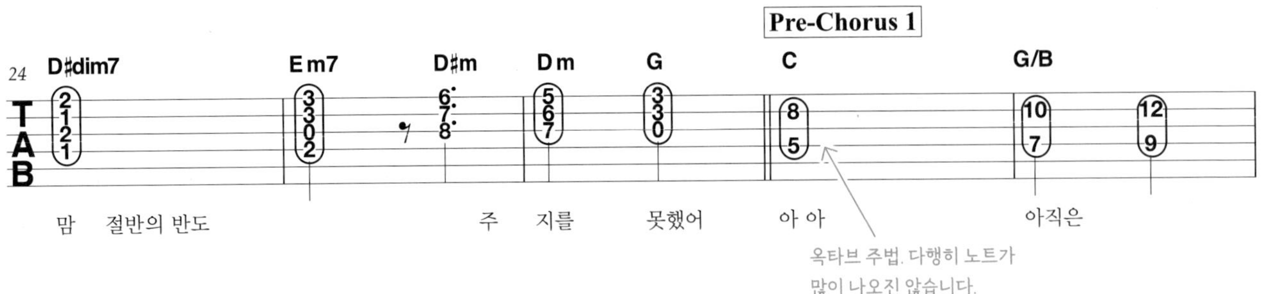
Pre-Chorus 1
D♯dim7
Em7
D♯m
Dm
G
C
G/B
맘 절반의 반도
주 지를
못했어
아 아
아직은
옥타브 주법. 다행히 노트가
많이 나오진 않습니다.

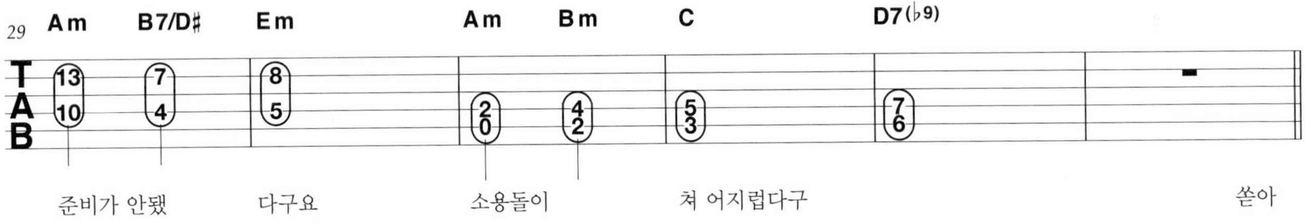
Am
B7/D♯
Em
Am
Bm
C
D7(♭9)
준비가 안됐
다구요
소용돌이
쳐 어지럽다구
쏟아

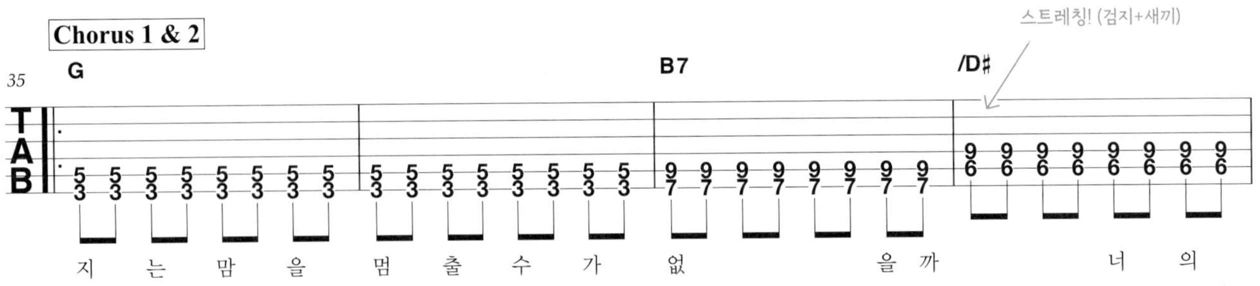
Chorus 1 & 2
G
B7
/D♯
스트레칭! (검지+새끼)
지 는 맘 을 멈 출 수 가 없
을 까
너 의

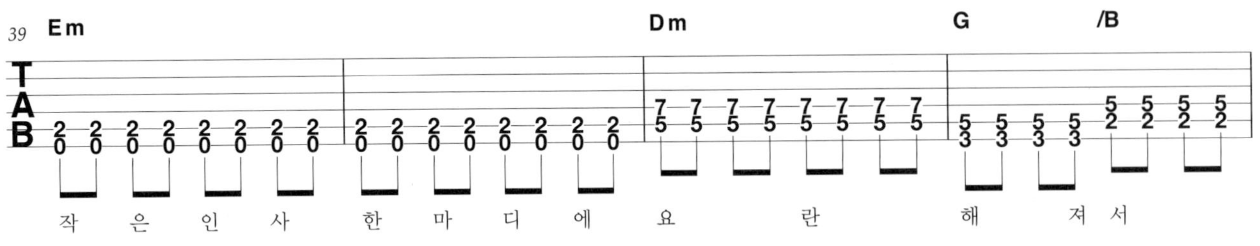
Em
Dm
G
/B
작 은 인 사 한 마 디 에 요
란
해 져 서

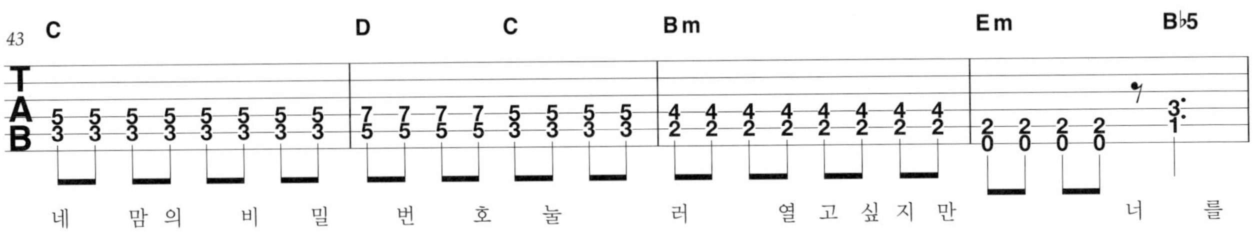
C
D
C
Bm
Em
B♭5
네 맘 의 비 밀 번 호 눌
러 열 고 싶 지 만
너 를

계속 파워코드였다가 갑자기 짭짭이! 3번줄 검지, 2번줄 약지로 잡고 4번줄을 중지로 뮤트.

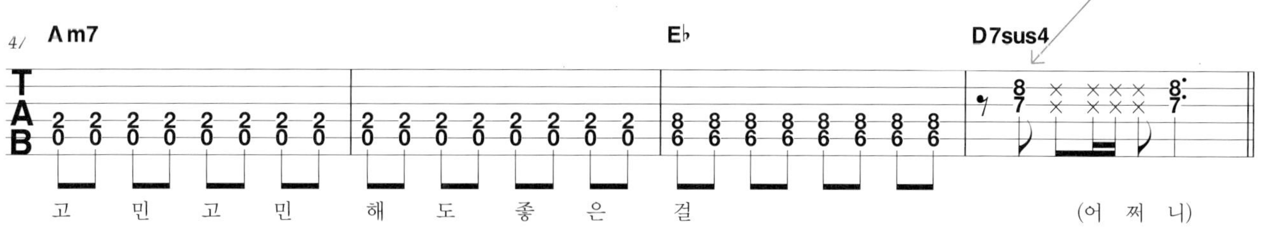
Am7
E♭
D7sus4
고 민 고 민 해 도 좋 은 걸
(어 쩌 니)

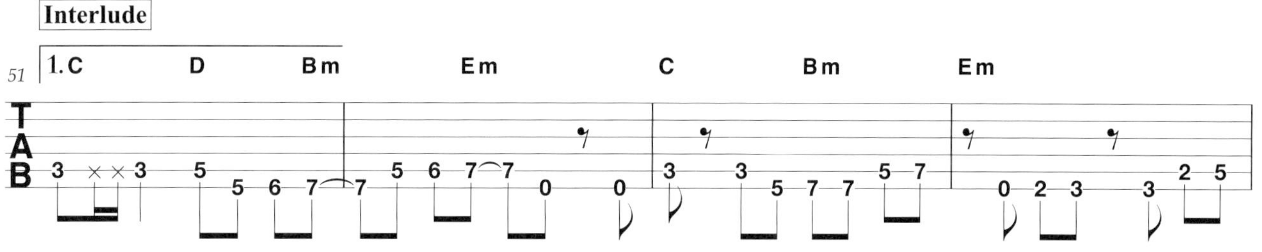
Interlude
1.C D Bm Em C Bm Em

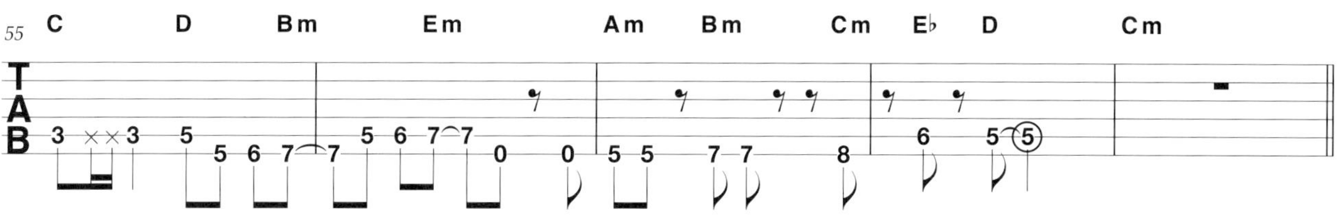
C D Bm Em Am Bm Cm E♭ D Cm

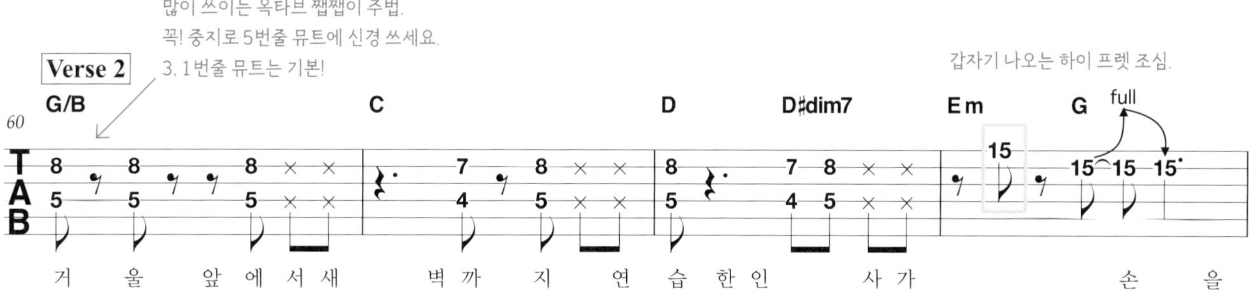
많이 쓰이는 옥타브 짭짭이 주법.
꼭! 중지로 5번줄 뮤트에 신경 쓰세요.
3, 1번줄 뮤트는 기본!
갑자기 나오는 하이 프렛 조심.
Verse 2
G/B C D D♯dim7 Em G
full
거 울 앞 에 서 새 벽 까 지 연 습 한 인 사 가 손 을

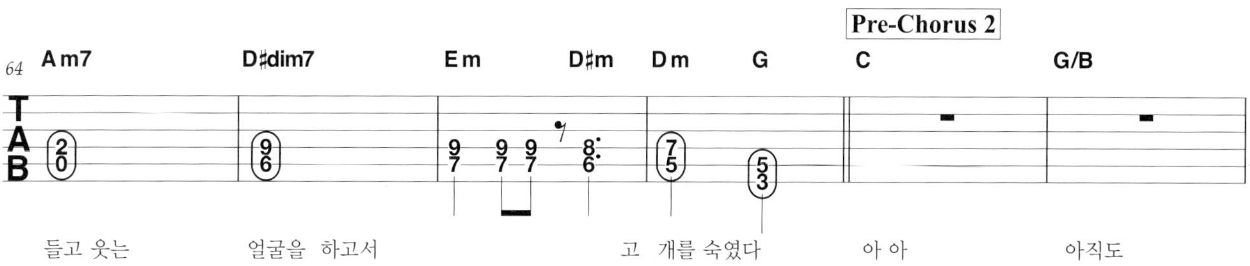
Pre-Chorus 2
Am7 D♯dim7 Em D♯m Dm G C G/B
들고 웃는 얼굴을 하고서 고 개를 숙였다 아 아 아직도

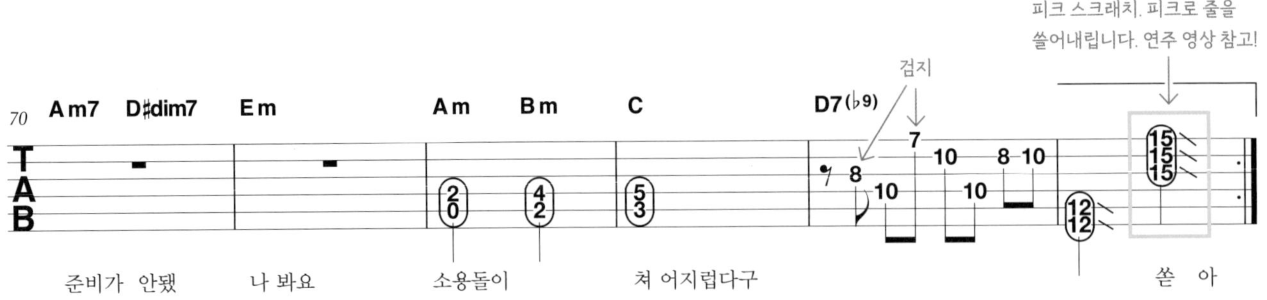
피크 스크래치. 피크로 줄을
쓸어내립니다. 연주 영상 참고!
검지
70
Am7 D♯dim7 Em Am Bm C D7(♭9)
준비가 안됐 나 봐요 소용돌이 쳐 어지럽다구 쏟 아

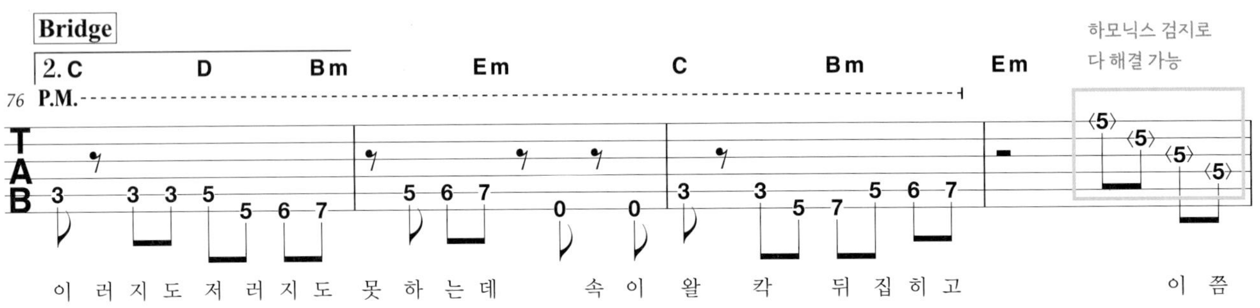
Bridge
하모닉스 검지로
다 해결 가능
2. C D Bm Em C Bm Em
76 P.M.
이 러 지 도 저 러 지 도 못 하 는 데 속 이 왈 칵 뒤 집 히 고 이 쯤

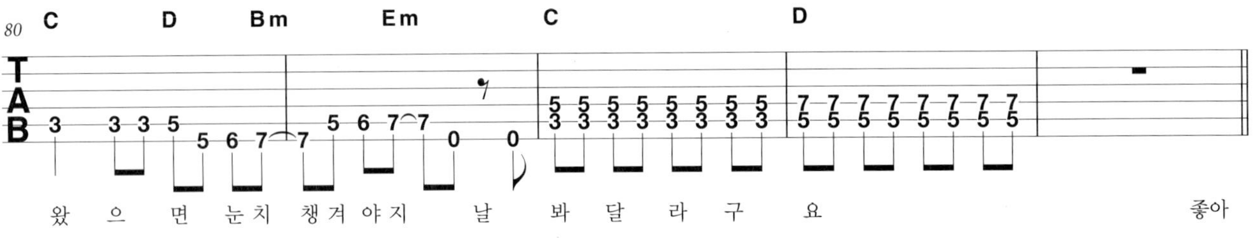
80 C D Bm Em C D
왔 으 면 눈 치 챙 겨 야 지 날 봐 달 라 구 요 좋아

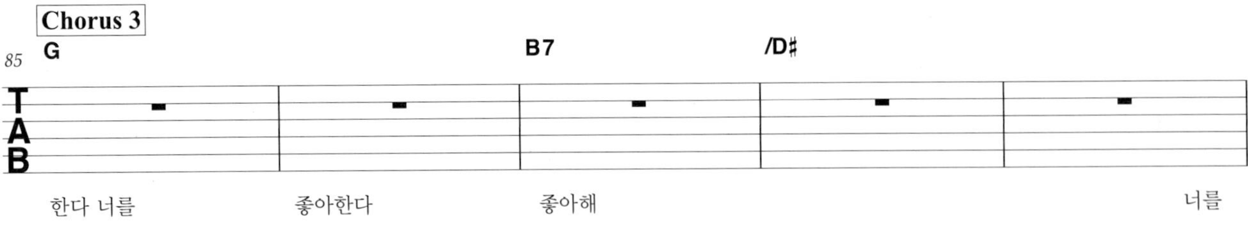
Chorus 3
85 G B7 /D♯
한다 너를 좋아한다 좋아해 너를

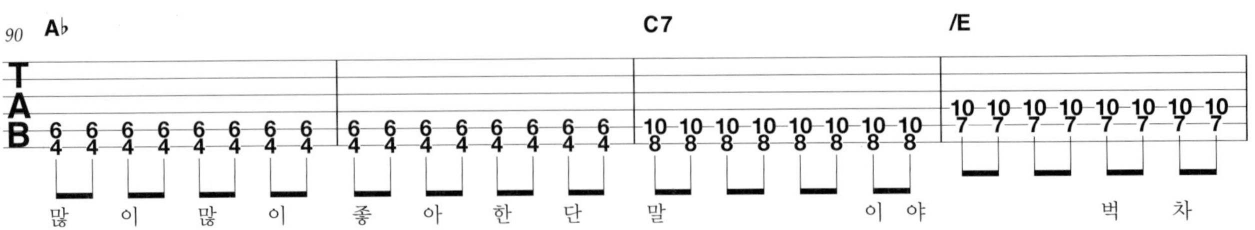
90 A♭ C7 /E
많 이 많 이 좋 아 한 단 말 이 야 벅 차

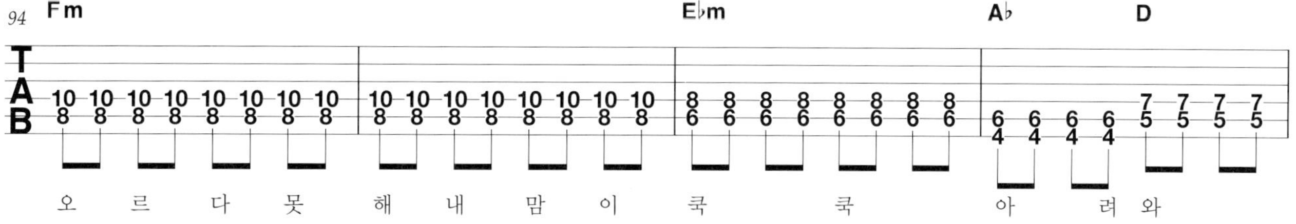
Fm
E♭m
A♭
D
오 르 다 못 해 내 맘 이 쿡 쿡 아 려 와

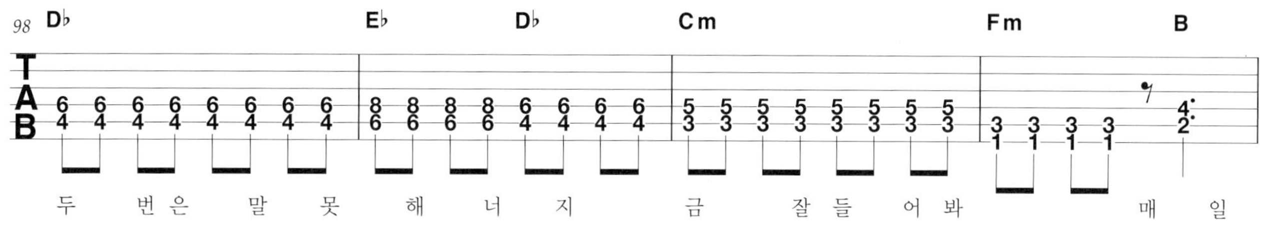
D♭
E♭
D♭
Cm
Fm
B
두 번은 말 못 해 너 지 금 잘 들 어 봐 매 일

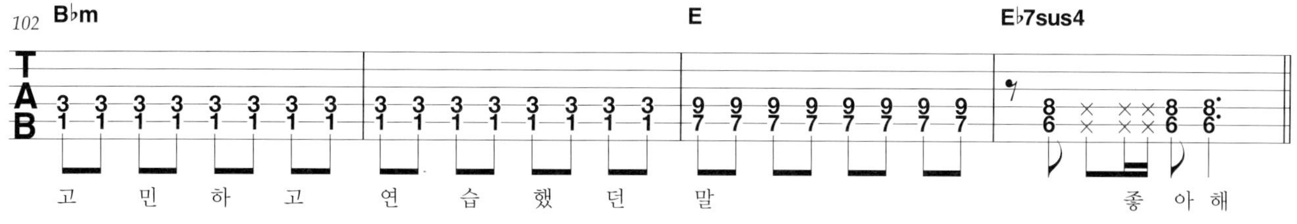
B♭m
E
E♭7sus4
고 민 하 고 연 습 했 던 말 좋 아 해

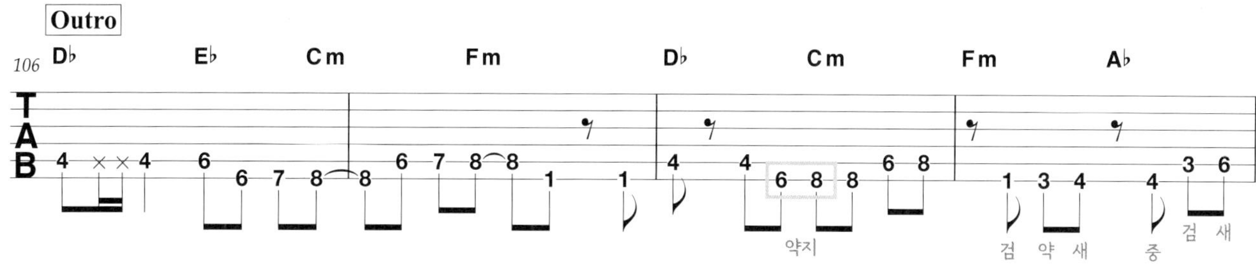
Outro
D♭
E♭
Cm
Fm
D♭
Cm
Fm
A♭
약지
검 약 새 중 검 새

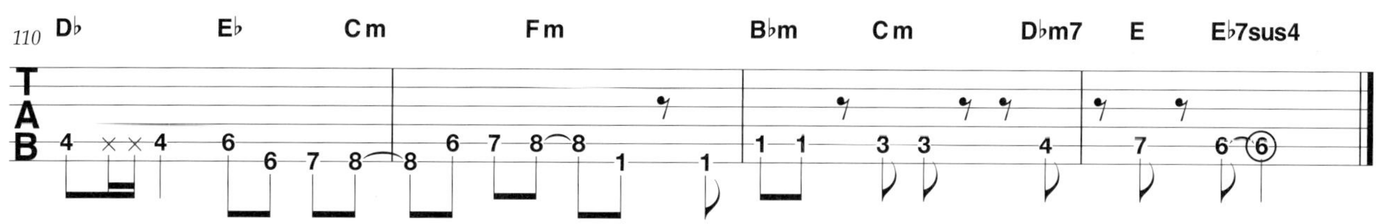
D♭
E♭
Cm
Fm
B♭m
Cm
D♭m7
E
E♭7sus4

말해줘 Say It

한국인들이 많이 아는 대표 J-Pop 밴드 곡을 꼽으라면 빠지지 않는 곡.
요루시카의 노래는 이 곡 외에도 좋은 곡이 참 많고, 그중에서도
기타가 재밌는 곡이 많으니 다른 곡들도 꼭 들어보고 도전해 보길 바랍니다.

Yorushika 노래
n-buna 작사·작곡

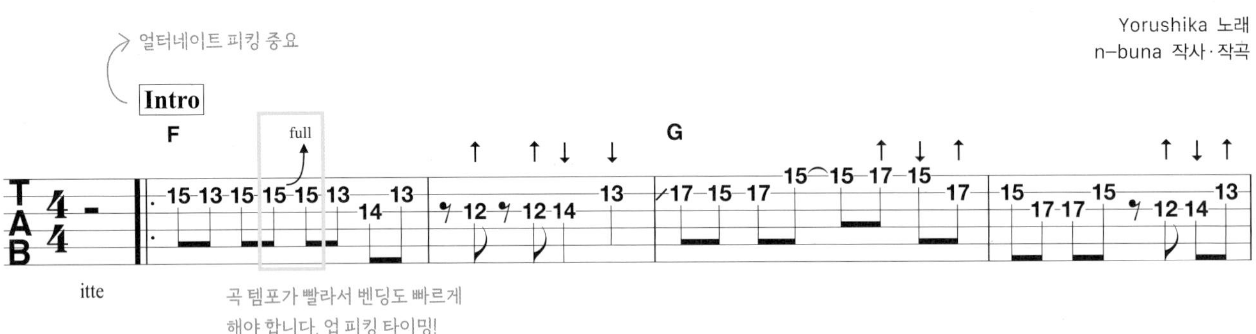

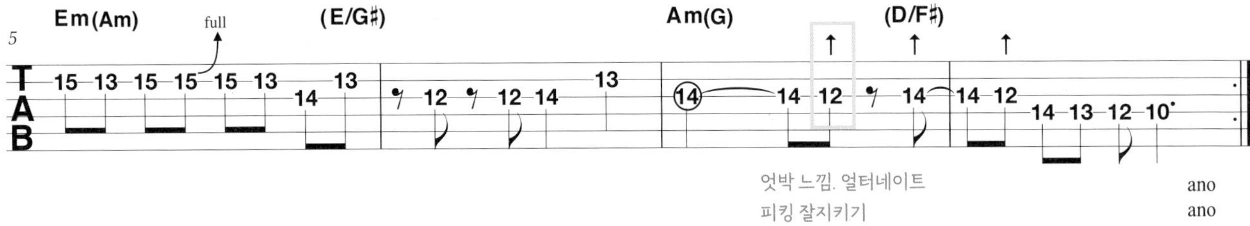

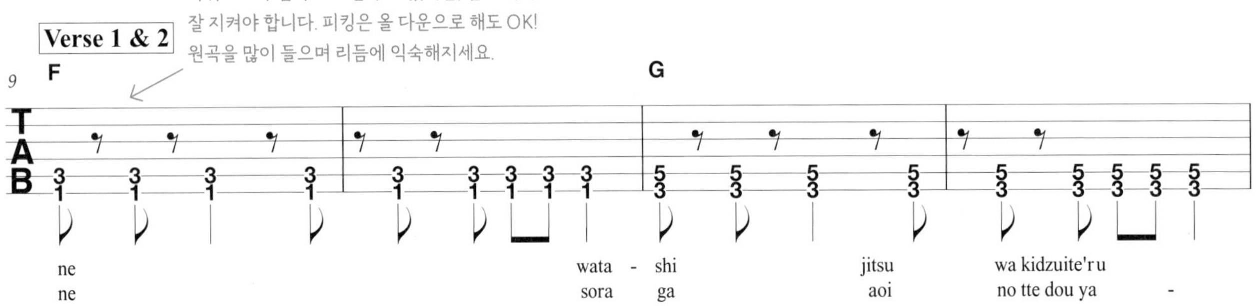

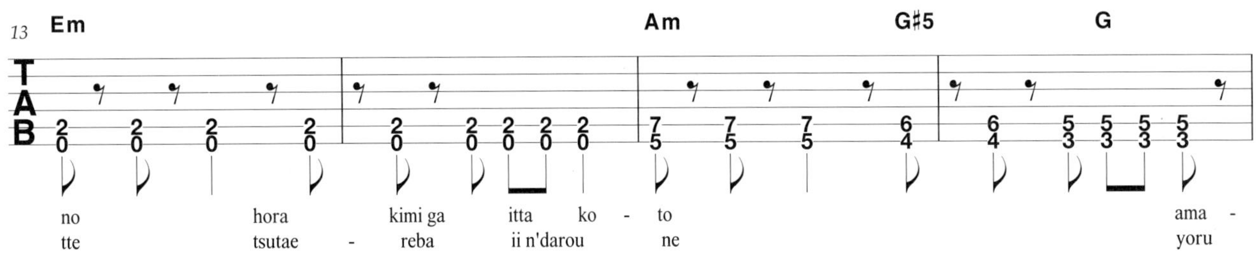

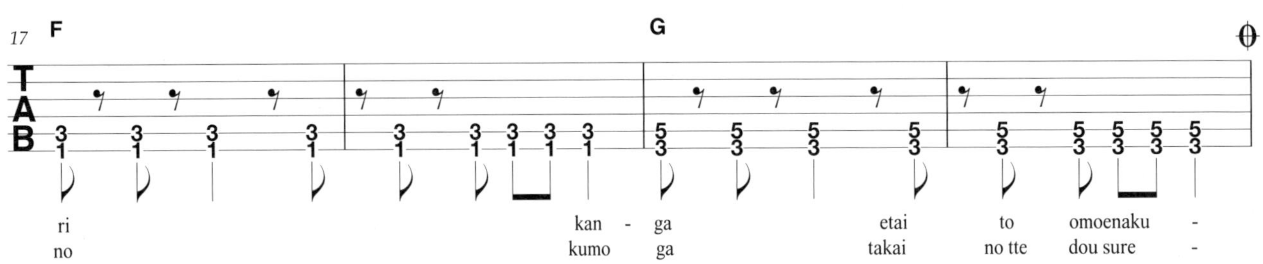

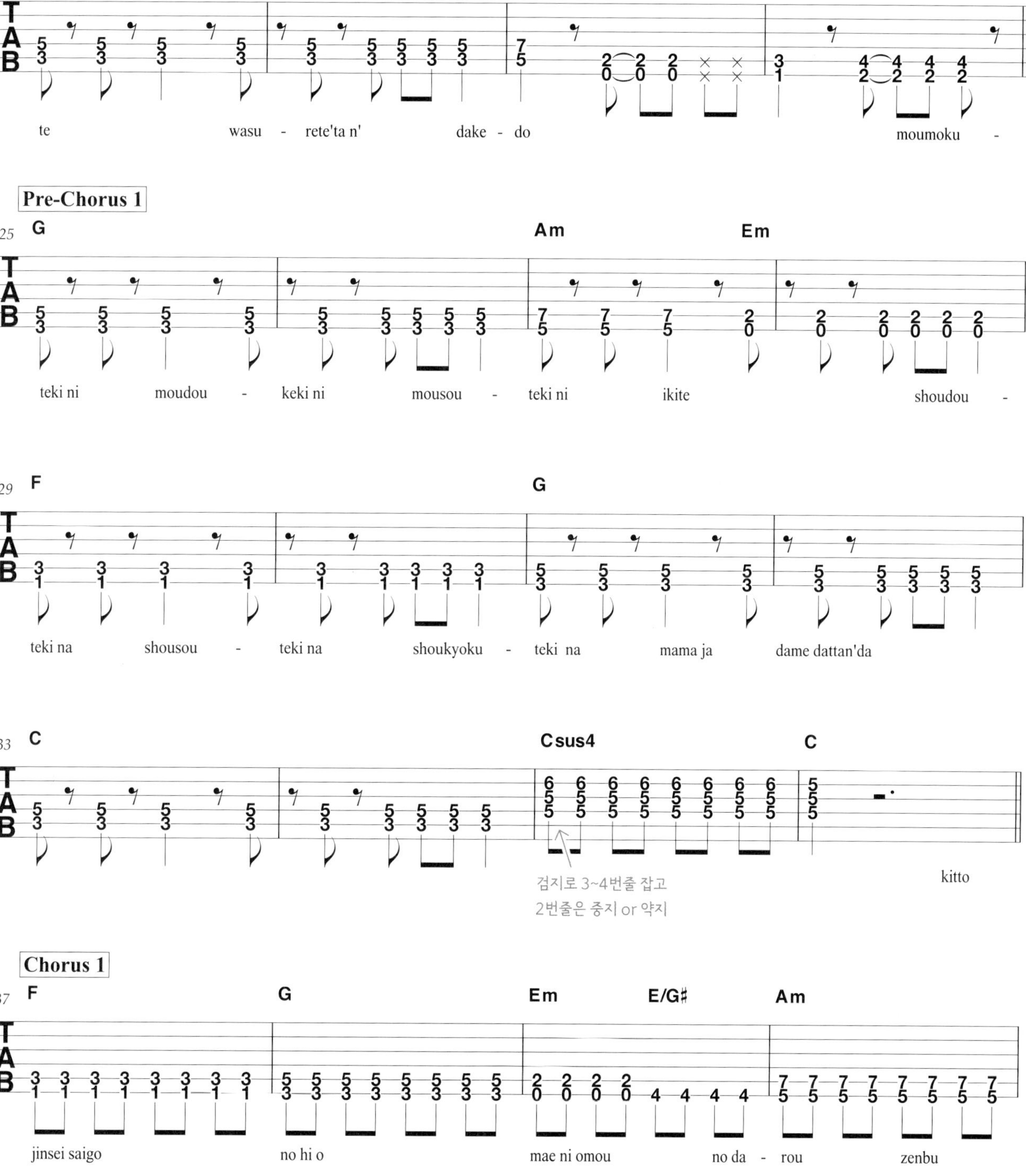
C
Dm Em
F F♯5
te wasu - rete'ta n' dake - do
moumoku -
Pre-Chorus 1
G
Am Em
teki ni moudou - keki ni mousou - teki ni ikite
shoudou -
F
G
teki na shousou - teki na shoukyoku - teki na mama ja dame dattan'da
C
Csus4
C
검지로 3~4번줄 잡고
2번줄은 중지 or 약지
kitto
Chorus 1
F
G
Em E/G♯
Am
jinsei saigo no hi o mae ni omou no da - rou zenbu

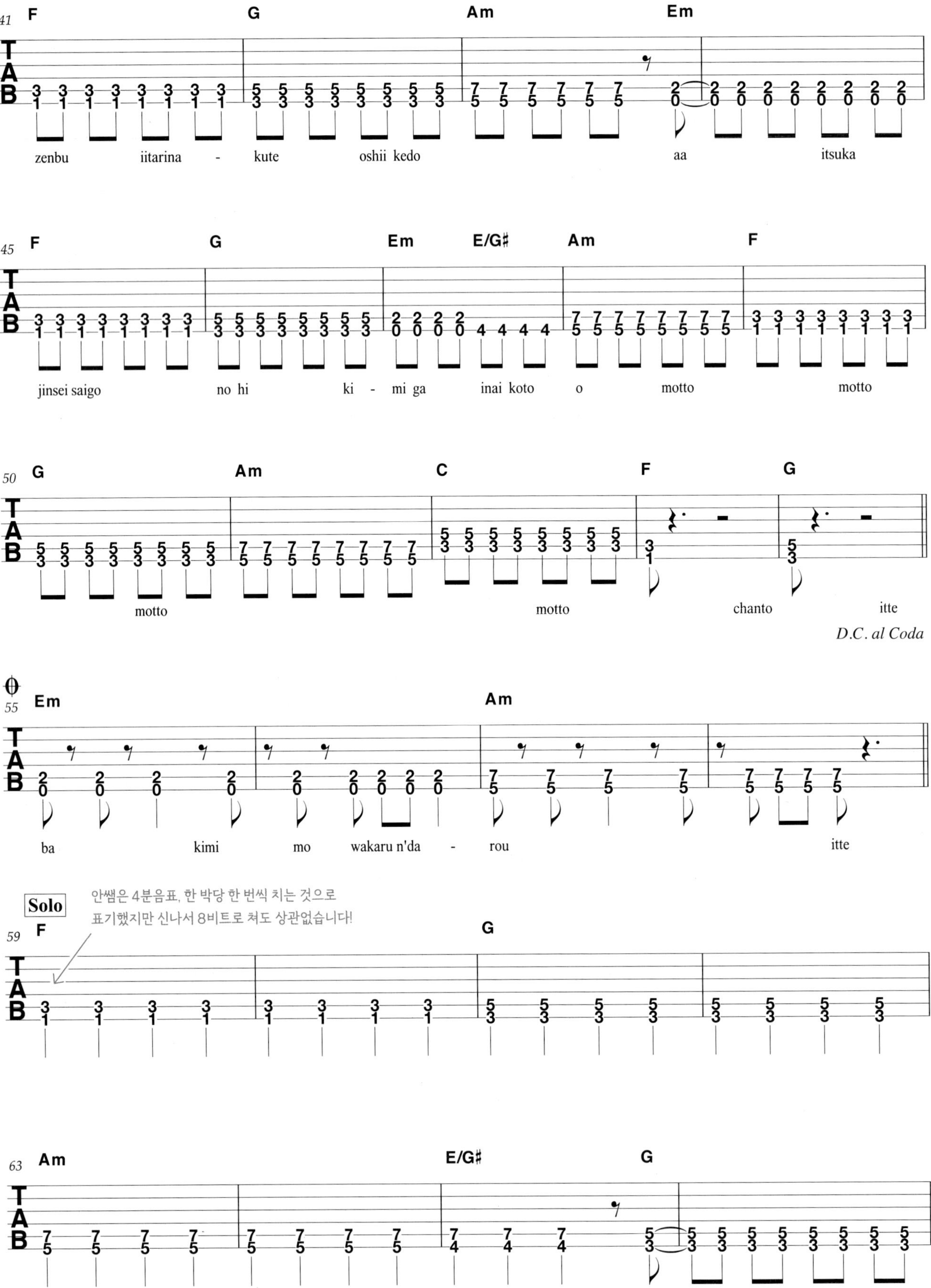
41 F G Am Em
zenbu iitarina - kute oshii kedo aa itsuka
45 F G Em E/G♯ Am F
jinsei saigo no hi ki - mi ga inai koto o motto motto
50 G Am C F G
motto motto chanto itte
D.C. al Coda
55 Em Am
ba kimi mo wakaru n'da - rou itte
Solo
안쌤은 4분음표, 한 박당 한 번씩 치는 것으로
표기했지만 신나서 8비트로 쳐도 상관없습니다!
59 F G
63 Am E/G♯ G

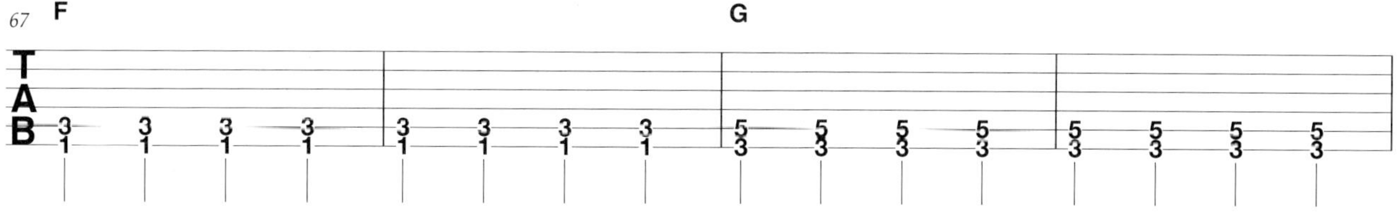

F
G

Am
ano
하이 코드지만 바 코드는 아니니
필요한 줄만 잡고 연주! 다만 여기선
피크보단 잠시 핑거링으로 해야 합니다.
Bridge
FM7
여기는 검지로 5~3번줄까지
바 코드로 잡아줘야 합니다.
G7
ne
wata - shi
jitsu
wa
wakatte'ru

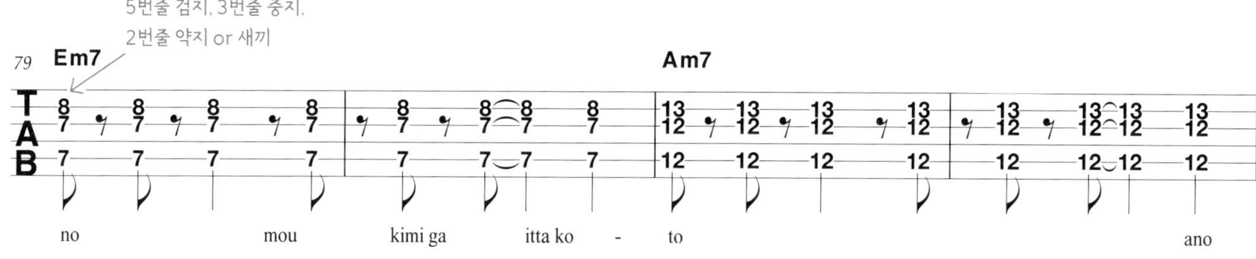

5번줄 검지, 3번줄 중지,
2번줄 약지 or 새끼
Em7
Am7
no
mou
kimi ga
itta ko - to
ano

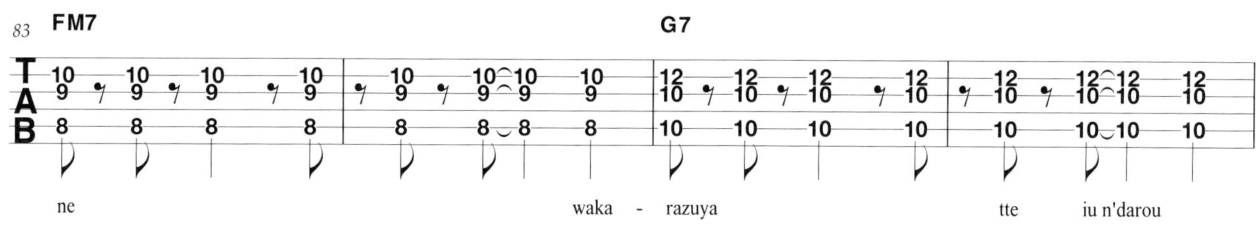

FM7
G7
ne
waka - razuya
tte
iu n'darou

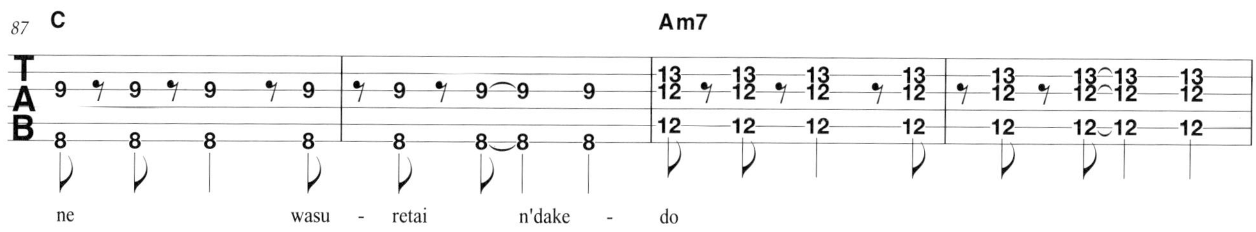

C
Am7
ne
wasu - retai
n'dake - do

여기서부터 다시 파워코드 달리기.

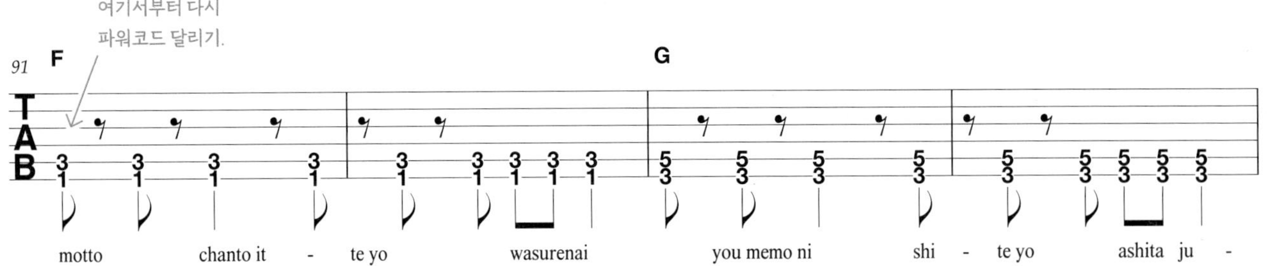
91
F
G
motto chanto it - te yo wasurenai you memo ni shi - te yo ashita ju -

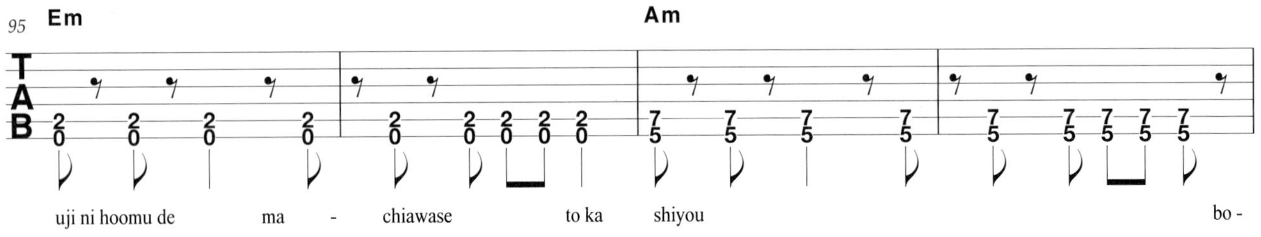
95
Em
Am
uji ni hoomu de ma - chiawase to ka shiyou bo -

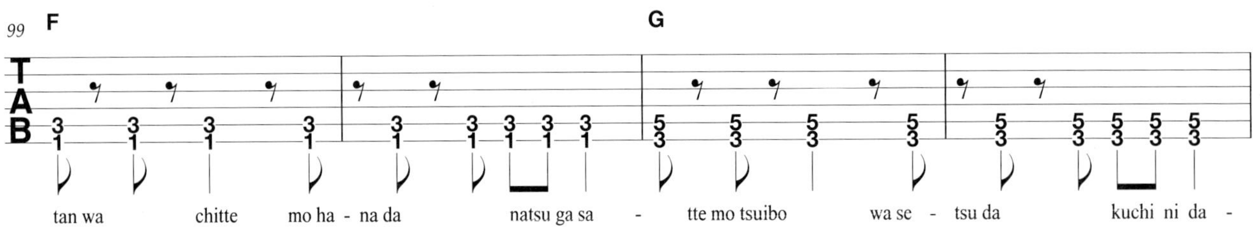
99
F
G
tan wa chitte mo ha - na da natsu ga sa - tte mo tsuibo wa se - tsu da kuchi ni da -

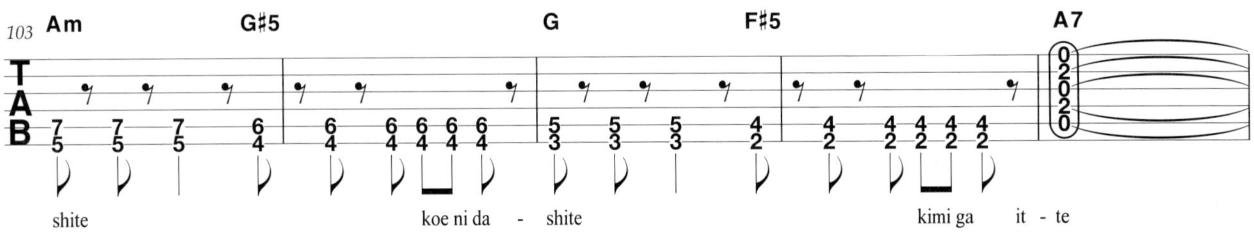
103
Am
G♯5
G
F♯5
A7
shite koe ni da - shite kimi ga it - te

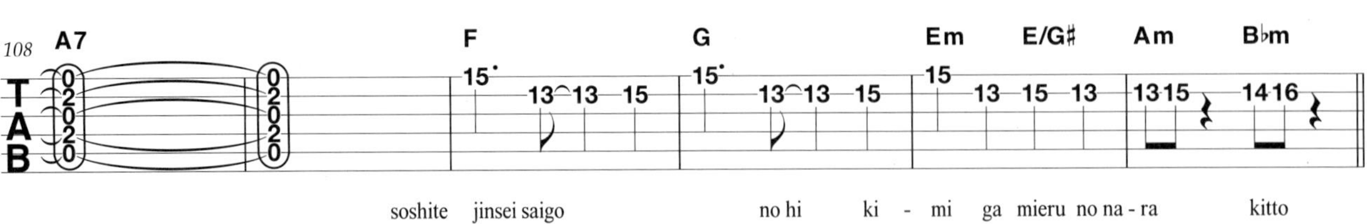
108
A7
F
G
Em
E/G♯
Am
B♭m
soshite jinsei saigo no hi ki - mi ga mieru no na - ra kitto

Chorus 2

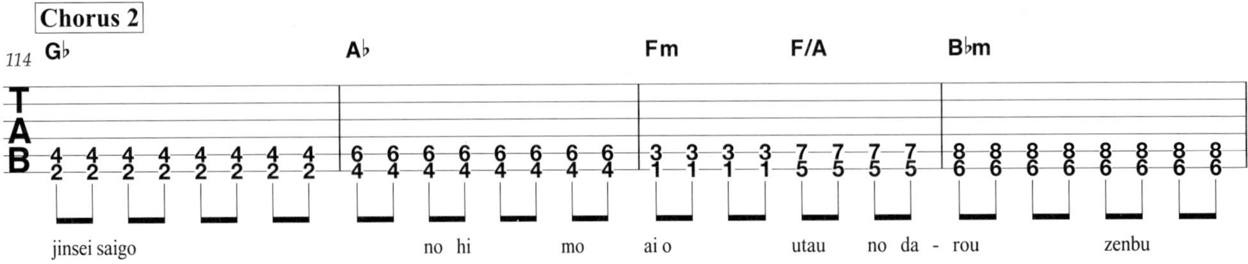
114
G♭
A♭
Fm
F/A
B♭m
jinsei saigo no hi mo ai o utau no da - rou zenbu

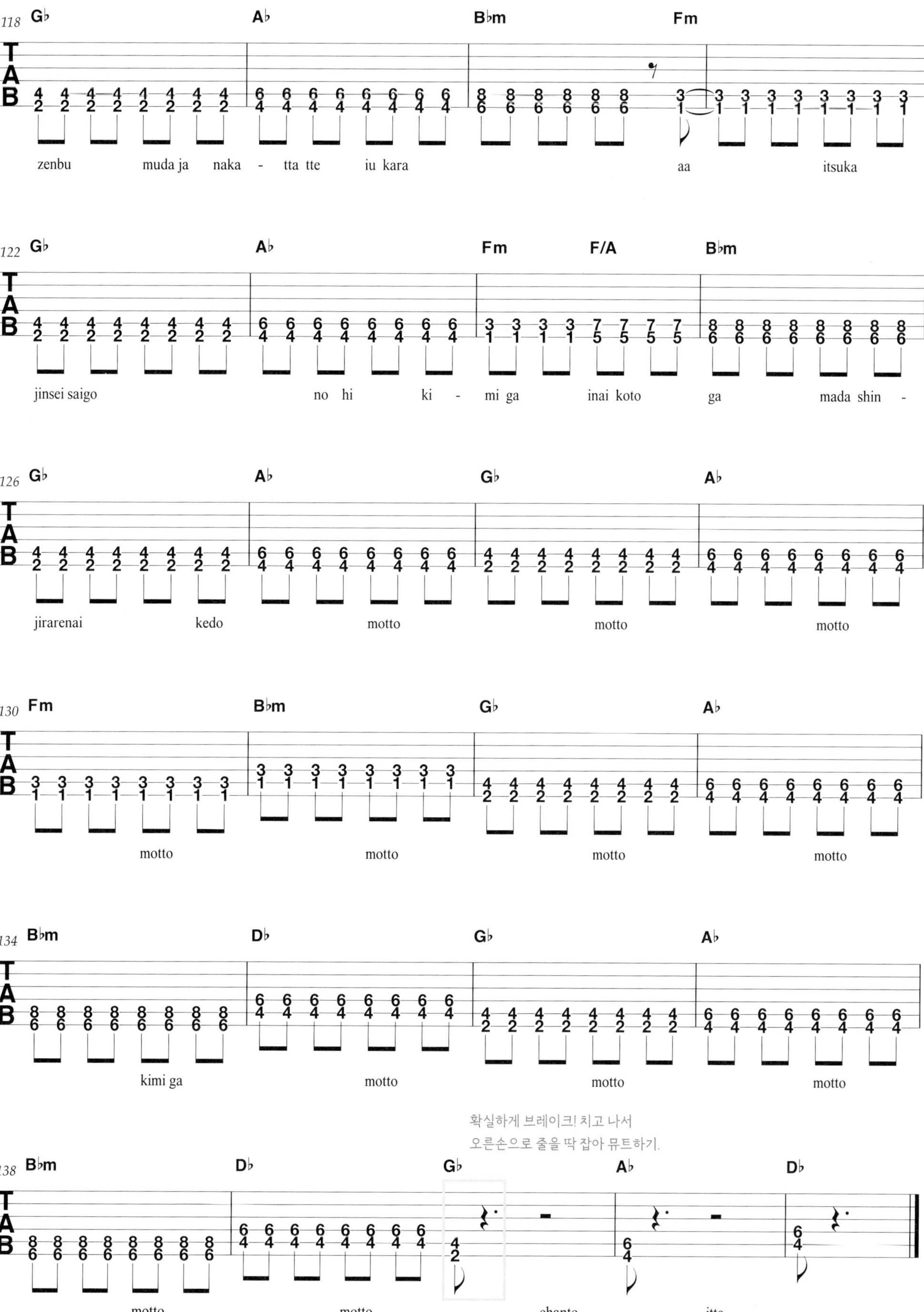
118
G♭
A♭
B♭m
Fm
zenbu
muda ja
naka
-
tta tte
iu kara
aa
itsuka
122
G♭
A♭
Fm
F/A
B♭m
jinsei saigo
no hi
ki
-
mi ga
inai koto
ga
mada shin
-
126
G♭
A♭
G♭
A♭
jirarenai
kedo
motto
motto
motto
130
Fm
B♭m
G♭
A♭
motto
motto
motto
motto
134
B♭m
D♭
G♭
A♭
kimi ga
motto
motto
motto
확실하게 브레이크! 치고 나서
오른손으로 줄을 딱 잡아 뮤트하기.
138
B♭m
D♭
G♭
A♭
D♭
motto
motto
chanto
itte

녹아내려요

개인적으로는 타이틀 곡보다 이 노래를 먼저 접해서 그런지 이 노래가 더 당길 때가 많은 것 같습니다. 역시 템포가 빠른 노래이니 연습이 많이 필요합니다.

DAY6 노래
Young K 작사
Young K 외 3명 작곡

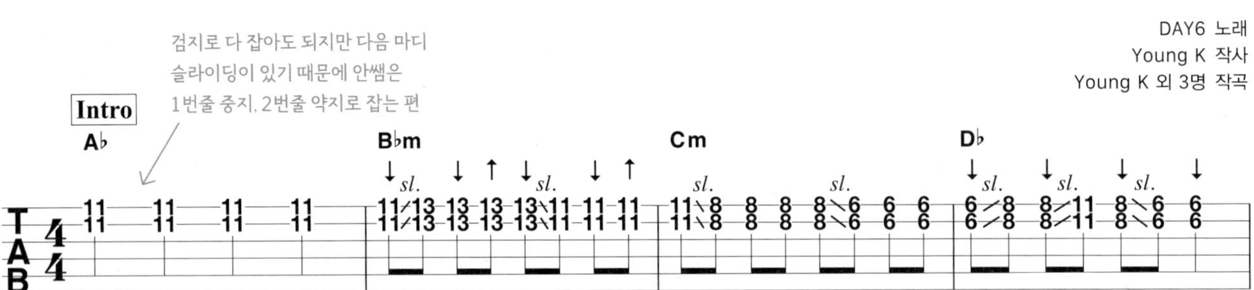

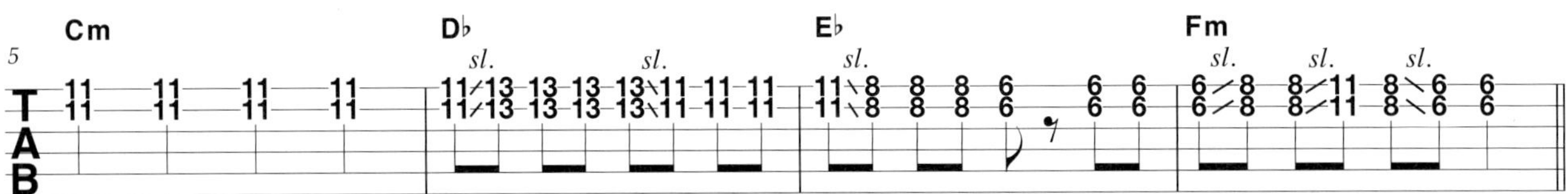

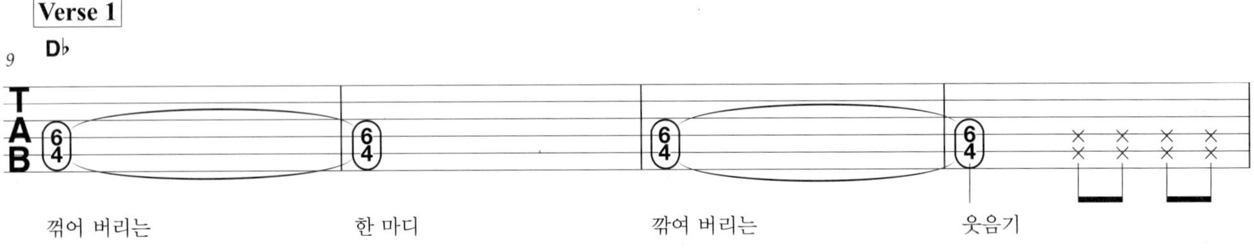

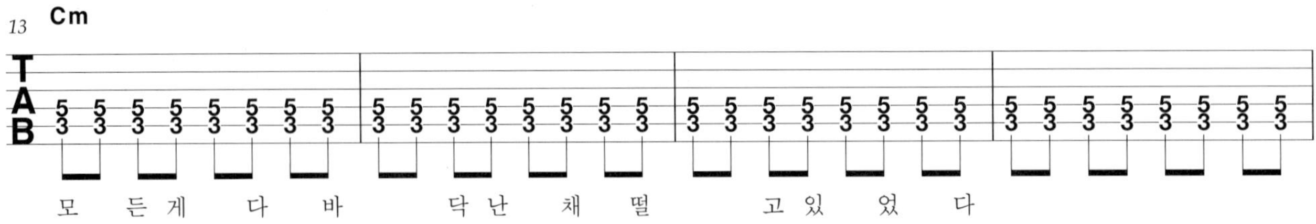

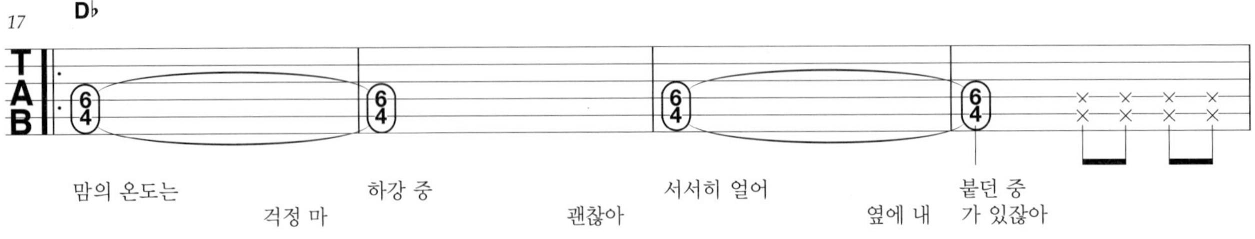

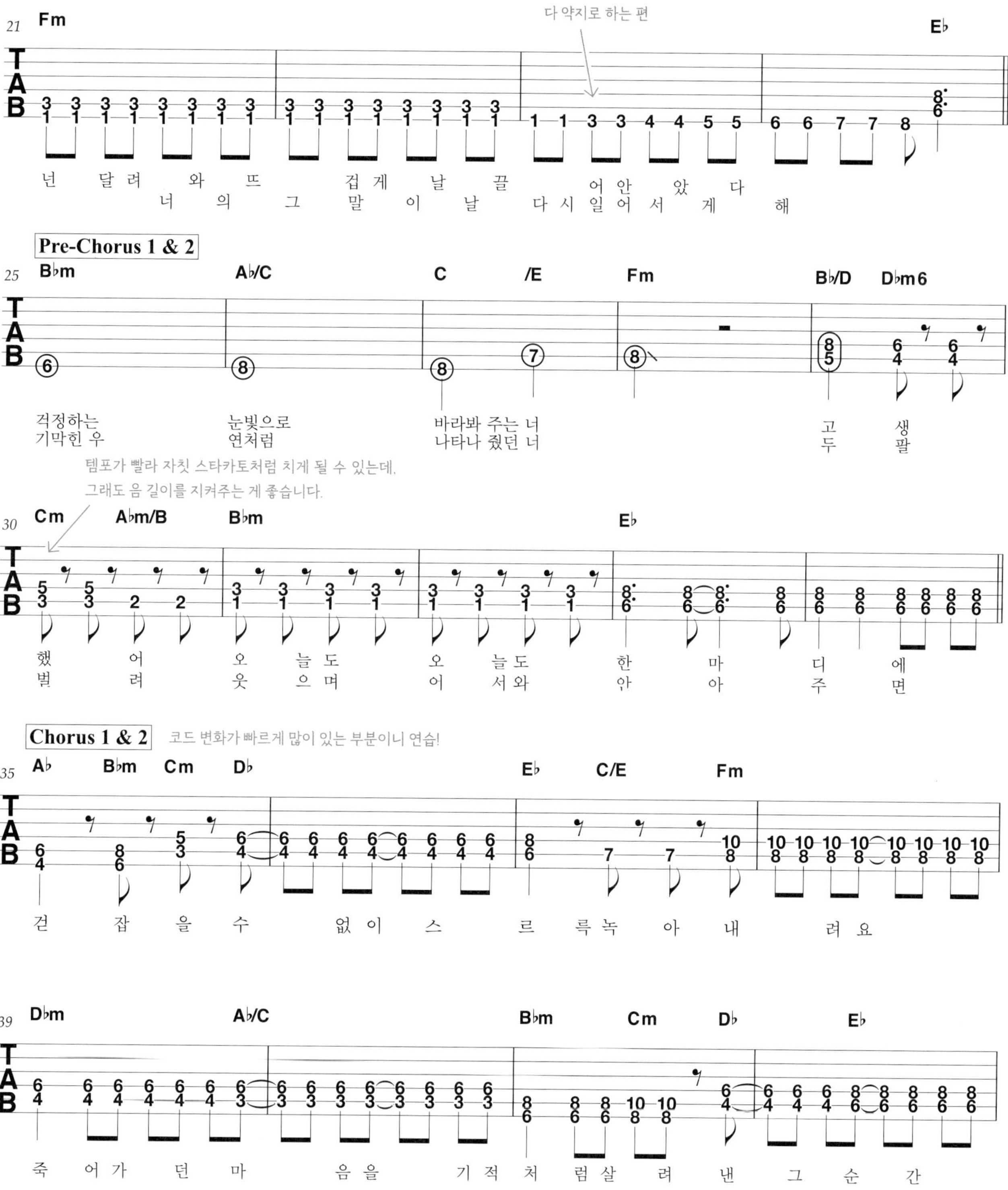
약지로 하고 그 다음 노트들 또한
다 약지로 하는 편
Fm
E♭
넌 달려 와 뜨 겁 게 날 끌 어 안 았 다
너 의 그 말 이 날 다 시 일 어 서 게 해
Pre-Chorus 1 & 2
B♭m
A♭/C
C
/E
Fm
B♭/D
D♭m6
걱정하는 눈빛으로 바라봐 주는 너 고 생
기막힌 우 연처럼 나타나 줬던 너 두 팔
템포가 빨라 자칫 스타카토처럼 치게 될 수 있는데.
그래도 음 길이를 지켜주는 게 좋습니다.
Cm
A♭m/B
B♭m
E♭
했 어 오 늘 도 오 늘 도 한 마 디 에
벌 려 웃 으 며 이 서 와 안 아 주 면
Chorus 1 & 2
코드 변화가 빠르게 많이 있는 부분이니 연습!
A♭
B♭m
Cm
D♭
E♭
C/E
Fm
견 잡 을 수 없 이 스 르 륵 녹 아 내 려 요
D♭m
A♭/C
B♭m
Cm
D♭
E♭
죽 어 가 던 마 음 을 기 적 처 럼 살 려 낸 그 순 간

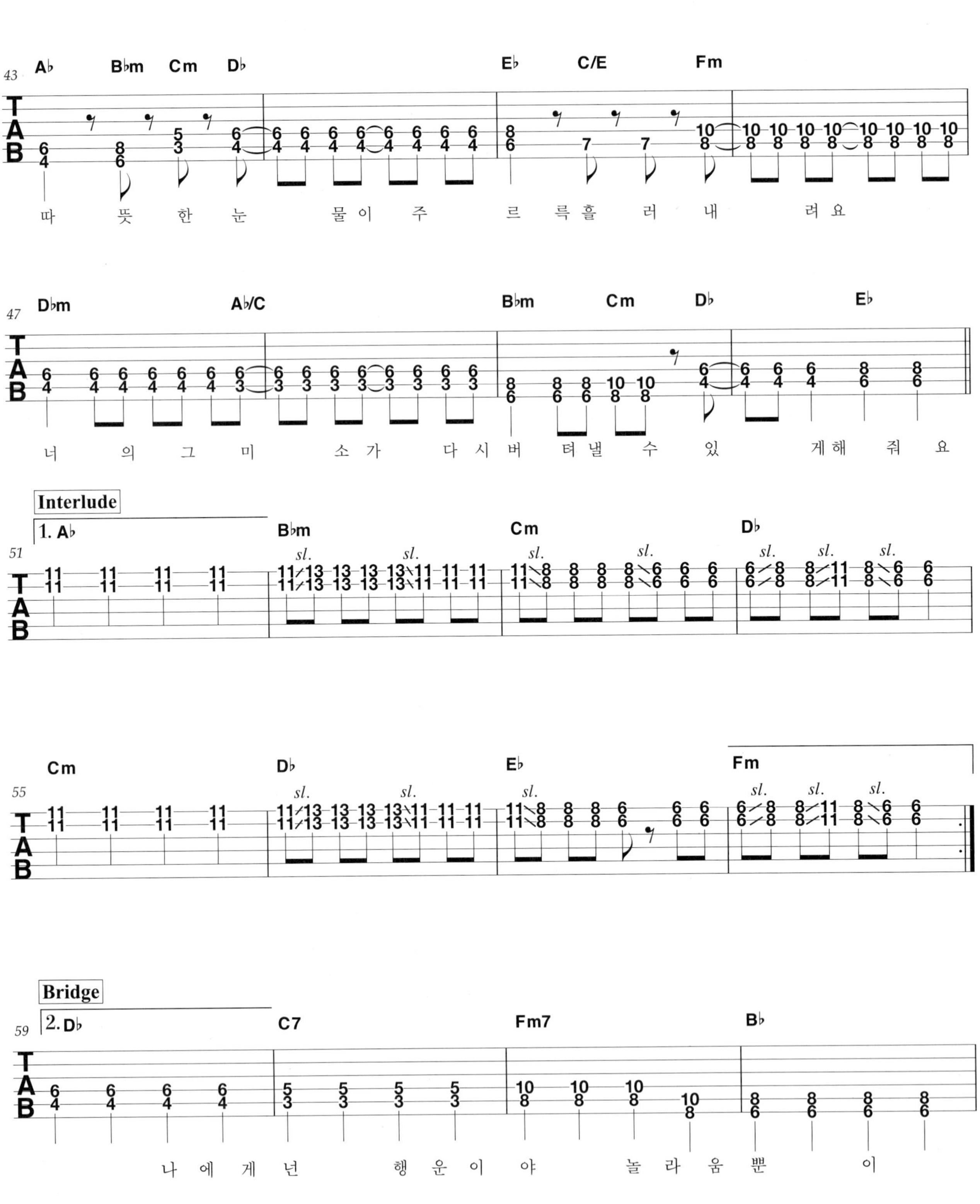

43
A♭
B♭m
Cm
D♭
E♭
C/E
Fm
따 뜻 한 눈 물 이 주 르 륵 흘 러 내 려 요
47
D♭m
A♭/C
B♭m
Cm
D♭
E♭
너 의 그 미 소 가 다 시 버 텨 낼 수 있 게 해 줘 요
Interlude
1. A♭
B♭m
Cm
D♭
51
sl.
55
Cm
D♭
E♭
Fm
Bridge
2. D♭
C7
Fm7
B♭
59
나 에 게 넌 행 운 이 야 놀 라 움 뿐 이
63
B♭m
Cm
D♭
E♭
야 이 젠 내 차 례 Love you hold you give you all I got

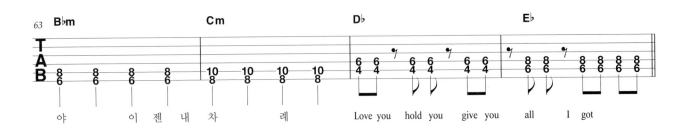

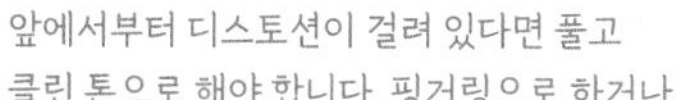

앞에서부터 디스토션이 걸려 있다면 풀고
클린 톤으로 해야 합니다. 핑거링으로 하거나
피크를 잡고 중지로 2번줄을 치기!

Chorus 3

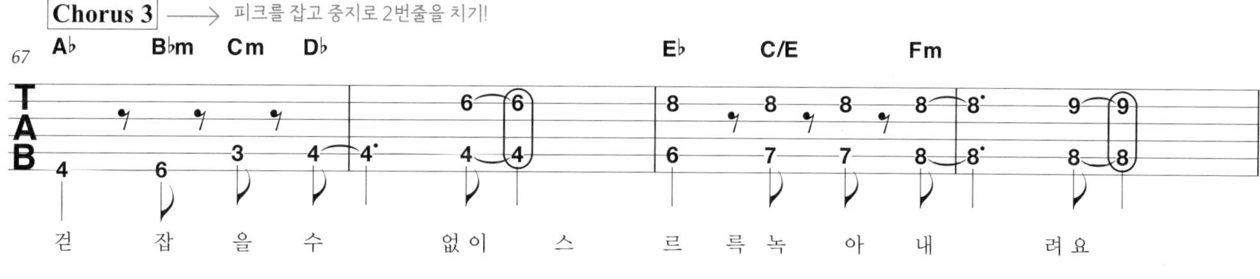

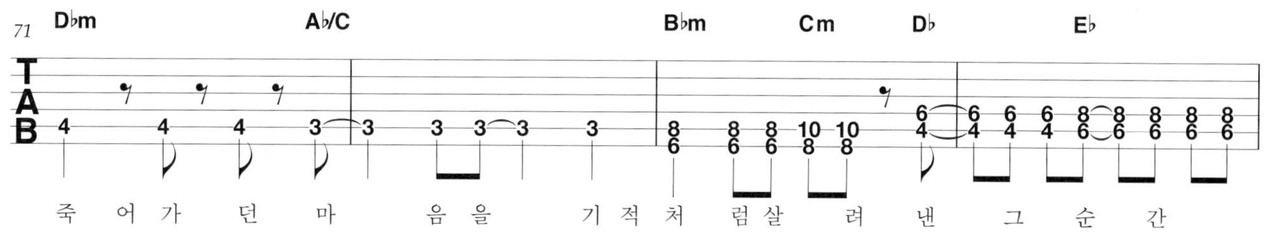

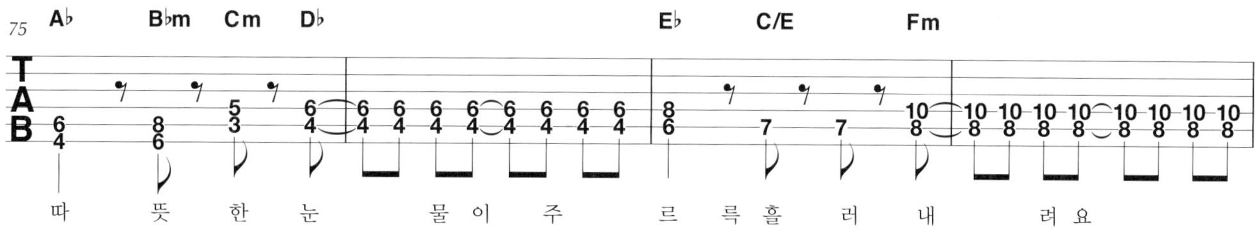

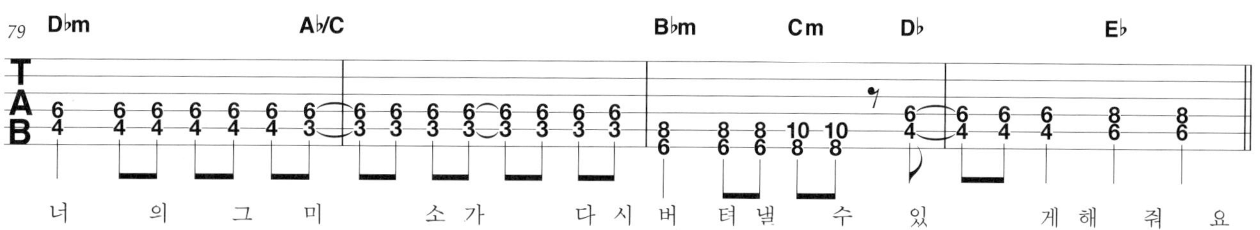

Outro

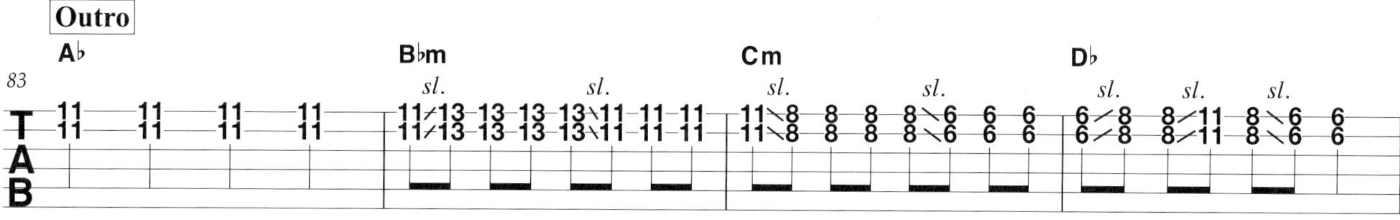

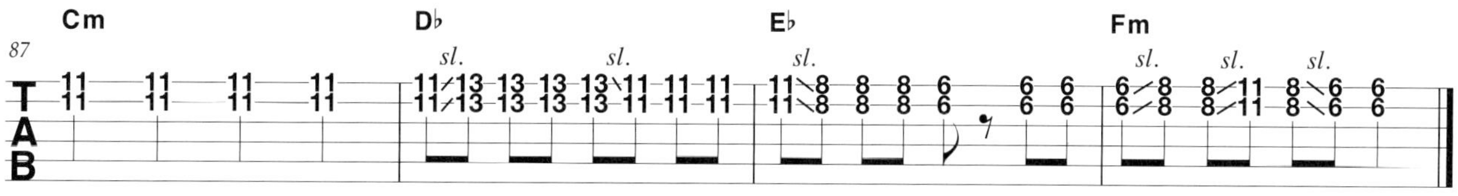

Back In Black

아이언맨 주제가로도 유명하지만, 원래부터 한 시대를 풍미했던 고전 명곡입니다.
맨 처음 리프를 안 들어본 사람이 없을 정도이죠. 앞의 리프 난이도에 비해
중후반 기타 솔로는 난이도 차이가 꽤 많이 나므로 연습은 필수입니다.

AC/DC 노래
Brian Johnson 외 2명 작사·작곡

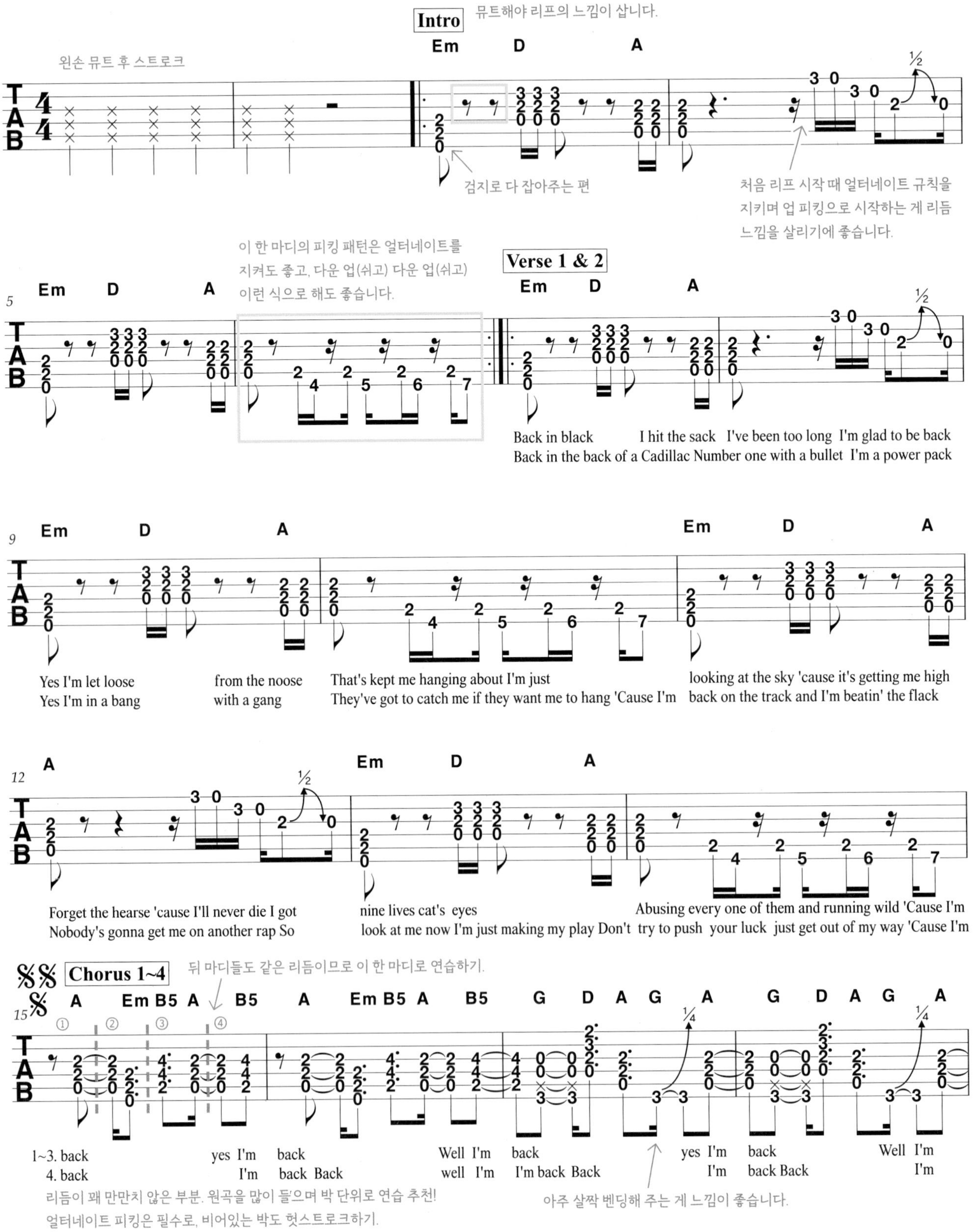

이 곡의 핵심! 노트보다 쉼표가 더 중요합니다. 코드 길이 유지 후 쉼표 타이밍 때 확실히 뮤트해야 리프의 느낌이 삽니다.

왼손 뮤트 후 스트로크

Intro

Em D A

½

검지로 다 잡아주는 편

처음 리프 시작 때 얼터네이트 규칙을 지키며 업 피킹으로 시작하는 게 리듬 느낌을 살리기에 좋습니다.

5 Em D A

이 한 마디의 피킹 패턴은 얼터네이트를 지켜도 좋고, 다운 업(쉬고) 다운 업(쉬고) 이런 식으로 해도 좋습니다.

Verse 1 & 2

Em D A

½

Back in black I hit the sack I've been too long I'm glad to be back
Back in the back of a Cadillac Number one with a bullet I'm a power pack

9 Em D A Em D A

Yes I'm let loose from the noose That's kept me hanging about I'm just looking at the sky 'cause it's getting me high
Yes I'm in a bang with a gang They've got to catch me if they want me to hang 'Cause I'm back on the track and I'm beatin' the flack

12 A Em D A

½

Forget the hearse 'cause I'll never die I got nine lives cat's eyes Abusing every one of them and running wild 'Cause I'm
Nobody's gonna get me on another rap So look at me now I'm just making my play Don't try to push your luck just get out of my way 'Cause I'm

Chorus 1~4

뒤 마디들도 같은 리듬이므로 이 한 마디로 연습하기.

15 A Em B5 A B5 A Em B5 A B5 G D A G A G D A G A

① ② ③ ④

¼ ¼

1~3. back yes I'm back Well I'm back yes I'm back Well I'm
4. back I'm back Back well I'm I'm back Back I'm back Back I'm

리듬이 꽤 만만치 않은 부분. 원곡을 많이 들으며 박 단위로 연습 추천!
얼터네이트 피킹은 필수로, 비어있는 박도 헛스트로크하기.

아주 살짝 벤딩해 주는 게 느낌이 좋습니다.

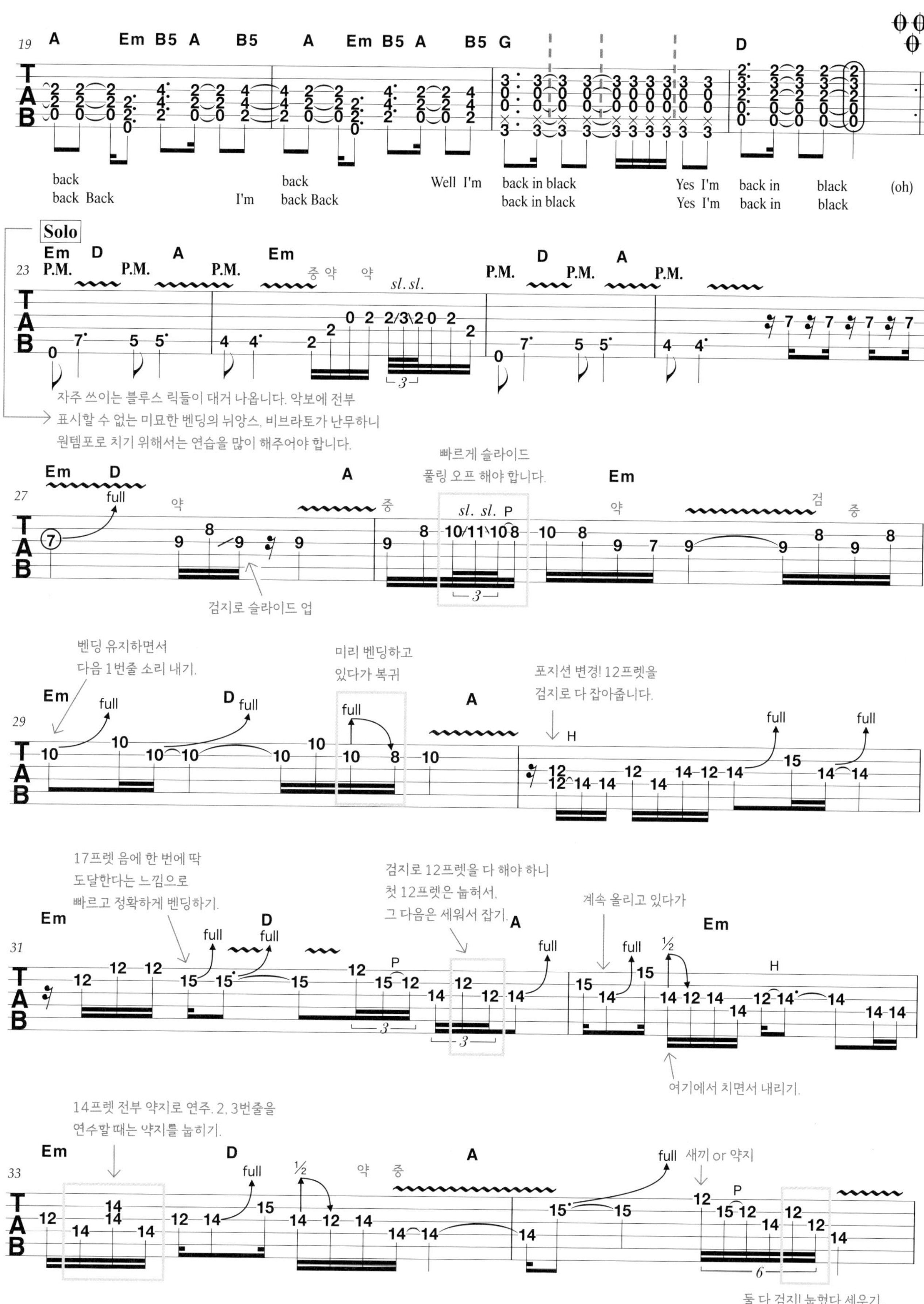
A Em B5 A B5 A Em B5 A B5 G D
back
back Back
I'm
back
back Back
Well I'm
back in black
back in black
Yes I'm
Yes I'm
back in
back in
black
black
(oh)
Solo
Em D A Em D A
P.M.
중 약 약
sl. sl.
자주 쓰이는 블루스 릭들이 대거 나옵니다. 악보에 전부
표시할 수 없는 미묘한 벤딩의 뉘앙스, 비브라토가 난무하니
원템포로 치기 위해서는 연습을 많이 해주어야 합니다.
Em D A Em
full
약
중
빠르게 슬라이드
풀링 오프 해야 합니다.
sl. sl. P
검
검지로 슬라이드 업
벤딩 유지하면서
다음 1번줄 소리 내기.
미리 벤딩하고
있다가 복귀
포지션 변경! 12프렛을
검지로 다 잡아줍니다.
Em D A
H
17프렛 음에 한 번에 딱
도달한다는 느낌으로
빠르고 정확하게 벤딩하기.
검지로 12프렛을 다 해야 하니
첫 12프렛은 눕혀서,
그 다음은 세워서 잡기.
계속 올리고 있다가
Em D A Em
½
여기에서 치면서 내리기.
14프렛 전부 약지로 연주. 2, 3번줄을
연수할 때는 약지를 눕히기.
Em D A
새끼 or 약지
둘 다 검지! 눕혔다 세우기.

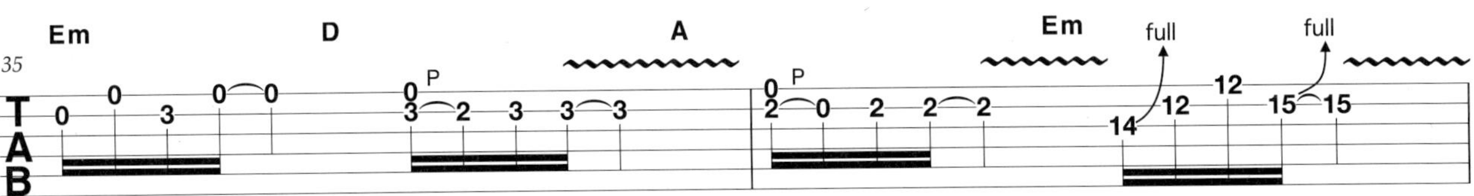
Em
D
A
Em
full
full
35
T
A
B

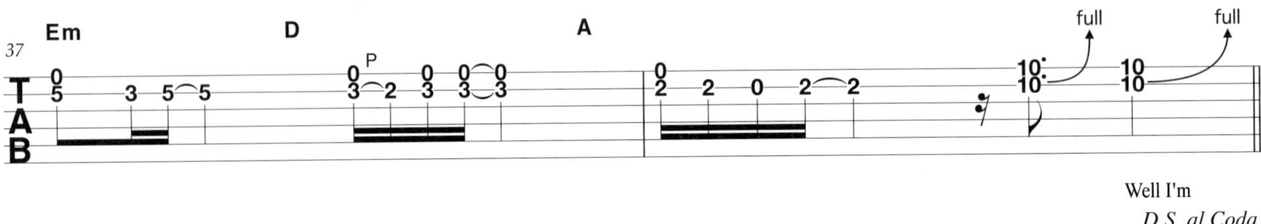
Em
D
A
full
full
37
T
A
B
Well I'm
D.S. al Coda

인트로 메인 리프와 비슷한 라인. 역시
얼터네이트 피킹 or 다운 업(쉬고) 다운 업(쉬고)

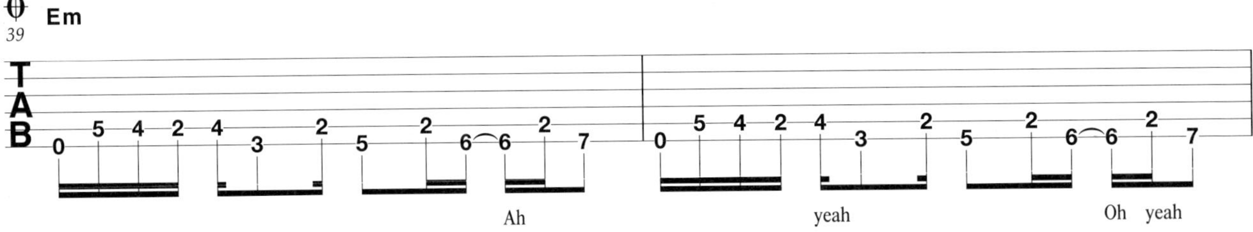
Em
39
T
A
B
Ah
yeah
Oh yeah

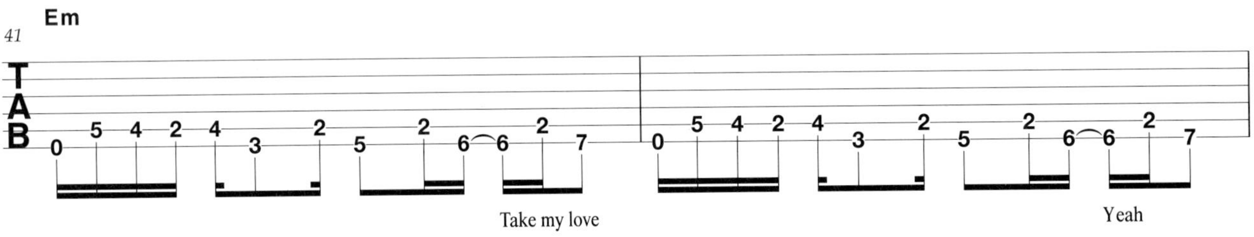
Em
41
T
A
B
Take my love
Yeah

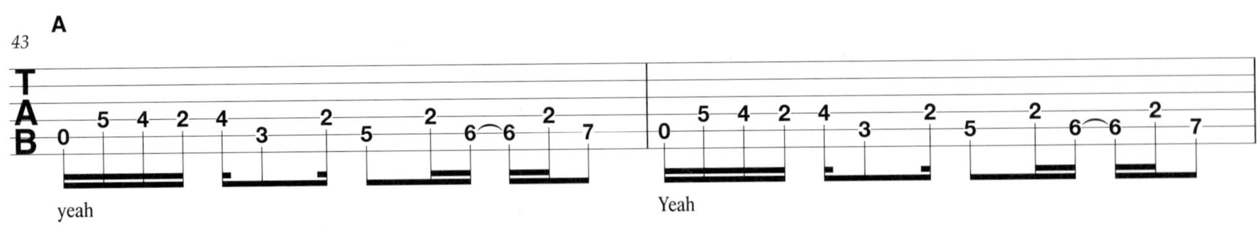
A
43
T
A
B
yeah
Yeah

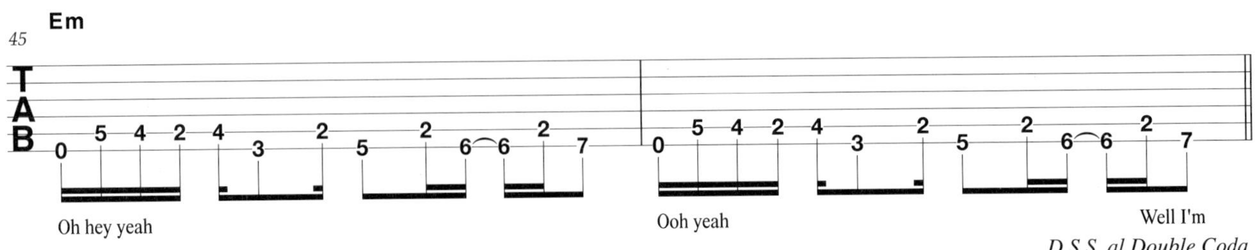
Em
45
T
A
B
Oh hey yeah
Ooh yeah
Well I'm
D.S.S. al Double Coda

후반부 솔로. 역시 원곡을 많이 들으며
솔로 자체에 익숙해 지는 게 중요합니다.

𝄌𝄌

47 A

I've hit the sack

Outro

Em D A Em

이런 벤딩은 악보만 봐서는 느낌을 내기 쉽지
않습니다. 벤딩 들어오는 타이밍, 끝음 비브라토
처리 등 원곡을 많이 들어야 알 수 있습니다.

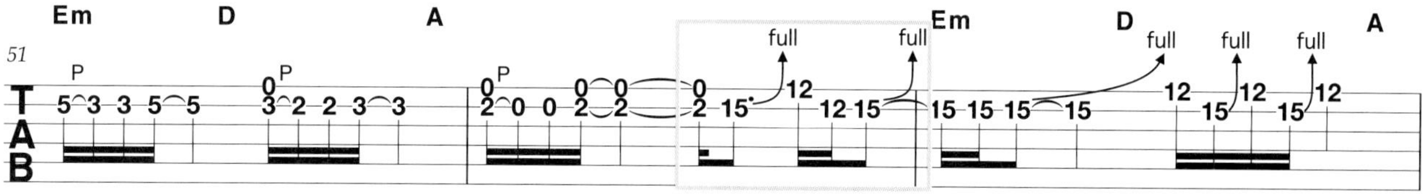

51 Em D A Em D A

중간 솔로 때 나왔던 릭 재등장!

한 마디 안에 노트의 양이 많습니다.
이 한 마디로도 하루 종일 연습할 각오를 다집시다!

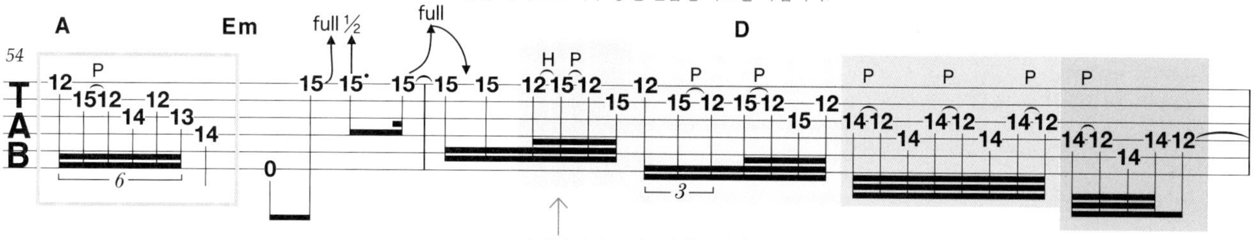

54 A Em D

덩어리 단위로 연습한다는 생각으로
손가락이 돌아갈 때까지 연습!

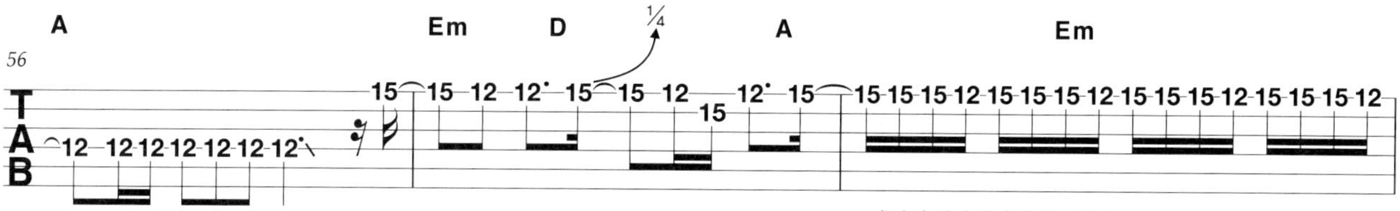

56 A Em D A Em

이 마디 역시 얼터네이트 피킹

약지로 벤딩하고
새끼로 1번줄 치기.

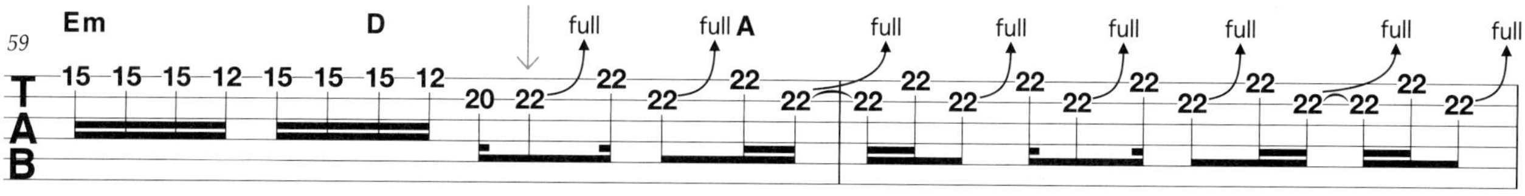

59 Em D A

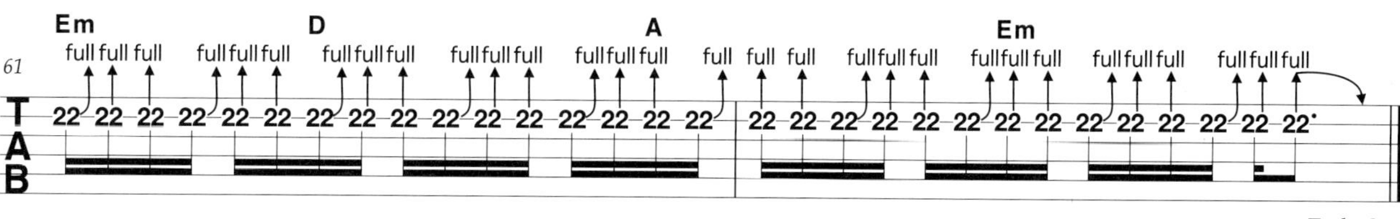

Fade Out

사건의 지평선

초반 리프가 감미로운 데에 반해 상당한 난이도를 자랑하는 곡.
카포를 끼우고 연주하는 법도 있지만, 이 버전은 카포 없이
정면 박치기 연주법입니다. 곡 안에도 그냥 들리는 기타 트랙만
서너 개는 넘어가는 곡이라 중요한 라인들 위주로 악보를 만들어 보았습니다.

윤하 노래
윤하 작사
윤하 외 1명 작곡

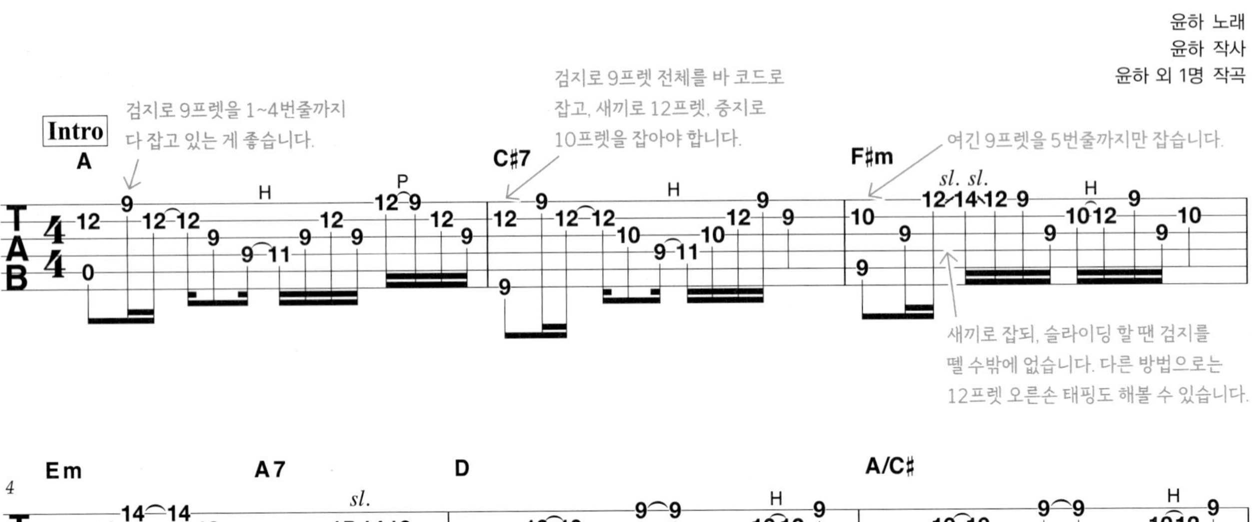

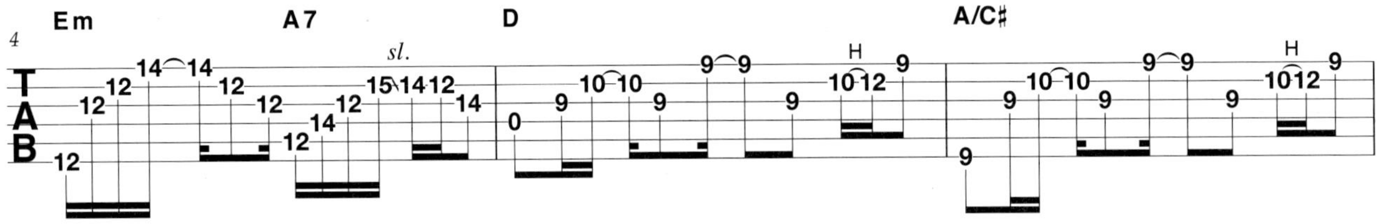

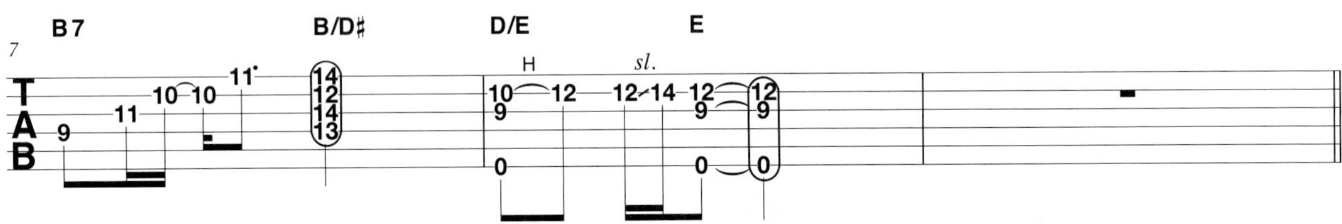

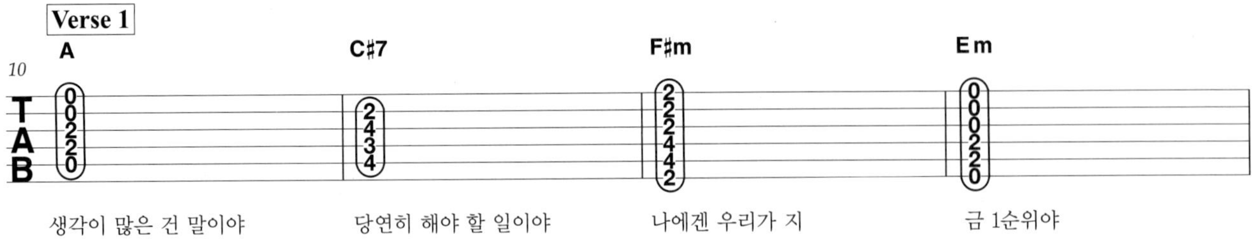

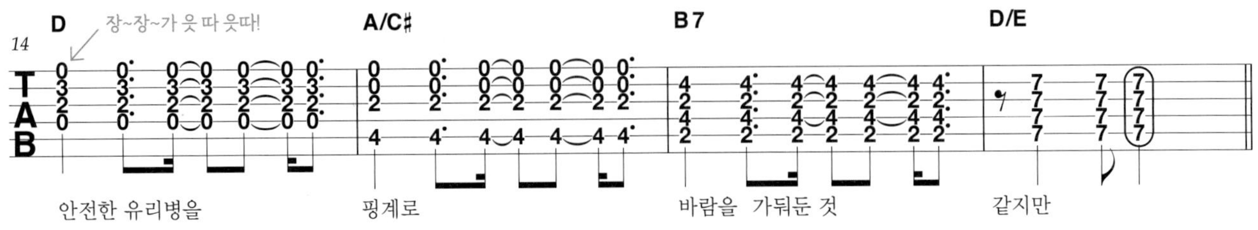

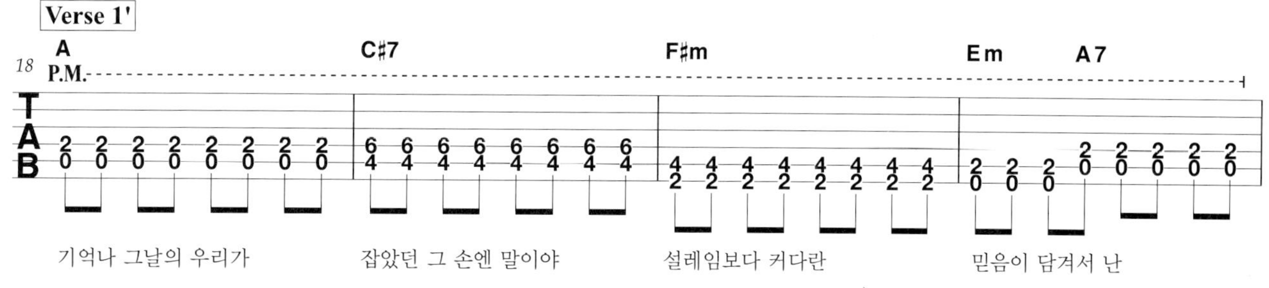
Verse 1'
A
C♯7
F♯m
Em
A7
P.M.
기억나 그날의 우리가
잡았던 그 손엔 말이야
설레임보다 커다란
믿음이 담겨서 난

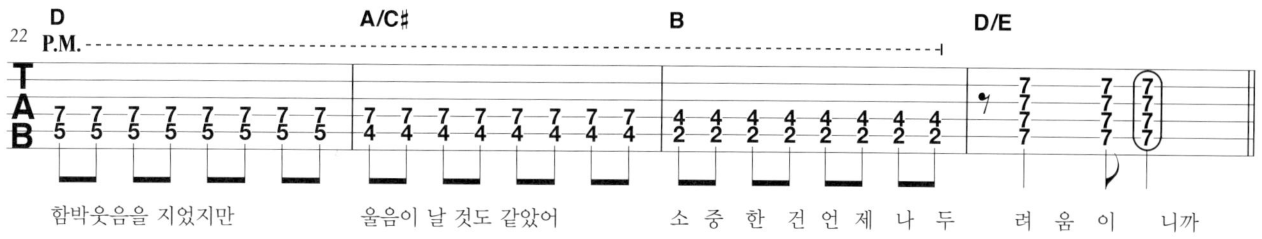
D
A/C♯
B
D/E
P.M.
함박웃음을 지었지만
울음이 날 것도 같았어
소 중 한 건 언 제 나 두
려 움 이
니까

Pre-Chorus 1 & 2
FM7
A/E
FM7
스트레칭 해서 3, 6프렛을 같이 잡아줄 수 있으면 좋습니다.
sl.
문을 열면 들리던 목
솔직히 두렵기도 하
소리
지만
너로 인해 변해있던
노력은 우리에게 정

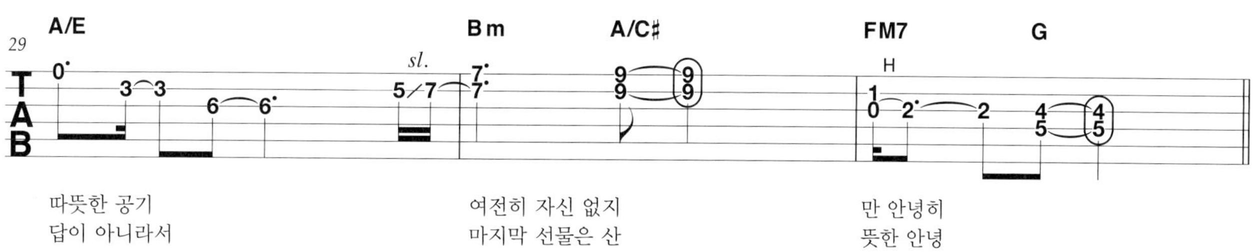
A/E
Bm
A/C♯
FM7
G
sl.
H
따뜻한 공기
답이 아니라서
여전히 자신 없지
마지막 선물은 산
만 안녕히
뜻한 안녕

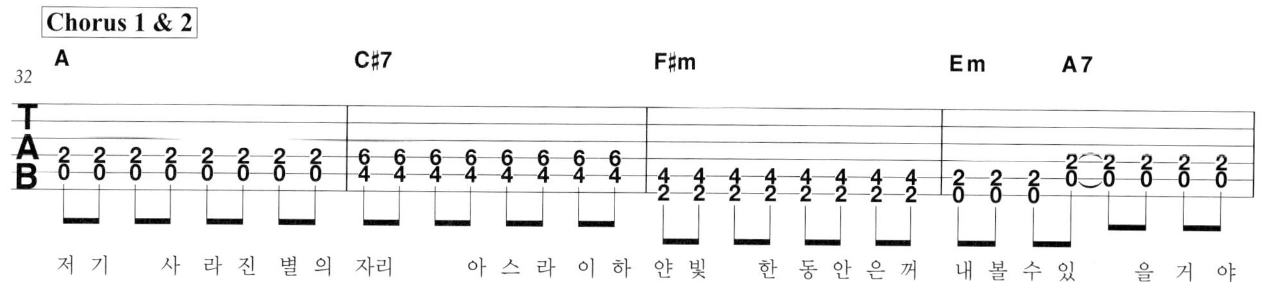
Chorus 1 & 2
A
C♯7
F♯m
Em
A7
저 기 사 라 진 별 의 자리
아 스 라 이 하 얀 빛
한 동 안 은 꺼
내 볼 수 있
을 거 야

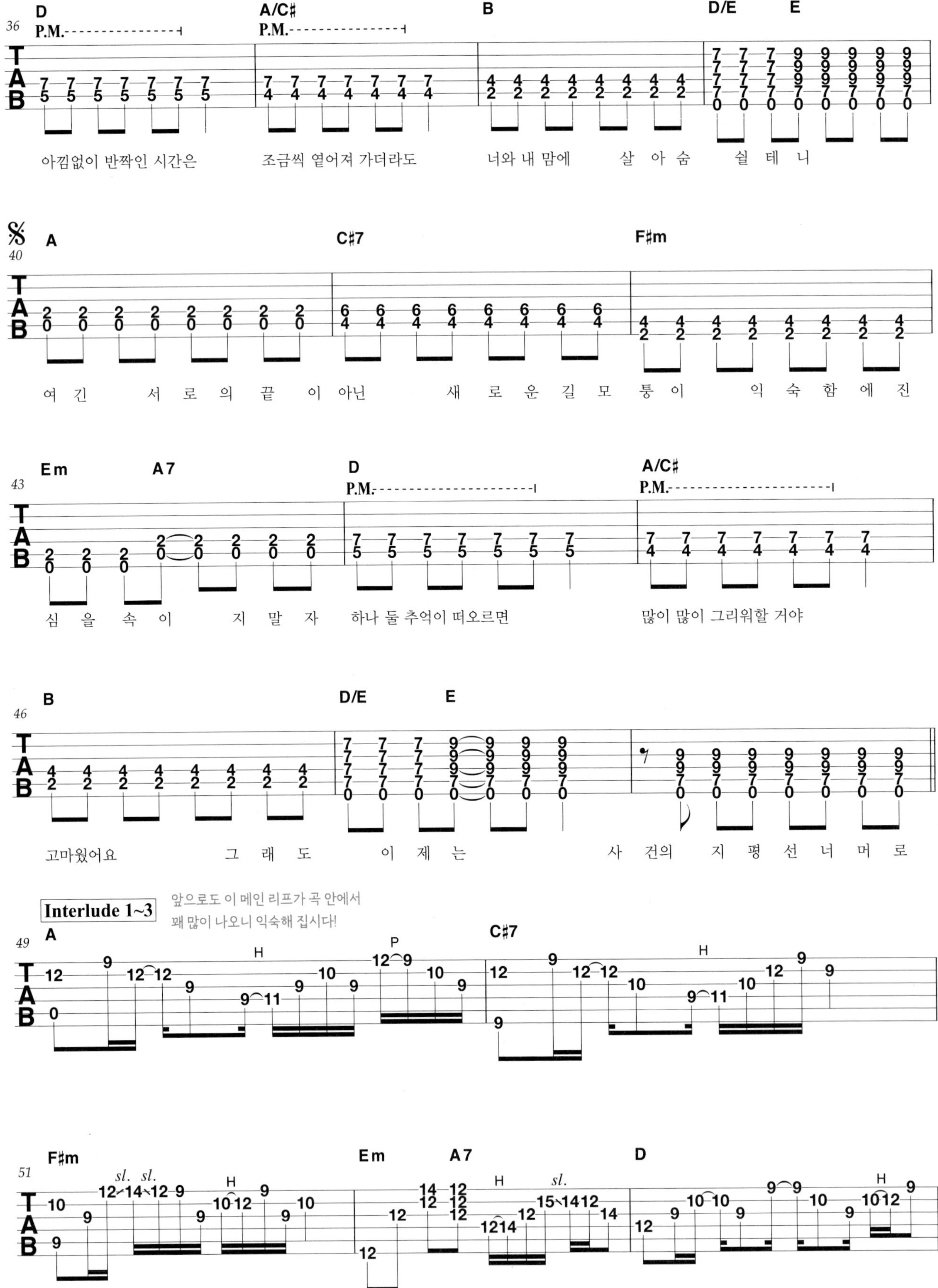
D
P.M.
A/C♯
P.M.
B
D/E
E
아낌없이 반짝인 시간은
조금씩 옅어져 가더라도
너와 내 맘에
살 아 숨
쉴 테 니
A
C♯7
F♯m
여 긴
서 로 의 끝
이 아닌
새 로 운 길 모 퉁 이
익 숙 함 에 진
Em
A7
D
P.M.
A/C♯
P.M.
심 을 속 이
지 말 자
하나 둘 추억이 떠오르면
많이 많이 그리워할 거야
B
D/E
E
고마웠어요
그 래 도
이 제 는
사 건의
지 평 선 너 머 로
Interlude 1~3
앞으로도 이 메인 리프가 곡 안에서
꽤 많이 나오니 익숙해 집시다!
A
H
P
C♯7
H
F♯m
sl. sl.
H
Em
A7
H
sl.
D
H

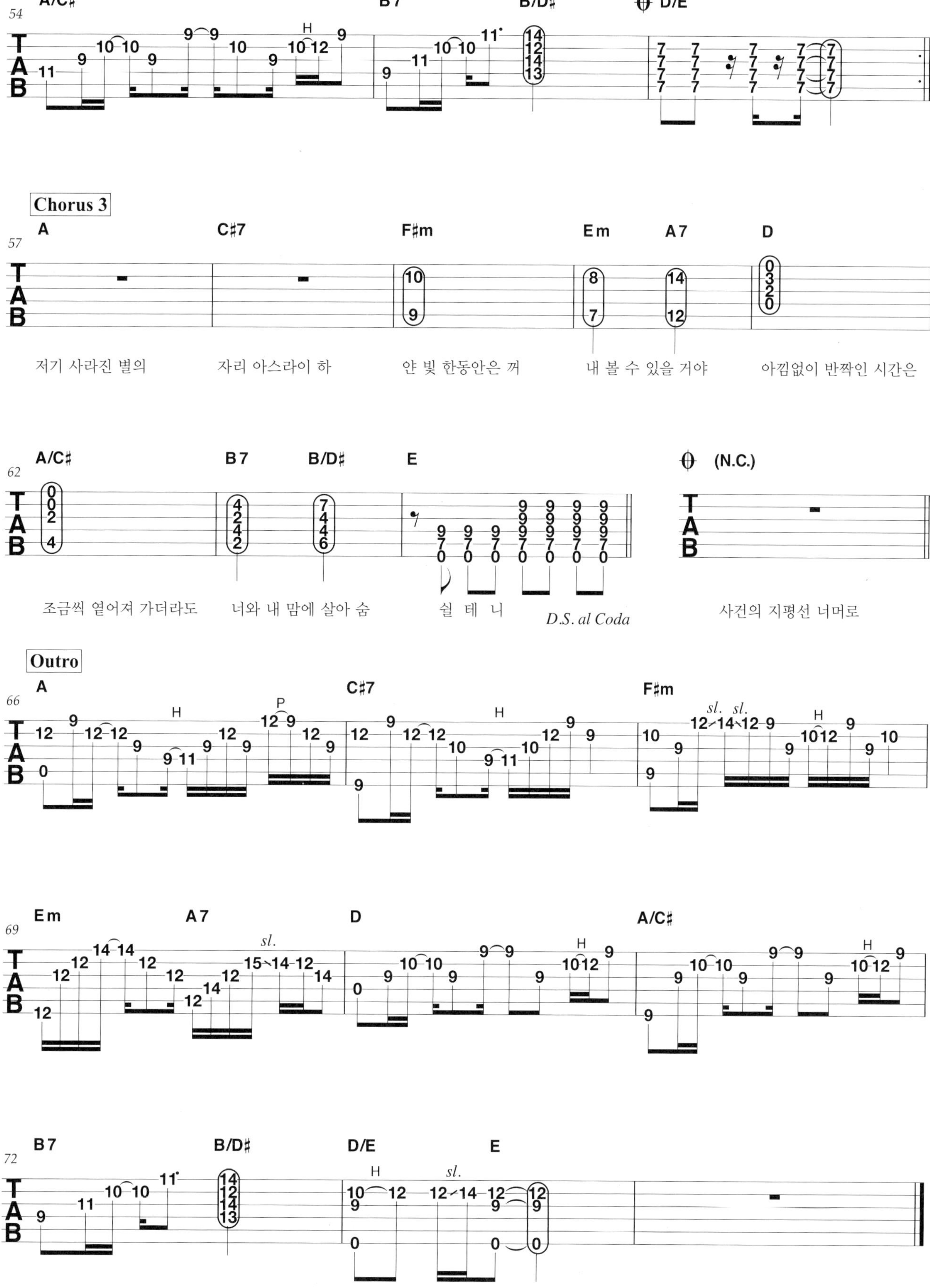

A/C♯
B7
B/D♯
D/E
Chorus 3
A
C♯7
F♯m
Em
A7
D
저기 사라진 별의
자리 아스라이 하
얀 빛 한동안은 꺼
내 볼 수 있을 거야
아낌없이 반짝인 시간은
A/C♯
B7
B/D♯
E
(N.C.)
조금씩 옅어져 가더라도
너와 내 맘에 살아 숨
쉴 테 니
D.S. al Coda
사건의 지평선 너머로
Outro
A
C♯7
F♯m
Em
A7
D
A/C♯
B7
B/D♯
D/E
E

Chapter 5

솔로

1. 펜타토닉 스케일 Pentatonic Scale

2. 블록 Block

3. 톤 Tone 만들기

연습곡

- EVERYTHING
- 넌 내게 반했어
- 너에게 난 나에게 넌
- 고백
- Don't Look Back In Anger
- Desert Eagle
- 질풍가도 ('쾌걸 근육맨 2세' 1기 여는노래)
- 그대에게
- 나에게로 떠나는 여행
- 말해줘 Say It
- Smoke On The Water

Chapter 5

솔로

1. 펜타토닉 스케일 Pentatonic Scale

펜타토닉 하나만으로
기타 솔로를?

펜타토닉? 그게 뭔데?

여러분은 펜타토닉 스케일을 아시나요? 본인이 기타 솔로에 관심이 있다면 한 번쯤은 들어봤을 스케일일 겁니다. 펜타(Penta)는 숫자 5를 뜻하는 접두어입니다. 그래서 펜타토닉 스케일은 다섯 개의 음으로 이루어진 스케일입니다. 이 스케일이 유명한 이유는, 이 스케일 하나만 제대로 연습해 두어도 기타 솔로를 잘할 수 있다는 설이 있기 때문입니다. 저도 학생 때 이 이야기를 듣고 열심히 펜타토닉을 연습했던 기억이 납니다.

본격적인 연습 전 이론을 찍먹해 보자!

앞 챕터에서 다루었던 메이저 스케일을 다시 한번 떠올리면, 도부터 시까지 총 7개의 음으로 이루어져 있는데, 펜타토닉은 이에 비해 약간은 단순해 보입니다. 실제로 단순합니다! 그래서 저는 펜타토닉을 한마디로 표현하면 액기스, 혹은 알짜배기라고 생각합니다. 딱 이 정도만 있어도 "기타 솔로를 할 수 있다." 하는 최소치이자 제일 중요한 음계인 것입니다.

펜타토닉 역시 메이저 펜타토닉과 마이너 펜타토닉이 있습니다. 펜타토닉을 이론적으로 이해하려면 메이저 스케일, 즉 '도레미파솔라시도'를 가지고 이해하면 편합니다. 도를 1이라는 숫자로 치환해 봅니다. 레는 2로, 미는 3으로…

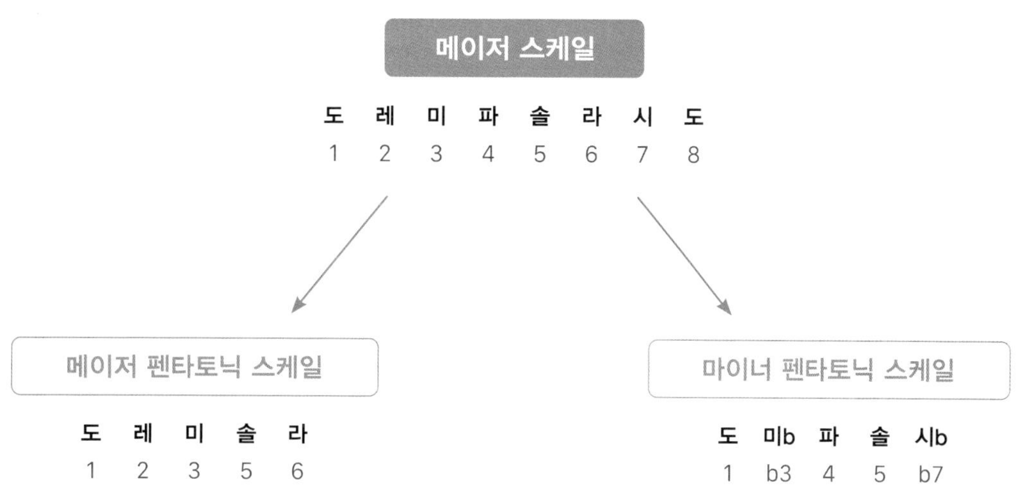

갑자기 음악 이론이 튀어나와서 당황하셨을까요? 하하~ 실제로 세계적으로 유명한 기타리스트 중 음악 이론을 모르고도 명연주, 명솔로를 만들어내는 경우가 많습니다. 사실 여러분도 역시 이론을 완전히 이해하지 않더라도 꽤 그럴싸한 연주를 할 수 있습니다.

2. 블록 Block

기타에는 블록(Block)이라는 개념이 있습니다. 스케일 블록, 스케일을 이론적으로 먼저 접근하기보단 지판의 모양으로 접근하는 방식입니다. 아래는 제일 대표적인 메이저, 마이너 펜타토닉 스케일 블록입니다.

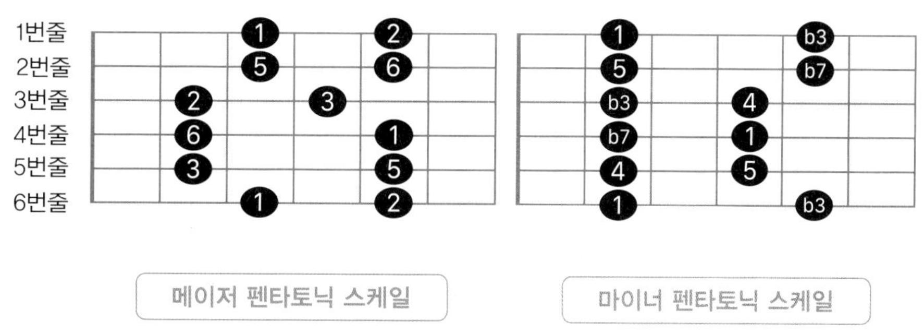

제일 많이 알려져 있고 많이 쓰이는 게 이 두 스케일 블록인데, 이 외에도 또 다른 스케일 블록들이 무수히 많습니다. (기타리스트마다 선호하는 스케일이 다 다를 수 있습니다.) 우선 이 두 블록에 익숙해질 때까지 연습을 해주는 게 좋습니다.

스케일 블록을 써먹는 방법

아까 스케일 설명에서 첫 번째 음 기억하시죠? 1 2 3 5 6 / 1 b3 4 5 b7 중 1음, 이 음이 그 스케일의 키(Key)입니다. 어떤 노래든, 어떤 반주든 고유의 키가 있습니다. 어떤 노래는 C키이고 어떤 노래는 G키 등…. 그 키에 알맞게 스케일을 연주하는 게 즉흥 연주의 기초입니다. 펜타토닉뿐만 아니라 다른 여러 스케일 또한 키에 알맞게 연주하는 게 일반적이고, 또 어떨 땐 키의 바깥에 있는 음을 일부로 의도해서 연주하기도 합니다. 아무튼 그 키에 알맞게 연주하는 법을 설명하자면 다음과 같습니다.

메이저 펜타토닉 스케일

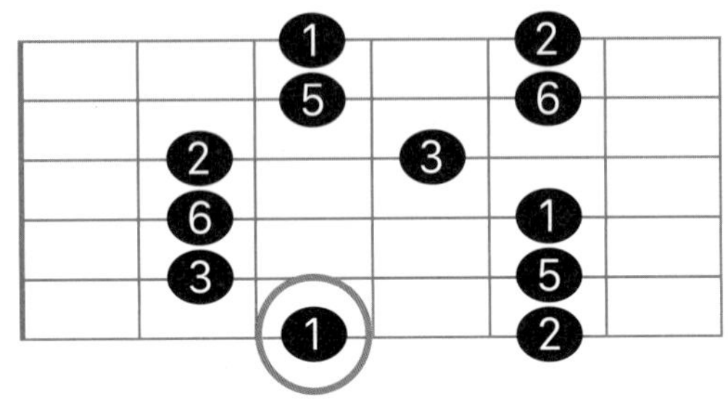

이 6번줄 음의 위치에 따라 키가 정해집니다.
예를 들어 이 6번줄의 음이 '라'가 되게끔 스케일 블록을 연주하면 그 스케일은 라 메이저 펜타토닉 스케일, 즉 A 메이저 펜타토닉 스케일이 됩니다.

A 메이저 펜타토닉 스케일을 타브 악보로 나타낸다면?

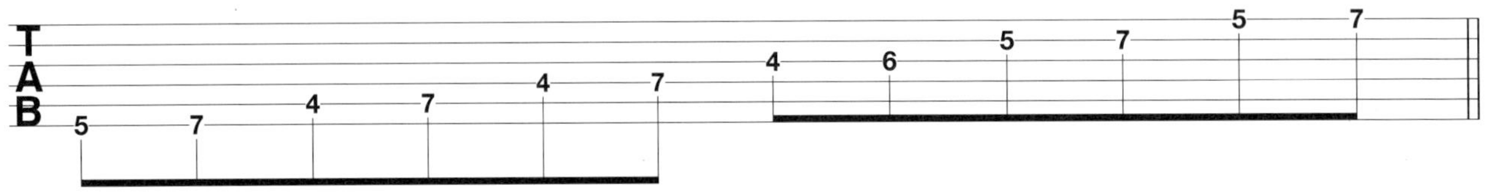

마이너 펜타토닉 스케일

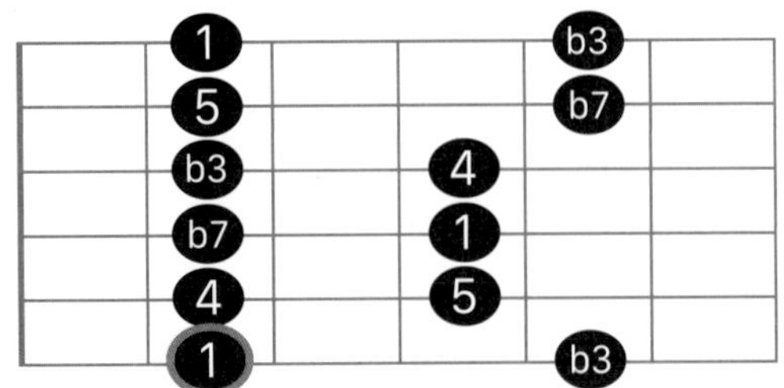

마이너 펜타토닉 스케일 역시 마찬가지입니다.
예를 들어 이 음이 6번줄 '도'가 되게끔 스케일 블록을 연주하면 그 스케일은 도 마이너 펜타토닉 스케일, 즉 C 마이너 펜타토닉 스케일이 됩니다.

C 마이너 펜타토닉 스케일을 타브 악보로 나타낸다면?

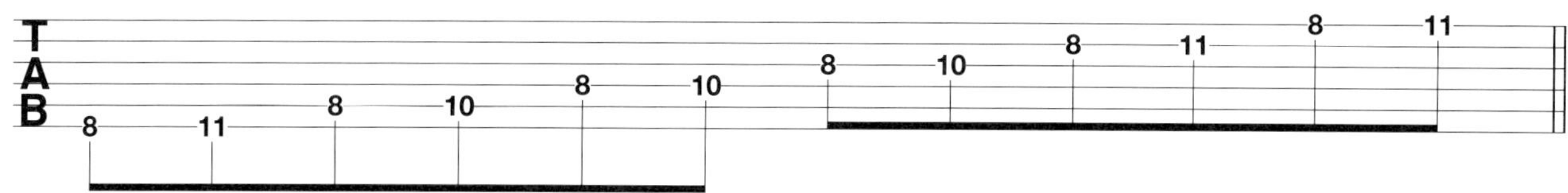

정해진 솔로 방법, 정해진 스케일 사용법이란 없습니다. 여기서 모든 스케일 블록과 모든 솔로법을 다 알려드리기에는 방대한 양이기에 이 교본에서 전부 다 얘기할 순 없습니다. 다만, 꼭 스케일에 대해 깊게 파헤치지는 않더라도 다음에 나올 예제와 연습곡들을 연습하며 스케일을 어떤 식으로 사용했는지 파악하고, 기타 솔로에 대해 간접적인 체험은 얼마든지 해볼 수 있습니다.

앞서 배운 메이저 펜타토닉 블록을 사용한 예제입니다. 6번줄 5프렛 기준으로 메이저 펜타토닉 블록을 연주하면 A 메이저 펜타토닉을 연주하는 것이 됩니다.

예제 1 A 메이저 펜타토닉 솔로 멜로디

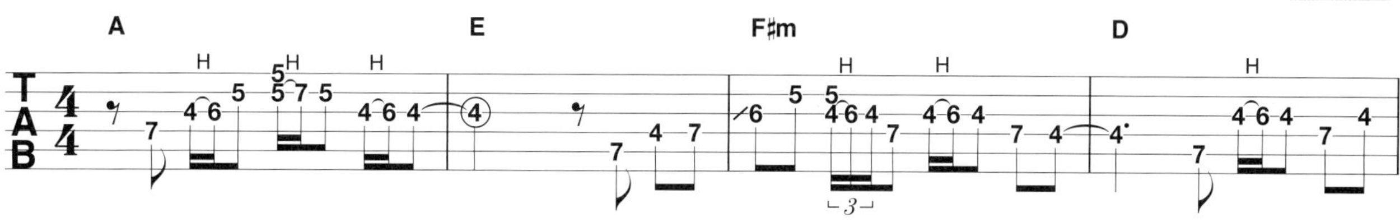

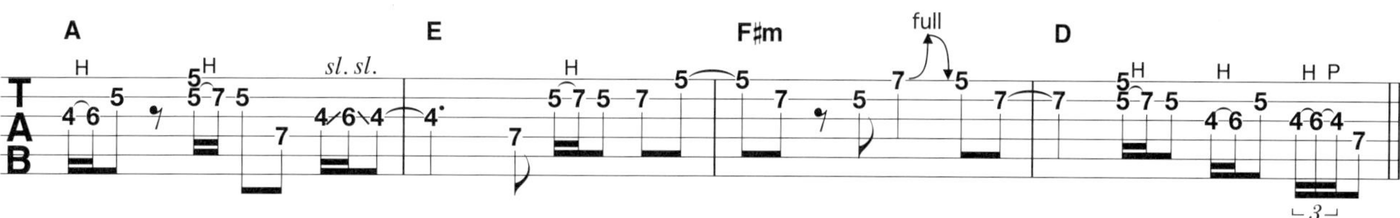

다음은 마이너 펜타토닉 블록을 사용한 예제입니다. 6번줄 7프렛 기준으로 마이너 펜타토닉 블록을 연주하면 B 마이너 펜타토닉을 연주하는 것이 됩니다.

예제 2 B 마이너 펜타토닉 솔로 멜로디

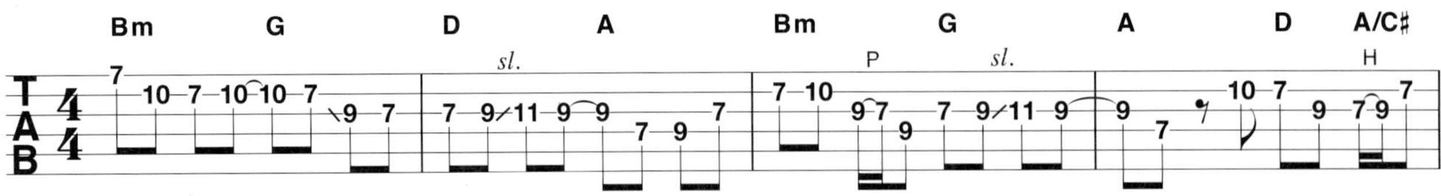

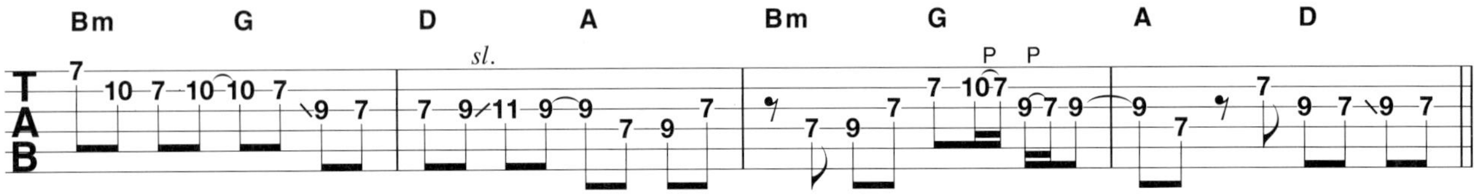

다음은 메이저 펜타토닉 블록을 사용한 예제입니다. 6번줄 3프렛 기준으로 메이저 펜타토닉 블록을 연주하면 G 메이저 펜타토닉을 연주하는 것이 됩니다. 이번엔 블록을 약간씩 벗어나서 또 다른 위치의 펜타토닉 음계를 섞은 예제입니다.

예제 3 G 메이저 펜타토닉 솔로 멜로디

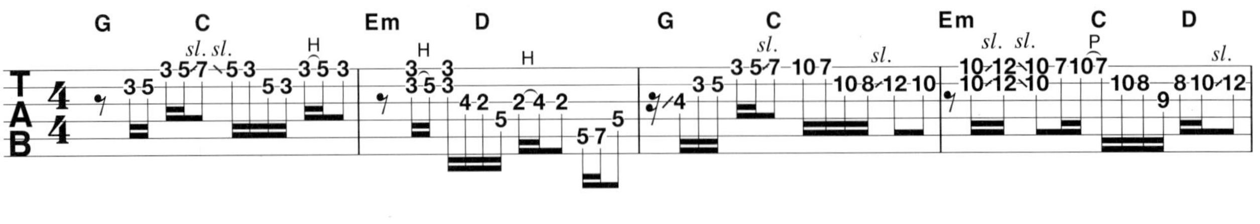

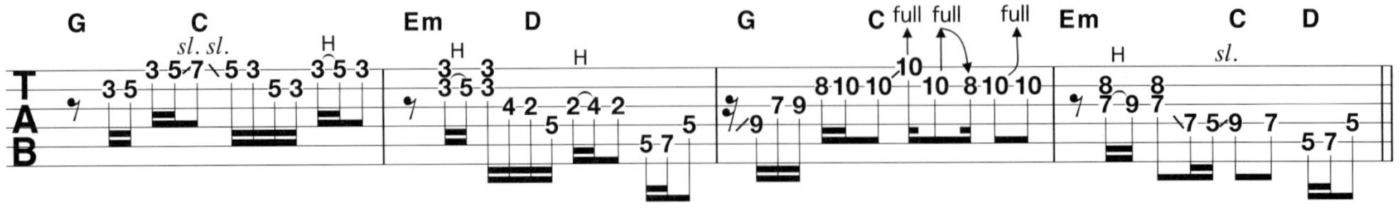

다음은 마이너 펜타토닉 블록을 사용한 예제입니다. 6번줄 5프렛 기준으로 마이너 펜타토닉 블록을 연주하면 A 마이너 펜타토닉을 연주하는 것이 됩니다.

예제 4 A 마이너 펜타토닉 솔로 멜로디

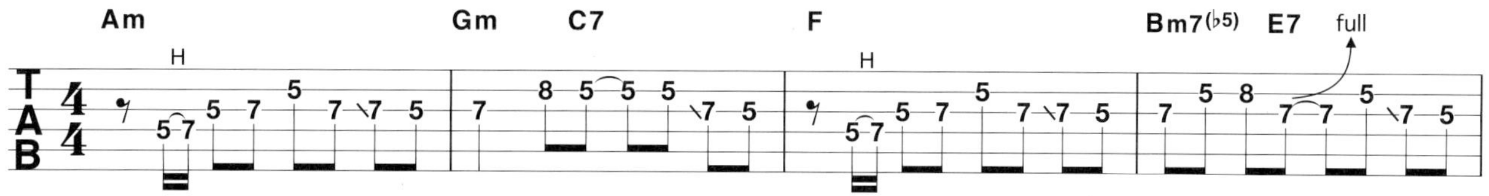

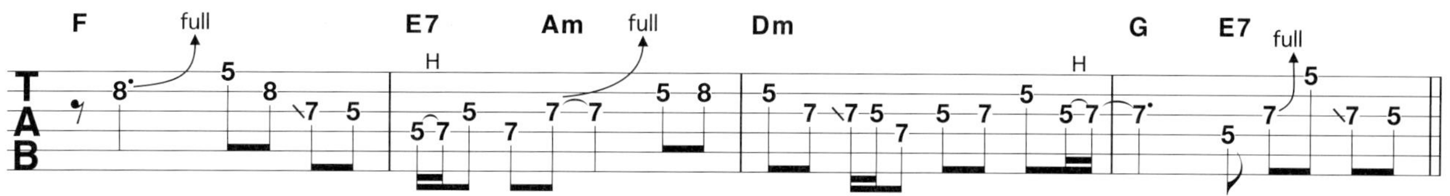

3. 톤 Tone 만들기

악기 소리를 이야기할 때 톤(Tone)이라는 말을 합니다. '목소리 톤'의 톤과 같습니다. 소리마다 고유한 특색이 있듯이 악기도 그마다의 고유한 소리, 톤이 있습니다.

일렉기타에서 톤에 대한 접근은 상당히 광범위합니다. 기타마다 소리가 다른 건 당연한 사실이지만, 기타 뿐만 아니라 사용하는 앰프, 캐비넷, 이펙터, 혹은 녹음을 하는 상황이라면 사용하는 마이크, 프리 앰프, 가상 앰프 등에 따라서 만들 수 있는 소리가 정~말 다양합니다. 아마 이들을 전부 이야기기하려면 책 한 권으로는 모자랄 것 같네요!

우선 일렉기타를 연주하는 환경은 크게 3가지로 나뉩니다.

실제 앰프, 아날로그 이펙터를 사용	멀티 이펙터를 사용	오디오 인터페이스를 사용

그 외에 앰프와 멀티 이펙터를 같이 사용하거나, 멀티 이펙터와 오디오 인터페이스를 같이 사용하는 경우 등이 있습니다.

앰프로 톤 만들기

앰프를 쓸 때는 크게 두 가지를 알고 있어야 합니다. 앰프 내에 소리를 구분하는 채널(Channel), 그리고 소리를 세부 조절하는 이퀄라이저(Equalizer), 줄여서 EQ라고도 합니다. 우선 채널은 깔끔한 소리를 내는 채널부터 약간 걸걸한 듯, 찌그러진 듯 야생적인 소리를 내는 채널 등 다양합니다. 채널이 3개 이상 있는 앰프도 있고, 하나밖에 없는 앰프도 있습니다.

각 채널별 EQ, 볼륨, 게인
컨트롤 노브와 채널 선택 스위치

자세한 설명과 Tip

① 채널(Channel)

보편적인 채널의 명칭과 소리를 설명하자면 다음과 같습니다.

❶ 클린 Clean	❷ 크런치 Crunch	❸ 드라이브 Drive	❹ 디스토션 Distortion
말 그대로 아무것도 걸려 있지 않은 듯한 깔끔한 소리. 펑크 스트로크나 아르페지오 등을 연주할 때 사용한다.	클린에서 살짝 찌그러진 정도. 클린의 용도와 비슷하다. 좀 더 거친 느낌을 줄 때 사용한다.	확실히 거칠어진 소리로, 강한 기타 멜로디 라인이나 에너지 있는 곡의 파워코드 연주 시 많이 사용한다	제일 거칠고 찌그러진 소리로, 앞으로 나서는 강한 기타 솔로나 파워코드 연주 시에도 역시 많이 사용한다.

점점 더 찌그러짐

곡마다 어울리는 소리의 채널을 스위치 등을 통해 전환하면서 소리를 바꿔줍니다. 곡이 진행되는 중에도 채널을 수시로 바꿔주어야 할 수도 있습니다.

② 이퀄라이저(EQ)

적절한 채널을 정했다면 그다음은 EQ를 조절하여 톤을 세밀하게 만듭니다. 대부분의 앰프에는 세 개의 노브가 있는데, 베이스(Bass), 미들(Middle), 트레블(Treble)이라고 합니다. 저음, 중음, 고음 조절이라고 생각하실 수도 있는데, 저는 비슷한 듯 다르게 접근합니다.

베이스 Bass

음의 **'무게'**. 올릴수록 음이 무겁게 들리고, 내릴수록 가볍게 들립니다.

미들 Middle

음의 **'위치'**. 올릴수록 음이 앞쪽으로 온 것처럼 들리고, 내릴수록 뒤에 있는 듯이 들립니다.

트레블 Treble

음의 **'성격'**. 올릴수록 음이 까칠한 듯 날카로워지고, 내릴수록 음이 소심한 듯 부드러워집니다.

그리고 이 외에도 볼륨(Volume)과 게인(Gain)이 있습니다. 이 둘은 언뜻 보기엔 비슷하다고 느낄 수 있지만, 비슷한 듯 다릅니다.

③ 볼륨(Volume)

말 그대로 볼륨입니다. 음의 크기를 조절합니다.

④ 게인(Gain)

기타의 입력 대비 출력의 조절입니다. 이 노브 하나로 음의 크기와 노이즈, 찌그러짐의 정도를 한 번에 조절합니다.

채널, 이퀄라이저, 게인, 볼륨 사용법
(상황마다 자유롭게 조절하는 방법)

안쌤 Tip! **볼륨과 게인**

볼륨을 올리면 음량만 올라가지만, 게인을 올리면 찌그러짐의 정도도 같이 올라간다는 점이 큰 차이입니다. 그래서 톤을 만들 땐 게인을 먼저 조절하여 찌그러짐의 정도, 즉 음의 성격을 먼저 조절한 후에 볼륨을 조절하여 적정한 음량을 맞춥니다.

ex. 5 정도의 찌그러진 소리를 내려면 게인을 7 정도로 올린 후 볼륨을 3 정도로 맞춥니다. 정확한 수치가 아닌 느낌적인 수치로 참고하면 좋습니다.

아날로그 이펙터(꾹꾹이)로 톤 만들기

자세한 설명과 Tip

앰프에 있는 드라이브 외에 다양한 소리를 내고 싶을 때가 있습니다. 그럴 때 사용하는 게 아날로그 이펙터, 발로 밟는 식으로 사용한다고 해서 꾹꾹이라고도 부릅니다. (손으로는 기타를 쳐야하므로…) 꾹꾹이만큼 편하고 확실한 이펙터가 없습니다. 기타에서 이 아날로그 이펙터로 연결하고, 이펙터에서 앰프로 연결해서 사용합니다.

만약 사용하고 싶은 이펙터가 여러 개라면 이펙터들을 순서대로 연결하여 사용하면 된다는 점에서 자유도가 높습니다. 여러 이펙터를 사용한다면 보드 같은 곳에 부착하여 짧은 케이블(패치 케이블) 등으로 촘촘히 연결하여 사용하는데 이를 '페달 보드'라고 합니다.

안쌤의 페달 보드 부록 내에 자세한 설명 포함

대표적으로
사용하는 이펙터

멀티 이펙터(멀티)로 톤 만들기

자세한 설명과 Tip

앰프와 이펙터 등이 모두 들어 있는 가성비 최고의 이펙터입니다. 마치 백화점 내 푸드코트같이 모든 게 다 있다는 게 이 이펙터의 가장 큰 장점입니다. 사실 진짜 제대로 된 앰프를 우리나라와 같은 아파트가 대부분인 환경에서 연주하기는 쉽지 않습니다. 이펙터도 하나하나 모으는 재미는 있지만 지출도 상당하고, 보드를 만드는 과정이 피로해질 수도 있습니다. 그럴 때 이런 멀티 이펙터 하나만 있으면 너무 간편하게 소리를 만들 수 있습니다.

자세한 설명과 Tip

오디오 인터페이스로 톤 만들기

만약 앰프나 멀티 이펙터 어느 것도 없이 컴퓨터만 있는 상황일 때 기타 소리를 낼 수 없냐고 한다면 그렇지 않습니다. 오디오 인터페이스를 통해 컴퓨터와 기타를 연결하여 소리를 낼 수 있고 녹음 역시 할 수 있습니다. 오디오 인터페이스와 같이 쓸 수 있는 모니터 스피커가 있으면 제일 좋겠지만, 없더라도 컴퓨터 스피커나 노트북이라면 내장 스피커를 사용 가능하고 이어폰도 충분합니다. 대신 내가 알고 있는 멋진 기타 소리를 내려면 가상 앰프라는 플러그인 소프트웨어가 있어야 합니다. 혹은 컴퓨터를 통해 녹음할 때 사용하는 프로그램을 DAW(DIgital Audio Workstation)라고 하는데, 그 프로그램 안에 내장되어 있는 가상 앰프로도 가능합니다.

오디오 인터페이스

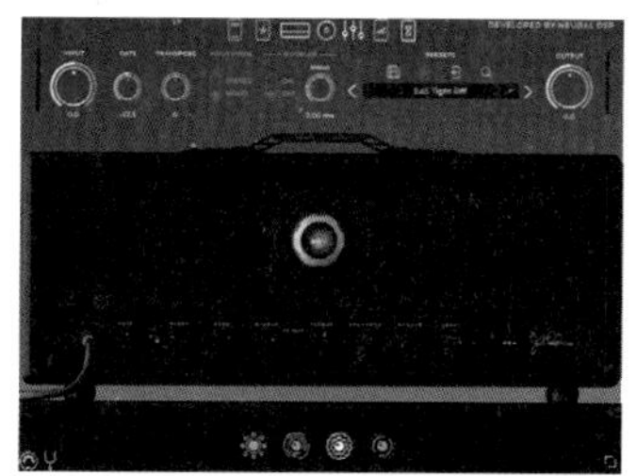

가상 앰프

EVERYTHING

기본 벤딩, 슬라이딩 등의 주법이 있지만,
입문자들도 충분히 도전해 볼만한 난이도입니다.

넌 내게 반했어

곡 템포도 꽤 빠르고 노트도 적지 않지만, 8분음표 단위이고
곡 자체가 너무 신나서 꼭 한 번 도전해 볼만한 솔로입니다.

노브레인 노래
이성우 작사
이성우 외 3명 작곡

너에게 난 나에게 넌

국민 가요 중 원탑! 통기타 연습곡으로 유명한 곡이지만
인트로와 중간의 기타 솔로가 곡을 살리는 데 큰 역할을 합니다.

자전거 탄 풍경 노래
송봉주 작사 · 작곡

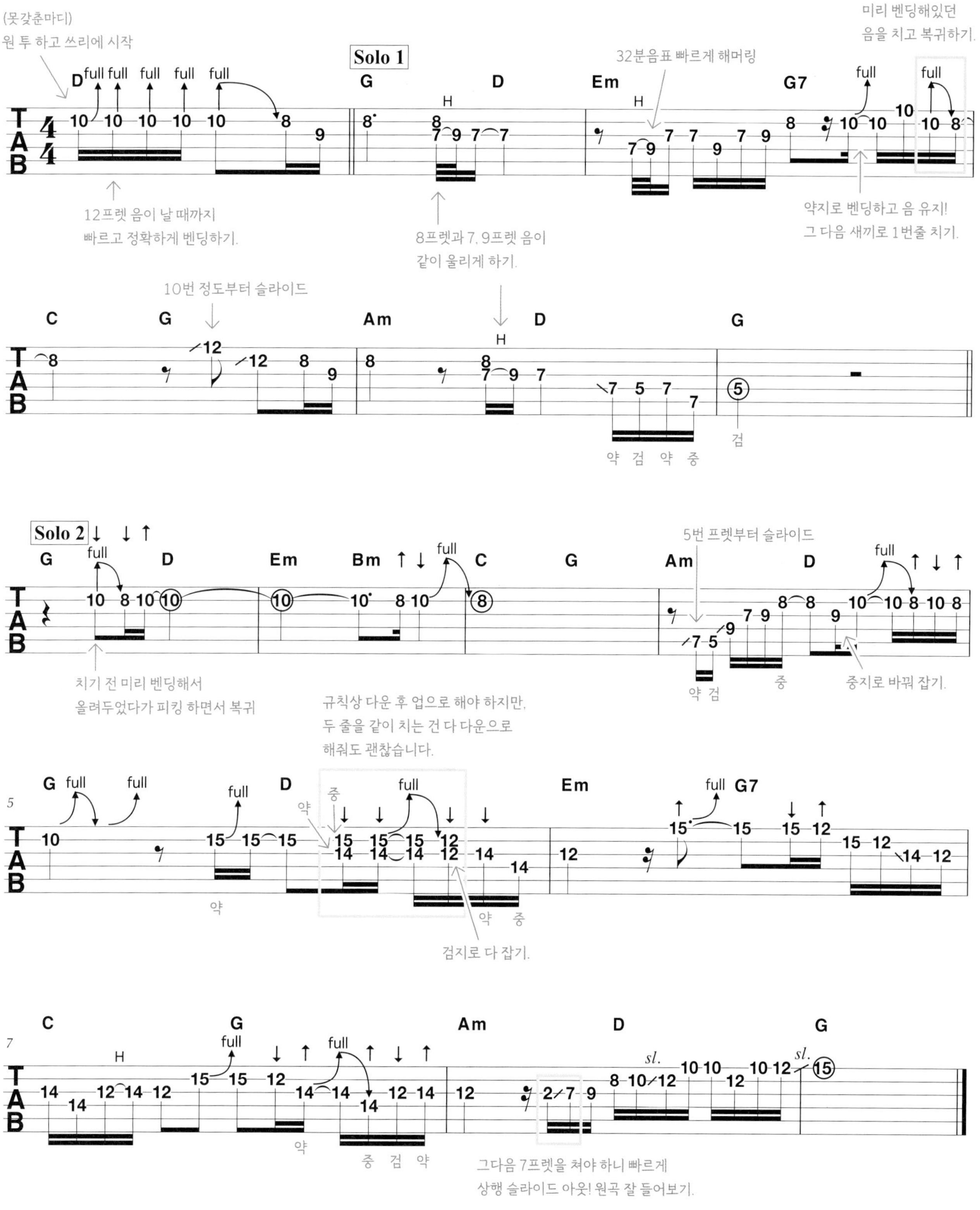

(못갖춘마디)
원 투 하고 쓰리에 시작

Solo 1

12프렛 음이 날 때까지
빠르고 정확하게 벤딩하기.

8프렛과 7, 9프렛 음이
같이 울리게 하기.

32분음표 빠르게 해머링

미리 벤딩해있던
음을 치고 복귀하기.

약지로 벤딩하고 음 유지!
그 다음 새끼로 1번줄 치기.

10번 정도부터 슬라이드

약 검 약 중

검

Solo 2

치기 전 미리 벤딩해서
올려두었다가 피킹 하면서 복귀

5번 프렛부터 슬라이드

약 검

중

중지로 바꿔 잡기.

규칙상 다운 후 업으로 해야 하지만,
두 줄을 같이 치는 건 다 다운으로
해줘도 괜찮습니다.

약

중

약

약 중

검지로 다 잡기.

약

중 검 약

그다음 7프렛을 쳐야 하니 빠르게
상행 슬라이드 아웃! 원곡 잘 들어보기.

고백

노래 하나 안에 솔로가 두 개, 후반 애드립 타임까지
연습해 볼만한 테크닉이 꽤 많습니다.

델리스파이스 노래
김민규 작사 · 작곡

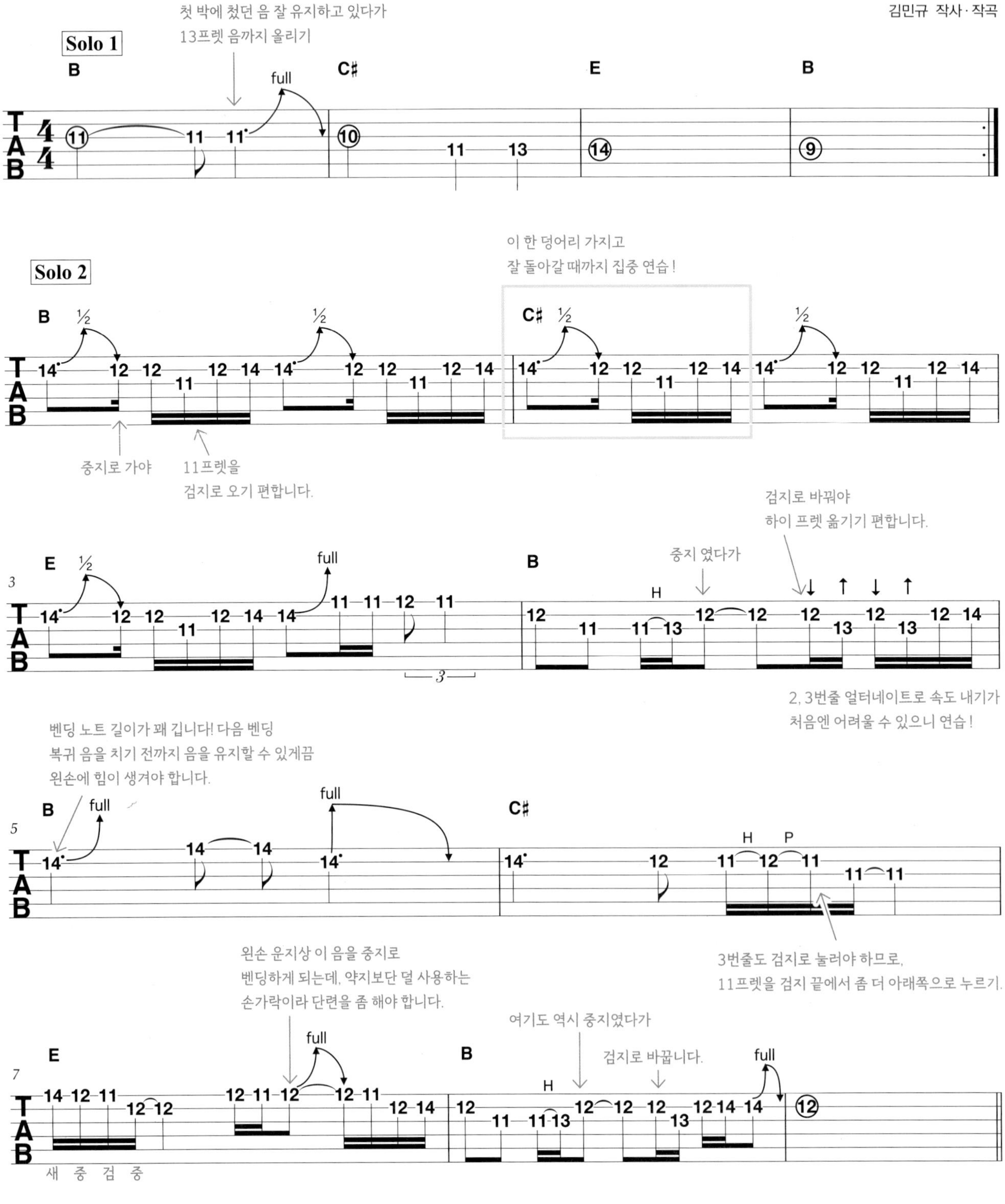

Solo 1

첫 박에 쳤던 음 잘 유지하고 있다가
13프렛 음까지 올리기

B C♯ E B

Solo 2

이 한 덩어리 가지고
잘 돌아갈 때까지 집중 연습!

B C♯

중지로 가야

11프렛을
검지로 오기 편합니다.

검지로 바꿔야
하이 프렛 옮기기 편합니다.

중지 였다가

E B

2, 3번줄 얼터네이트로 속도 내기가
처음엔 어려울 수 있으니 연습!

벤딩 노트 길이가 꽤 깁니다! 다음 벤딩
복귀 음을 치기 전까지 음을 유지할 수 있게끔
왼손에 힘이 생겨야 합니다.

B C♯

3번줄도 검지로 눌러야 하므로,
11프렛을 검지 끝에서 좀 더 아래쪽으로 누르기.

왼손 운지상 이 음을 중지로
벤딩하게 되는데, 약지보단 덜 사용하는
손가락이라 단련을 좀 해야 합니다.

여기도 역시 중지였다가

검지로 바꿉니다.

E B

새 중 검 중

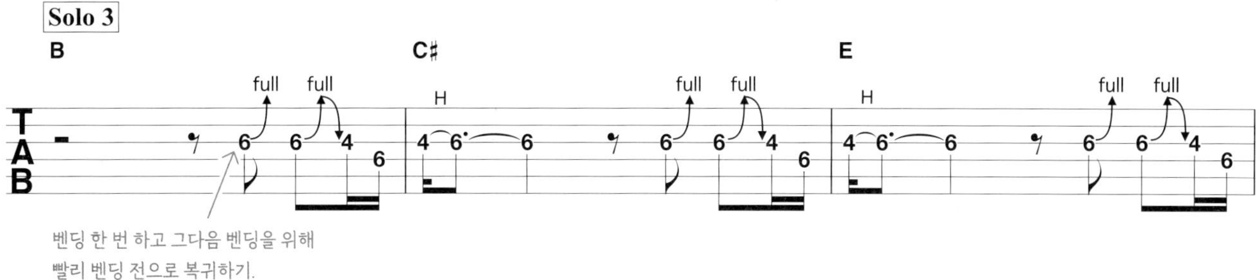
Solo 3
B
C♯
E
벤딩 한 번 하고 그다음 벤딩을 위해
빨리 벤딩 전으로 복귀하기.

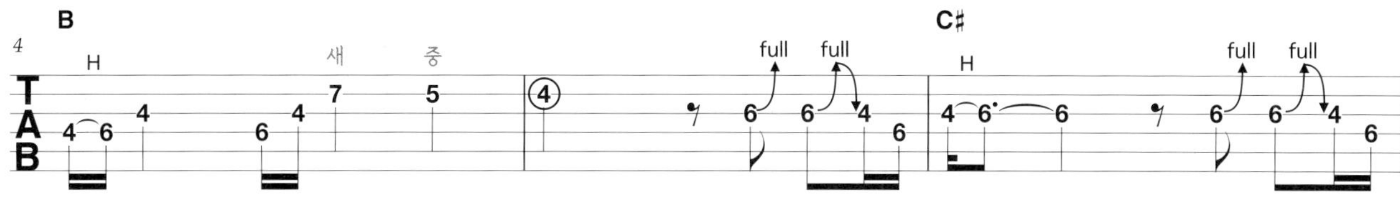
B
C♯
새
중

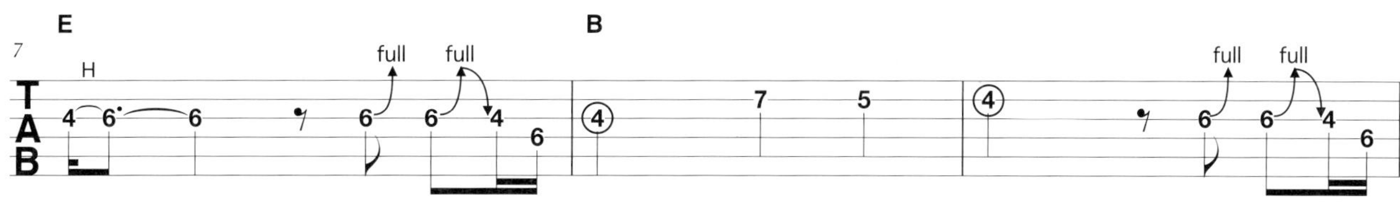
E
B

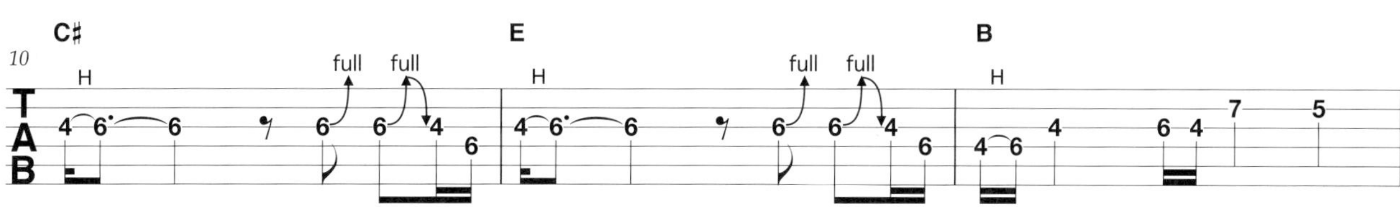
C♯
E
B

점점 느려집니다.

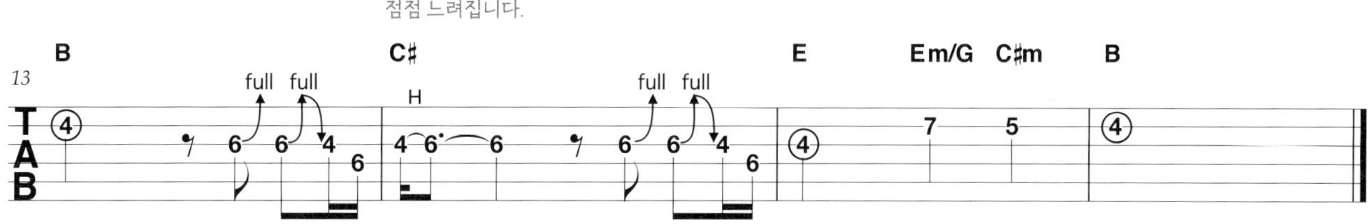
B
C♯
E
Em/G
C♯m
B

Don't Look Back In Anger

'오아시스' 하면 이 곡이고 이 솔로라고 생각합니다. 노트가 꽤 많으니
리프 덩어리(프레이즈)별로 연습하는 걸 추천합니다!

Oasis 노래
Noel Gallagher 작사·작곡

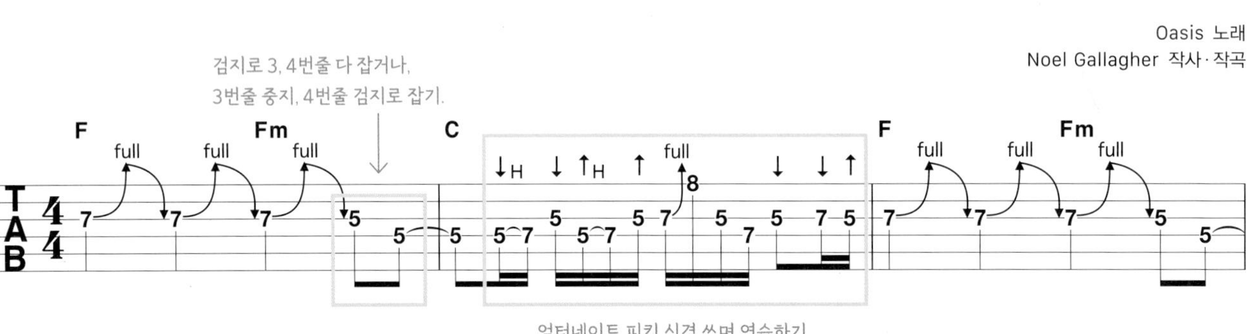
검지로 3, 4번줄 다 잡거나,
3번줄 중지, 4번줄 검지로 잡기.
F
Fm
C
full
얼터네이트 피킹 신경 쓰며 연습하기.

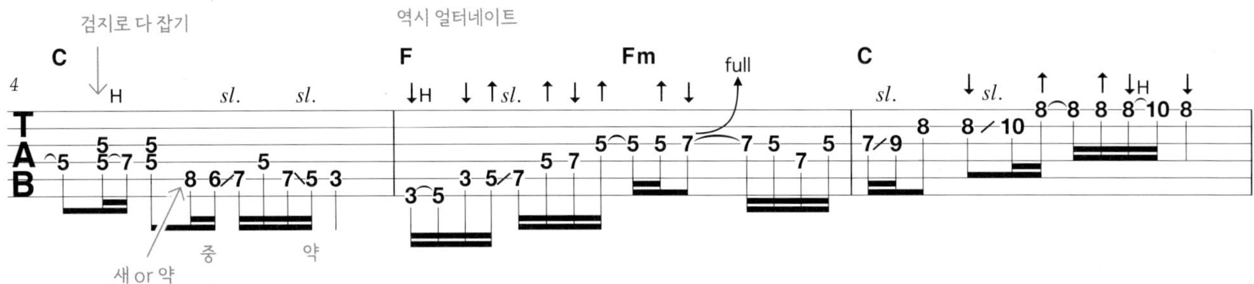
검지로 다 잡기
역시 얼터네이트
C
F
Fm
full
sl.
새 or 약
중
약

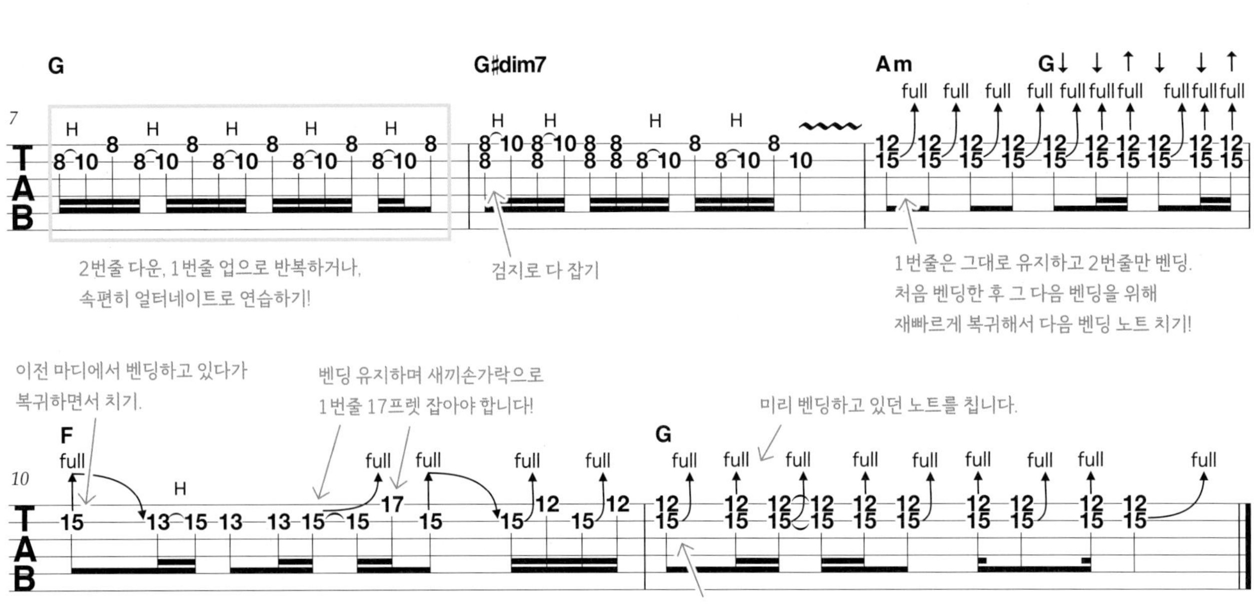
G
G♯dim7
Am
full
2번줄 다운, 1번줄 업으로 반복하거나,
속편히 얼터네이트로 연습하기!
검지로 다 잡기
1번줄은 그대로 유지하고 2번줄만 벤딩.
처음 벤딩한 후 그 다음 벤딩을 위해
재빠르게 복귀해서 다음 벤딩 노트 치기!
이전 마디에서 벤딩하고 있다가
복귀하면서 치기.
벤딩 유지하며 새끼손가락으로
1번줄 17프렛 잡아야 합니다!
미리 벤딩하고 있던 노트를 칩니다.
F
G
여기서 벤딩하고

Desert Eagle

솔로 자체가 스케일 에튜드 같은 느낌을 주다 보니 꼭 한번 쳐보길 추천하는 파트입니다. 기타 톤은 사람마다 다 다르지만, 포인트는 드라이브에 와미 페달 or 피치 쉬프터를 사용하여 소리가 이중으로 나는 느낌을 내는 것입니다!

실리카겔 노래
실리카겔 작사·작곡

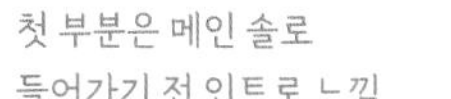

첫 부분은 메인 솔로
들어가기 전 인트로 느낌

검지로 4, 5번줄 다 잡기.

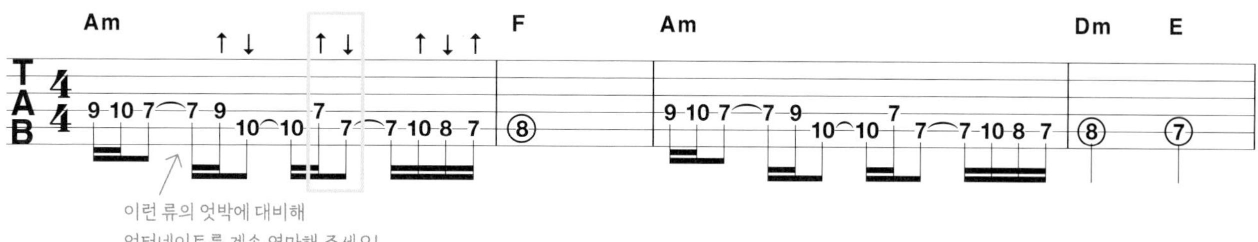

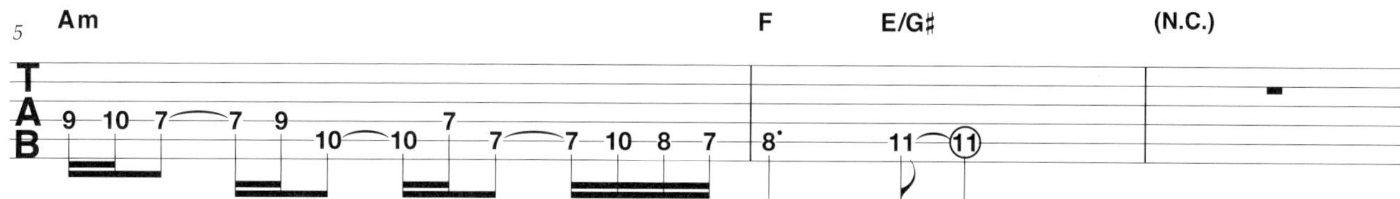

여기서부터 개인적으로 무조건 얼터네이트를 추천! 여기 안내된
왼손 운지는 안쌤이 하는 방식이고, 정답은 없습니다. 소리가 잘 나면 그만!

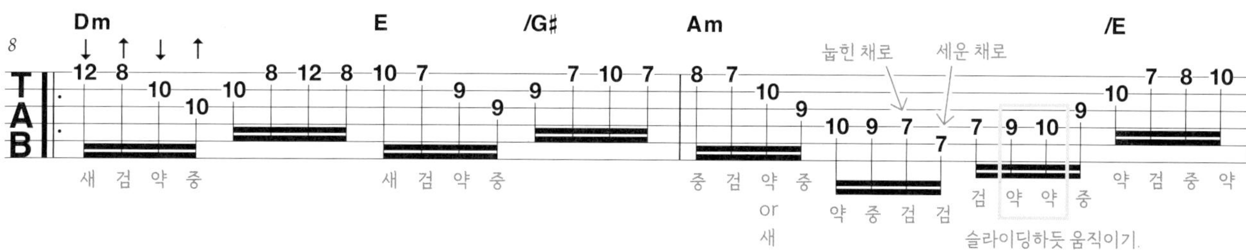

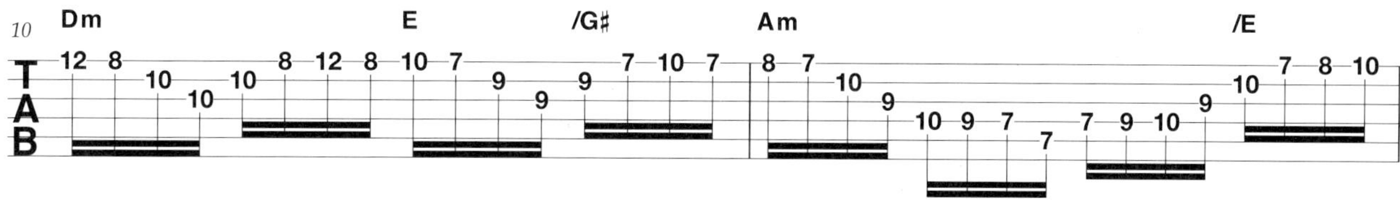

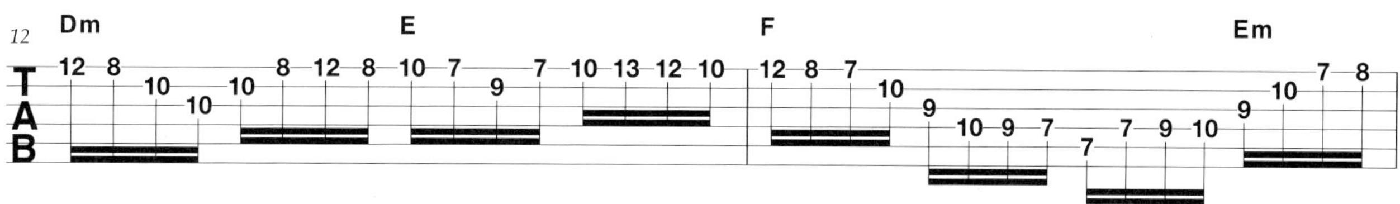

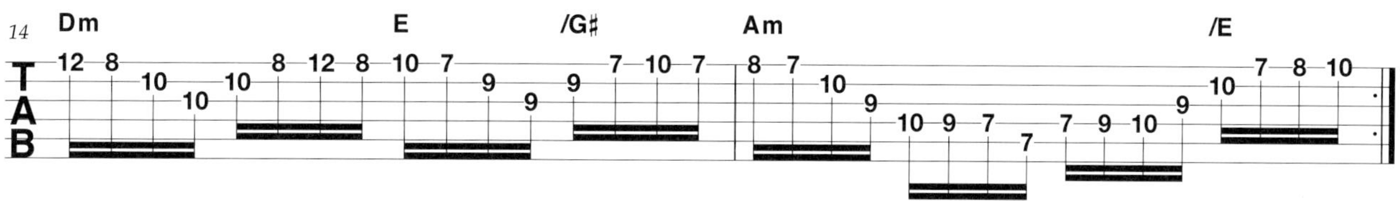

질풍가도 ('쾌걸 근육맨 2세' 1기 여는노래)

기타 솔로 등장부터 포스가 넘치는 곡입니다. 곡 템포도 빠른데
사이사이 고급 테크닉이 난무하니 꼭 천천히 연습을 시작하세요!

유정석 노래
신동식 작사
박정식 작곡

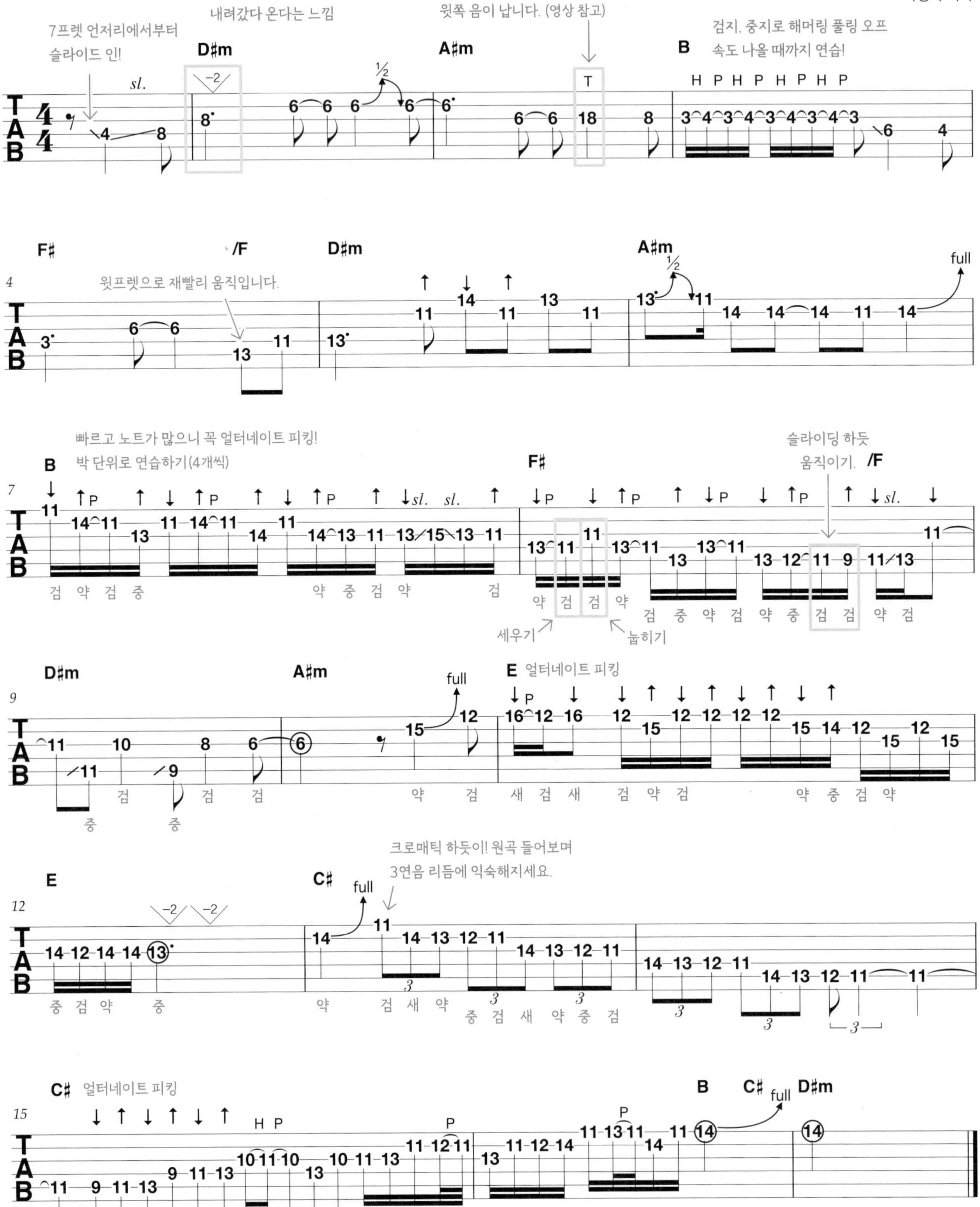

7프렛 언저리에서부터 슬라이드 인!

아밍(트레몰로 암) 약 두 음 정도 내려갔다 온다는 느낌

6프렛을 누르고 있는 상태에서 오른손 18프렛을 정확히 때린다는 느낌으로 연주하면 한 옥타브 윗쪽 음이 납니다. (영상 참고)

검지, 중지로 해머링 풀링 오프 속도 나올 때까지 연습!

D♯m A♯m B

4 F♯ /F D♯m A♯m

윗프렛으로 재빨리 움직입니다.

빠르고 노트가 많으니 꼭 얼터네이트 피킹! 박 단위로 연습하기(4개씩)

7 B F♯ /F

슬라이딩 하듯 움직이기.

세우기 눕히기

9 D♯m A♯m E 얼터네이트 피킹

12 E C♯

크로매틱 하듯이! 원곡 들어보며 3연음 리듬에 익숙해지세요.

15 C♯ 얼터네이트 피킹 B C♯ D♯m

그대에게

역시 템포도 빠르지만 고급 테크닉 천지인 곡입니다.
마디 단위로 연습해 보세요!

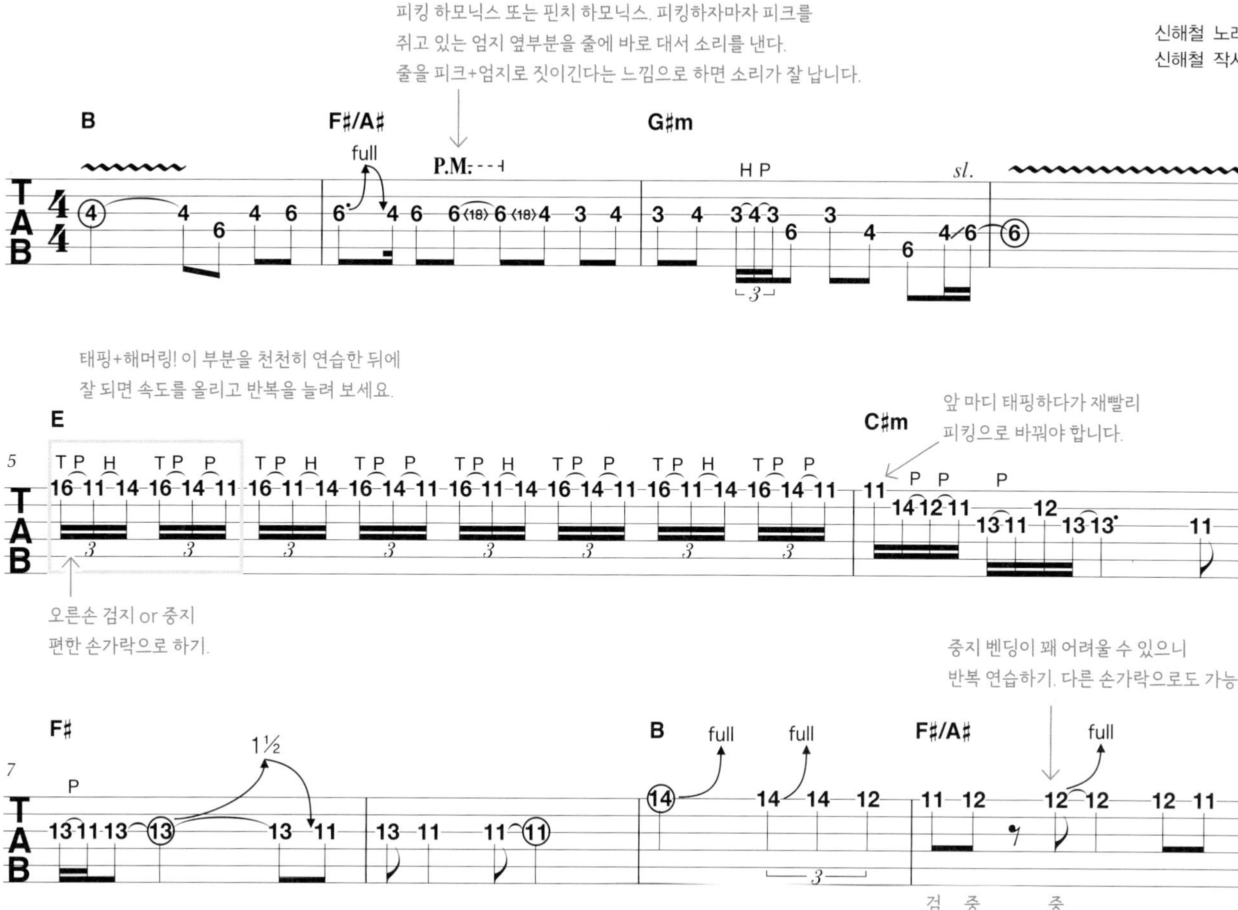

피킹 하모닉스 또는 핀치 하모닉스. 피킹하자마자 피크를 쥐고 있는 엄지 옆부분을 줄에 바로 대서 소리를 낸다. 줄을 피크+엄지로 짓이긴다는 느낌으로 하면 소리가 잘 납니다.
신해철 노래
신해철 작사
B
F♯/A♯
G♯m
full
1번줄 칠 땐 2번줄 소리가 안 나게, 다시 1번줄 칠 땐 2번줄 소리가 안 나게!
벤딩 하고 있던 음을 복귀하지 않고 있다가 친 후 복귀하기.
P.M.
sl.
태핑+해머링! 이 부분을 천천히 연습한 뒤에 잘 되면 속도를 올리고 반복을 늘려 보세요.
E
C♯m
앞 마디 태핑하다가 재빨리 피킹으로 바꿔야 합니다.
오른손 검지 or 중지 편한 손가락으로 하기.
중지 벤딩이 꽤 어려울 수 있으니 반복 연습하기. 다른 손가락으로도 가능!
F♯
1½
B
F♯/A♯
검 중 중

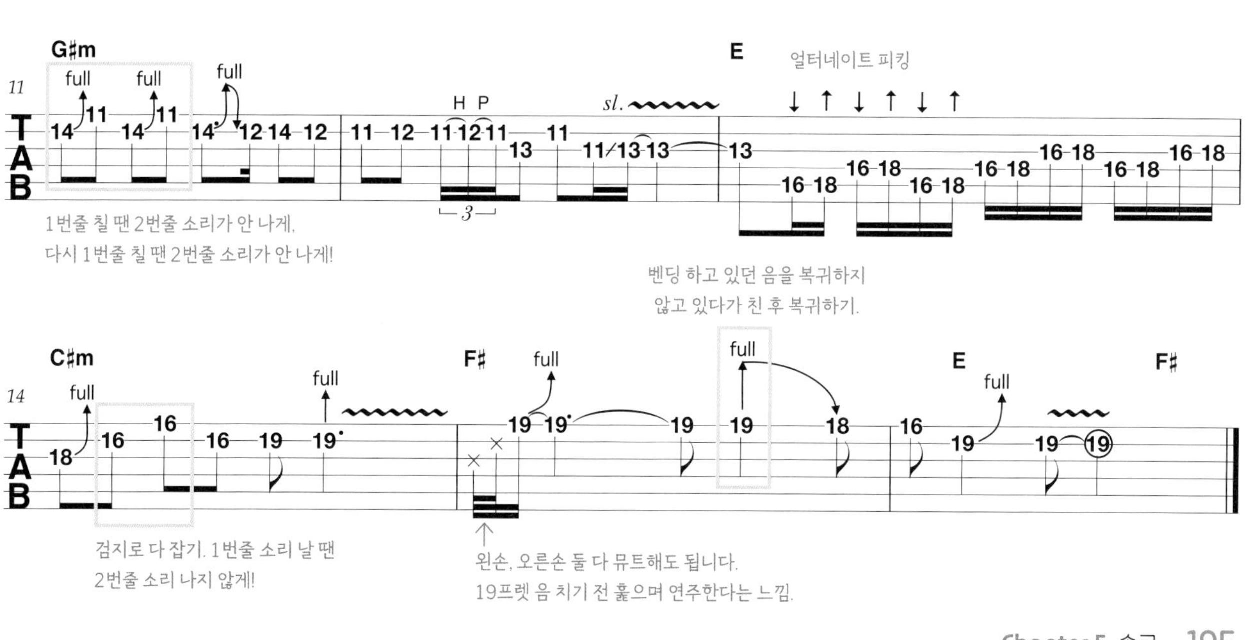

검지로 다 잡기. 1번줄 소리 날 땐 2번줄 소리 나지 않게!
왼손, 오른손 둘 다 뮤트해도 됩니다. 19프렛 음 치기 전 훑으며 연주한다는 느낌.

나에게로 떠나는 여행

템포 꽤 빠름 주의! 피킹 하모닉스와 속주 등
테크닉이 적절히 나와주어 신나는 연습곡입니다.

버즈 노래
한경혜 작사
고석영 작곡

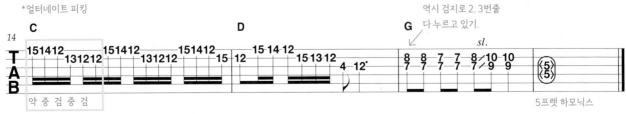

디스토션을 걸고 피크로 줄을 때리면
끽끽 소리가 납니다. 원곡 참고!

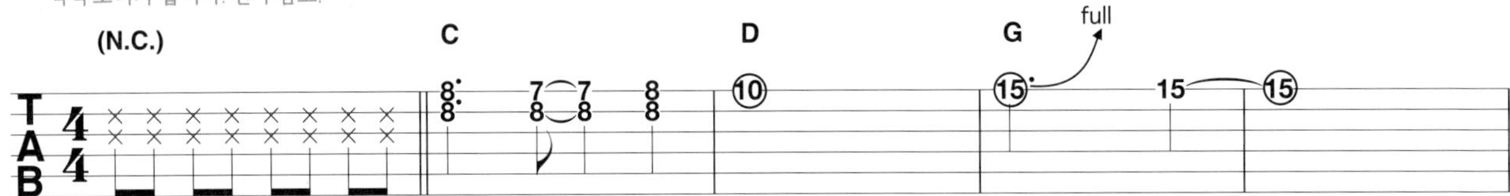

여기서 미리 검지로 2, 3번줄 다
눌러주어 다음 노트 대비!

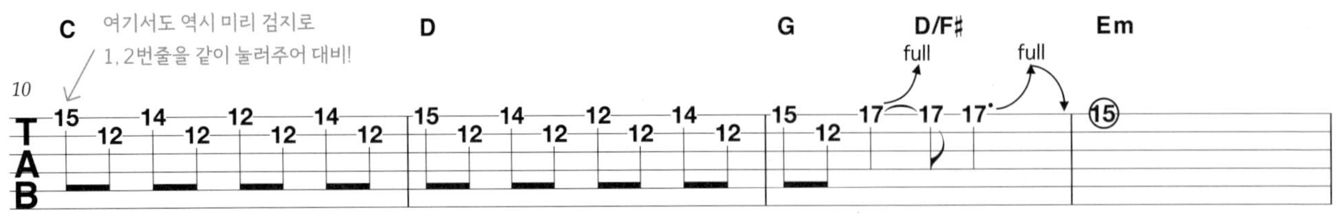

얼터네이트 or 올 다운

이렇게 여섯 노트가 한 묶음으로 연속해 나오니
이 덩어리부터 속도 나올 때까지 연습하기!
*얼터네이트 피킹

C
D
역시 검지로 2, 3번줄
다 누르고 있기.
G
sl.

약 중 검 중 검

5프렛 하모닉스

말해줘 Say It

곡의 인트로 리프보다 확실히 노트 박자도 복잡하고 어렵습니다.
특히 중반 이후 속주 부분은 속도가 나오기 전엔 천천히 연습하길 추천합니다.

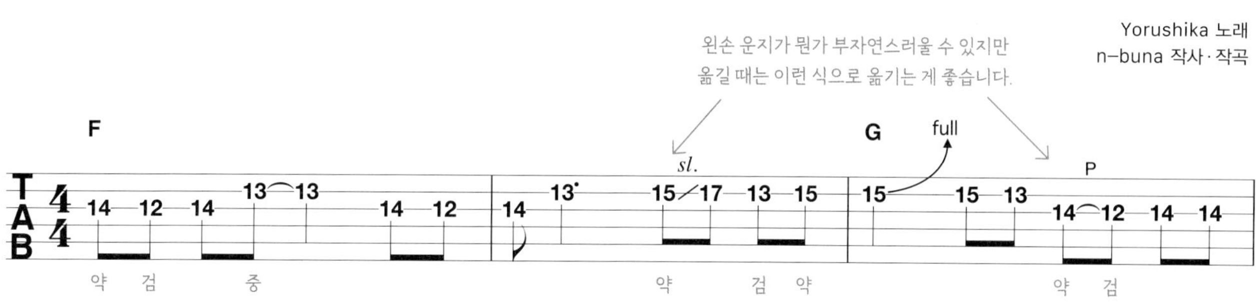

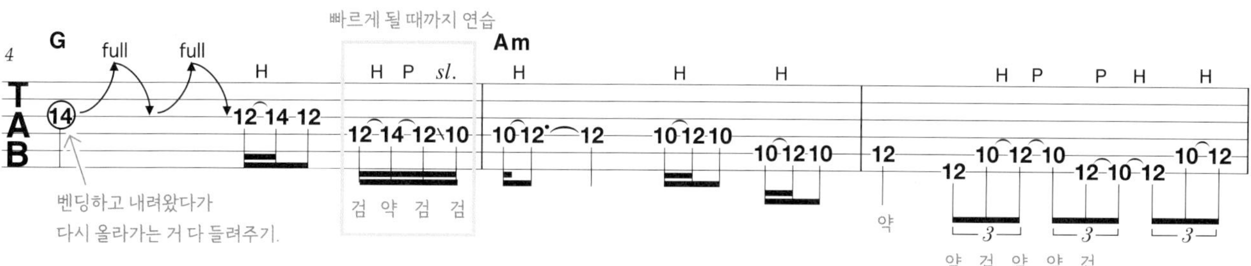

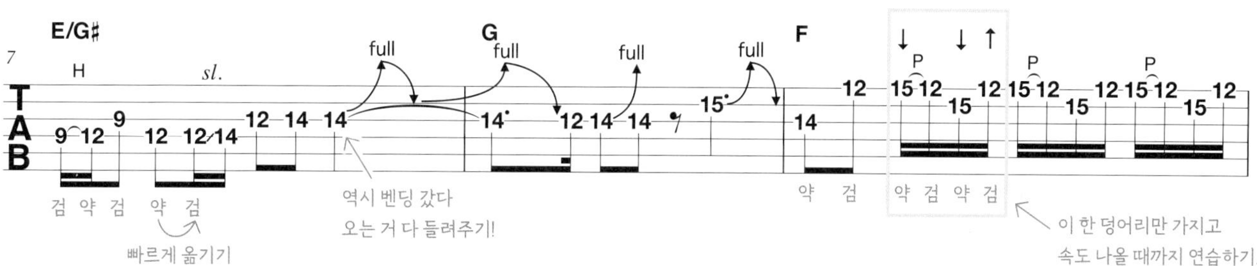

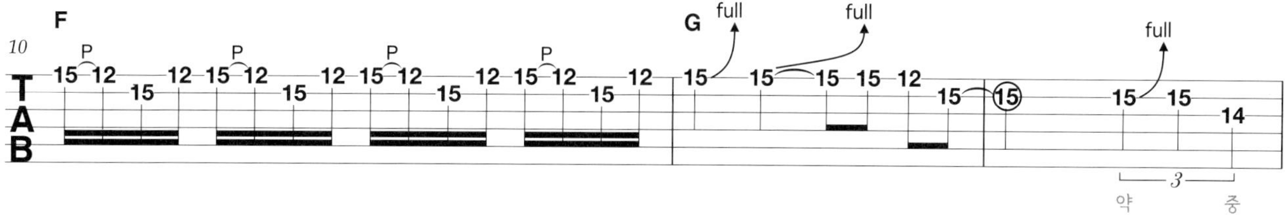

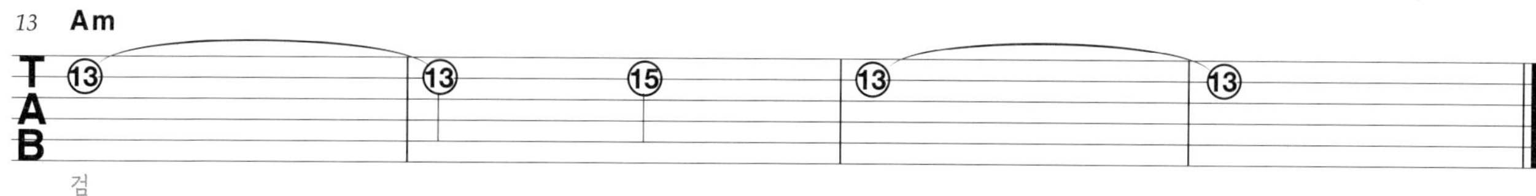

Smoke On The Water

리프 명곡으로 유명한 곡의 중반부 기타 솔로. 이 솔로에도 역시 알아둬야 할 필수 테크닉이 다 들어있습니다.

Deep Purple 노래
Ritchie Blackmore 외 4명 작사 · 작곡

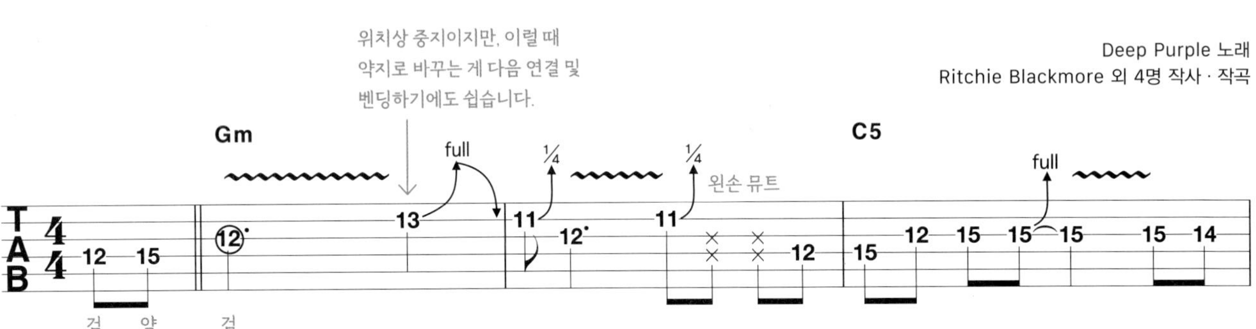

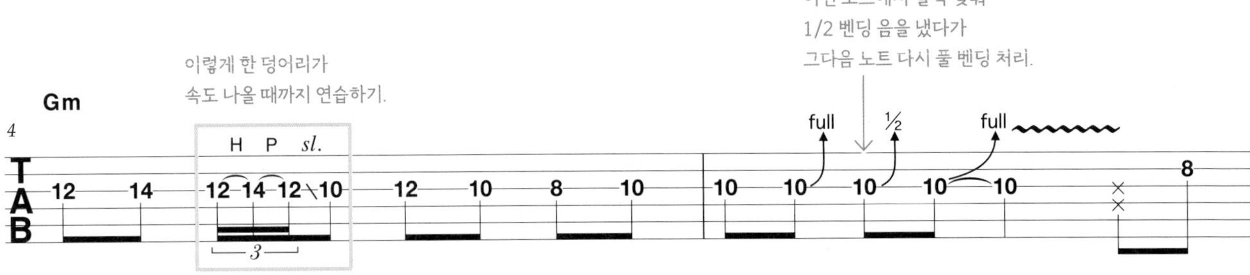

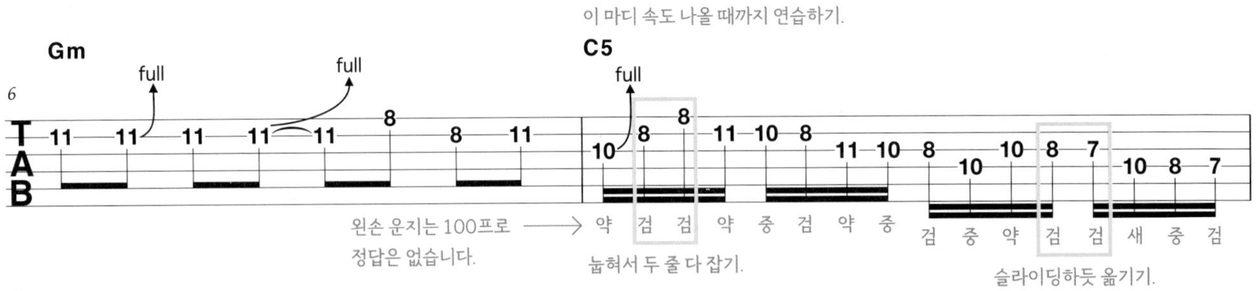

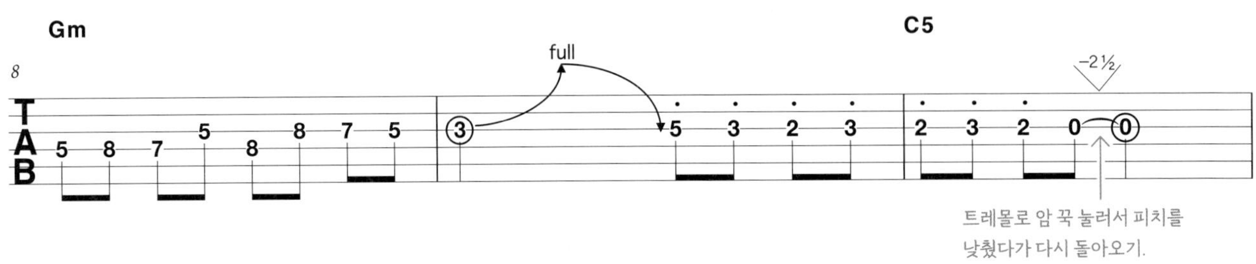

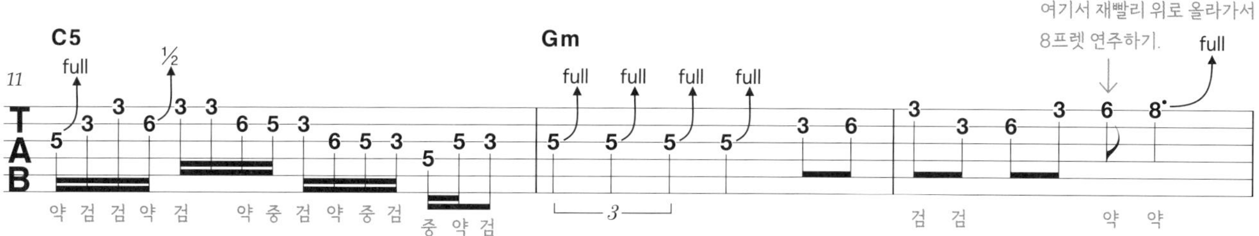
C5
Gm
여기서 재빨리 위로 올라가서
8프렛 연주하기.
약 검 검 약 검 약 중 검 약 중 검 중 약 검
검 검 약 약

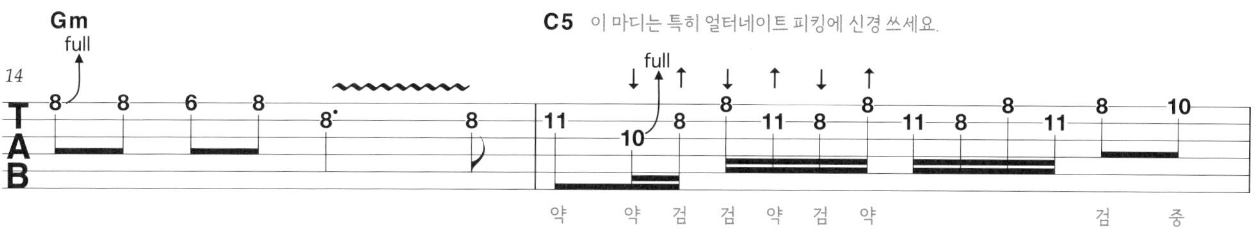
Gm
C5 이 마디는 특히 얼터네이트 피킹에 신경 쓰세요.
약 약 검 검 약 검 약 검 중

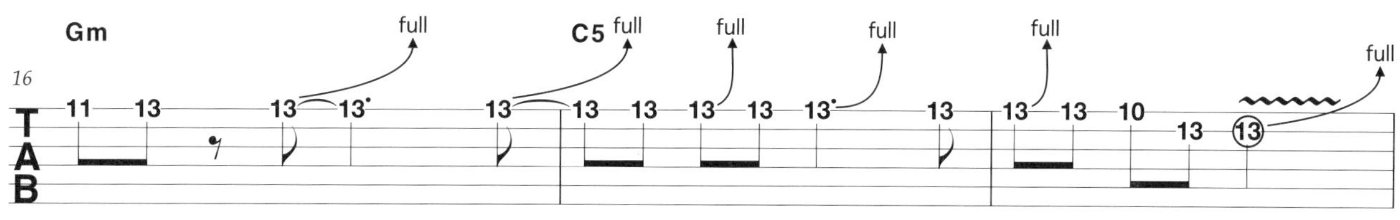
Gm
C5

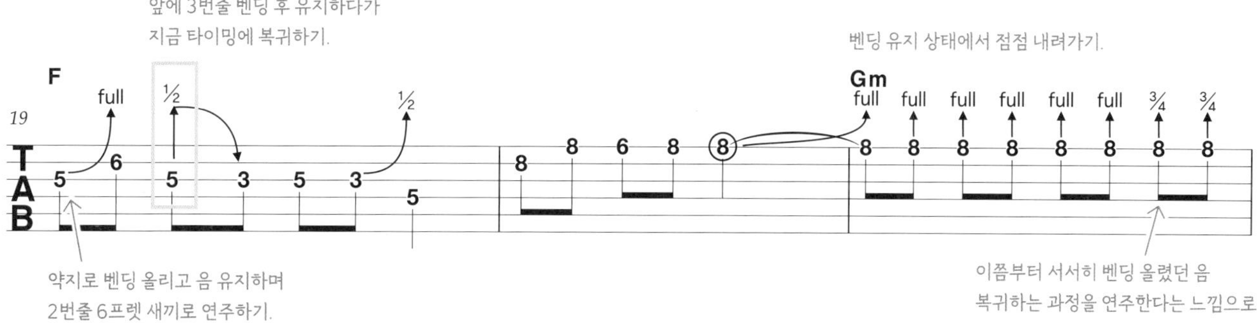
앞에 3번줄 벤딩 후 유지하다가
지금 타이밍에 복귀하기.
벤딩 유지 상태에서 점점 내려가기.
F
Gm
약지로 벤딩 올리고 음 유지하며
2번줄 6프렛 새끼로 연주하기.
이쯤부터 서서히 벤딩 올렸던 음
복귀하는 과정을 연주한다는 느낌으로

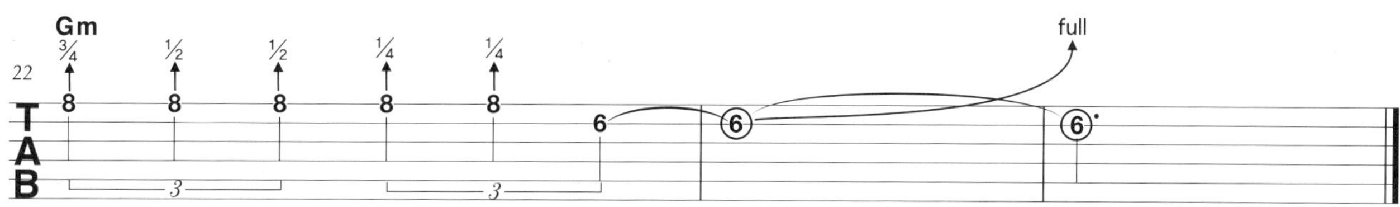
Gm

부록

저는 이거 씁니다! 안쌤의 장비

지금껏 써왔던 장비나 현재 제가 사용하고 있는 장비들을 과거편과 현재편으로 나누어서 간략히 사용기를 남겨 보았습니다. 안쌤의 악기 여행기라고 생각하고 재밌게 봐주세요!

1. 안쌤의 연주 장비

〈일렉기타〉 과거편

Gibson ES335

대학교 합격 후 부모님이 통 크게 사주신 안쌤의 첫 번째 일렉기타. 일렉기타이지만 일부분이 통기타처럼 비어 있는 '세미 할로우' 기타이며, 앰프를 꼽지 않아도 소리가 조금 납니다. 통기타를 한참 치던 때라 샀는데, 나중에 알게 됐지만 통기타랑은 크게 상관없는 악기였네요. 소리는 좋은 기타이지만 안쌤의 실력, 관리 부족으로 판매했습니다.

Fender Stratocaster American Standard

처음 중고로 샀던 기타. 쨉쨉이, 솔로, 파워코드 등 모두 가능했던 전천후 범용 기타. 평균 이상의 범용 기타이지만 그 당시 안쌤은 조금 더 강렬한 사운드를 원했어서 특색이 약하다고 생각해 판매했습니다.

Musicman Luke 2007 Limited Edition

밴드 토토(Toto)를 좋아해서 팬심에 샀던 기타. 배터리가 들어가는 액티브 악기이며 역시 범용적으로 쓸 수 있는 기타이지만, 뮤직맨 특유의 기계적인 사운드가 특징입니다. 작고 편안한 넥감이 압권입니다. 2~3년 쓰다가 안쌤은 빈티지 기타에 관심이 쏠려 판매했습니다.

Nash Guitar S63

빈티지 리이슈로 유명한 기타 브랜드로, 처음으로 커스텀 오더를 넣고 기다렸던 기타. 군입대 전까지 계속 쓰다가 다음에 나오는 기타와 교환했습니다.

Fender Stratocaster 82 Original

오리지날이 붙은 펜더를 한번 써보고 싶던 와중에 발견한 기타. 헤비레릭 스러운 빈티지 디자인, 땡땡한 사운드가 특징이지만, 너무 무겁기도 해서 다음 기타 구매 자금 마련을 위해 판매했습니다.

Gibson Les Paul Standard 60s

깁슨 레스폴 엔트리급 답게 평균 이상의 좋은 소리를 뽑아주는 기타. 미들 픽업 사운드를 제일 좋아하며 역시 다음 기타 자금 마련을 위해 팔았지만, 보내준 기타 중 제일 생각나는 아쉬운 기타입니다.

〈일렉기타〉 현재편

Fender Custom Limited Edition Large Head

현재 주력으로 사용하고 있는 기타. 녹색 컬러에 적당한 레릭, 굵은 넥감과 라지 헤드 디자인이 마음에 들어 처음으로 이탈리아에서 해외 직구한 기타입니다. 아들이 태어난 기념으로 구매했으며, 모든 픽업 사운드가 다 맘에 드는 빈티지 기타입니다.

PRS Cu24 10 Top Piezo

보디 디자인이 너무너무 맘에 들어 가지고 있던 기타 여러 대를 팔고 신품으로 구매한 기타. PRS 특유의 땡땡한 듯 자글자글한 톤이 매력적입니다. 통기타에 들어가는 피에조 픽업이 이 기타에도 들어갑니다. (정작 많이 사용하게 되진 않는 것 같습니다.)

John Suhr Custom Modern

기타리스트 거스리 고반(Guthrie Govan)을 좋아해 고르게 된 기타. 깔끔의 끝판왕이며, 픽업에 스플릿 기능까지 있어서 범용 기타로 최고입니다. 안쌤이 결혼할 당시 결혼 예물로 장인·장모님으로부터 선물 받은 기타로 의미가 큽니다. 실제 결혼식 날 축가 중 이 기타로 연주한 영상이 본 채널에 있습니다.

신해철-그대에게
축가 연주 영상

Fender American Original
60's Telecaster

아메리칸 텔레캐스터의 정석 느낌의 기타. 현재는 단종된 모델로, 과하지 않은 부드러운 톤을 가졌습니다. 붕어빵의 팥, 팥빙수 등 단팥을 좋아하는 안쌤이라 보디 컬러가 너무 마음에 들어 중고로 구매했습니다.

이 외에도 사용하고 있는 기타들이 더 있지만, 주력으로 쓰고 있는 기타들을 위주로 소개해 봤습니다.

〈이펙터〉 과거편

Line6 POD X3 live

첫 멀티 이펙터. 너무 처음이라 사용하는 데 애를 먹었지만, 나중에야 명기라는 것을 알게 되었습니다. 부피는 좀 있지만, 라이브 시 이 이펙터 하나로 해결 가능한 편리한 올인원급 이펙터입니다. POD 특유의 인위적인 톤이 있습니다.

BOSS GT001

간편하게 사용할 수 있는 이펙터를 찾던 중 최애 기타리스트 스티브 루카서(Steve Lukather)가 이 이펙터 광고를 찍은 것을 보고 첫 직구로 구매했습니다. 탁상용으로 쓰기 좋으며, 볼륨 페달이 없어서 따로 들고 다니며 사용했습니다.

Line6 POD HD500

이전 X3를 잊지 못해 비슷한 것으로 다시 구매한 이펙터. 한동안 꽤 오래 사용했고, 현재도 팔지 못하고 소장하고 있는 명기입니다. 라이브 공연, 녹음 등에 전부 사용 가능한 올인원 이펙터입니다.

〈이펙터〉 현재편

Fractal Fm3

안쌤의 작업실에 붙박이로 놓고 쓰고 있는 멀티 이펙터. 풋 스위치의 사용법을 내 입맛대로 어떤 방식으로든지 사용할 수 있어 자유도가 정말 무궁무진합니다. 내장 앰프, 캐비넷, 이펙터 시뮬레이터의 퀄리티도 상당하며, 사용법이 꽤 어렵지만 PC 에디터와 같이 쓰면 그럭저럭 쓸만한 편입니다. 추가적인 스위치 모듈인 FC6을 같이 사용 중입니다.

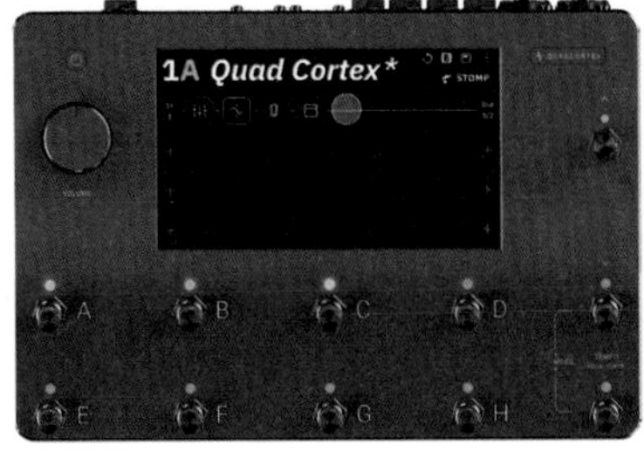

Neural DSP Quad Cortex

녹음, 라이브 등 주력으로 사용하고 있는 이펙터. 앰프나 아날로그 이펙터를 복제하는 캡쳐 기능이 압권인 데다가, 다른 사람이 캡쳐한 데이터를 전 세계 사람들이 공유 가능하다는 점에서 정말 최강 그 자체입니다. 풋스위치 간에 간격이 좁은 게 소소한 단점입니다.

안쌤의 멀꾹이(멀티+꾹꾹이) 페달 보드

멀꾹이 페달 보드에 대한
자세한 설명

Strymon Mobius
모듈레이션

UAFX Golden Reverberator
리버브

NeuralDSP Quad Cortex
멀티 이펙터

JR Custom Jcob
드라이브

UAFX Max
Compressor
컴프레서

Strymon Bigsky MX
리버브

BOSS BD-2w
드라이브

OKKO Dominator
디스토션

KingTone The Duellist
드라이브

Dunlop Volume X Mini Pedal DVP4
볼륨 페달

Peterson
StroboStomp HD
페달 튜너

페달 체인 순서

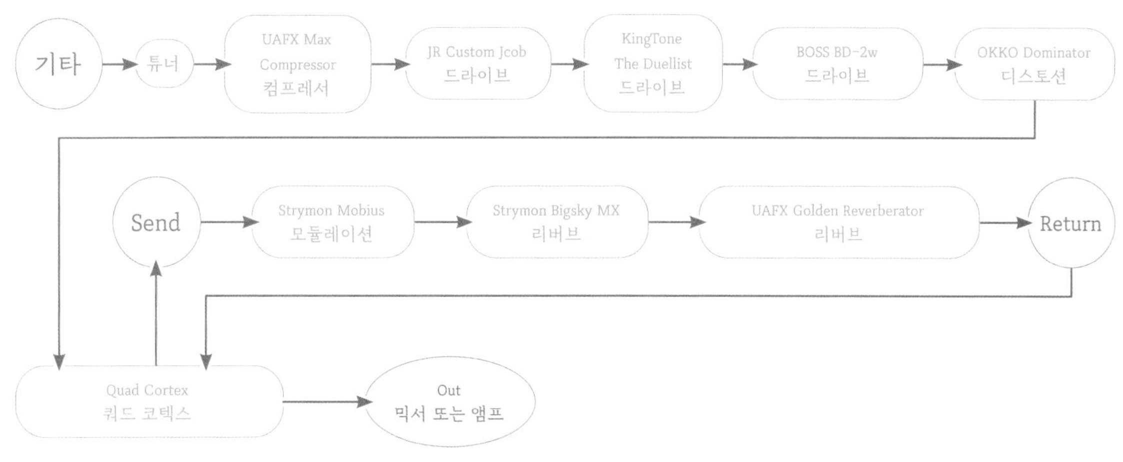

<기타 앰프> 과거편

Marshall MG15CDR

입문용 마샬 앰프로, 처음 접하게 된 앰프. 클린과 드라이브 두 채널이 있으며, 볼륨을 조금 낮게 하여 집에서도 잘 써오다가 추후 판매했습니다.

Marshall DSL5CR

5w 진공관 앰프. 빈티지한 듯 따듯한 느낌을 내주는 앰프입니다. 역시 클린과 드라이브 두 채널이 있으며, 이퀄라이저 컨트롤의 변화가 꽤 뚜렷합니다.

Marshall JVM410C

원래는 안쌤 채널 콘텐츠로 구매했다가 쭉 가지고 있게 된 메인 앰프. 클린, 크런치, 드라이브 2개까지 총 4개의 채널이 있는 데다가 채널별로 3단계로 바꿀 수 있어서 활용도로는 끝판왕입니다. 내장 리버브도 소리가 좋고 채널별로 컨트롤 가능합니다. 아날로그와 디지털이 동시에 존재하는 하이브리드 느낌의 앰프로, 마이크 녹음으로 꾸준히 활용 중입니다.

기타 소리를 제대로 녹음하기 위해 오디오 인터페이스는 필수적인 기기라고 할 수 있습니다. 또, PC 자체의 스피커로 듣기보다는 더욱 정확하게 소리를 듣기 위해 추가적인 모니터 스피커를 사용합니다. 일반적인 연결법은 다음과 같습니다.

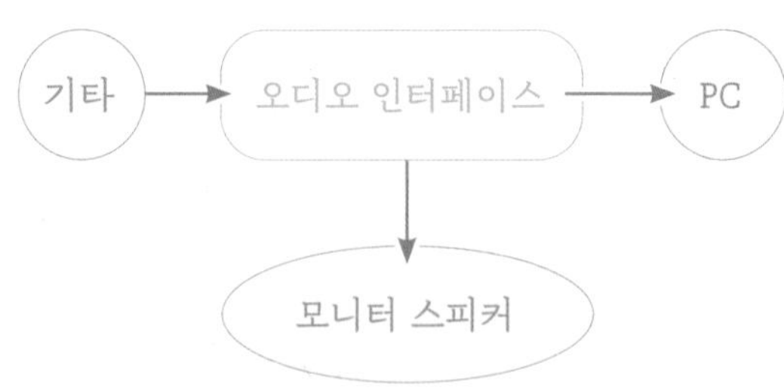

Focusrite Scarlett 2i4

처음 중고로 구매한 오인페. 무난히 사용 가능한 입문용 기기입니다. 안쌤은 1세대 버전으로 샀지만, 현재는 더 좋은 버전들이 많이 나와 있습니다.

UA Apollo Twin

현재 사용 중인 오인페. 견고하고 컨트롤도 꽤나 편리하고 직관적인 편입니다. 이 기기 전용 플러그인을 사용할 수 있는 게 장점입니다.

WA−MPX

녹음 시 가끔 느껴지는 빈약한 톤을 더욱 두텁게 만들어 주는 필수 기기. 진공관 내장 프리 앰프라 컨트롤에 따라 따뜻한 음색이나 드라이브 걸린 듯한 소리도 추가 가능한 다재다능한 기기입니다.

안쌤 Tip! **안쌤의 녹음 세팅**

Fractal Fm3 or **Quad Cortex** or **앰프 마이킹** (현재 AT4050)	>	**WA-MPX** **외장 프리 앰프**	>	**UA Apollo Twin** **오디오 인터페이스**	>	**PC DAW** (Logic Pro, Mac Studio)

저자 **안규호**

- 경희대학교 포스트모던음악학과 졸업
- 유튜브 '안쌤의 기타나무숲' 채널, '안쌤의 악보나무숲' 채널 운영
- 2012 콜텍 어쿠스틱 기타대회 대상
- 영화 '천박사 퇴마 연구소', '리바운드', '화란', '유체이탈자', '서울대작전', '행복의 속도', '지푸라기라도 잡고 싶은 짐승들' 기타 세션
- 2023 '서문탁 콘서트 : 가왕의 정원' 기타 세션
- 그 외 10년 이상 개인 및 단체 레슨, 레코딩 및 공연 세션 다수

안쌤의 기타나무숲 유튜브

발행인 김두영
저자 안규호
전무 김정열
콘텐츠기획개발부 박지은
디자인기획개발부 김현주
제작 유정근
마케팅기획개발부 신찬, 송다은, 김지연
경영지원개발부 한재현, 김아영

발 행 일 2025년 3월 20일(1판 1쇄)
2025년 4월 1일(1판 2쇄)
발 행 처 삼호ETM (http://www.samhomusic.com)
경기도 파주시 문발로 175
마케팅기획개발부 전화 1577-3588 팩스 (031) 955-3599
콘텐츠기획개발부 전화 (031) 955-3589 팩스 (031) 955-3598
등 록 2009년 2월 12일 제 321-2009-00027호

ISBN 978-89-6721-557-6